META COGNIÇÃO

NOVA TEORIA DA COGNIÇÃO HUMANA...
E APLICAÇÕES ACADÊMICAS ORGANIZACIONAIS
CULTURAIS E ESPIRITUAIS

Editora Appris Ltda.
1.ª Edição - Copyright© 2025 dos autores
Direitos de Edição Reservados à Editora Appris Ltda.

Nenhuma parte desta obra poderá ser utilizada indevidamente, sem estar de acordo com a Lei nº 9.610/98. Se incorreções forem encontradas, serão de exclusiva responsabilidade de seus organizadores. Foi realizado o Depósito Legal na Fundação Biblioteca Nacional, de acordo com as Leis nos 10.994, de 14/12/2004, e 12.192, de 14/01/2010.

Catalogação na Fonte
Elaborado por: Dayanne Leal Souza
Bibliotecária CRB 9/2162

Y555m
2025

Yong, Chu Shao
Meta cognição: nova teoria da cognição humana... e aplicações acadêmicas organizacionais culturais e espirituais / Chu Shao Yong. – 1. ed. – Curitiba: Appris, 2025.
367 p. : il. ; 29 cm.

Inclui bibliografias.
ISBN 978-65-250-7161-9

1. Metacognição. 2. Ontologia. 3. Gnosiologia. 4. Epistemologia. 5. Educação. 6. Espiritualidade. I. Yong, Chu Shao. II. Título.

CDD – 111

Livro de acordo com a normalização técnica da ABNT

Appris editora

Editora e Livraria Appris Ltda.
Av. Manoel Ribas, 2265 – Mercês
Curitiba/PR – CEP: 80810-002
Tel. (41) 3156 - 4731
www.editoraappris.com.br

Printed in Brazil
Impresso no Brasil

CHU SHAO YONG

META COGNIÇÃO

NOVA TEORIA DA COGNIÇÃO HUMANA...
E APLICAÇÕES ACADÊMICAS ORGANIZACIONAIS
CULTURAIS E ESPIRITUAIS

ESTRATÉGIA E GESTÃO:
DA COGNIÇÃO (METACOGNIÇÃO, PENSAR, SENTIR, QUERER)
DA EDUCAÇÃO (ENSINO-APRENDIZAGEM)
DA INOVAÇÃO E CRIATIVIDADE DO CONHECIMENTO HUMANO
DA INTELIGÊNCIA HUMANA (COLETICA, CULTURAL, ORGANIZACIONAL)
DA ESPIRITUALIDADE HUMANA E CÓSMICA
DA PESQUISA CIENTÍFICA

TEORIAS-MODELOS-MÉTODOS-TECNOLOGIA-SOFTWARE-APLICAÇÕES

MetaCognição e...Aplicações Acadêmicas, Organizacionais e Culturais

Nova Teoria da Cognição (MetaCognição) Humana
Nova Teoria do Todo e Tudo
Aplicações em todas Ciências Específicas Humanas e Naturais
Modelo Cognitivo MCMI
Software Cognitivo OET

Em destaque...inserções diretivas para...:
Nova Teoria da Cognição (e MetaCognição) Humana
Nova Teoria de Ensino-Aprendizagem (PsicoPedagogia)
Nova Teoria da Inovação e Criatividade
Nova Teoria da Conhecimento Humano
Nova Teoria da Inteligência Humana e Organizacional
Nova Teoria da Espiritualidade Humana (Pessoal e Cosmos)
Nova Teoria da Pesquisa Cientifica

E Aplicações Acadêmicas, Organizacionais e Culturais

Prof. Dr. Chu S. Yong
FGV AOM UTAO
Chu@aom.com.br
(11) 9.8123-1501

FICHA TÉCNICA

EDITORIAL	Augusto Coelho
	Sara C. de Andrade Coelho

COMITÊ EDITORIAL

- Ana El Achkar (Universo/RJ)
- Andréa Barbosa Gouveia (UFPR)
- Antonio Evangelista de Souza Netto (PUC-SP)
- Belinda Cunha (UFPB)
- Délton Winter de Carvalho (FMP)
- Edson da Silva (UFVJM)
- Eliete Correia dos Santos (UEPB)
- Erineu Foerste (Ufes)
- Fabiano Santos (UERJ-IESP)
- Francinete Fernandes de Sousa (UEPB)
- Francisco Carlos Duarte (PUCPR)
- Francisco de Assis (Fiam-Faam-SP-Brasil)
- Gláucia Figueiredo (UNIPAMPA/ UDELAR)
- Jacques de Lima Ferreira (UNOESC)
- Jean Carlos Gonçalves (UFPR)
- José Wálter Nunes (UnB)
- Junia de Vilhena (PUC-RIO)
- Lucas Mesquita (UNILA)
- Márcia Gonçalves (Unitau)
- Maria Aparecida Barbosa (USP)
- Maria Margarida de Andrade (Umack)
- Marilda A. Behrens (PUCPR)
- Marília Andrade Torales Campos (UFPR)
- Marli Caetano
- Patrícia L. Torres (PUCPR)
- Paula Costa Mosca Macedo (UNIFESP)
- Ramon Blanco (UNILA)
- Roberta Ecleide Kelly (NEPE)
- Roque Ismael da Costa Güllich (UFFS)
- Sergio Gomes (UFRJ)
- Tiago Gagliano Pinto Alberto (PUCPR)
- Toni Reis (UP)
- Valdomiro de Oliveira (UFPR)

SUPERVISORA EDITORIAL	Renata C. Lopes
ASSESSORIA EDITORIAL	Manuella Marquetti
PRODUÇÃO EDITORIAL	Renata C. Lopes
CAPA	Fernando Nishijima
REVISÃO DE PROVA	William Rodrigues

Ementas do livro

Objetivo geral:

Desenvolver as capacidades de inteligências pessoais e coletivas, tanto em relação à visão de conjunto da realidade, por meio da compreensão das relações existentes entre as variáveis fenomenológicas e conceituais em jogo, quanto em relação à solução dos problemas na empresa, por meio da análise e síntese criativa dos elementos em jogo. O Modelo Epistemológico do Pensar (MCMI) adotado neste livro e nas disciplinas trabalha com um conjunto de processos de cognição humana buscando conhecimentos com a Ontologia, Gnosiologia e Epistemologia dos fenômenos. O método trabalha também em conjunto com um software cognitivo que permitirá a implementação de um banco de conhecimentos e de inovações, propiciando um pensar coletivo estruturante em torno de conhecimentos inovativos para o trabalho em si e para a educação ao e pelo trabalho, além de ensinar a relacionar as interconexões existentes entre fenômenos diversos e a desenvolver conceitos e modelos mentais, visando tomar decisões coerentes com os valores, as estratégias e as diretrizes da organização ou das organizações específicas dos participantes. Nesse percurso teremos mapeamento, disseminação e gestão de conhecimentos. Casos e exercícios práticos serão utilizados para o desenvolvimento, a assimilação e a acomodação da aprendizagem. Proposição de trabalhos finais TCD/TCC: Modelos Epistemológicos de Estratégias e Gestão da Organização/Entidade específica.

Objetivos de base deste livro-texto:

1. Mostrar a possibilidade de fusão entre o visível e o invisível, por meio de processos mentais e conexos, e que produzem os conhecimentos, no sentido mais amplo possível.
2. Mostrar a possibilidade de fusão entre a ciência clássica e a ciência espiritual (imaterial, quântica) com a criação disruptiva de um Modelo Epistemológico do Pensar.
3. Mostrar a possibilidade de utilização concreta do MEP e seus derivativos métodos de pensar e softwares de apoio aos métodos, na ciência da Administração de Empresas, berço da abordagem clássica positivista e cartesiana.
4. Mostrar uma fusão possível entre a ciência da Administração de Empresas e a Teosofia/Antroposofia, centradas na Ciência Espiritual. Dessa fusão específica, podemos estender para outras áreas do saber acadêmico e profissional.
5. Atingir, a partir dessa fusão, propósitos materiais emitidos pelas organizações ou pessoas, de orientação espiritual e que passam a utilizar o Modelo Epistemológico do Pensar e seus derivativos para seus propósitos empresariais. Objetivos materiais a atingir.
6. Atingir, a partir dessa fusão, propósitos espirituais pelas pessoas de orientação básica no materialismo e que desejam um caminho de conquistas pessoais na espiritualidade e de significados de existência humana, com a utilização dos métodos e softwares de apoio ao MEP. Trata-se de um possível caminho de evolução espiritual por meio do entendimento e da utilização das diversas tipologias do pensar e suas afetações pelo sentir e querer. Objetivos espirituais a atingir.
7. Trata-se de um caminho entre os atingimentos materiais e espirituais, em um processo epistemológico-espiritual e tecnológico-semântico a ser realizado, testado e conquistado. Não se trata de uma doutrina, mas sim de um processo dialético a ser realizado nos planos materiais e espirituais, tendo o MEP como elemento agregador em fusão transdisciplinar dos conhecimentos envolvidos.
8. Desenvolver o Pensar holístico do todo fenomenológico.
9. Desenvolver o Pensar imaginativo, agregador.
10. Desenvolver o Pensar inspirativo, integrador.
11. Desenvolver o Pensar intuitivo, sintetizador.
12. Desenvolver o Pensar dialético interpolos.
13. Desenvolver a fusão natural entre o Pensar-Sentir-Querer (cognição e metacognição).
14. Desenvolver a capacidade do Pensar inconsciente.

15. Utilizar o MEP e suas ferramentas pertinentes – Mapas de Conhecimentos e Mapas de Intencionalidades (MCMI) e (OET) – como elementos de fusão, mediação e dialética entre o visível e o invisível, desenvolvendo as capacidades mencionadas, no caminho do atingimento de seus propósitos materiais e espirituais, também mediados pela Física Quântica.

Com a utilização prática do Modelo Epistemológico do Pensar o leitor poderá atingir seus objetivos mais clara e rapidamente e conquistar diversas modalidades de Pensar, integrando em autoconsciência o Sentir e o Querer, na interação com os elementos vivos (e também os minerais) do meio ambiente.

Outras capacidades humanas serão também despertadas e utilizadas, sendo descritas nos diversos capítulos deste livro.

Ementa resumida e abrangência temática

Ementa resumida do livro:

O documento propõe, elabora e comprova um novo paradigma estruturante (com teorias, métodos, técnicas, aplicações e casos) em desenvolvimento de formas e modelos do Pensar cognitivo, permitindo ao ser humano, na sua dialética com o ambiente e universo que lhe circunda e pelas suas próprias reflexões de imaginação, inspiração e intuição, expressar de forma visível seus próprios pensamentos a si e aos outros, em uma forma e linguagem que permitem aumentar as inteligências pessoal e coletiva que, devidamente compostas com os mais elevados valores humanos em ética e estética, permitem atingir a prosperidade das organizações, comunidades e nações. Ao ser humano assim disposto temos o atingimento maior do seu próprio significado pela ampliação da liberdade e do amor, expressos pela contínua satisfação na realização de atos que beneficiam o outro e a comunidade em geral.

Essa inteligência em ação dialética com o ambiente e o social produz conhecimentos tácitos que dinamicamente são expressos de forma visível na forma de conhecimentos explícitos de maneira sintética e cuja configuração na forma de informações pode gerar potencialmente a formação de novos tácitos, os quais, trabalhados internamente, reconfiguram representações de conhecimentos de ordem superior ou mesmo de outras tipologias de conhecimentos.

Assim, a dialética entre os tácitos e os explícitos pode produzir conhecimentos na mesma pessoa ou em outra, transversalizando uma configuração de informações e conhecimentos de forma intuitiva, gerando novos conhecimentos, caracterizando representações com novos significados e, portanto, criando novas ideias e conhecimentos que em ações posteriores produzem em outra comunidade valores nessa, proporcionando inovações.

Essa mobilização na criação de conhecimentos em um movimento lemniscatico transversalizando os minimamente 12 sentidos e as inúmeras possibilidades de criação de novos significados possibilita o aumento da inteligência do ser humano, que, na sua manifestação coletiva, produz no ambiente visível uma prosperidade material, psíquica e espiritual no seu percurso humano em um patamar de mais liberdade e amor (vide R. Steiner) assim propulsionando a humanidade ao seu destino junto aos seres mais avançados do universo.

Essa possibilidade de fusão entre os pensamentos mais transcendentes com a realidade prática das organizações, e dentro dessas as pessoas, configura a estética, ética e sustentabilidade de uso dessa teoria e práticas no ambiente material e imaterial.

Assim, a inteligência manifestada em conhecimentos tácitos permite expressar informações sempre em configurações potenciais para a criação de novos conhecimentos tácitos, sendo possível tornar expressos os pensamentos nos diversos modelos de pensamento *estratégico e de gestão das organizações e, em específico, nas tipologias expressas anteriormente e em outras possíveis pela transversalização e fusão de tácitos, sempre originando significados novos e de representações em imagens simbolizadas pela diversidade e riqueza do pensar e da cognição humanos.*

Assim, as epistemes (unidades de conhecimentos tácito-explícitos) podem ser elaboradas, formando configurações de informações/conhecimentos que denominaremos de Mapas de Conhecimentos e Mapas de Intencionalidades. Esses mapas podem ser relacionados ontologicamente com a Transdisciplinaridade, Autopoiese, Psicologia, Sociologia, Filosofia e Tecnologia de Informação e de Semântica, com todas as teorias e práticas em Administração de empresas em particular e no geral com as Ciências Humanas e também as Ciências Naturais.

Embora bem fundamentado em teorias, o conteúdo deste livro traz também muitas utilizações práticas sob a ótica de negócios e Administração de empresas, fazendo entrega de resultados empresariais, organizacionais e institucionais. O leitor aprenderá a usar intensamente métodos em operadores cognitivos na elaboração de mapas holísticos de conhecimentos e a construir modelos mentais em processos decisórios empresariais e institucionais, adquirindo o importantíssimo modo holístico e criativo do Pensar, pessoal e coletivo, adicionando valor diretamente ao capital intelectual pessoal e das organizações. Os propostos mapas são também colocados em sintonia com o moderníssimo pensamento da Física Quântica.

Essa compreensão das ideias lançadas neste livro pode representar uma nova capacitação que vai mudar a percepção, cognição e inteligência dos leitores, alavancando reposicionamento mental pessoal, profissional e organizacional.
*Minimamente, os leitores praticantes do Método MCMI com Software OET (**Conhecimentos e Inovação**) explicados no livro serão capazes de:*

- *Praticar **inovação e gestão da inovação, de fato**.*
- *Praticar **gestão do conhecimento, objetivo e subjetivo, de fato**.*
- *Desenvolver **bases de conhecimentos tácitos**, também na tipologia de inovação.*
- *Exercitar o **pensamento holístico, dialético e não linear**.*
- *Operacionalizar a **transdisciplinalidade** pessoal e organizacional.*
- *Desenvolver seu **cérebro direito**.*
- *Dominar a síntese **mental** pela epistemologia.*
- *Aprender sobre **o aprender**.*
- *Pensar estratégia e gestão em padrões universais (**arquétipos**).*
- *Aumentar a **inteligência pessoal e organizacional**.*
- ***Inovar**, pessoal e grupalmente.*
- *Colocar tudo que você aprender (hoje e no futuro) em (**MCMI®**), gerando história do seu conhecimento adquirido.*
- *Entender o básico do **pensamento da Física Quântica** com os mapas de conhecimentos.*
- *Aumentar o seu autoconhecimento na esfera do **Pensar, Sentir e Fazer (metacognição), e seu contexto ontológico do ser e, fenomenologicamente, na realidade subjetiva e objetiva**.*
- *Desenvolver a inserção da **inovação às culturas grupais, sociais e organizacionais e sua sustentabilidade inovativa**.*

Síntese:
*Em uma tentativa de **síntese** desse **sumário**, podemos comentar a efetuação necessária da <u>**Fusão Estruturante das Significações**</u> dessa nova **metacognição** pelas seguintes plataformas ou dimensões:*

1. Plataforma civilizatória:

a) **Ontologia do Ser Humano** pela evolução da Cosmosofia e Consciência Humana trazidas pela história de atuações do Taoismo, Budismo, Rosacruz, Fraternidade Branca, Teosofia, Antroposofia e outros grupos esotéricos.

b) **Gnosiologia** ou pensamentos e conhecimentos filosóficos ao longo da atuações de filósofos como Sócrates, Platão, Aristoteles, Kant, Hegel, Schopenhauer, Nietzsche, RSteiner, e outros notáveis. Queremos destacar a influência da **Dialética de Hegel** na constituição prática dessa **metacognição, fenomenológica e transpessoal**, indo muito além da simplicidade da razão cognitiva aristotélica. Esse item insere fortemente as diferenças visuais (sensoriais) do **Método Metacognitivo Dialético** MCMI/OET construído para o processo da cognição da cognição no Método da Dialética hegeliana, isto é, a evolução da tríade **Tese-Antítese-Síntese**, também entendido como Negação da Negação da Tese, nas realidades-em-si experimentadas.

Essa base hegeliana traz uma diferenciação (de outras alternativas) muito profunda e benéfica via metodologia e tecnologias contemporâneas utilizadas e condensadas por essa nova metacognição, nas aplicações acadêmicas, empresariais e culturais, expostas neste livro, e também na segurança da evolução gradual das teorias citadas neste livro e de outras aplicáveis em todas as Ciências Humanas e Naturais.

2. Plataforma científica contemporânea

A possível obtenção da **Epistemologia** nesse método **metacognitivo** via aplicações científicas nas escolas e acadêmias científicas desde a infância até as universidades, com fortes citações e méritos para Vgostzky, Piaget, Steiner, Popper, Eccles, Amit, Einstein, Heisenberg, Bose etc.

Com isso, essa metodologia construída em conhecimentos humanos se mostra adequada ao cientificismo moderno hipotético dedutivo, mais ainda, ao foco na consciência e na Física Quântica, ao evolutivo pensamento cognitivo holográfico e da psique transpessoal, passando pelo inconsciente coletivo junguiano.

3. Plataforma acadêmica contemporânea

Além das aplicações nas disciplinas normais de graduação em Administração de Empresas, o livro sugere e traz prontas 10 disciplinas para um mestrado focado em **Estratégias e Gestão via conhecimentos e metacognição**, em um total de 554 hora-aulas, que podem ser assumidas por universidades que possuam simpatia pela metacognição e espiritualidade. O livro é também muito útil e aplicável às universidades corporativas com valores e ideologias coerentes com as disciplinas no Executive Master in Business Administration (EMBA).

4. Plataforma espiritual evolutiva das civilizações no planeta

Certamente que podem ser aplicados facilmente em **universidades, escolas e clínicas** focadas em **Psicopedagogia e Psicologia do Inconsciente e Transpessoal**. Com isso, acreditamos que podemos influir fortemente na plataforma evolutiva civilizatoria do Brasil e do planeta, onde a espiritualidade pode evoluir na sociedade pelo **ensino primário, secundário e universitário, via metacognição espiritual**, explicado e orientado por este livro, via metodologias de aprendizagem, ideologias e aplicações metacognitivas espirituais, na realidade social, cultural e educacional. Ou seja, a inserção da espiritualidade pela Educação desde os anos primário, secundário e universitário.

Abrangência temática deste livro:

- Ontologia humana
- Gnosiologia filosófica
- Epistemologia e ciências específicas (humanas e naturais)
- Filosofia
- Antropologia
- Psicologia
- Educação e pedagogia
- Física quântica
- A fusão da ciência, espiritualidade e religiões pela epistemologia e metacognição
- **MEP (metacognição)**
- **Softwares cognitivos**
- **Desenvolvimento e implementação da transdisciplinaridade**
- **A dialética entre processos descendentes e ascendentes**
- *Estratégia e gestão do conhecimento tácito*
- *Estratégia e gestão da inovação*
- *Estratégia e gestão organizacional*
- *Estratégia e gestão da inteligência humana e organizacional*
- *Estratégia e gestão do ensino e aprendizagem*
- *Estratégia e gestão de pessoas*
- Desenvolvimento de pessoas e da cultura organizacional
- Desenvolvimento da inteligência pessoal e organizacional
- Desenvolvimento de arquétipos em administração de empresas
- Como desenvolver modelos de negócios inovadores
- Aplicações epistemológicas em:

  - Corporações (setor industrial, bancário, telecomunicações, automotiva...)
  - Governo (serviço Brasileiro de Apoio às Micro e Pequenas Empresas – Sebrae...)
  - Universidades (Escola de Administração de Empresas de São Paulo da Fundação Getulio Vargas – EAESP/FGV, Universidade Paulista – UNIP...)
  - Ensino e aprendizagem (EAESP/FGV, criatividade, inovação...)
  - Empreendedorismo (MPEs...)
  - Livros (Escola dos Deuses, A Consciência...)
  - Religião (Bíblia...)
  - Medicina
  - Psicologia
  - Pedagogia e Didática
  - Educação.

Público-alvo deste livro/tema/teoria:
A cognição estruturante do Pensar: Nova Teoria do Conhecimento e da Inovação

Presidentes, diretores, gerentes, profissionais, professores, pesquisadores, filósofos, educadores, acadêmicos e estudantes interessados e relacionados com:

- *Todas as ciências específicas e transdisciplinares*
- *Filosofia e MEP*
- *Estratégia e gestão do conhecimento tácito*
- *Estratégia e gestão da inovação*
- *Estratégia e gestão organizacional*
- *Estratégia e gestão do ensino e aprendizagem*
- *Estratégia e gestão de pessoas*
- *Estrategia e gestão da espiritualidade humana*
- *Estratégia e gestão de pesquisa científica*
- *Desenvolvimento de pessoas e da cultura organizacional*
- *Desenvolvimento da inteligência pessoal e organizacional*
- *Desenvolvimento de arquétipos em administração de empresas*
- *Desenvolvimento e implementação da transdisciplinaridade.*

Método psicopedagógico aplicado no livro:

A metodologia de ensino-aprendizagem iCAN utiliza o próprio Modelo Epistemológico do Pensar (MCMI) do Prof. Chu e privilegia o aprendizado e o desenvolvimento de aplicações práticas com o conteúdo envolvido, por si, e para si, dos participantes. Os conteúdos temáticos e suas aplicações serão trabalhados por caminhos internos dos participantes, sempre com a preocupação transdisciplinar de traduzir em conhecimentos tácitos as significações de cada momento, levando suas possíveis implicações por si e para dentro da organização.

Para isso, o modelo de ensino é também maiêutico, preocupação de que o aprendizado é sempre dos participantes, nas suas produções de tácitos, e abrangerá a utilização de diversos recursos didáticos, tais como filmes, perguntas e respostas, alguma exposição, estudos de casos e de aplicação, trabalhos em grupo, modelos de aprendizagem criativa. É também muito centrado no construtivismo de Piaget, propiciando dialética, assimilação e acomodação.

Pela abrangência e profundidade dos temas, o processo de aprendizagem adotado favorecerá muito o interesse empresarial, específico e grupal dos participantes durante o tratamento dos temas e aplicações, tanto na dialética horizontal interparticipantes como na contemplação vertical dos conhecimentos, visando intencionalidades.

A grande tipologia de pensamentos a ser apreendida pelos participantes poderá abrir uma enorme janela para a cognição pessoal ou coletiva do grupo. A ampliação pessoal da cognição é uma grande conquista individual e é permanente para si.

Sumário

Objetivo Geral e Objetivos de Base do livro 5
Ementa Resumida e Abrangência Temática 6
Público Alvo e Método PsicoPedagógico iCAN 10
Sumário 11

Parte A. MetaCognição: Nova Teoria da Cognição Humana 15

Introdução à Epistemologia da Ontologia do ser Humano e ao Modelo Epistemológico do Pensar (MEP): do todo às partes 16
Capítulo 1. Modelo de criação e construção do conhecimento humano 26
Capítulo 2. A ontologia e a dialética do ser humano com o mundo social, com a natureza e com outros seres espirituais e influências dos astros e planetas 29
Capítulo 3. O encontro com a natureza e com os seus conhecimentos 33
Capítulo 4. O encontro com os seres espirituais 41
Capítulo 5. Criação de conhecimentos na inter-relação com os astros e os planetas 47
Capítulo 6. O desenvolvimento biográfico do ser humano e seus conhecimentos constituintes 50
Capítulo 7. Modelo global de conhecimentos humanos 56
Capítulo 8. Conhecimentos tácitos (modelos mentais) e conhecimentos de inovação ... 60
Capítulo 9. Modelo epistemológico do Pensar-Sentir-Querer (Introdução ao MEP, às tipologias do Pensar e aos benefícios): uma introdução 61
Capítulo 10. Resumo sintético 63

Parte B. A Gnosiologia humana e social 65

Capítulo 11. Introdução à Epistemologia da Gnosiologia 66
Capítulo 12. Por que a Gnosiologia? 67
Capitulo 13. As principais civilizações historicas até a época contemporanea (século XXI) ... 69
Capítulo 14. Alguns exemplos de conhecimentos de sabedoria gnosiologia (Platão, Aristóteles, Heráclito etc.) ... 72
Capítulo 15. Transdisciplinaridade 74
    Artigo 1: Reforma da Educação e do Pensamento: Complexidade e Transdisciplinaridade 74

Parte C. A Epistemologia científica 84

Capítulo 16. Introdução à Epistemologia das ciências específicas (naturais e humanas) 85
Capitulo 17. Pesquisas Científicas (artigos científicos academicos do Prof. Dr. Chu 86
    Artigo 2: Executive Information Systems and Learning Organizations 87
    Artigo 3: Operador Epistemológico Tácito - Um Enfoque Antropocêntrico 99
    Artigo 4: Estratégia e Gestão das Organizações com Base em Conhecimentos e Inteligências ... 114
    Artigo 5: A Inteligência Coletiva das Organizações e a MetaCognição 128
Capítulo 18. Curso EAD com 20 palestras em 24 horas de aula expositiva 155
    Nova Teoria: Metacognição, Inteligência Profissional, Organizacional, Acadêmica e Espiritual ... 155

Parte D. Modelo Epistemológico da Cognição e do Pensar (MEP) e o Método MCMI 157

Capítulo 19. Epistemologia da Cognição e do Pensar Fenomenológico 158
    19.1. Introdução 158
    19.2. Epistemologia da cognição 159
    19.3. Sobre a expressão: O Modelo Epistemológico de... 160
    19.4. Sobre o Modelo Epistemologico da Cognição 164

- ❖ Monismo e dualismo (gnosiologia) 166
- ❖ O modelo hepta do ser humano e a cognição 169
- ❖ O desenvolvimento do ser humano visto pelo ontogenese ou pela filogenese 172
- ❖ A visão do todo holístico: a unidade na diversidade 173
- ❖ A vida e a consciência humana (Epistemologia). 174
- ❖ O fluir da consciência na construção da cognição individual 177
- ❖ A fenômenologia e os 12 sentidos (epistemologia e ontologia) 178
- ❖ A produção de conhecimentos internos do ser (ontologia) 179
- ❖ Das abordagens: descendente e ascendente e sua dialética. 184
- ❖ A Influencia das Vidas passadas na Cognição da presente Vida. 190
- ❖ Granularidade da Epistemologia da Cognição Fenomenológica. 192
- ❖ A Evolução do MEC para o MEP-S-Q. 200
- ❖ A constituição e componentes do MEC 201
- ❖ Tipologias do Pensar-Sentir-Querer. 210

Capítulo 20. Introdução às diversas formas de Pensar (Modelo Epistemológico do Pensar) 214

    20.1. Pensamento Linear 214
    20.2. Pensamento com visão em figura geométrica (diamante) 214
    20.3. Pensamento sistêmico. 215
    20.4. Pensamento Fenomenológico (Sensitivo/Perceptivo) 215
    20.5. Pensamento epistemológico: holístico, transdisciplinar, dialético 215
    20.6. Pensamento de conjunto de ações como intencionalidade (trabalho da volição interna) ... 216
    20.7. Pensamento sobre modelos de comportamento (atitudes, posturas, perfis de liderança)... 216
    20.8. Pensamentos (O Pensar) com diversos atributos de qualificação Atributos de qualificação: diversos abaixo 216
    20.9. Pensar(es) Puro(s) – sem fenomenologia. 216
        Introdução 216
        20.9.1. Desenvolvimento da imaginação (etérico terceira hierarquia) 217
        20.9.2. Desenvolvimento da Inspiração (astrálico segunda hierarquia) ... 219
        20.9.3. Desenvolvimento da Intuição (Manas+Buddhi primeira hierarquia) ... 219
    20.10. Progresso espiritual para o desenvolvimento harmonioso da raça humana nessa próxima época cultural (sexta época cultural denominada Júpiter) 220

Capitulo 21. Introdução ao Método Epistemologico do Pensar MCMI 222
Capitulo 22. Mapas de Conhecimentos e Mapas de Intencionalidades (MCMI® e OET®) 228
Capitulo 23. Modelo e Método Epistemológico do Pensar (Cognição): benefícios 235
Capitulo 24. Comparações do MEP/Método MCMI com o estado de arte da técnica 237

Parte E. Estratégia e Gestão da Cognição Humana e da Organização (EGCHO) **243**

Capitulo 25. Introdução à EGCHO e Modelos Epistemológicos de... 243
Capitulo 26. Modelo Epistemológico de Estratégia e Gestão Organizacional 245

Parte F. Estratégia e Gestão de Conhecimentos Organizacionais (EGCO) **249**

Capitulo 27. Ensaio introdutório: afinal das contas, o que é do Conhecimento Tácito (GCT)? 249
Capitulo 28. Modelo Epistemológico de Estratégia e Gestão de Conhecimentos 259

Parte G. Estratégia e Gestão da Inovação Organizacional (EGIO) **263**

Capitulo 29. Introdutório: exemplo de disciplina acadêmica orientada para Estratégia e Gestão de Inovação e Conhecimentos com base em conteúdos deste livro 263
Capitulo 30. Modelo Epistemológico da Inovação e Criatividade 264
Capitulo 31. Modelo Epistemológico do Desenvolvimento de Cultura Organizacional Inovativa 273

Ensaio1 : a inovação da cultura e a cultura da inovação 273
Ensaio2 : a inovação e a cultura do "copy&paste" 276

Parte H. Estratégia e Gestão do Ensino e Aprendizagem (EGEA) 279

Capitulo 32. Visão Epistemológica do Ensino e Aprendizagem 279

Parte I. Estratégia e Gestão da Inteligência Humana e Organizacional (EGIHO) 281

Capitulo 33. Introdução à Inteligência Humana (via arquétipo e singularidades) 281

Parte J. Estratégia e Gestão da Espiritualidade Humana e Cósmica (EGEHC) 284

Capitulo 34. Proposição de Pesquisa para Evolução Ontológica-Gnosiológica-Epistemológica da Ciência, pesquisas do Universo e Cósmico, nesse caso via dialética hegeliana, com sucesso comprovatório – A Epistemologia da Fenomenologia do espírito via metacognição espiritual (Devachan) 284

Capitulo 35. Proposição de um curso super especial sobre essa Inteligência Espiritual com a dialética entre os 2 mundos: fusão dialética entre a vida na Terra com a vida no Cosmos ou Epistemologia da Fenomenologia do espírito via Metacognição espiritual 287

Capitulo 36. Curso especial efetuado na Instituição Cultural Sociedade Antroposofica do Brasil (SAB) em fins de 2014/2015 289

Capitulo 37. Estratégia de relacionamento Brasil-China 293

Parte K. Aplicações reais da Metacognição na realidade empresarial-organizacional- institucional 298

K1. Como criar uma Cultura Organizacional de Inovação Educação 299
K2. Formulação de Estratégias da Sociedade Brasileira de Gestão do Conhecimento (SBGC) Instituto de Desenvolvimento de Conhecimentos 300
K3. Formulação de Estratégias Competitivas da FGV EAESP Universidade 301
K4. Formulação de Estratégias integradas com o Balanced Score Card (BSC) Educação 302
K5. Administração da Inovação (FGV GVPEC)...(Educação) 303
K6. Projeto Formulação de Estratégia FUNDAP GOV-iGOV (Electr/Inovation Gov.)(GOV) 304
K7. Estratégia de Pesquisa e Exportação de Produtos Sebrae Centro Oeste (MCT, MIDIC) 306
K8. Projeto e Implementação de Base de Conhecimentos em Congresso Internacional (Congresso) .. 306
K9. Conhecimentos Holísticos e Sintéticos do livro "Escola de Deuses" (Educação) 307
K10. Aplicação do MEP na resolução de problemas de Gestão com Excel (Educação) 308
K11. Estratégias de Inovação de produtos e serviços Corporações como Itaú Unibanco 309
K12. Curso MBA para Universidades e Univ. Corporativas Educação 312

Parte L. Exercícios (Pensamento Holístico, Sintético, Transdisciplinar, Não Linear, Dialético etc.) de síntese (utilização de conceitos sintéticos) na leitura de artigos 316

❖ Gestor do Futuro (Gutemberg B. de Macedo) 316
❖ Primeiro Pense, Primeiro Veja, Primeiro Faça (Mintzberg) 317
❖ Os 3 pilares da Gestão do Conhecimento (Eduardo J.P. Lima) 320
❖ A Inteligencia (Vitor Cruz) 324

Parte M. Introdução ao Software Cognitivo Operador Epistemológico Tácito (OET) 329

Parte N. Poema: Vai... 337

Parte O. Mini Curriculum Vitae: Prof. Dr. Chu Shao Yong 339

Parte P. Curso MBA produzido por esse Novo Modelo e Teoria da Cognição: MetaCognição e Aplicações Academicas e Empresariais-Organizacionais (544 HA)........340

Parte Q. Exemplos de disciplinas universitárias elaboradas e vivenciadas pelo autor compelindo para consolidação de Novas Teorias e Novas Culturas........356

Parte R. Bibliografia conjunta dos artigos científicos e complementos relativos a outros temas do livro........358

Bibliografia complementar........363

São Paulo, Janeiro 2021
Prof. Dr. Chu Shao Yong
FGV EAESP / AOM / UTAO
Direitos autorais reservados e Métodos MCMI®, ICAN® e OET®

Parte A – MetaCognição: Nova Teoria da Cognição Humana

Introdução à Epistemologia da Ontologia do Ser Humano, e ...ao Modelo Epistemologico do Pensar (MEP): Do Todo às Partes

Capitulo 1. Modelo de criação e construção do Conhecimento Humano

Capitulo 2. A ontologia e dialética do Ser Humano no mundo social e com a natureza

Capitulo 3. O encontro com a natureza e seus conhecimentos

Capitulo 4. O encontro com os Seres Espirituais

Capitulo 5. Criação de Conhecimentos na inter-relação com os astros e planetas

Capitulo 6. O desenvolvimento biografico do Ser Humano e seus conhecimentos constituintes

Capitulo 7. Modelo Global de Conhecimentos Humanos

Capitulo 8. Conhecimentos Tácitos e Conhecimentos de Inovação

Capitulo 9. Modelo Epistemologic

Capitulo 10. Resumo sintético

Introdução à Epistemologia da Ontologia do ser Humano e ao Modelo Epistemológico do Pensar (MEP): do todo às partes

Uma questão fundamental na escrita de qualquer livro reside em "como começar", principalmente nessa tipologia de livro em que o próprio elemento principal, o foco, é o próprio "conhecimento", elemento de produção realizado pelo ser humano, pela sua cognição, trazido ao visível na forma de conhecimentos tácitos expressos.

Surgem questões como:
- *Que nível de detalhe? Quais são as categorias de conhecimentos? Aristóteles? Hegel?*
- *Possui premissas? Axiomas matemáticos? Quânticos?*
- *Há teorias? Quais?*
- *Introdução com dados quantitativos?*
- *Introdução com dados qualitativos?*
- *Trazer citações de filósofos notáveis?*
- *Quantidade relativa entre: gráficos? desenhos? imagens? ou textos lineares de explicações?*
- *Causalidade ascendente? Ou descendente?*
- *Linguagem a ser escolhida, ou linguagem própria, da Nova Teoria de Conhecimentos em jogo?*
- *É sobre os conhecimentos?*
- *É sobre o ser humano?*
- *Aspectos filosóficos?*
- *Transdisciplinaridade? Transversalidade? Uni ou Bi disciplinaridade primeiro? Ex ante?*
- *Pensar fenomenológico? Pensar puro?*
- *Como mostrar conhecimentos sobre conhecimentos? Metacognição da cognição?*
- *Onde está o fulcro dos conhecimentos?*
- *Na produção consciente e inconsciente do Pensar-Sentir-Querer?*

É uma questão simples/complexa da complexidade dos conhecimentos.
Neste livro utilizamos um nível superior ou mais complexo de conhecimentos em transdisciplinaridade para a expressão das ideias, trabalhando e utilizando constantemente um método de exposição de forma a facilitar a compreensão pelo leitor da leitura e da reflexão dos tácitos no jogo epistemológico expresso. O método de exposição das ideias possui algumas características principais:

1. Abordagem descendente, em primeiro lugar: a questão do "todo"

Veremos que, quando estamos tratando das "coisas" referentes ao ser humano, começamos sempre pela abordagem descendente, ou seja, do todo às partes.

É razoável iniciar dizendo que temos "o todo", e iremos representar esse todo por meio de uma imagem da natureza (também cósmica) em que se passa o fenômeno humano-social proveniente do pensar fenomenológico, ou via imagens geométrico-simbólicas criadas na mente humana, como círculos, provenientes do pensar puro. Esse todo se refere a tudo que nós sabemos ou conhecemos ou temos percepção, enfim, tudo que pode existir, incluindo a mim, a nós, a todos os objetos, ideias, pensamentos, a toda a manifestação que percebo no seu sentido mais amplo possível, "tudo que existe ou penso que existe".

Veja a figura a seguir sobre "do todo às partes":

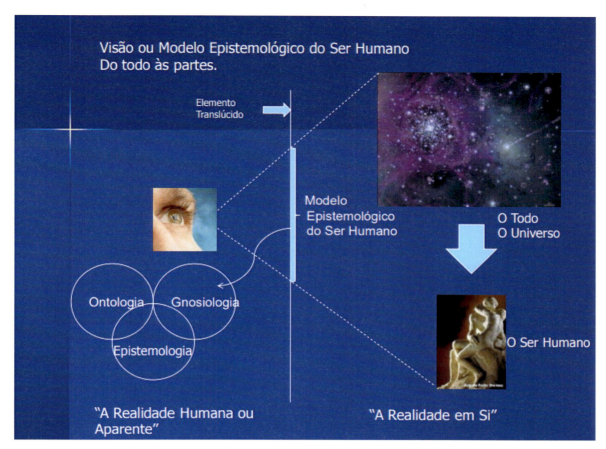

Figura 1 –

Nessa frase anterior temos uma grande descoberta: "tudo que existe" refere-se a "tudo que existe __em si__" (veja Hegel), ou seja, existe um "todo" no qual as manifestações viventes ou não se expressam ou se manifestam, independentemente da consciência desses elementos expressos. Ora, como somos um elemento dos que se manifestam dentro desse tudo, e estamos todos manifestando nesse tudo, a percepção e reflexão humanas específicas sobre esse tudo que as contém se refere ao tudo que está sendo manifesto dentro e pelas estruturas, energias constituintes ou corpos (físicos ou não) dentro desse ser humano. Ou seja, quando dizemos "tudo que existe" é o "tudo que existe em si", que muitos sábios dizem ser a realidade circundante ao ser específico, e é totalmente diversa, diferente e separada do mundo (mente) pessoal desse ser específico, ou melhor dizendo, é a realidade-"em-si" diversa da realidade "aparente" (vide Steiner: Filosofia da Liberdade) que criamos dentro das nossas estruturas cognoscentes. A "realidade em si" é um mundo diferente (separado e diverso) da "realidade aparente" que o ser humano cria nas suas estruturas internas, onde está sediada a consciência do e de ser frente ao seu mundo físico circundante. Muitas vezes, fazemos (queremos, procuramos...) coincidir a "realidade em si" com a nossa realidade criada internamente na alma humana (física, psíquica e espiritual). Para o filósofo Platão, o que estamos identificando como "realidade aparente" nas dimensões do Pensar idealístico pode coincidir com o seu "mundo das ideias", dito por ele como sendo a própria realidade, e a realidade-em-si (entendida como realidade concreta ou o nosso mundo físico, visível, etc.), como sendo a "sombra" do mundo da realidade de "Ideias" platônicas.

A ciência, desde os tempos de Copérnico, Aristóteles, Bacon, e Descartes, ao metodizar-se para que a mística do "mundo das ideias" não fique muito distante da "realidade em si", criou suas diretrizes científicas ao longo do desenvolvimento objetivado (da doutrina objetivista) da ciência, e em específico nas suas pesquisas empíricas, por meio da metodologia científica hipotético-dedutiva, procurando sempre quantificar os experimentos

mediante métodos e ferramentas metodológicas objetivadas, de tal forma a poder exibir resultados mensuráveis. Pela colocação de métodos estatísticos a ciência procurou conquistar a prova de confiança ou fidedignidade (reliability) de suas pesquisas e conclusões. Tentou, assim, buscar métodos científicos que mostrassem resultados objetivos coerentes (comunicáveis/comprováveis por diversos observadores) com a situação da realidade-em-si, ainda que a avaliação instrumental e final seja feita pelos humanos. Toda essa forma de trabalhar cientificamente é procurar formas metodológicas que independam do pesquisador ou observador. É buscar uma mediação, seja humana ou mesmo instrumental, com a realidade-em-si, independendo ao máximo da "realidade humana ou realidade aparente" criada dentro do ser humano. É a solução objetiva (do objetivismo) dos fenômenos em manisfestação.

Essa questão também é muito discutida pelos físicos quânticos Fred Adler, Amit Goswami, Ken Wilber etc. e filósofos como Goethe, R. Steiner, quando, pelos seus estudos e encaminhamentos, cada ser vivo cria a sua própria "realidade aparente"e, portanto, precisa sempre saber como conciliar ou integrar seus movimentos e comunicações sociais inter-humanos, já superadas as diferenças radicais intergrupais sociais, e também determinados e provenientes do crescimento educacional infantil-adolescente de cada ser, a fim de criarmos/identificarmos um mundo comum "em si", que possa ir em direção ao desenvolvimento dos povos viventes no planeta Terra, ou expresso pela linguagem mais espiritual, do desenvolvimento da raça humana, frente aos desígnios de Deus (Católico-romano), do Universo cósmico autoconsciente (Física Quântica), ou mesmo de Brahman (Bhagava Gita, indiano), Buda (Bodhisatva, do budismo) e Cristo (da Antroposofia cristã).

A questão do conhecimento e sua produção:

Penetrando agora no mundo do conhecimento e sua produção pelos elementos constituintes do ser e da cognição humana. Dentro desse "todo", e mais perto de nós, vamos examinar os (objetos) elementos viventes no planeta Terra e que possam construir conhecimentos. Temos consciência de que os animais e vegetais não simbolizam e portanto não constroem conhecimentos que possam ser transmitidos, pelo menos na forma usual que conhecemos. Como o tema é sobre conhecimentos, podemos intuir que o ser humano dentro desse todo seja o elemento vivo que produz os conhecimentos e o elemento a ser examinado e detalhado na sua manifestação e fenômenologia, a fim de podermos explicar essa nova Teoria do Conhecimento Humano.

Se o elemento produtor de conhecimentos é o ser humano, é fundamental estudarmos como os constituintes internos dele são constituídos e melhor desenvolvidos durante o seu envolvimento nos fenômenos de produção de conhecimentos e como podemos expressá-los (consciente e visivelmente) para poder compartilhar aos demais seres humanos, criando uma sociedade de conhecimentos (vide Castells) mais justa e progressista. Com isso, também podemos colaborar no desenvolvimento do Pensar científico, alargando suas possibilidades no crescimento da inteligência humana, afastando-se do fundamentalismo científico clássico muito centrado no objetivismo e do Pensar racional lógico, que tanto aprisiona mentes ilustres do mundo científico e tecnológico.

O olhar do autor deste livro estará sempre focando muita atenção nesse complexo chamado ser humano e nos seus constituintes internos ontológicos sempre em desenvolvimento (Ontologia), participando fenomenologicamente no desenrolar histórico das nações e raças humanas em direção à prosperidade material e imaterial. Simultaneamente, teremos sempre um olhar perante a sabedoria do filosóficos atuais e passados (Gnosiologia), que tanto influenciaram e influenciam o atuar e o viver na sociedade atual entre os homens, e certamente também um olhar no subjacente pensamento científico (Epistemologia) dos avanços da Ciência e da Tecnologia. Assim, o olhar simultâneo da Ontologia- Gnosiologia e Epistemologia se faz constituinte na formação deste livro e desta Teoria do Conhecimento/Pensar, e é dessa forma que deve ser entendido o seu objetivo maior, na sequência e fusão dialética entre o ser humano, a sabedoria e a ciência, na medida em que a vida flui, nos tempos e espaços humanos.

Seja a figura anterior (Do todo às partes), na qual representamos o Universo como o Todo, e desse filtramos o melhor representante vivente e produtor de conhecimentos: o ser humano. Temos então o observador ou pesquisador (você, leitor) que visualiza o quadro de Rodin em que temos o homem e a mulher, ambos representando o ser humano. Quando falamos em visão, estamos nos referindo à percepção humana do seu meio ambiente circundante, pela via dos 12 sentidos (vide R. Steiner), captando o fenômeno ser humano. A imagem do ser humano representado pela obra de Rodin certamente remete à imagem da visão do observador formado internamente no cérebro do observador e que não necessariamente coincide com a realidade-em-si. Essa imagem percebida é certamente uma imagem invisível dentro da mente do observador e cuja compreensão o observador pode exprimir em visível como modelo epistemológico do fenômeno ser humano, na superfície translúcida colocada como anteparo à visão. Essa visão pode ser expressa pela via da Ontologia do ser, da Gnosiologia filosófica e da Epistemologia das Ciências específicas (por imagens ou círculos geométricos). Com isso, acrescentamos aos encaminhamentos da Ciência, a Gnosiologia e Ontologia do ser, enriquecendo pela fusão de tácitos, fortemente, o desenvolvimento científico. Penso que dessa forma enriquecemos fortemente a doutrina científica do objetivismo. Pela mesma tratativa, encaminhamos possibilidades de desenvolvimento (em dupla mão) do desenvolvimento imaterial ou espiritual dos humanos (e suas tipologias), que estão restritos ou aprisionados pelo materialismo e suas conquistas nesse âmbito somente. Alargamos as possibilidades da significação ao significado de Vida, com essa visão transdisciplinar , a priori (ex ante) da visão dos fenômenos-em-si.

2. **Comunicação por meio de imagens e figuras (por exemplo: geométricas e ícones simbólicos) que expressam os conhecimentos propostos pelos objetivos do livro**

Sempre que for possível, teremos um olhar que expressa os conhecimentos na forma de figuras, de imagens, fornecendo uma linguagem holística por imagens. Espera-se que as imagens expressem o máximo por si mesmo, sem precisar das explicações colocadas na forma linear da linguagem escrita. Os antigos sábios chineses já falavam que "uma imagem vale mais do que mil palavras".

Continuando com a figura em questão, por essa expressão, agora visível, o observador pode representar o seu entendimento da visão que obteve da obra ser humano de Rodin. Digamos que o observador saiba representar em uma linguagem geométrica (círculos) e simbólica da língua portuguesa (ou chinesa), assim, o Modelo Epistemológico que será utilizado para explicar o ser humano será constituído ou sintetizado pela tríade (em ex ante transdisciplinar) Ontologia, Gnosiologia e Epistemologia.

A Ontologia refere-se aos conhecimentos focados na essência do ser humano, trabalhando a mente em reflexão com relação aos fatores constituintes desse elemento vivo ser humano, procurando explicar o que é o ser humano, como foi construído, por que foi construído e como funciona ou desenvolve ou se transforma esse ser vivo. Essa abordagem pode também ser "considerada" mística-quântica-espiritual do ser humano. Na visão epistemológica dessa nova teoria, teremos abordagens fortemente influenciadas pela Teosofia de Blavatsky e Antroposofia do cientista espiritual e filósofo R. Steiner.

A Gnosiologia vai tratar dos conhecimentos relativos aos pensamentos dos filósofos e a quem ao longo da história da humanidade expôs seus conhecimentos relativos aos constituintes essenciais do ser humano, e ao "saber viver" ou sabedoria de viver dos homens. Trata-se da abordagem filosófica do ser humano, para isso podemos citar Heráclito, Sócrates, Platão, Aristóteles, Kant, e Hegel (e seus contemporâneos), que são os filósofos que mais influenciaram o presente Modelo Epistemológico do ser humano e MEP.

A Epistemologia refere-se aos conhecimentos trazidos pelas investigações ditas como científicas, ou seja, conhecida como as ciências específicas, ou as ciências clássicas, que podem ser categorizadas em Ciências Naturais e Ciências Humanas. Nessa área de conhecimento, a produção obedece estritamente à metodologia científica moldada desde Aristóteles, passando depois por Bacon, Descartes e Popper. Os artigos colocados no Capítulo 22 "Pesquisas Científicas" retratam fortemente aquelas feitas pelo autor.

Assim, um dos principais objetivos do livro é a proposição de uma nova Teoria do Conhecimento (produto de atividades do ser humano, em específico das funcionalidades internas do Pensar, Sentir e Querer). Essa teoria tem por base o Modelo Epistemológico dos "modelos ontológicos do ser humano", juntamente aos "pensamentos filosóficos" e às tratativas "epistemológicas da Ciência". Essa visão é uma abordagem holística do fenômeno do ser humano em ação no meio ambiente, de forma simultânea, interagindo com todas as potencialidades constituintes do ser, com os demais viventes animais, vegetais e minerais. Ficam aqui também denotadas as possíveis interações com seres viventes invisíveis aos sentidos humanos (não possuem corpos físicos visíveis).

3. **Abordagem holística e dialética de ideias e fenômenos (divergente, convergente e espiral de crescimento sintético de pensamentos produtores de conhecimentos tácitos)**

Como decorrência natural de a comunicação ser orientada preferencialmente por imagens, essas imagens tenderão a transmitir uma ideia ou um conjunto de ideias que permitam uma compreensão tópica do tema. A abordagem deste livro caracteriza sempre uma abordagem do todo holístico dos fenômenos para as partes, oferecendo um pensamento divergente até os limites da pertinência e abrangência das ideias a transmitir, e dentro do mesmo tema permitir o surgimento ou expressão de pensamentos convergentes para o surgimento concomitante de gestalts (insights) na mente do leitor. Nesse momento temos a dialética hegeliana em aplicação, recursiva ou não, transdisciplinar ex ante e nos diversos níveis de realidade (vide Basarab).

Como sabemos que isso nem sempre é costume ou hábito dos leitores, teremos sempre frases (pensamento linear) que explicam as imagens. A ênfase é que as imagens devem provocar uma compreensão tácita direta no leitor (preferencialmente sem passar pela tradução hermenêutica de linguagens simbólicas), e que, com o prosseguir da leitura, o leitor poderá acostumar-se bem mais com as imagens e tenderá a pensar na forma de imagens, ou pelo menos guardará muito mais facilmente as ideias sintéticas provocadas pelas imagens. A leitura por imagens provocará um entendimento intuitivo (vide R. Steiner) das ideias, conceitos e conhecimentos tácitos expressos.

Essa abordagem é muito importante, bastante diferencial e complementar ao método científico que dá preferência ao pensamento analítico, pois procura dividir os problemas e complexidades em partes menores cujas complexidades permitem ajustar os métodos científicos (matemáticos, estatísticos etc.) da análise dos fenômenos. Essa forma de pensar analítica, que muitas vezes delineia árvores hierárquicas de problemas em constructos cada vez de menor complexidade, leva de forma enganosa a pensar sempre objetivamente, com foco nos objetos, esquecendo que, em assuntos ligados aos seres humanos, muitas vezes necessitamos de uma abordagem subjetiva integrativa, com seus derivativos hermenêuticos, na interpretação dos modos expressivos considerados nos experimentos, tais como as atitudes, os comportamentos, as linguagem verbais, as escritas simbólicas de uma linguagem, e assim por diante.

A capacitação constituinte integrativa da mente humana é oposta ao elemento analítico, segundo estudiosos, são elaborados diferentemente pelas regiões do próprio cérebro físico, e de certo pelas diferentes regiões (ou corpos) energéticos do ser humano. É fundamental ao desenvolvimento do ser saber conscientemente, em autoconsciência, como a nossa "mente" trabalha, no envolvimento do ser-de-si na dinâmica dos fenômenos-em-si que participa.

4. Pensamento transdisciplinar (ex ante)

Por ser uma nova teoria de produção de conhecimentos centrada em uma visão holística de fenômenos, desenvolvendo e abrangendo conceitos e modelos mentais de forma metodológica visões e pensamentos de conhecimentos que serão sempre transdisciplinares quando possível e desejável ao entendimento ao leitor. Essa forma de comunicação também tenderá a formar e conformar o leitor a pensar transdisciplinarmente, mais na forma horizontal de conhecimentos do que o clássico pensar hierárquico e vertical aos detalhes. O leitor pensando na forma de imagens é a maneira mais centrada em cima da transdisciplinaridade porque é um pensar integral no todo fenomenológico, e se possível o leitor pode expressar suas ideias por meio de imagens (abrangendo as linguagens com os seus ícones simbólicos padronizados), que é uma expressão transdisciplinar ex ante ou o continuado pensar fenomenológico, na geração tácita em fusão metafórica de suas ideias, posicionado na origem intuitiva do pensar conceitual para a geração de constructos e modelos mentais mais complexos. No primeiro momento que o leitor for expressar suas ideias, portanto, poderá ser na forma de imagens (em um todo) ou na nossa era pós-moderna contemporânea, tendemos a expressar na forma de linguagens que possam comunicar nossas ideias, e na expressão da linguagem, o leitor tenderá a expressar dimensões categóricas de conhecimentos (em disciplinas) na forma de conhecimentos em que foram formados pela educação o seu pensar e a sua forma específica de expressão. Assim, uma expressão de ideias na forma de imagens corresponde à melhor forma de expressão transdisciplinar, ou seja, já na origem há a transcendência disciplinar. Inversamente, se o leitor aprendeu desde sua formação em conhecimentos na forma linear e internamente conseguir trabalhar as imagens e os símbolos e consegue expressar-se em um corpo inteiro e simultâneo, podemos dizer que o leitor transmutou as ideias apreendidas e aprendidas e fez uma síntese original em conhecimentos. Trata-se de um fenômeno superior do ser humano a possibilidade de criação de conhecimentos com aquilo que aprendeu durante sua vida até o momento, elaborando outro conhecimento com base na sua especificidade no corpo-alma-espírito (específicos), em tempo e local. Assim, o pensamento transdisciplinar pode ser resgatado (considerando que o desenvolvimento da linguagem linear – basicamente ocidental – por meio do pensar no seu "todo" na forma de imagens – e também figuras –, ponto de origem no pensamento transdisciplinar, quando então o leitor conseguiria fundir um todo, uma imagem quando possível, ou quando consegue, os conhecimentos em questão em uma visão holística e de expressão em significação simultânea, seja interna ou via externalização à realidade "em si". O confrontamento amistoso entre ideias e constructos se fará de forma interdisciplinar e principalmente transdisciplinar, de forma horizontal e em um caráter de fusão de conceitos de forma sinérgica, seja criando novos conceitos de forma inovadora ou ampliando os conceitos envolvidos ou pelo modelo mental de complexidade maior, podendo chegar a <u>arquétipos</u> de significado universal.

Assim, queremos denotar que o conhecimento aqui mencionado constitui sempre o resultado de um processo dinâmico interno do ser humano, processo esse universal do ser humano, denominado Pensar. O Pensar é uma das características constituintes (ontológicas) ou propriedades mais importantes no viver dos seres humanos, enquanto dentro do ciclo de nascimento e morte, e, em conjunto com o Sentir e o Querer, constitui a principal tríade de faculdades humanas que estão à disposição do Eu, nas vivências do dia a dia dos seres humanos, que podemos chamá-lo também de alma humana, de caráter intangível ou invisível do ser humano. Construir conhecimentos com base em Pensar, Sentir e Querer é mesmo assim um reducionismo do que realmente passa ontologicamente interno ao ser, dado o todo complexo do ser humano em seus constituintes internos como um todo, como veremos adiante quando iniciarmos a conversa sobre a construção de conhecimentos pelo ser humano, pelo seu todo, derivando desse a construção de conhecimentos pelo Pensar-Sentir-Querer, ainda que haja alguma colinearidade de causalidade e efeitos entre o todo do ser humano e seus representantes no estrito Pensar-Sentir-Querer.

Cumpre dizer nesse momento que o Pensar, o Sentir e o Querer são características ontológicas do homem, ou seja, não são produtos do homem, e sim características constitucionais e essenciais que o ser humano descobre sobre si mesmo, de que possui qualidades ou potencialidades que o permitem reconhecer, entender e interagir com o meio ambiente que o envolve, seja a Natureza (entendido como os reinos minerais, vegetais e animais) ou outros seres humanos.

Sendo mais objetivo na explicação do dito, vamos utilizar o modelo de Burrel Morgan para posicionar de que o livro faz uma viagem ao quadrante do subjetivo sem negar o quadrante do objetivo, no qual está concentrada a grande percentagem das teorias da Administração de Empresas (ver Capítulo sobre Burrel Morgan). Muito pelo contrário, é estabelecida uma dialética entre os modelos mentais das Teorias de Administração de Empresas e as abordagens e os métodos epistemológicos aqui preconizados pelo livro.

A Teoria Metacognitiva e seus modelos-métodos são resultados de inovações disruptivas em conhecimentos do autor com a convergência ou fusão de conhecimentos sobre diversas áreas de conhecimento humano, tais como as delineadas na figura a seguir. Assim, os processos do pensar reflexivo e a vivência pessoal tanto no ambiente visível como invisível puderam ser sintetizados em um Modelo de Visão Epistemológica sobre o Pensar, originando derivativos como os métodos e técnicas de pensar, induzindo também de forma derivativa softwares que sustentam passo a passo os modelos e o MEP, que, pela universalidade do Modelo do Pensar, permite que tenhamos aplicações concretas em todas as Ciências Naturais e Humanas, delineadas pela atual posicionamento científico. Assim, o Modelo e métodos epistemológicos do Pensar podem ser aplicados em Ciências Naturais como Física, Química, Biologia, Medicina etc., e em Ciências Humanas como Administração de Empresas, Economia, Psicologia, Sociologia, Direito etc.

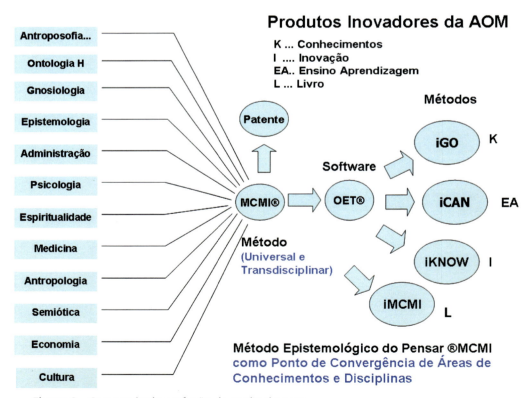

Figura 2 – Convergência ou fusão de conhecimentos

Quanto aos autores filosóficos (Gnosiologia) que influenciaram a Teoria Metacognitiva, podemos citar:

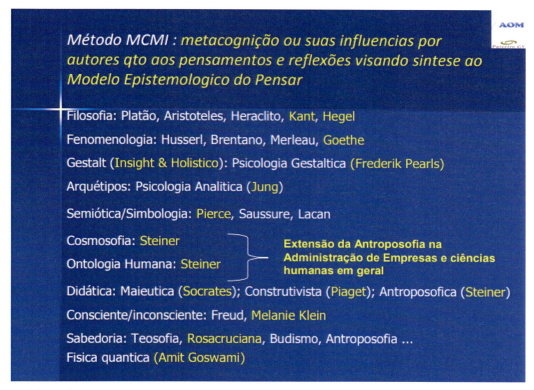

Figura 3

O Modelo Global de Conhecimentos (figura a seguir) adotado é constituído de três elementos de conhecimentos, todos reconhecidos e produzidos pelo homem: Ontologia Humana; Gnosiologia (Filosofia e Sabedoria); e a Epistemologia (ciências clássicas como hoje conhecemos).

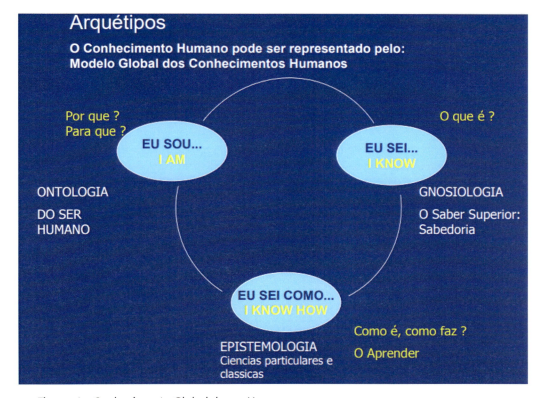

Figura 4 – Conhecimento Global do ser Humano

Os conhecimentos ontológicos sobre o próprio homem, os conhecimentos sobre a vida (sabedoria ou filosofia) adquiridos conforme o homem vai vivendo ao longo do ciclo desde o nascimento até a morte, e em conjunto com os conhecimentos adquiridos conforme os requisitos da Ciência vigente constituem o conjunto de conhecimentos de partida para outros conhecimentos de menor amplitude e complexidade. Fica entendido também que esse conjunto reside na mente do pesquisador ou investigador como conhecimentos tácitos ou internos, à medida que interage com o seu ambiente. Nas figuras a seguir estamos representando os três grupos de conhecimentos dentro do próprio conhecimento "Eu Sou", durante as explicações sobre a aquisição de conhecimentos que residirão na mente do pesquisador em foco. Ou seja os dispositivos existentes internamente no ser humano desenvolverão todos os conhecimentos relativos a si próprio, dos conhecimentos relativos à sabedoria de viver e todos os conhecimentos orientados pela metodologia científica. Está claro que o desenvolvimento da teoria sobre o Modelo de Pensar, foco deste texto, necessita dos conhecimentos ontológicos sobre o próprio ser humano, de como o ser humano na multiplicidade de suas dimensões constitucionais consegue articular as diversas tipologias do Pensar, e que, sofrendo também a influência do Sentir e Querer, produzem os resultados do Pensar que são os conhecimentos, estes de alguma forma armazenados junto aos dispositivos internos do ser humano.

A ciência clássica trabalha somente com a Epistemologia em que os conhecimentos são produzidos de forma objetiva, adotando principalmente a abordagem dedutiva hipotética, na qual, sob formulação de hipóteses, a metodologia científica procura o atingimento das hipóteses ou não por meio de estatísticas sob medidas objetivas.

No Modelo Epistemológico deste livro, destacamos a importância fundamental dos conhecimentos ontológicos sobre a essência e a qualidade das capacidades constitucionais do homem para a construção ou aquisição ou busca dos conhecimentos em questão. Nessa busca, veremos que o Pensar humano é mais rico do que o Pensar objetivista utilizado pela ciência vigente. Também é o foco deste texto explicar os conhecimentos, conforme os tipos de Pensar, podem ser utilizados pelo Modelo Epistemológico do Pensar, utilizando seus derivativos métodos de Pensar e, mais concretamente ainda, a utilização do Software OET (e suas diversas versões tecnológicas) para o atingimento das diversas tipologias do Pensar, consequentemente criando conhecimentos pertinentes e em correspondência. Destacamos também a utilização de pensamentos de notáveis filósofos na construção do MEP, em particular de Platão, Kant, Hegel, Goethe e R. Steiner. É importante frisar que a influência dos pensamentos de A. Bailey (Teosofia) e R. Steiner (Antroposofia) neste texto é bastante forte, e, assim como outros filósofos, os equívocos só devem ser debitados ao autor deste livro.

Em resumo, o olhar epistemológico sobre os fenômenos da realidade-em-si corresponde à Epistemologia (Teoria do Conhecimento) aplicada de forma triádica (ontologia humana, gnosiologia e epistemologia científica) sobre os fenômenos-em-si e também com os pensamentos ditos "puros" da imaginação, inspiração e intuição, ou não originados pelos fenômenos humanos. Assim, quando falamos em Epistemologia da Estratégia Organizacional, estamos nos referindo, em conjunto, ao todo organizacional estratégico refletido e proveniente das essências ontológicas humanas (internas no humano) juntamente aos aspectos gnosiológico-filosóficos (sabedoria) da vida humana (inter-humana), em conjunto aos aspectos objetivados externos ao ser humano e ao contexto social visível, trazido pela ciência positivista (nesse exemplo, os modelos mentais explícitos de estratégia de organizações e da Ciência da Administração de Empresas). Com isso estamos criando uma nova visão, uma nova abordagem científica (além da ciência clássica) que integra e abrange todos os aspectos e todas as possibilidades com os quais o ser humano é envolvido direta ou indiretamente na sua atuação operativa na natureza e em grupos sociais.

Assim, nessa introdução, nós iremos mostrar o processo de inovação disruptiva entre os diversos campos de conhecimentos de tal forma a permitir a construção sintética de um modelo e do MEP e o desenvolvimento de um software cognitivo de apoio às MCMI.

Consideremos inicialmente os seguintes capítulos de abordagem metodológica:

Parte A – Introdução ao Modelo Epistemológico do Pensar: do todo às partes
Capítulo 1. Modelo de criação e construção do conhecimento humano
Capítulo 2. A ontologia e dialética do ser humano no mundo social e com a natureza
Capítulo 3. O encontro com a natureza e com os seus conhecimentos
Capítulo 4. O encontro com os seres espirituais (energias vibracionais)
Capítulo 5. Criação de conhecimentos na inter-relação com os astros e planetas
Capítulo 6. O desenvolvimento biográfico do ser humano e seus conhecimentos constituintes Capítulo 7. Modelo Global de Conhecimentos Humanos
Capítulo 9. Modelo Epistemológico do Pensar-Sentir-Querer (Introdução ao MEP)
Capítulo 10. Resumo sintético

Convidamos o leitor a consultar, cuidadosamente, a Parte K do índice deste documento no acesso a casos reais, exemplos, e exercícios com a visualização de mapeamento de conhecimentos tácitos vivenciados pelo autor, de forma fenomenológica, em processos e resultados que apoiaram fortemente a constituição dessa nova Teoria do Conhecimento e da Metacognição.

Capítulo 1. Modelo de criação e construção do conhecimento humano

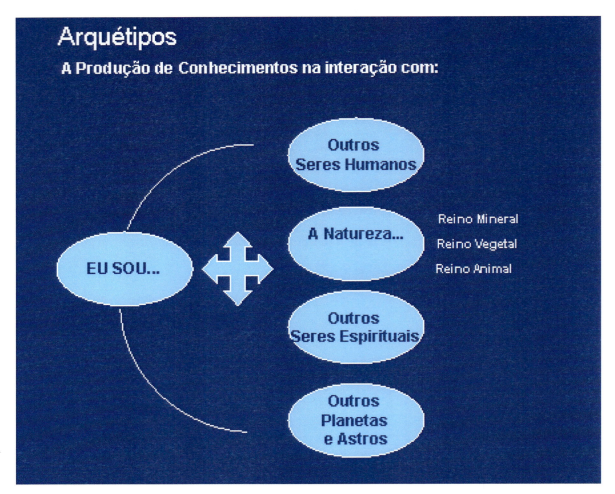

Figura 1 – A produção dos conhecimentos (internos) humanos

Seguindo a abordagem da produção de conhecimentos humanos, é preciso colocar o ser humano como um todo no todo do Universo. Essas criação e produção de conhecimentos são consequências da interação do ser humano com os outros elementos do Universo, visíveis ou invisíveis aos olhos humanos, melhor ainda, detetável ou não pelos sentidos humanos, considerando principalmente os cinco sentidos mais conhecidos: visão, audição, olfato, gustação e tato. Pelas características mais amplas e de utilização, empregamos neste documento o termo visível (olhos) para significar e abranger os demais quatro sentidos mencionados.

Assim, por meio da comunicação (lato senso) os seres humanos interagem entre si em uma dialética extendida aos três reinos da natureza (mineral, vegetal e animal), aos seres espitiruais e ainda aos planetas e aos astros longínquos, para esses últimos podemos considerar mais como influências do que como processos de interação. Nessa interação com o Universo, o ser humano se modifica nas suas estruturas internas ontológicas, permitindo evoluir sua própria dinâmica de vida, seja nos seus processos internos, seja nos seus atos externos ou de expressão visível (detetável) externamente.

Nessa interação humana estamos considerando o todo do ser humano, nos seus aspectos em estádio consciente, subconsciente ou inconsciente (termos freudianos, jungueanos) ou mesmo em virgília, sonho ou sono (Antroposofia e outros). Há outras formas de abordar essa interação, podemos de forma simplificada trazer o todo do ser humano nos seus componentes mais compreensíveis pelo externo, como Pensar-Sentir-e Fazer. Na Figura 4

detalhamos mais os elementos do todo do ser humano que interferem mais diretamente na construção dos conhecimentos internos.

Essa primeira consideração permite entender que o processo de interação, visto pela dimensão de produção de conhecimentos, depende fundamentalmente do nosso conhecimento sobre a ontologia ou essência do ser humano, a fim de expressar como as variáveis externas trazem impacto, modificação e evolução dinâmica das suas estruturas internas.

O conjunto de variáveis ou elementos internos humanos que estão conectados com os conhecimentos construídos no ambiente interno humano e que atualizam dinâmica e minimamente o processo de pensar-sentir-fazer caracteriza o conhecimento interno ou tácito, sendo gravado na memória humana. Essa gravação em memória gradualmente se autodissipa por processos internos até o desaparecimento total ou quase total da memória, quando os conhecimentos não são mais chamados.

A reatualização dos conhecimentos gravados em memória de forma mediata, imediata e constante permite fortalecer em rapidez e concisão o acesso ou a chamada dos conhecimentos envolvidos. Essa possibilidade de poder modificar o mesmo conjunto de conhecimentos para um estádio mais completo subjetivamente por meio de reflexões internas ou mesmo um vivenciar mais atual do mesmo fenômeno produtor dos conhecimentos denomina-se a capacidade (auto)estruturante do ser humano quanto à produção de conhecimentos.

É superimportante citar que a gravação em memória pode ser feita em diversas formas e combinações, tais como por:

- *Imagens visuais*
- *Meios verbais aprendidos*
- *Meios escritos aprendidos*
- *Assimilação de atitudes*
- *Assimilação de perfis de comportamentos aprendidos*
- *Meios musicais*
- *Sentimentos desenvolvidos (amor, ódio, sofrimento, compaixão, solidariedade, capacidade de perdão, empatia etc.)*
- *Atos volitivos aprendidos (hábitos, manias, afasias etc.)*
- *Rupturas inconscientes etc.*

Em situações conscientes (sub ou inconscientes) os conhecimentos gravados poderão ser expressos de forma visível ao mundo externo, quando então os conhecimentos tácitos (internos, como narrado) podem ser reconhecidos por outros seres humanos ou gravados de forma visível em um meio de comunicação vigente. Como muitas formas de comunicação estão concentradas na linguagem humana, a riqueza/pobreza dessa linguagem é que determinará o reducionismo na expressão dos conhecimentos tácitos para o meio externo, constituindo os conhecimentos explícitos (visíveis no meio externo).

Caro leitor, se você ficar algumas horas admirando as obras de Monet sobre as Ninféias, você alcançaria o sentimento de prazer de pintar de Monet na ocasião em que ele as pintou? A beleza dos quadros e o jogo de luzes e cores também te fascinariam? Também você poderia ler os autores que mostram e explicam os quadros de Monet sobre as Ninféias, entenderia que Monet teve muito prazer em pintá-las, mas você dificilmente poderia sentir o prazer de Monet por ocasião de sua pintura dos quadros.

Caro leitor, novamente, imagine uma sua leitura sobre a autobiografia da vida de Luiz Borges, nos capítulos de sua vida sentimental. A narração do autor por meio de linguagem reflete completamente todo o tácito (reflexões, sentimentos, atos realizados) vivido? A sua leitura e o seu entendimento permitem sentir o que Luiz Borges sentiu em vida? Ou temos reducionismos disso? No entanto, conseguimos captar os tácitos do Luiz Borges ainda que com algum reducionismo e quase completamente naquilo que pode ser expresso pela linguagem do pensar, apenas.

Como o nosso mundo atualmente é bastante visual, o ciclo do processo em aquisição de conhecimentos se configura da seguinte forma:

Sensação→ representações mentais (ideias)→ percepção (conceitos)→ reflexões e sínteses → modelos mentais e → gravação na memória.

No seu caminho inverso, pode ser facilmente expresso para o externo convertendo-se em conhecimentos explícitos praticamente sem perdas, utilizando a linguagem verbal/escrita. Significa que estamos considerando praticamente a esfera do pensar e seus elementos ou derivativos funcionais.

Caro leitor, novamente, se você ficar uma hora admirando as obras de Monet sobre as Ninféias, você alcançaria o sentimento de prazer de pintar de Monet na ocasião em que ele as pintou? A beleza dos quadros e o jogo de luzes e cores também te fascinariam? Também você poderia ler os autores que mostram e explicam os quadros de Monet sobre as Ninféias, entenderia que Monet teve muito prazer em pintá-las, mas você dificilmente poderia sentir o prazer de Monet por ocasião de sua pintura dos quadros.

Caro leitor, mais uma vez, se você for a uma palestra de um palestrante famoso sobre as tendências da Internet em WEB 4.0, sendo especializado nesse tema, você teria dificuldades em expressar em um relatório um resumo sintético (conhecimento explícito) sobre a palestra aos seus colegas do departamento de ensino da faculdade?

Em resumo, podemos sim expressar conhecimentos adquiridos no interno durante a nossa interação com o externo, entendido que quanto mais a interação se concentrar na esfera do pensar no produção dos conhecimentos, quanto mais fácil e concisa será, relativo à aquisição do conhecimento, a sua correspondente expressão ao mundo externo.

Capítulo 2. A ontologia e a dialética do ser humano com o mundo social, com a natureza e com outros seres espirituais e influências dos astros e planetas

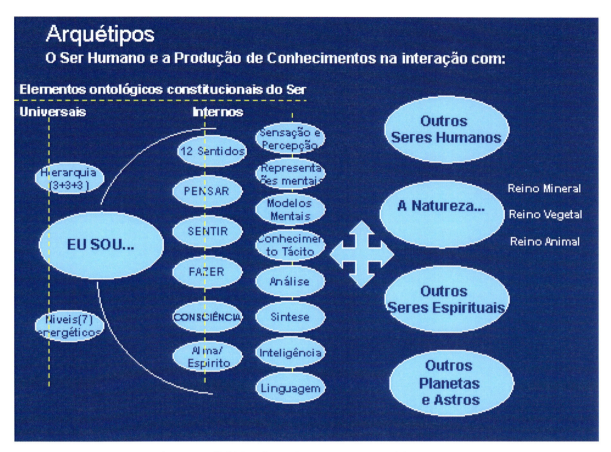

Figura 1 – A ontologia e a dialética do ser humano com o ambiente que o envolve

O ser humano como elemento vivo no planeta Terra possui um mundo interno (representado pelo Eu Sou) e um mundo externo. O mundo externo é o mundo que o ser humano consegue perceber por meio dos sentidos e dos outros reinos da Natureza com os quais convive e adquire recursos que o mantém vivo fisicamente. O mundo interno é um mundo invisível (não detetável pelos sentidos) composto pelos elementos psicológicos (crenças, valores, inteligência, consciência, atitudes, potenciais de criatividade e de criação por insights em Gestalt, possibilidades criativas, pensamento imaginativo, inspirativo, intuitivo etc.), e espirituais (tais como alma e o espírito, expressão reunida pelas diversas formas de manifestação dependendo do estádio evolutivo do ser). É importante citar que o ser humano como conhecemos não é um elemento vivo de construção acabada, ou seja, nesses milhões de anos da existência do ser humano na Terra, o homem vem modificando as suas partes constituintes ontológicas, sejam físicas ou não físicas. Na nossa era pós-moderna, contemporânea, com o predomínio do pensamento científico nesses últimos 100 anos, nós nos acostumamos a perceber e entender o homem como a ciência médica nos tem mostrado, tudo relativo ao ser humano é físico, palpápel ou detetável pelos cinco sentidos, ou é detetável por instrumentos de medida especialmente construídos para isso (exemplo os termômetro, analisadores de frequência cardíaca, de emanações nucleares etc.).

Não temos uma outra forma de entender o mundo "real" ou "objetal" que nos cerca e assim acreditamos firmemente de que o mundo que a ciência nos mostra seja o único mundo onde vivemos. Isso é enraizado nas profundezas do nosso ser inconsciente, no sen-

tido jungueano/freudiano. Essa posição fundamentalista, radical, é especialmente visível no mundo científico e acadêmico, e inclui a posição de ironia em relação aos "diferentes", que acreditam em um mundo invisível. Além disso, postula-se que o mundo invisível tenha criado o mundo visível. Essa posição de que o mundo invisível, muitas vezes ditas como mundo espiritual, criou o mundo material é denominada de Monismo Espiritual. Ou seja, o mundo espiritual é único e global, é o Todo, e nele é que surge a matéria, constituindo o mundo visível e palpável.

Nessa instância seria conveniente uma explicação resumida sobre a natureza essencial (Ontologia) do ser humano, com forte influência da Antroposofia de Rudolf Steiner e, por que não, da Teosofia de Blavatsky, da qual Steiner também foi um de seus membros proeminentes durante uma boa parte de sua vida (veja resumo biográfico de R. Steiner e M. Blavastky).

Assim, o ser humano, durante seu ciclo entre nascimento e morte, traz na sua constituição elementos que permitem sua sobrevivência e vivência no mundo físico externo. Na interação com o seu meio externo e dotado internamente de órgãos físicos, de seus correspondentes órgãos e corpos no etérico e astrálico, e com a coordenação do Eu, o ser humano cria ou produz conhecimentos.

A Figura 6 procura mostrar os principais processos, órgãos e corpos do ser humano (sem esgotar) que entram em ação quando o ser interage com o seu meio ambiente, com a inerente dinâmica de seus elementos internos. Estamos citando interno e externo de forma científica, em que o limite entre o interno e externo é a pele, mas na realidade invisível, não há possibilidades de situar precisamente onde está o limite do externo e do interno no ser devido à existência dos organismos etérico e astrálico, que circundam o físico.

Consideremos então a influência e participação dos elementos "delimitados" pelo Eu Sou:

- ❖ *Seus 12 sentidos*
- ❖ *Os modelos hepta, quadri, e trimembração do ser humano*
- ❖ *As funcionalidades do Pensar-Sentir-Fazer*
- ❖ *Sua consciência (e autoconsciência)*
- ❖ *Sua alma e espírito*
- ❖ *A sensação (pelos sentidos)*
- ❖ *Percepção (criação do significado pelas imagens, pela linguagem e pela intuição)*
- ❖ *Criação de representações mentais, de imagens, de conceitos, de constructos e modelos mentais*
- ❖ *Os pensamentos de análise e síntese*
- ❖ *A linguagem e inteligência humanas.*

*O Eu Sou com os seus elementos assim nomeados interagem (ou recebem influência e impulsos) com outros seres humanos, com **a Natureza**, constituída pelos reinos mineral, vegetal e animal, **com outros seres espirituais** (aqui vamos nos concentrar nos seres inferiores – em desenvolvimento – ao ser humano), e outros **astros e planetas** (que no esoterismo são elementos vivos, necessitando de outras capacidades além das derivadas pelos sentidos para a percepção e o entendimento).*

*Uma visão especial refere-se à **influência de seres espirituais das 9 hierarquias (Figura 7)** no desenvolvimento e na constituição do ser humano e também da **inter-relação entre os diversos planos ou tipos de energia**.*

Nessa inter-relação com a realidade circundante, o ser humano produz ou cria os conhecimentos, denominados neste livro de conhecimentos tácitos.

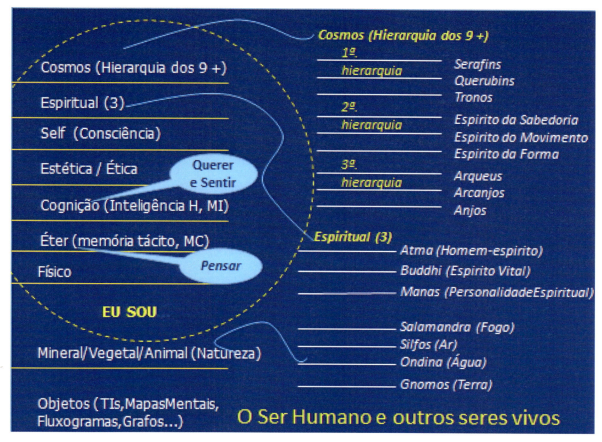

Figura 2 – A composição do Eu Sou e suas relações

A composição do Eu Sou da Figura 7 mostra claramente a composição do Eu Sou com as camadas mais significativas em que temos, em uma individualidade, em um modelo hepta camadas:

As três camadas espírituais (Manas, Budhi, Atma)
- A camada do Self
- A camada astrálica
- A camada etérica
- A camada física.

Dessas camadas estamos identificando as funcionalidades do Pensar-Sentir-Querer em um reducionismo orgânico suficiente para caracterizarmos a produção de conhecimentos, entendendo que, na sua fundamentação, o conhecimento é produzido pelos elementos em que a tríade do Pensar-Sentir-Querer pode influenciar reciprocamente por meio de seus corpos correspondentes e, portanto, da totalidade do Eu Sou. Em uma visão mais essencial, podemos dizer que o conhecimento pode ser produzido por quaisquer corpo e órgãos correspondentes em que houver a manifestação da consciência. Lembramos também aqui, em uma manifestação transdisciplinar ex ante, por exemplo, que a consciência é produzida pelo confrontamento entre a parte espiritual do ser (Self + Manas-Budhi-Atma) e as partes do ser que são diluídas pelos seus mundos correspondentes (Físico a Terra, Corpo Etérico ao Éter circundante a Terra, e o corpo astrálico ao mundo astral (astros, principalmente o Sol) por ocasião da morte física do ser individual.

Facilmente também podemos intuir que há conexão com as três hierarquias por meio das três camadas Manas-Budhi-Atma que condensam e eternizam os avanços espirituais dos correspondentes corpos físico-etérico-astrálico respectivamente na encarnação presente.

Essas três camadas espirituais realizam a correspondente conexão com o Espírito Santo em circunstâncias especiais de manifestação do perdão individual (leia O Significado Oculto do Perdão, de).

Vale lembrar que o Eu Sou se relaciona também com o mundo sub-humano, que são os seres elementares devotos ao reino da natureza e que possuem suas características funcionais e operativas, conforme a missão que foram criados para o cuidar da natureza, ou seja, cuidam do reino animal, vegetal e mineral na sua existência em comum, convivência, sobrevivência e comunicação.

Quanto à produção de conhecimentos, estamos considerando conhecimentos desenvolvidos pela manifestação interna do Pensar-Sentir-Querer, conjunto conhecido também por cognição, e que chamaremos de conhecimento tácito dentro do chamado de Gestão do Conhecimento.

Assim a Figura 8 mostra como o Método MCMI se constituiu com base nessa ontologia humana reduzida. Lembramos aqui de que o Método MCMI ainda possui suas origens na Gnosiologia, especimente, com fortes influências de Platão, Aristóteles, Hegel, Kant e Schopenhauer, na sua conceituação e operacionalização prática em Administração de Empresas, por exemplo (vide capítulo sobre a Gnosiologia), e também sofre influências da Epistemologia científica (vide capítulo sobre Epistemologia).

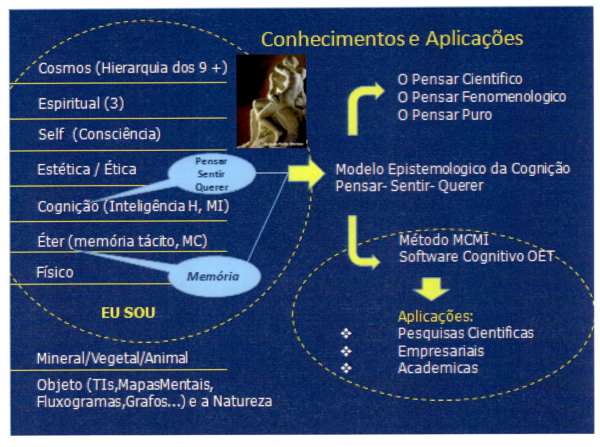

Figura 3 – A construção de conhecimentos pela ontologia humana

Capítulo 3. O encontro com a natureza e com os seus conhecimentos

O ser humano na sua trajetória, desde o nascimento até sua morte, interage com a natureza, composta pelos reinos:
- *Mineral*
- *Vegetal*
- *Animal.*

Os seres humanos compartilham com o reino mineral todos os materiais físicos, palpáveis, tais como minerais com ferro, ouro, zinco, cobre, fósforo, assim por diante.

*O reino mineral **não possui o energia vital** e, portanto, é composto por elementos mortos, sem vida. Estamos considerando aqui o critério de vida por meio da energia Éter que plasma todo o corpo físico, sendo o Éter o elemento que dá vida aos órgãos. Sem o Éter o elemento físico é materia morta.*

Os seres humanos também compartilham com os seres vivos do reino vegetal, que, além de abranger os elementos do reino mineral de forma diluída, contém a energia vital, que permite ao reino vegetal a capacidade e a característica de estar vivo, isto é, há processos de nascimento, crescimento, reprodução e morte de seus elementos.

Os seres humanos também compartilham com os animais, que, além dos minerais e da energia vital dos vegetais, possuem a energia astral, ainda que pouco desenvolvida, dando mobilidade e características primitivas de comportamento, tais como docilidade, agressividade, sentidos (semelhante aos seres humanos) bastante desenvolvidos e aguçados, os quais lhes permitem sobreviver perante os mais agressivos predadores.

Assim, os seres humanos são seres espirituais (físico, alma e espírito) vivendo seus momentos de vida em uma determinda encarnação (vide encarnação), em um corpo físico, dotado de alma (grosseiramente dito como psiquê) e também de energias espirituais.

O Eu é o elemento que identifica a unidade do ser humano em vida, dando-lhe <u>identidade</u> operacional de vida. Este elemento deve comandar e coordenar as outras camadas energéticas, incluindo o corpo físico.

Fica aqui a imagem de que somos uma composição de várias tipologias de energias que se entrelaçam e se transmutam entre si, principalmente durante os primeiros 21 anos de desenvolvimento de vida. Ou, dito de outra forma, somos uma unidade de vida composta de diversas camadas, planos ou corpos energéticos, e que se manifesta na realidade da Terra por situações e comportamentos detectados pelos outros seres por meio dos sentidos.

É importante também citar que nós humanos de hoje somos herdeiros do desenvolvimento antropológico de milhões de anos, desde o chamado de Era Lemuriana (Segunda raça), Era Atlântica (Terceira raça) e Era Anglo-saxônica, Era Greco-romana (Quarta raça) e finalmente a Era Ariana (vide livros de antroposofia ou teosofia), da Quinta raça pós-atlante.

Se somos uma raça de seres vivos, no planeta Terra, e somos dotados de capacidades de viver em conjunto com os outros seres vivos (como os vegetais e animais), como conseguimos detectar os seres viventes na Terra?

Resposta: por meio dos nossos sentidos.

Nossos sentidos são:
1. **Do tato**
2. Da vida (vital)
3. Do movimento interno
4. De equilíbrio
5. **Do olfato**
6. **Do paladar**
7. **Da visão**
8. Do calor
9. **Da audição**
10. Da palavra
11. Do pensar
12. Do Eu.

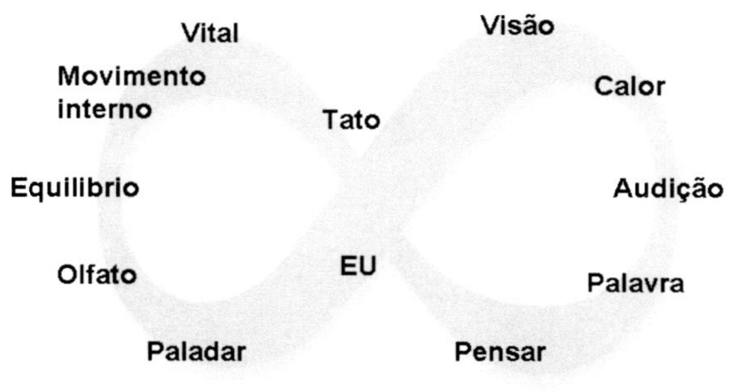

Figura 4 –

Figura 1

Os 12 sentidos são um conjunto de órgãos que permitem ao ser humano, quando imerso no ambiente circundante, viver as **sensações** sobre os fenômenos da realidade física interna e externa que o constitui e circunda. Com isso, o ser humano é capaz de:

Com referência à realidade física <u>externa,</u> temos cinco <u>sentidos</u>:

- ❖ *Visão* (órgão: olhos): *enxergar os elementos físicos visíveis (ex. minerais) do ambiente, os olhos conseguem ver uma imagem global dos fenômenos externos, assim como focar em detalhes das imagens em vista. Normalmente, os objetos em vista estão fora do corpo físico. A visão possui efetividade no seu olhar devido à existência da luz, que reflete nos objetos em questão. A luz é que permite a formação das imagens dos objetos, imagens essas internas no organismo humano. A visão na sua atuação possui a característica de detectar objetos que podem estar longe ou perto do corpo físico humano, não havendo contato físico com o corpo do ser humano.*

- ❖ *Audição* (órgão: ouvidos): *ouvir ruídos, sons e músicas. Normalmente as fontes são externas ao corpo físico. A audição possui a característica de percepção de objetos do ambiente que vibram o ar circundante, produzindo sons e ruídos que proveem de vibrações ondulatórias do ar. Difere da visão quanto à origem de detecção da natureza do estímulo. Na visão temos a luz em um espaço onde existe a luz, enquanto que a audição é relativa às ondas de vibração do ar, emitidas por alguma fonte vibratória. Ambos os sentidos se referem a um quadro global de objetos, e não há contato com as fontes de estímulo.*

- ❖ *Olfato* (órgão: nariz): *permite obter características de cheiro dos objetos em análise. Nesse caso, embora normalmente os objetos são externos, o cheiro emanado penetra no órgão humano nariz. Diferentemente da visão e audição, o objeto em questão deve ser introduzido dentro do corpo físico humano, nesse caso, o órgão nariz com suas papilas olfativas internas no nariz. A fonte que emite o estímulo pode também estar longe do corpo físico.*

- ❖ **Gustação** (órgão: boca): alimentar-se e sentir o gosto de elementos externos do ambiente que o ser humano coloca internamente na boca. Nesse sentido podemos notar que o objeto de estímulo deve ser introduzido na boca ou tangenciado pela língua, mas notamos que o objeto deve ser introduzido no corpo humano, interagindo com a língua e outras papilas gustativas da boca.

- ❖ **Tato** (órgãos: mãos e pés, e suas conexões no corpo físico): permite sentir os objetos por meio do contato e manuseio, sentindo as características de forma, maciez, textura, dureza, rugosidade, peso, temperatura etc., incluindo outras possibilidades de gestos, trabalhos manuais, pintura, movimentos musicais, dança etc. Nesse sentido notamos também a necessidade de contato e interação física dos membros humanos com os objetos em questão.

Os cinco sentidos manifestados pelos órgãos correspondentes (olhos, ouvidos, nariz, boca e pele) espalhados na cabeça e em todo o corpo pela pele concentram seus sinais de captação em relação ao fenômeno externo, ao sistema interno do corpo denominado sistema neurossensorial, e cujo órgão principal é o cérebro físico. Assim, os sinais do exterior chegam às regiões inerentes e imanentes funcionalmente e determinam representações ou sensibilizações próprias em regiões físicas determinadas do cérebro e simultaneamente no cérebro etéreo. A ciência consegue detectar as regiões do cérebro físico que estão sendo sensibilizadas por sinais vindos dos cinco sentidos, mas ainda não possui instrumentos capazes de detectar as imagens que chegam ao corpo etérico/astrálico.

Esses cinco sentidos são os mais conhecidos de forma geral, inclusive pela abordagem científica, que possui ferramentas e métodos que permitem colher dados quantitativos (pesar, medir, agentes químicos reativos que provocam aparecimento de cores, medição de forças reativas etc.).

Os sete <u>sentidos internos</u> são:

- ❖ Cinestesia interna (movimentos internos)
- ❖ Percepção da própria existência (EU)
- ❖ Pensar
- ❖ Aquecimento ou calor
- ❖ Equilíbrio
- ❖ Vida (Vital)
- ❖ Comunicação/palavras.

Segundo a Antroposofia, nesses 12 sentidos temos mensageiros ou elementais que são auxiliares dos espíritos da Forma, do Movimento e da Sabedoria e que revigoram o corpo físico, qundo este está dormindo.

Temos também sete <u>processos</u> vitais para a percepção da realidade física interna do corpo físico:

1. Respiração
2. Aquecimento
3. Alimentação/nutrição
4. Segregação
5. Manutenção
6. Crescimento
7. Reprodução.

Os seres humanos, vistos pelo seu aspecto externo, possuem em comum com os elementos do reino mineral o seu corpo físico. Isso significa que tanto na sua alimentação (consumo de elementos do reino mineral, como os elementos inorgânicos ferro, cálcio, fósforo, sódio, potássio, ácidos, sais etc.) como por ocasião da sua morte e entrega do corpo físico morto à Terra, o ser humano possui os elementos da Terra.

Essa é a característica digamos destrutiva da Terra relativa ao ser humano. A Terra não possui forças formativas que comporiam os elementos físicos do homem, criando vida.

❖ **Os modelos hepta, quadri, e trimembração do ser humano**

Desde o seu nascimento até a morte o ser humano possui outras forças formativas que consolidam e mantêm o funcionamento do corpo físico ao longo da vida. Trata-se das forças do mundo etéreo e que o mundo mineral carece. Nesse campo de energia etérica, na unidade do ser humano é que registramos os conhecimentos humanos, e esse movimento interno de aquisição e construção de conhecimentos pode ser efetuado graças a um outro tipo de energia denominada astrálica.

Encontramos as forças etéreas também nos reinos vegetal (éter) e animal (éter e astral). O ser humano distingue-se desses três reinos pela existência interna da energia do Eu, e de três outros níveis denominados espirituais que acompanham o Eu por ocasião da morte física do ser humano. Muitos entendem que os corpos 4, 5, 6 e 7 compõem o espírito do ser em específico.

Assim podemos considerar as sete camadas (heptamembração) ou níveis energéticos do ser humano:

7. Homem-espírito (Atma):............................Corpo espiritual a desenvolver o corpo físico
6. Budhi ....Corpo espiritual e desenvolver o corpo etérico
5. Manas ....Corpo espiritual a desenvolver o corpo astral
4. Eu (organismo calórico)...........................Somente seres humanos possuem
3. Corpo astral (trabalha em um organismo aérico)............Humano, também no reino animal
2. Corpo etérico (trabalha em um organismo aquoso)...........Humano, também no reino vegetal e animal
1. Corpo físico (trabalha em um organismo físico)................Humano, também no reino mineral.

A expressão "corpo" visa dar a entender que existe uma certa conformação relativo ao corpo físico, existente e específico ao ser em foco, como hoje entendemos pela medicina científica, ou mesmo como podemos perceber na nossa realidade física, dando ideia de uma certa conformação na forma expressa no físico. Como é um corpo energético, sua conformação ao corpo físico depende da forma e do indivíduo em análise.

A expressão "organismo" possui um caráter mais genérico entre o conjunto de corpos existentes e possui seus próprios órgãos com suas próprias funcionalidades, dando uma ideia de ambiente funcional dentro do ser. Assim, corpos trabalham dentro dos organismos e também podem deslocar-se entre si, ajustando-se na integração entre os demais corpos, seja internamente ou seja na saída física do corpo físico, durante o sono. Um deslocamento por exemplo muito forte entre o astral e o etérico dentro de um ser pode provocar uma patologia psíquica denominada por histeria ou mesmo a esquizofrenia, enquanto que um acoplamento muito forte entre os mesmos corpos pode provocar acentuação apática de emoções, dando um caráter mais melancólico e depressivo ao ser.

Assim como temos o organismo físico, hoje objeto principal de investigação da medicina clássica, podemos considerar que o ser também possui um organismo aquoso, e há índices que mencionam que 90% do ser humano é constituído pelo elemento aquoso. Isso significa a imagem de que o ser humano é uma coluna ereta de água (humana).

Ao respirar e inspirar o homem ingere ar do ambiente para dentro do seu organismo interno, uma parte é processado pelos pulmões, inserida no sangue e transportada pela circulação ao corpo todo. Podemos considerar que o homem possui também um organismo

aérico alimentando sempre um corpo astral. Com o ar penetra o elemento luz, substância inerente ao mundo astrálico, assim, o homem é também um organismo aéreo (humano).

É de extrema importância a existência do Eu (Antroposofia), ou Eu Sou (Fraternidades esotéricas) ou Self (Psicologia Transpessoal), ou Atman (Brahmanismo indiano), que coordena o trabalho em conjunto do ser humano. Assim, o Pensar não é o Eu, como é corrente que muitos assim consideram, ou seja, acreditam que o Pensar é o próprio ser, incluindo alguns equívocos de ilustres afirmações centradas na ideia cartesiana do "Penso, logo existo", em que o Pensar adquire papel anterior, na sua lógica, à existência do ser humano.

O Eu atua dentro do organismo calórico com conformação corpórea pelo fluir do sangue. Sabemos também que a temperatura do organismo calórico é normalmente superior ao do ambiente, formando um corpo calórico. Esse corpo e organismo calórico se comunicam com os organismos e corpos astrálicos/etéricos por meio do calor, determinando emanações ou manifestações ou determinações do Eu aos organismos e corpos mais densos. Por exemplo, a atuação da volição, potencial da manifestação da Vontade, que se expressa por movimentos internos ou externos (dos membros e órgãos corporais conectados aos membros humanos) sensíveis à visão/percepção do homem, é comandada pelo Eu e manifestada pelo corpo/organismo calórico.

Na medida em que o Eu é fraco e o comando das ações do homem é atraído pelo contexto material circundante, a Vontade cede lugar ao Desejo, de mesma natureza íntima da Vontade, Desejo esse que é atraído por prazeres e conquistas materiais do meio ambiente. O Desejo, experimentando um prazer, volta a influenciar o astrálico da mente, que volta a comandar a ação do Desejo.

Tanto a Vontade como o Desejo são forças orientadas para a ação, somente o ser humno superior, o Eu, é quem comanda a Vontade, enquanto no ser inferiormente evoluído, o Desejo é que estimula os pensamentos, passando pelo estímulo das emoções ativadas e pertinentes. Formamos assim um movimento descendente do espírito Eu (e suas qualidades estéticos e morais) à Vontade, e um movimento ascendente quando o Desejo é despertado pelas atrações do ambiente material, em que emoções e pensamentos inferiores buscam repetir as mesmas sensações.

Os corpos 5, 6 e 7 são corpos espirituais pouco desenvolvidos nessa época humana. Eles são o objetivo dos humanos na vida terrestre nessa época e nas próximas eras de desenvolvimento das raças (estamos na Quinta Raça pós-atlante). O desenvolvimento desses corpos pode também ser explicado pelo conhecido processo de espiritualização da matéria ou de seus corpos mais inferiores especulares relativos ao Eu.

Assim, podemos também abordar o ser humano como sendo de quatro membros (Quadrimembração), que consiste então nos corpos de 1 a 4. Há também possibilidades em abordar somente os corpos 1, 2 e 3 na sua dinâmica, quando então estamos considerando uma visão trimembração do ser humano.

❖ **A inter-relação entre os corpos físico, etérico e astrálico**

É muito importante entender que os organismos (universal a todos os seres humanos), os corpos (específicos de cada indivíduo), e os órgãos (físico, etérico, astrálico) correspondentes se comunicam entre si, podendo então haver fluxos de movimentos energéticos desde o Pensar, Sentir até o atuar na volição, e daí nas ações em comportamentos.

Exemplificando:
O organismo cerebral (universal a todos os homens) possui na sua expressão órgãos físicos (cérebro físico) e órgãos etéricos (cérebro etérico). Assim, o cérebro físico é vitalizado pelo cérebro etérico, que o constitui, permeia, dá forma e lhe dá vida pulsante. Todo o Pensar é

coordenado pelo cérebro etérico, que trabalha com a funcionalidade da memória (gravações durante o processo de Pensar) e possui os arquétipos ou as diversas tipologias operacionais do Pensar. O Pensar etérico é denominado por Steiner de Pensar Imaginativo e pode ser elaborado sem a participação dos sentidos. O Pensar Inspirativo é feito em um processo meditativo mais profundo, quando a consciência deixa de focar no ambiente circundante e o Pensar astrálico deixa de influir/desgastar no Pensar Imaginativo etérico ou o mantido pelo Pensar via sentidos (instância obtida em "mente vazia"), assim, o mundo de ideias de Platão ou os impulsos das hierarquias, e/ou emanações de registros akásicos (registros etéricos universais) podem penetrar nas diversas camadas ou corpos do ser humano, gerando novas ideias e novas iluminações (Samadhi do Budismo) em relação a temas e problemas. O Pensar Intuitivo é efetivado pelo Eu, pelas vias descendentes (camadas Manas, Budhi e Atman) ou simplesmente pelo acesso aos registros inconscientes (vide Bavarian), que penetram na memória etérica sem a consciência ou do saber consciente do ser.

Os corpos etérico e astrálico possuem composição de éteres em específicos, mencionados por R. Steiner (veja artigo) como éteres Éter-vital (relacionado com a Terra e com seus elementos/órgãos físicos), Chemical-eter (éter químico, relacionado com o mundo aquoso), Light-eter (éter luz, na inter-relação com o mundo astrálico), Warm-eter (éter calórico), de tal forma que se comunicam entre si. Há uma proximidade entre o corpo físico e o corpo etérico, e do astrálico e o Eu, esses últimos saem do corpo físico por ocasião do sono, expressando então que o espírito-indivíduo sai do corpo, entrando em compensação o espírito-cósmico, que repotencializa o físico-etérico. O espírito-cósmico pode ser o que recebe os impulsos tanto dos Anjos (Pensar), como dos Arcanjos (Amor), como de Arqueus, principalmente no fortalecimento do Querer (veja Steiner). Esses impulsos recebidos são normalmente inconscientes e efetuados diuurante o sono do ser humano, mas também podem ser recebidos na consciência de vigília.

Enquanto o Pensar é coordenado e efetuado por todo o organismo etérico, por meio do corpo etérico, e mais específico e concentrado no cérebro etérico (que plasma e envolve diretamente o cérebro físico), o mundo astral se concentra e se manifesta pelos nossos sentimentos de prazer e ódio, de alegria e melancolia, de amorosidade e brutalidade, de antipatia e simpatia, e outros derivativos emocionais-sentimentais. Sua memória continua sendo efetuada no corpo etérico, consistindo a memória dessa tipologia de manifestações. Assim, as manifestações internas do astrálico podem ser memorizadas no etérico por meio de suas conexões pelo éter-luz ou éter-ar. Enquanto o Pensar etérico é mais lento, mais do tipo contemplativo, de reflexões, o Pensar no astrálico se manifesta mais na forma de "faíscas luminosas", e muito mais rápidas e diretas pela consciência humana. Pela comunicação pelos éteres comuns, as manifestações no astrálico podem ser gravadas na memória etérica do ser, seja de forma temporária (há processos internos renais, conforme dito por Steiner, que apagam as gravações mais temporárias), seja mais permanente, podendo movimentar para áreas mais inconscientes.

Um parênteses:
Essa questão de recebimento de energias das hierarquias pode ser de difícil compreensão à mente comum, e mais difícil ainda à mente científica. Ela pode ser melhor absorvida pela história seguinte:

Pergunta:
– Quando você respira, caro leitor, o que está acontecendo? O que você põe para dentro do corpo físico?

– Primeira resposta (mente baseada no materialismo):
Respiro ar, um conjunto de oxigênio e nitrogênio, principalmente.

– Segunda resposta (mente baseada no hinduismo, ou quem pratica yoga):
Respiro prana (equivalente ao Ki do Taoismo chinês).

– Terceira resposta (mente mais espiritual):
Respiro entidades da hierarquia, anjos, arcanjos e arqueus (dependendo certamente do nível de avanço espiritual e merecimento do ser).

Assim, caro leitor, qual seria a sua resposta? Enquanto em consciência de vigília ou em estado de sono?

O Eu por meio do seu organismo calórico mobiliza o Pensar-Sentir-Fazer na construção dos conhecimentos tácitos, cuja finalização efetua a gravação na memória etérica. A construção das representações mentais, evoluindo em abstração para camadas que denominei de modelos mentais, pode ser feita internamente à medida que se repetem, por vontade do Eu, os chamados pelo Pensar via forças astrálicas, que em correspondência permitem a gravação das imagens, representações mentais e modelos mentais no plano etérico. A gravação em memória das imagens e representações mentais no etérico não exclui o fato de que são também gravadas em primeiro lugar no organismo físico, no cérebro, sendo depois criadas cópias no etérico na medida do necessário, simplesmente porque há sempre o funcionamento da dessalinização (vide Steiner) que apaga as imagens e escritas no cérebro. Assim, temos que a memória como entendemos de forma geral se passa no plano etérico.

Nesse momento também seria conveniente uma conexão com o método MCMI ou o Método Epistemologico do Pensar. Os mapas de conhecimentos são resultados do pensar em reflexão (Imaginativo, Inspirativo e Intuitivo) quando fazemos reflexões em um estádio e momento propício, buscando no método goetheanístico modelos conceituais sintéticos cada vez mais abstratos, os relacionando com modelos e procurando intermitentemente o casamento com os modelos já registrados no plano etérico. Esse casamento pode ser feito na fase de sensações, de representação mental, de alinhamento e percepção dos conceitos e finalmente nos modelos mentais, que são os relacionamentos mais complexos de uma rede de conceitos. A realização por reflexão das tipologias do pensar, e cada vez buscando mais sínteses conceituais, permite a percepção de modelos <u>arquétipos</u> (sejam eles de repetição por fenômenos ou durante o processo de regressão pelo tempo).

Denotamos que a busca pelas sínteses conceituais acontece dentro da natureza das significações (e não certamente de elementos literais derivados das representações mentais), caracterizando a importância da fase de representação mental (símbolos, ícones etc.) ao atingimento dos conceitos, quando então é verificada a própria capacidade de abstração sintética do pesquisador na aquisição dos conceitos e de seus relacionamentos.

O mapa de conhecimentos (do método MCMI) permite a reestruturação mental das representações mentais mais primitivas (imagens, ícones, frases literais etc.) para o atingimento de conceitos (superiores em representação das significações) e, posteriormente, de seus relacionamentos (modelos mentais), gerando mais abstrações e significações correspondentes, e, caso queira o pesquisador, figurações mais arquétipas.

Aos relacionamentos entre conceitos (de diversas granularidades em significação) propomos um processo de expressão tácito → explícito na forma de mapas de intencionalidade. As intencionalidades podem ser de diversas finalidades, por exemplo, no preparatório de ações volitivas (pessoais, grupais, ou organizacionais) futuras, ou simplesmente na geração de conhecimentos de relacionamentos interconceitos, podendo gerar conceitos de maior granularidade ou mesmo exibição de insights por alguma tipologia de relacionamento e de intenção.

Essa busca por maior significação, buscando conceitos superiores que abarcam diversos conceitos mais básicos, permite a <u>busca de arquétipos</u> que podem ser a identidade natural de processos (o mundo fenomenológico se repete) humanos na sua construção de conhecimentos, obtidos por interação social- cultural ou pela natureza. O pesquisador pode para essa busca por conceitos sintéticos em uma instância desejada e compatível com a sua pesquisa.

Esse modelo de explicação sobre a aquisição de conhecimentos via interação cultural-social pode ser extendido a outros seres espirituais que vivem nas camadas etéricas e astrálicas, tomando-se o cuidado de identificar os seres conforme os ambientes considerados. Por exemplo, os seres elementais na Terra, Água, Ar e Fogo, em que em cada um desses ambientes o ser humano pode sentir ou interagir com os seres nesses mundos espirituais ditos mundo dos elementais.

A percepção dos seres elementais pode ser efetuada por meio da obnubilação mínima dos cinco sentidos mais conhecidos (visão, audição, olfato, gustação e tato), penetrando assim no mundo da imaginação, de substância etérica. Significa que o foco da sua consciência é dirigido para viver no mundo imaginativo, da mesma forma, quando, em vigília, o foco da consciência está dirigido aos sentidos e vivemos no mundo físico do mundo externo e pensamos nas diversas formas do pensamento analítico, lógico, e muito baseado nos sentidos.

Esse deslocamento do foco da consciência das garras dos sentidos permite que o Eu (Self) trafegue internamente pelas outras esferas energéticas, saindo do pensar e entrando nas esferas das sensações conectadas com os sentimentos e volições. Como derivações, em decorrência dessa desconexão com os sentidos (dirigidos ao mundo externo), podem surgir sensações e sentimentos de natureza moral, tais como sensação de devoção, de compreensão mais profunda das manifestações de ordem material no mundo físico, e de outras sensações de simpatia e antipatia, como é explicado pela Antroposofia.

Assim, o deslocamento de sensações provenientes do mundo externo pela obnubilação dos sentidos permite ao ser humano a penetração no mundo espiritual (imaginativo, ao pensar não ligado com o mundo externo). A obnubilação pode fazer com que cheguem ao ser humano as sensações que em outra condição não conseguiria, por exemplo, um estádio de quase completa obnubilação permite o atingimento de percepções/sensações inconscientes de forma a atingir imagens gravadas no inconsciente muitas vezes sem a percepção consciente (criando estádios patológicos ou não). Essa técnica permite perceber imagens relativas a encarnações passadas quando o pesquisador, em uma troca de olhar cuidadosamente efetuada em frente a um espelho, pode a rigor estar em um processo de projeção de imagens do seu inconsciente (sugere-se que o leitor efetue esse experimento com um certo preparo).

Outras sensções/percepções podem surgir em situações de obnubilação dos sentidos em relação a fenômenos com cores como o azul do céu límpido, o verde das florestas, o branco das neves, incluindo a ação dos seres elementares em plena ação, por exemplo nas ações de intermediação junto às abelhas em comunhão com as flores.

Progressivamente, chegamos aos seres temporais (que organizam todos as mudanças rítmicas como as quatro estações (primavera, verão, outono e inverno) que coordenam as ações dos seres elementais dos espírito do planeta Terra, que trabalha na relação da Terra com os demais planetas.

Estamos até aqui mostrando que a geração de conhecimentos pode ser feita e estudada de forma minuciosa, ao entrarmos nos mundos supra-sensíveis, onde a construção de conhecimentos não é feita pelos cinco sentidos, base dos princípios de medição (cartesiana) e de verificabilidade (Popper). Com isso, estamos alargando os conceitos vigentes de conhecimentos tácitos detalhando-as de forma cabal (Steiner), muitas vezes genericamente ditos de que "conhecemos muito mais do que nossas possibilidades de expressão" ou de que não há possibilidades de trazer o tácito para o explícito, agora certa e simplesmente mitos, derrubados.

Capítulo 4. O encontro com os seres espirituais

Além do encontro com outros seres humanos e com a natureza, o ser humano, durante o seu ciclo de vida entre o nascimento e morte, pode entrar em contato com seres espirituais que normalmente vivem no mundo espiritual.

Queremos perguntar primeiro como o leitor situa a relação do mundo chamado de material e o mundo chamado de espiritual. São separados fisicamente? Estamos em um e entramos no outro, como algumas religiões apregoam?

Queremos denotar que o mundo espiritual é o que permeia tudo, incluindo nesse tudo o mundo material onde vivemos e temos consciência disso atuando com os nossos sentidos. Isso significa que somos contrários à visão dicotômica de separar o mundo espiritual do mundo material, como que fisicamente separados. Temos o pensamento de que o mundo espiritual existe em primeiro lugar, permeia tudo e todos, e o mundo material se manifesta dentro do mundo espiritual, invisível ou indetectável pelos nossos sentidos.

Assim, temos condições de estar em contato com o mundo espiritual a qualquer momento de nossas vidas, e certamente quando não utilizamos os nossos sentidos, que sempre nos dirigem ao mundo material visível. Quando morremos perdemos os nossos sentidos e entramos em um ciclo que se inicia com a morte e termina em um novo nascimento. Essa perda dos sentidos, como nós entendemos, permite-nos sair do mundo material e passar a viver dentro do mundo espiritual, ou melhor, ter a consciência do mundo espiritual. Nessa condições, erdemos os corpos etéricos e astraálicos, visto que o Eu, Manas, Atman e Budhi (formam digamos o nosso corpo espiritual) permanecem e é o "corpo" que fará a nova viagem entre a morte e o novo nascimento. Enfatizamos que não é preciso a morte material do corpo humano para entrar em contato com os seres espirituais que habitam por assim dizer o mundo espiritual. Podemos utilizar modos especiais existentes do pensar do ser humano vivo que possibilitam o contato com seres espirituais no mundo espiritual. Cumpre repetir que não são mundos dicotomicamente separados, quando utilizamos os sentidos estamos em um mundo visível (ou detetável pelos sentidos), e quando não utilizamos os sentidos, digamos que estamos no modo sono e que estamos no mundo espiritual com o nosso corpo espiritual mencionado, somente a consciência que vai junto ao corpo espiritual que trafega pode trazer imagens ou mensagens por ocasião do acordar. Essa consciência sobre si mesmo, por ocasião da viagem ao mundo espiritual, no ciclo entre a morte e próximo nascimento, o quanto se é consciente sobre isso, durante a vida no meio material, depende profundamente do grau de espiritualidade do ser.

*Assim, o ser "humano" (digamos) é quando o ser está na Terra e utiliza fundamentalmente o mundo visível (detectável) e os seus sentidos, e é ser "espiritual" (digamos) quando utiliza outros meios de autoconsciência para perceber o mundo espiritual. A conexão entre os dois mundos (o mundo material no mundo espiritual) pode ser executada **em consciência (vigília)** através do pensar humano, trabalhando nas modalidades de Pensar nos modos de Imaginação, Inspiração e Intuição, que é também uma grande contribuição de R. Steiner (leia livros de R. Steiner e pratique).*

Nesse momento é muito importante denotar essa questão sobre o Pensar.
Kant (Ref) sempre comentou que não há possibilidade de pensar sem que tenhamos efetuado ou percebido os fenômenos no mundo visível (sentidos), ou seja, é por meio dos fenômenos percebidos pelos sentidos que criamos os pensamentos sobre a experiência fenomenológica. A tese de doutorado de R. Steiner mostrou que é possível, sim, a manifestação de pensamentos que não sejam de origem fenomenológica.

O mundo espiritual é um mundo habitado por seres espirituais, em três grandes hierarquias relativas (mais perto) ao homem:

Terceira hierarquia

- Anjos
- Arcanjos
- Arqueus.

Segunda hierarquia

- Espíritos da Forma
- Espíritos do Movimento
- Espíritos da Sabedoria.

Primeira hierarquia

- Tronos (Vontade)
- Querubins
- Serafins.

Na figura a seguir, incluimos também seres espirituais dedicados ou a serviço da natureza, e que não tem nada a ver com os seres humanos, são:

- Gnomos (terra, descendem dos arqueus)
- Ondinas (água, descendem dos arcanjos)
- Silfos (ar, descendem dos anjos)
- Salamandras (fogo, calor).

E a composição hepta do ser humano:

- Corpo físico
- Corpo etérico
- Corpo astral
- Eu
- Corpo Manas
- Corpo Buddhi
- Corpo Atman.

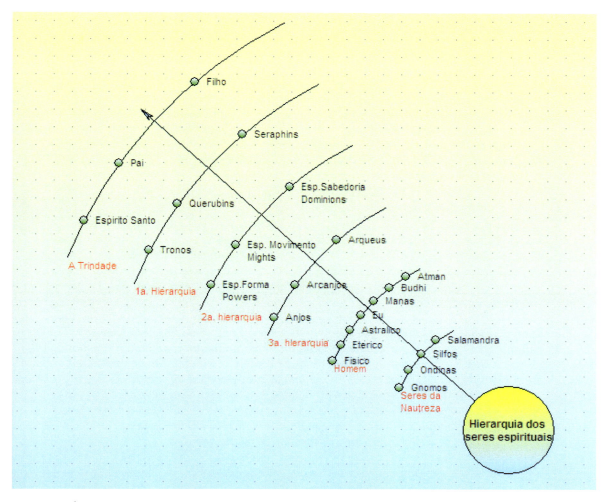

Figura 1

Assim, no planeta Terra, temos na natureza (os minerais, vegetais e animais) convivendo em conjunto com os seres humanos e também com os seres espirituais das três hierarquias, incluindo os seres elementais (gnomos, ondinas, silfos e salamandras) que cuidam da natureza.

Os seres espirituais das três hierarquias assim como os seres espirituais da natureza são invisíveis pelos sentidos. Isso significa que, para contactá-los, devemos retirar de ação os nossos sentidos. O ser humano, após a sua morte, quando há perda gradual dos corpos etéricos e astrálicos, do Eu (juntamente a Manas, Budhi e Atman), que chamamos de corpo espiritual, efetua uma viagem ao mundo espiritual onde pode encontrar os seres das três hierarquias, principalmente os da terceira hieraquia, sendo mais difícil o encontro com as duas primeiras hierarquias, dependendo do grau de espiritualidade que possui em relação à sua situação cármica na roda das reencarnações. Na situação de sono, o corpo físico e o etérico permanecem juntos, sendo possível a saída do corpo astral e do corpo espiritual para o mundo espiritual.

O interessante é que podemos contactar (enfusionamento quântico) os seres das hierarquias quando estamos vivos e conscientes por meio de certos métodos/técnicas do Pensar-Sentir-Fazer.

Os seres da terceira hierarquia que podemos contactar são:

Os anjos
Os anjos são seres espirituais que possuem como missão de sua natureza e existência cuidar de um ser humano (indivíduo) em específico. Comparativamente ao ser humano, os anjos não possuem um mundo para fora, para o exterior, separado do mundo interior.

O ser humano possuem os sentidos que permitem perceber o mundo visível exterior e muitas vezes vive em função desse mundo exterior. No entanto, o homem possui um mundo interior, pode refugiar-se ou voltar-se a sim próprio, como que olhando para dentro de si mesmo, procurando vivenciar os seus pensamentos e sentimentos, incluindo proposições da volição (atitudes). Ora, o homem pode ficar portanto interiorizado por longos tempos, tendo portanto uma vida interior autônoma, e ninguém do exterior pode perceber, incluindo situações em que o manifesto para o exterior pode ser diferente do que se passa no interior do homem. Ou seja, o homem pode mentir.

Comparativamente ao homem, os anjos não conseguem perceber o exterior como percebem os homens, a sua natureza faz com que haja uma revelação do seu interior toda vez que estejam em ação. Quando em ação, seu aspecto ou movimento externo é a revelação do seu interno, não havendo possibilidades de ser diferente entre o que se expõe com o seu interno. Diz-se então que os anjos revelam-se, o exterior é o mesmo do interior, por isso a expressão "revelar-se".

Em um outro estádio, os anjos ficam em uma situação de aguardo (tipo de subconsciência), quando então o seu interior é prenchido por seres espirituais de ordem superior. Os anjos podem passar para o estádio de ação, equivalente a um nível de consciência superior por um simples ato de vontade, enquanto que no homem as alterações normais de nível de consciência pela passagem dos modos vigília-sonho-sono são efetuadas pela separação temporária dos corpos físico-etérico dos corpos astral-Eu. Essa separação dos corpos pode ser normal na dinâmica do dia (ação) e noite (dormir), ou induzida por técnicas de alteração de consciência, como de meditação, por exemplo.

Assim, dos seres espirituais, os anjos são os que mais se aproximam dos homens. E quanto mais vive o homem para os outros, sem egoísmo, mais o homem sentirá o apoio dos anjos e em particular do seu anjo.

Os arcanjos
Os arcanjos, por sua vez, possuem as mesmas características dos anjos quanto à revelação dos seus internos e da vivência dos seres espirituais superiores, diferenciando-se na condução de grupos de homens (povos), e não individualmente como os anjos. São portanto mais poderosos nas suas ações de condução dos homens.

Os arqueus
Os arqueus também possuem as características dos anjos e arcanjos quanto às suas expressividades interno-externo e à vivência interna pelos seres de ordem superior. A diferença é que conduzem diversos grupos/povos de homens, ao longo das épocas, na evolução simultânea de diversos povos ao longo dos tempos.

É importante citar nesse contexto da existência de anjos, arcanjos e arqueus que se manifestaram contrários à sua natureza, à sua não autonomia perante a vivência interior por outros seres superiores, e que o esoterismo antroposófico denominou-os como sendo os seres espirituais decaídos, correspondentemente ficam conhecidos como sendo seres luciféricos, seres arimanicos, e seres azuricos, respectivamente, e que cada um deles representam certos males ou certas dificuldades que são introduzidos à evolução da raça humana, para que atinjam suas metas preconizadas pelos seres superiores, por meio das épocas de Quinta Raça, Sexta Raça e Sétima Raça. Nessa última, a raça humana se constituirá como o Décimo Nível da Hierarquia, adquirindo outras configurações constitutivas, perdendo inclusive o corpo físico.

Os seres dessa terceira hierarquia possuem descendentes enviados para a natureza a fim de ajudar nos processos de crescimento e desenvolvimento das entidades dessa natureza, principalmente no reino vegetal, abrangendo:

Ser Espiritual...... Descendentes.......... Ambiente Nivel de Conexão/comunicação (com 3ª hierarquia)

Anjos.......>...........Silfos.......> ....Ar.................. Astral
Arcanjos..>...........Ondinas...> ....Água .... Astral
Arqueus...>...........Gnomos..>................Terra ....Astral

O atingimento do relacionamento entre seres vivos pode ser efetivado, em modo consciente, em diferentes níveis de comunicação e conexão, utilizando-se:

- ❖ *O corpo etérico humano: pode-se sentir a interpenetração com seres do reino vegetal, para cima.*
- ❖ *O corpo astral humano: pode-se sentir a interconexão (integração) com seres do reino animal, para cima.*
- ❖ *O Eu humano: pode-se sentir os outros seres por meio da compaixão e do amor a outros seres vivos.*

seres da segunda hierarquia:
Os seres da segunda hierarquia referem-se aos espíritos da Forma, do Movimento e da Sabedoria.

Esses seres possuem também sua exterioridade proveniente de mudanças na revelação vindas da iniciativa de ação em uma mudança consciente de estado, como os seres da terceira hierarquia, com a diferença de que produzem uma imagem objetiva de si mesmos, que finaliza como uma forma específica e que permanece fora do seu envoltório. Essa possibilidade de produção interna de formas é que determina todas as diversidades de formas dos seres vivos que esses seres (<u>espíritos da Forma</u>) configuram (plantas, animais e seres humanos).

<u>Os espíritos do Movimento</u> proporcionam as possibilidades de transformação e metamorfose das plantas e animais em crescimento. Digamos que nas plantas podemos ver o surgimento de raízes, do caule, das folhas e das flores. As formas proveem dos espíritos da Forma e as transformações e metamorfoses proveem dos espíritos do Movimento.

<u>Os espíritos da Sabedoria</u> proporcionam as possibilidades de sentir dos seres vivos por meio de seus gestos, da sua fisionomia e do seu jeitão de ser. Temos possibilidades de efetuar isso à medida que interagimos com outras pessoas e podemos sentir os mesmos sentimentos relativos às pessoas, aos animais e também às plantas, de tal forma que podemos sentir as diferenças entre plantas que possuem diferentes gestos fisionômicos e movimentos. Por analogia ao homem, as plantas também possuem gestos e movimentos que são expressão externa dos seus processos internos.

Os seres da segunda hierarquia também produzem descendentes que descem à natureza na forma de almas de grupos de vegetais e animais, diferenciando-se dos seres humanos que possuem uma alma individual. Almas de grupo regulam os comportamentos, formas e movimentos, enfim, o jeito de ser de todos os animais específicos de cada alma de grupo. Em situações de uma mesma natureza e um mesmo contexto, a alma grupal determina os comportamentos da cada animal do grupo, e todos agem da mesma forma.

<u>A técnica e os métodos</u> para se chegar aos seres das hierarquias têm sido fazer vibrar em nós, seres humanos, algumas qualidades intrínsecas, de modo a poder de forma analógica sentir esses seres que no fundo são os responsáveis por essas qualidades que percebemos e sentimos.

*Nos exemplos vistos com a segunda hierarquia, nós podemos sentir as formas e os movimentos das plantas por meio dos nossos corpos astrálico e etérico e com isso sentir a integração dos seres humanos com as plantas. No caso dos espíritos de Forma e Movimento, podemos inclusive sentirmos dentro das plantas, não somente **integrados** (via corpo astral), mas podemos nos sentir **penetrar** (via corpo éterico) nas plantas pelo elemento éter.*

seres da primeira hierarquia
Os seres da primeira hierarquia referem-se aos tronos (ou espíritos da Vontade), querubins e serafins.

Utilizemos novamente o método de conexão com esses seres, certamente cada vez mais difícil, pela grandeza desses seres e as abstrações analógicas necessárias para o devido entendimento.
Os seres dessa hierarquia podem ser sentidos pelos homens pela seguinte analogia: é na situação de que o homem sente internamente a necessidade de (querer) mobilizar metabolicamente o seu corpo, em específico os membros superiores e inferiores.

Os tronos são os primeiros seres dessa primeira hierarquia e possuem como substencialidade (substância da própria sustentabilidade de existência) a própria Vontade.

Os querubins podem ser representados metaforicamente pela qualidade vivencial do atributo compaixão na geração do bom viver social e humano. seria a qualidade vivente da compaixão pelo bem-estar e bem viver de outros seres.

Os serafins, pelos seus trabalhos na boa articulação interplanetária e interastros, podem simbolizar o bom relacionamento entre seres humanos.

Essas simbolizações, de forma compreensível e vivenciada, permitem a conexão dos seres humanos com essas energias superiores (veja capítulo final) e representam simbólicamente e de forma simples o estruturante de qualidades objetivadas aos seres vivos dessa parte (planeta Terra) do Kosmos.

Da mesma forma podemos considerar a relação com os astros e planetas na geração de conhecimentos.

Capítulo 5. Criação de conhecimentos na inter-relação com os astros e os planetas

Do todo às partes, quando o homem nasce e morre, dizemos que a vida se passa no planeta Terra, onde por meio dos sentidos o homem possui sensação e percepção do mundo material e relaciona-se socialmente com outros homens, animais, vegetais e minerais. Após a sua morte, alguns corpos (físico, etérico e astrálico) são considerados corpos mortos e voltam a agregar às fontes energéticas correspondentes, e os três corpos espirituais, juntos ao Eu, continuam em uma trajetória que dizemos ser uma viagem no seu mundo de origem, o mundo espiritual, ao qual o homem pertence. A volta à Terra, denominada reencarnação, do ser espiritual é um mecanismo (em que trabalham os anjos e arcanjos) que se implanta no ser-espiritual (ainda reencarnável) durante essa viagem de retorno à Terra depois do percurso no mundo espiritual após a morte. Vista pelo lado da Terra (material), a morte significa sair da esfera do planeta Terra, mas, do ponto de vista do mundo espiritual, a morte significa o retorno do homem à sua origem.

A sua trajetória desde a morte até um novo nascimento é uma viagem incrível e é descrita minuciosamente pelo mentor da Antroposofia, Rudolf Steiner (estude os livros dele). Creio que até os não racionais e materialistas aceitariam a beleza e descrição dessa viagem. Nessa viagem o homem entra em um mundo de astros e planetas e exerce contato com seres espirituais que também determinam e influenciam a composição, a configuração e o destino cármico no novo nascimento.

*Uma visão bastante interessante e oposta ao referencial visto aqui na Terra e como ser humano no referencial visto como ser humano, é que o **ser humano é antes um ser espiritual e depois um ser humano** como o conhecemos aqui na Terra, isso percebemos principalmente por meio dos sentidos. O seu habitat é o mundo espiritual e que vez por outra volta à sua forma física encarnando-se na Terra.*

Essa forma de entender o ser humano como proveniente do mundo espiritual é um ponto fundamental de contrapor aos pensamentos fundamentados em ganhos materiais, aos que consideram tudo relativo ao homem nos seus aspectos de utilidade, pensamento esse muito popular nas sociedades e nações do século XXI.

No mundo espiritual, o ser humano é influenciado pelas estrelas fixas (Zodíaco), que determinam sua configuração física na trimembração físico-orgânica (cabeça, membros e tronco) e influenciam a qualidade da trimembração anímico-espiritual, qual seja a tríade Pensar-Fazer-Sentir.

Podemos considerar o ser humano orgânico constituído de três distintas partes físicas (dizemos isso também na forma da trimembração físico-orgânica do ser humano):

- ❖ *A região da cabeça (do sistema nervoso ou sistema neurovegetativo)*
- ❖ *A região dos membros (mãos, pernas e seus órgãos internos que os interligam ao corpo, sistema digestivo – do sistema metabólico-motor)*
- ❖ *A região do tórax (do sistema rítmico: coração, sistema circulatório e pulmões).*

seria mais apropriado se dissermos a influência dos astros e planetas na configuração físico-anímica do ser humano, ou os conhecimentos derivados dessa influencia na constituição das diversas partes físico-anímicas do homem.

A cabeça no seu formato fisiológico recebe a influência dos raios solares durante a gestação através da lua, que influência o formato arredondado do rosto. Esse arredondamento não é totalmente circular porque temos uma influência de 10/12 de um ciclo completo de doze meses (1 ano) e porque passamos pelas quatro configurações de exposição (lua

cheia, minguante, nova e crescente), visto que na minguante e crescente a lua influência na formação da parte traseira da cabeça, na nuca e lado de trás da cabeça. Nesse giro de 12 meses temos em 10 meses a influência da luz da lua na formação da cabeça do bebê.

Ao mesmo tempo que recebe influência lunar, o bebê ainda dentro da barriga da mãe recebe influência da Terra, desenvolvendo assim os membros em uma configuração alterada de um tronco. A ligação entre a cabeça e os membros fica a cargo do tórax que, pelo sistema pulmonar rítmico-sanguíneo, consegue trabalhar a ligação funcional da cabeça com o homem-membros.

A influência dos planetas no ser humano incide diretamente nas suas fases de desenvolvimernto biográfico. Esse conhecimento da influência do mundo espiritual, no ciclo da morte até novo nascimento, é extremamente útil para a compreensão de si próprio, para que o homem possa cada vez mais responder por que ele existe e vive no mundo físico.

Em correspondencia à trimembração físico-orgânica, podemos denotar a trimembração relativa à alma humana, ou anímico-espiritual:

<u>Trimembração físico-orgânica</u>   <u>Trimembração anímico-espiritual</u>

Cabeça .... O Pensar
Membros (metabólico-motor). .... O Fazer
Tronco (Pulmões-coração). .... O Sentir

Falamos em trimembração anímico-espiritual do homem para indicar que podemos perceber o ser humano constituído por três tipos de vida, dentro do mesmo ser. O Pensar é uma atividade viva (centrado na cabeça-cérebro) que no seu exercício há um processo de diminuição de sua vitalidade (vital do éter), daí denominarmos de catabolismo, enquanto que a atividade do Fazer é uma atividade que se exerce em uma região de alto metabolismo, indicando um crescente na energia vital. Significa que se danificarmos uma região física no sistema neurovegetativo, não conseguimos reviver suas células, enquanto que um dano na região metabólica pode ser revitalizado facilmente.

E na confluência das duas correntes (Pensar e Fazer) surge uma terceira instância (que é também permanente) que é o Sentir, ou a vida de sentimentos do homem. O Sentir trata-se da instância que mais caracteriza a alma humana, e assim podemos considerar o homem como um ser vivo dotado de alma (conjunto de instâncias psíquicas formado permanentemente, mas sempre dinâmico durante o vida) ou um ser anímico-espiritual. É importante notar que o Sentir se mistura com os polos de Pensar e Fazer, e portanto possui elementos tanto do Pensar como do Fazer.

Como as três instâncias são independentes, o ser humano pode ativá-las independentemente, passando a trabalhar nas três instâncias de forma dinâmica, dependendo da exposição perante os estímulos do meio externo (por meio dos sentidos, das sensações e percepções) e também as ações do próprio corpo internamente, digamos de forma inconsciente ou subconsciente (termos da psicologia freudiana). O Pensar trabalha no **modo de vigília** (consciente), principalmente com a ajuda dos sentidos; o Fazer trabalha com a volição ou a vontade, que é uma força proveniente dos órgãos, e portanto trabalha no **modo de sono** (inconsciente); o Sentir é uma instância psicológica da alma que trabalha no **modo de sonho**. É importante denotar que o modo inconsciente está aberto o tempo todo da vida do ser humano, significando que os estímulos internos e externos estão constantemente atuando na alma-espírito humano, com ou sem os seus registros na memária tanto etérica como astrálica.

Os pensamentos (oriundas ou não dos fenômenos externos) ficam gravados em regiões próximas (não somente) ao principal órgão craneano, que é o cérebro, e são constantemente apagados por um mecanismo interno denominado por Steiner de dessalinização

da memória previamente gravada por processo de salinização. Esse mecanismo de gravar-apagar é superimportante para que todas as imagens do exterior e interior do corpo e que penetram através dos sentidos na alma humana possam ser eliminadas. O volume de informações seria volumoso demais para o registro e acesso de forma rápida nas camadas de gravação no homem.

O Pensar é uma atividade que se processa muito rápido e trabalha fortemente com base nos sentidos; as imagens são detectadas pelos sentidos e são processadas pela mente humana e guardadas provisoriamente na memória etérica. O desenvolvimento de sentimentos na alma humana se produz de forma muita mais lenta do que o Pensar, e a finalidade última do Sentir é conseguir o contato com as esferas espirituais por meio do Amor. O Amor por sua vez também pode ser compreendido pela sua trimembração em Gratidão, Beleza e Sacrifício. Essas três características que emanam dos homens na sua trajetória ao Amor estão fortememnte associadas ao desenvolvimento do homem durante sua infância, período em que há o desenvolvimento final do corpo etérico, do corpo astrálico, finalizando com a encarnação final do Eu na Terra.

Capítulo 6. O desenvolvimento biográfico do ser humano e seus conhecimentos constituintes

Uma breve conversa sobre: <u>o que é a vida humana?</u>

No modelo antroposófico e ontológico sobre a vida humana reside na inter-relação constitucional (desenvolvimento e crescimento) e no confrontamento gerando desgaste entre os corpos espirituais (Eu + Manas, Budhi, Atma) e os corpos mais densos (físico, etérico, astrálico). O processo de crescimento trabalha no melhoramendto dos corpos do ser e a vida consciente trabalha no lado oposto, desgastando os corpos e provocando a emergência da consciência. A consciência individual provoca o desgaste dos corpos em específico nos locais onde atua o espírito. Assim o corpo etérico trabalha o crescimento e a vida em consciência trabalha com o desgaste energético.

É superimportante de que o ser humano não nasce com tudo pronto, todos os corpos e órgãos são formados como se existissem do jeito como se acham depois no adulto, e à medida que se cresce temos somente crescimento e prenchimento funcional. Nos primeiros 21 anos, três setênios, os corpos invisíveis vão se formando, constituindo as formas e suas devidas localizações físicas relativas por meio de movimentações internas, principalmente nos três primeiros meses de gravidez. Assim, ao nascer, o corpo etérico vai se formando ao redor do corpo físico, dando-lhe vida, no sentido da força vital. Essa força vital é proveniente das forças etéreas que circundam o planeta Terra e dá vida aos órgãos do corpo físico, função operativa e também crescimento. Na faixa de idade de 0 a 7 anos, o mundo exterior propicia preferencialmente as características boas do viver, que caracterizam o conceito sintético de BOM à Vida, como será citado a seguir. Certamente que nessa faixa de idade as crianças não intelectualizam o BOM e suas significações, o BOM é permeado no etérico da criança pela imitação exercida pelas ações de alguma forma empreendidas pela criança. Essas ações podem ser também imitadas pedagogicamente (vide Pedagogia Waldorf) por meio dos seres circundantes (pai, mãe, irmãos maiores, amigos, colegas de escola primária ou escolhinha pré-primária, professores) conscientes da superimportância desse momento às crianças. Se o meio circundante conhece a superimportância desse período, que deve ser BOM (exemplos tácitos serão dados a seguir), a criança absorverá esses tácitos do BOM para seu viver futuro. Por exemplo, atividades podem circundar ou ser efetuadas no dia a dia da criança que possam dar o exemplo de devoção ou gratidão, a criança apreenderá as atitudes e ações que envolvam esse ato devocional. Inversamente, se a criança não tiver exemplos devocionais nessa época, dificilmente na sua vida adulta compreenderá ou exercerá conscientemente o que seja Devoção, ou poderá exercer muitos atos de ingratidão, pois nunca exerceu atos devocionais de gratidão. Nessa época, a criança copiará os atos do seu meio humano circundante evidentemente sem nenhum questionamento pelo racional. Esses atos orientados no atingimento das qualidades do BOM (à vida) se fixarão fortemente no corpo etérico, e podemos considerá-los ex post 21 anos como inconscientes. Esse ato constitucional do corpo etérico do ser humano é muito diferente do corpo etérico das plantas, porque as plantas absorvem constantemente no dia a dia a energia etérica, enquanto que no ser humano a formação do corpo etérico é feita pelo ser humano em específico para a formação vital do corpo, e também no crescimento daquilo que chamamos de BOM, ao longo dos 7 primeiros anos.

Outras atitudes que a criança copia nessa faixa de idade refere-se ao andar e falar. Nesse atividade constitutiva de vida do corpo etéreo a criança consegue erguer-se a passar a andar com postura ereta, o Eu o faz com tremendo esforço próprio da raça humana. Uma vez vencida a etapa do andar, as forças constitutivas etéricas passam a trabalhar a fala. No começo a criança continua imitando o falar dos adultos circundantes, sem saber a significação da fala, mas começa a perceber que a fala funciona. Assim, vai aprendendo a imitar os sons da fala dos adultos e pessoas circundantes junto ao andar, desse modo a fala vai também ser influenciada pelas atitudes e pelos comportamentos das pessoas circundantes. É nesse período que as crianças copiam as atitudes de amorosidade, calorosidade, pacificidade, compaixão (por insetos, animais, pessoas com problemas ontogenéticos e filogenéticos), força de vontade etc.

Da mesma forma, o meio circundante humano exercerá influência muito forte na constituição do próximo corpo, denominado de corpo astral do ser humano, cujas qualidades a serem "copiadas" são os sentimentos (como será explanado a seguir). Após os 14 anos, o corpo astral também estará constituído, nesse caso, também não somente formativo (junto ao éter-astrálico), mas também adquiridas as qualidades dos sentimentos expressos mais adiante e que formarão as qualidades básicas sentimentais alinhadas ao BELO.

Assim, na constituição dos corpos etérico e astrálico temos o armazenamento "básico" inicial das qualidade relativas ao BOM e ao BELO, características que influenciarão fortemente o caráter do ser humano específico. No período de 14 a 21 anos, temos que o mundo circundante deve ser verdadeiro, com o viver mais social, quando então há a emergência do Pensar, e suas principais qualidades positivas (explicadas aditante) a serem trazidas pelo viver em verdade. Trata-se do Pensar racional, lógico e causal desde os eventos mais simples aos mais complexos, podendo surgir questionamentos mais filosóficos.

Esse "molde" inicial é de absoluta importância na formação do caráter e personalidade do ser que evolui. A ausência das qualidades mencionadas (que não é exaurida) pode ser recuperada em futuros setênios (vide Gudrun) por meio de terapias ou autoterapias, mas há "custos" grandes a se pagar. Trabalhar mudanças de um conjunto esperado de qualidades e mudá-las para melhor ou mais harmoniosas em uma situação de vida adulta necessitará de um retrabalho no inconsciente que muitas vezes pode produzir uma fenda na alma constituída de forma tosca (nos 21 primeiros anos), produzindo esquizofrenia doentia (vide Traichler) ou neuroses intermitentes e mal arranjadas ou camufladas.

Um molde ruim produzindo uma alma estéril, sendo remexida pelos seus elementos no inconsciente, pode produzir uma incoerência brutal na alma do ser em específico, expondo em ex post terapia ações que não sejam coerentes e concatenados quando expressas. É muito comum vermos pessoas que sofreram terapia profunda em psicanálise terem comportamentos traumáticos e fáceis de se identificarem com a patologia mal sarada, como uma esquizofrenia comportamental (vide Traichler).

Os estudos antroposóficos expressos pela medicina antroposófica (psiquiatria médica) e terapias psicológicas (como análise e terapia biográfica), como as expressas por Gudrun, podem ser considerados mais recomendados para o "sarar" do caráter e da personalidade dos que não tiveram uma infância e juventude vividas com qualidades como o BOM, o BELO e o VERDADEIRO. Nessa linha de análise, recomenda-se então o ensino dos primeiros dois ciclos pelo ensino orientado pela Pedagogia Waldorf, com suas mais de mil escolas Waldorf no mundo todo.

<u>Por que a **vida** é a maior benção do Universo? Por que a autoconsciência promove a **vida**?</u>

Como **conviver conjuntamente com o prazer da vida** em meio às **cercanias atuais do materialismo-tecnológico?** Pagar contas, comprar apartamento, ficar financeiramente independente, ter prestígio entre colegas e amigos, ter bons amigos, boas oportunidades de trabalho, competir com vantagens, enfrentar os paradoxos e contradições do ambiente circundante, as circunstâncias antagônicas, ter cuidado com os campos de forças do mercado capitalista etc.?

Todas as realidades circundantes (realidades-em-si, segundo Hegel) — e principalmente as **circunstâncias negativas e insatisfatórias** — possuem uma capacidade enorme de acumular entulhos psíquico- emocionais (realidade aparente do Pensar-Sentir-Querer) em nosso coração e em nossa mente (etérico- astrálicos). **Pensamentos, sentimentos e volições tóxicas estragam o dia, os relacionamentos, os empreendimentos, enfim, nossa vida do dia a dia.** Do tipo: rápida independência financeira e profissional, alto prestígio entre os colegas, ser esquecido pelos amigos, perder a prova ou o ônibus por chegar

atrasado, ser demitido/transferido de surpresa na empresa, poder fazer academia regularmente, terminar urgentemente o MBA "numa boa", receber a notícia do resultado de exame ser positivo ou negativo, acumular dívidas e multas de trânsito, ficar sozinho no sábado à noite e não ter com quem repartir o "bolo de aniversário" são algmas situações comuns, mas estão longe de serem as maiores tragédias que alguém possa experimentar. É o "homem afetado pelo exterior imediato". São as questões de curto prazo, acontecendo sem controle e superação pessoal pelo "homem interior", cujos poder e natureza são transcendentes no tempo e espaço humanos, e que podem ser também imanentes em curto prazo. A infelicidade circunstancial não é o pior dos infortúnios.

A maior de todas as infelicidades não é circunstancial.
A maior infelicidade é **existencial (constitucional em físico-alma-espiritual)**:

– **A escravidão volitiva e emocional** (ahrimanico: ênfase no materialismo, na manipulação de outrem por vantagens pessoais, autoridade manipulativa, egocentrismo pessoal e material, insensibilidade, descontrole emocional e sentimental, desconhecimento não vivenciado das boas qualidades do BOM, BELO e VERDADEIRO, e de seus opostos, a desconfiança superior à confiança etc.).

– **Labirinto mental** (luciférico: manipulação do pensar, mentiras, pensamentos ludibriosos, cobranças automáticas, pensamentos contraditórios e confusos, pensar superconcreto, brincar com palavras a Descumprir etc.). A incapacidade e a falta de motivação para a ação e a reação junto à perda do sentido e da significação da vida.

Normalmente, o desenvolvimento emocional-psicológico-sentimental-volitivo sendo bem cuidado, de acordo com a biografia humana (vide R. Steiner ou Gudrun) nos primeiros 21 anos, o ser adulto crescerá muito bem munido e constituído por qualidades inerentes ao ser humano autoconsciente e "de bem com a vida". Segue uma descrição da biografia humana de acordo com os ensinamentos ontológico-cósmicos de R. Steiner e da Dra. Gudrun. As crianças e os adolescentes que tiveram a felicidade e benção de cresceram pela Pedagogia Waldorf (ênfase no ser pelas artes, músicas e teatro), ao **penetrarem no mundo dos adultos e no ambiente fortemente materialista (sucesso a todo custo), deverão estar alertas e preparados quanto ao encontro com as qualidades opostas ao Bom, Belo e Verdadeiro**, e tornarem-se autoconscientes dessa emulação a ser vivida no ambiente social repleto de atitudes e comportamentos derivados dos valores imanentes e expressos por Lúcifer e Ahriman. Por terem vivido na infância e juventude constitucionalmente com as boas qualidades do Bom, Belo e Verdadeiro, o enfrentamento com as forças luciféricas/ahrimanicas e o seu reconhecimento proporcionarão maior compreensão da vida como um todo, em específico do papel da vida material sempre inserido na vida espiritual, propiciando uma visão e amadurecimento espiritual e com isso maior significação de sua própria existência como ser e de seu papel perante a humanidade. Assim, um ótimo preparo, vivido e vívido, da volição-sentir-pensar até os 21 anos (aproximadamente), e com o assentamento do Eu, proporcionará na base da alma a serenidade para o enfrentamento contra as forças luciféricas/ahrimanicas do materialismo de hoje, transmutando-as em forças construtivas e coletivas favoráveis ao desenvolvimento "material subordinado ao espiritual" da sociedade e dahumanidade.

Dentro da Pedagogia Waldorf baseada nos ensinamentos da Antroposofia, procura-se nos primeiros 7 anos da infância propiciar o aspecto **Bom** às crianças (privilegia-se o fazer, no plano etérico), no segundo setênio se propicia ao infante a vivência do **Belo** (privilegia-se o sentir, no plano astrálico) e finalmente no terceiro setênio a vivência do **Verdadeiro** (privilegia-se o pensar).

O Bom propiciará o desenvolvimento da Gratidão.
O Belo propiciará o desenvolvimento da Beleza, da apreciação da Estética.
O Verdadeiro propiciará o desenvolvimento do Sacrifício, da possibilidade de ceder às outras verdades ou a outro humano.

Como Gratidão, podemos citar outros sentimentos relacionados (juntamente ao seu oposto):

❖ Percepção do Bom	Sem percepção do Bom (somente depois que perdeu o Bom)
❖ Devoção	Ingratidão
❖ Otimismo	Pessimismo
❖ Carinho pelo outro	Insensível
❖ Dependência feliz	Dependência infeliz
❖ Esperança	Desespero
❖ Paciência	Impaciência
❖ Plenitude	Vazio
❖ Otimismo	Pessimismo
❖ Tolerância	Intolerância
❖ Ético	Aético, amoral
❖ Espontaneidade	Armado, articulado, planejado em excesso
❖ Espírito lúdico	Mal-humorado
❖ Prudência	Imprudência

Como Belo, podemos citar outros sentimentos relacionados (juntamente ao seu oposto):

❖ Admiração	Desprezo
❖ Aconchego	Frio, distanciamento
❖ Carinho	Frio, indiferente
❖ Amorosidade	Hostilidade
❖ Alegria	Tristeza
❖ Amizade	Ódio
❖ Confiança	Desconfiança
❖ Cooperação	Competição
❖ Coragem	Covardia, medo
❖ Cordialidade	Truculento
❖ Dedicação	Irresponsável, preguiçoso
❖ Encantamento	Desdém, indiferente
❖ Êxtase	Depressivo, melancólico
❖ Fraternidade	Egocentrismo, egoísta
❖ Gentileza	Rudeza
❖ Leniência	Obsessivo, intransigência
❖ Merecimento	Desinteresse
❖ Receptividade	Indiferente
❖ serenidade	Euforia
❖ Vínculo	Solto, "nada a ver"
❖ Zelo	Descuidado

Como Verdadeiro, podemos citar sentimentos relacionados e seus opostos:

❖ Honestidade	Desonestidade
❖ Honra	Desonra
❖ Integridade	Falso
❖ Liberdade	Sem liberdade
❖ Originalidade	Cópia, falsidade
❖ Renúncia	Poder, dominação
❖ Força (Raiva)	Fragilidade, timidez
❖ Sacrifício, altruísmo	Vingança, covardia, indolência, mesquinharia
❖ Responsabilidade	Omissão, infantilidade
❖ Trabalho	Ócio
❖ Verdade	Mentira
❖ Compromisso	Omissão
❖ Pacificidade	Violência, truculência inconsciente

- ❖ Compaixão — Violência, paranoia, perseguição
- ❖ Humildade — Prepotência, arrogância
- ❖ Autoestima — Autonegação
- ❖ Carisma — Despersonalização
- ❖ Justiça — Injustiça
- ❖ Inocência — Culpabilidade

Assim, na educação Waldorf, nos três primeiros setênios, chegando até 21 anos, há todo um preparatório interno aos alunos nas questões relativas ao Bom, Belo, e Verdadeiro. A criança absorve essas qualidade por meio de vivências, exemplos de professores e mestres e muito convívio com trabalhos artísticos, com a arte musical e de movimentos (a arte euritmia).

Assume-se que aos 21 anos o aluno Waldorf teria vivenciado essas qualidades (não exaustivas) e assumiria sua vida de adulto de forma mais produtiva com encaminhamento espiritual acentuado. Esses 21 anos praticamente desenvolvem um certo molde (atitudes, comportamentos, personalidade e caráter) às qualidades e crises que surgirão nos próximos setênios.

Assim sendo, e embasado nessas qualidades de uma vida escolar feliz e produtiva (artes) em 21 anos, segue o jovem adulto para os próximos setênios. De 21 a 42 anos são os anos solares (de influência do Sol), sendo o período em que se vivencia a alma nos seus estágios de Alma da sensação (21 a 28 anos),

Alma da índole (28 a 35 anos) e Alma da consciência (35 a 42 anos). Os três últimos setênios são especulares dos três primeiros, considerando-se que tudo o que faltou nos primeiros três setênios serão sentidos nesses últimos três, e a alma procurará compensar procurando viver aquelas qualidades e comportamentos perdidos nos primeiros três setênios.

Esse conjunto de setênios é profundamento estudado pela Dra. Gudrun, que o denominou como sendo a Análise Biográfica do ser Humano, tanto no seu sentido de conhecimentos como de método terapêutico, de teor antroposófico.

Uma conclusão muito importante dessa análise biográfica (universal) é que ao ser humano praticamente fica definido um molde psico-físico para sua alma-espiritual nos seus três primeiros setênios. As qualidades do Fazer-Sentir-Pensar ficam absorvidas na alma-espiritual e influenciarão muito nos setênios seguintes. O adulto a partir de então enfrentará a vida de acordo com as qualidades que vivenciou e aceitou nesses primeiros três setênios. Isso também significa que a qualquer momento o adulto poderá evocar, sentir ou melhorar as qualidades adquiridas, que poderão ser exercidas em ambientes ou climas de tal forrma a permitir uma recentragem nas qualidades da sua infância e juventude, a partir de uma atuação do Eu.

Uma visão gráfica pode ser vista na figura a seguir, na qual de forma simplista analisamos as principais características e conhecimentos inerentes ao desenvolvimento biográfico do ser humano. Esse tema foi desenvolvido pela Dra. Gudrun, uma das pioneiras da análise biográfica do homem, segundo concepções antroposóficas e cujos livros estão nas principais livrarias no Brasil e no mundo (veja bibliografia).

Segundo uma visão ontológica e epistemológica sobre o ser humano e suas principais características, necessidades ou seus fatores de desenvolvimento, à medida de sua evolução em intervalos de setênios, conforme preconizado por R. Steiner.

Primeiro setênio: Aprender (educação receptiva)
Segundo setênio: Lutar (torna-se adulto, autoeducação) Terceiro setênio: Tornar-se sábio (autodesenvolvimento).

As instâncias Pensar-Sentir-Fazer, juntamente aos conceitos de personalidade junguiana (e temperamentos – Steiner –: sanguíneo, colérico, fleumático, melancólico, são **metacognições** que atingem diversos segmentos acadêmicos e profissionais, em que se apresentam com as devidas adaptações e derivações, tanto de nome como de conteúdo, em uma percepção nominal que não fere incisivamente as leis da ciência atual, podendo ser assim aclamada pelo público de consumo como algo assimilável ou aceitável. Podemos ver esse comportamento em diversas construções tais como: MBTI e Theory U de Otto Scheimer.

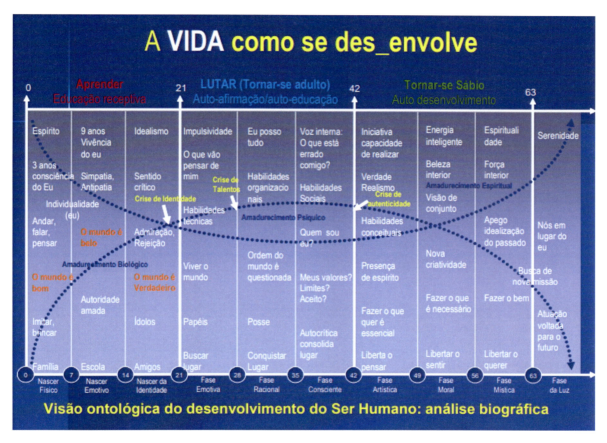

Figura 1

Capítulo 7. Modelo global de conhecimentos humanos

O modelo global de conhecimentos adotado neste livro refere-se ao resgate centrado no ser humano daquilo que a religião e depois a ciência clássica fragmentou ao longo desses últimos 300 anos. A religião efervecente desde os tempos primitivos do ser humano foi se transformando cada vez mais em um misticismo desmesurado, procurando desmistificar os homens da época e encaminhá-los para uma direção da fé. O misticismo e o antagonismo entre as diferentes religiões no mundo daquela época trouxeram um banho de sangue entre a Igreja Católica Apostólica Romana e o Islamismo de Maomé.

*As cruzadas foram um pretexto para liquidar com o antagonismo religioso entre católicos e muçulmanos, trazendo para o mundo europeu troféus diversos regionais do leste aos países de costa atlântica europeia. Assim, nesses últimos 300 anos, o mundo presenciou a hegemonia da Igreja Católica, que espalhou no mundo suas igrejas físicas e assim foi construindo um alinhamento de **pensamentos subjetivistas**, canalizando o pensar para acreditar nos elementos da fé. Esse movimento da fé traz no seu bojo as perguntas primordiais de: Quem somos? Por que vivemos? e suas respostas pela fé, repousando na Trindade (Pai, Filho e Espírito Santo) no Velho Testamento, e com o foco em Jesus Cristo, no Novo Testamento. As doutrinas religiosas davam as respostas em uma premissa de "acreditar" nas explicações de "fé" oferecidas pelas igrejas da época. Essas dúvidas e respostas encaminham questões relativas às essências do próprio ser humano, no "Por que existo?" e no "Para que vivo?", perguntas essas relativas à **Ontologia do ser**, nos constituintes básicos do ser humano.*

*A Ciência, como reação aos desmandos da religião, trouxe por meio do pensamento científico um **pensamento objetivista**, acrescido de premisssas, modelos e métodos ditos científicos, que procurou eliminar tudo aquilo que o subjetivismo religioso pela fé buscou ensapsular nas cabeças/mentes da época.*

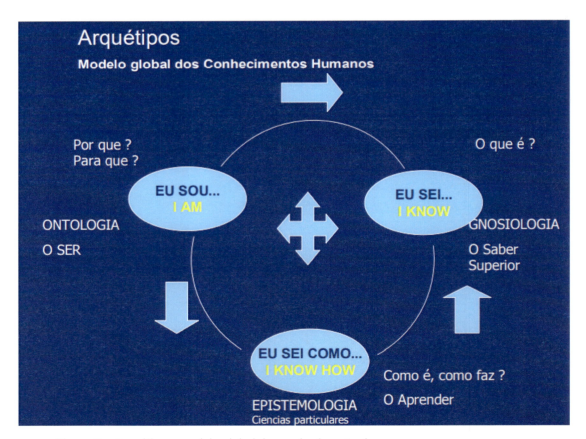

Figura 1 – Arquétipos: modelo global dos conhecimentos humanos

Assim, a Ciência, por meio de seus representantes ilustres como Aristóteles, Newton, Bacon, Descartes e depois todo o corpo dos cientistas ilustres "norte-americanos" (Bohr, Heisenberg, Einstein etc.), forjou toda uma metodologia científica baseada na Matemática, na Lógica causal, na análise dos elementos em exame/estudo/pesquisa. Estudos específicos na Teoria da Relatividade de Einstein, na Teoria da Incerteza de Heisenberg e em outros estudiosos da Física Quântica trouxeram resultados que mostram falhas fortes nas Leis de Newton. Com isso, uma nova geração de físicos quânticos surgem e estabelecem os Princípios da Física Quântica e que prometem absorver toda a Física Mecânica de Newton.

O estudo dos fenômenos pela Ciência passa fortemente pela análise dos elementos em jogo, efetuando sempre uma separação dos elementos pelas suas partes cada vez menores, indo até os seus átomos, prótons e elétrons, e atualmente aos fótons. Assim, a decomposição de partes do Todo em exame é uma caracterísitica da metodologia científica. Uma vez nas suas partes menores procura-se por meio de métodos estatísticos trazer uma certa generalização das causalidades descobertas. Nessas pesquisas e nesses progressos da ciência, foram surgindo as Ciências Exatas, como Matemática, Química, Física, Engenharia etc., como grupo de Ciências Naturais, na produção de materiais, e Medicina, Biologia, Psicologia, Administração de Empresas, Psicologia etc., como grupo de Ciências Humanas, focando sobre o ser humano. Dentro de cada uma dessas disciplinas, temos outras divisões disciplinares de menor escopo.

Exemplo, dentro da Engenharia, temos: E. Eletrônica (que pode também se distribuir novamente como Técnicas Digitais, Telecomunicação, Microeletrônica etc.) e E. Elétrica, E. Civil, E. Nuclear, E. da Computação, E. Oceanográfica etc.

Exemplo dentro da Medicina: Cardiologia, Urologia, Pneumologia, Dermatologia, Plástica, Oncologia, Epidemiologia etc.
Percebe-se que as ciências vão se especializando cada vez mais, de escopo menor, e de forma compartilhada.

Os pensamentos sempre devem fazer seus efeitos externos de forma visível, ainda que seja por meio de microscópios eletrônicos cada vez mais potentes.
*Falamos então da **Epistemologia**, os estudos das ciências específicas e que utiliza basicamente das abordagens objetivistas, da análise progressiva, e da Lógica causal.*

Temos então até agora os conhecimentos ontológicos e os conhecimentos epistemológicos da ciência clássica. Existe uma outra vertente de conhecimentos que o ser humano precisa conhecer, ou deixar preparada, por ocasião em que ele se encontre envolvido em um fenômeno, no momento zero. Trata-se da Gnosiologia. A Gnosiologia trata dos conhecimentos acumulados pela sabedoria do viver, dos conhecimentos que foram coletados ao longo da vida e apreendidos principalmente pelos filósofos. No mundo ocidental, os filósofos que se notabilizaram foram os gregos. Podemos iniciar a viagem pelos filósofos que nos interessam neste livro, aqueles que viveram e trabalharam para que os homens pudessem aproveitar de seus conhecimentos. Iniciamos por Platão, que construiu a sua academia onde lecionava para seus alunos e que constituiu o início das atuais universidades. O mundo das ideias era sim para Platão a verdadeira realidade, e a realidade-em-si como a conhecemos, a sua sombra. A sua divisão do saber era constituída por quatro categorias:

- ❖ *Sei o que sei (ou seja, tenho consciência dos meus conhecimentos).*
- ❖ *Sei o que não sei.*
- ❖ *Não sei o que sei (ou seja, tenho dúvidas sobre o que sei).*
- ❖ *Não sei o que não sei (ou seja, não sei duas vezes, o que constitui a grande maioria dos conhecimentos no mundo.*

Caro leitor, desafio seu entendimento sobre você mesmo. Para cada categoria escreva os itens de conhecimentos sobre um determinado assunto (exemplo: a inteligência humana), e perceberá as dificuldades de exprimir os conhecimentos, principalmente sobre a quarta categoria. Faça um dia o mesmo exercício com um grupo de amigos, e perceberá que a quarta categoria é realmente a mais difícil, e há necessidade que outrem nos diga, ou que vivamos sempre abertos para o desconhecido. E sentirá que cada vez mais, quando conhece algo mais, perceberá que existe muito mais para aprender. Assim Sócrates (mestre de Platão) disse a famosa frase: "Quanto mais sei, mais sei que não sei". E assim foi com outros filósofos que nos deixaram um grande legado quanto aos conhecimentos da vida, vivida. Tais como: Lao-Tsé, Kant, Hegel, R. Steiner, Schopenhauer e os mais modernos Heidegger, Merleau-Ponty etc.

Assim, por ocasião em que você está prestes a interagir com os elementos do fenômeno, portanto, seus conhecimentos inerentes até a hora do fenômeno precisam estar alertas nesse ponto zero, quando a cognição estará prestes a acontecer. Nessa hora zero, o ser específico trabalha em um posicionamento transdisciplinar em paralelo ao início do fenômeno. Ao topar com o fenômeno pelos sentidos, o ser ativa sua consciência na direção do fenômeno e põe em funcionamento transdisciplinar, simultaneamente, todos os conhecimentos que detém, trabalhando quando possível, em autoconsciência, ativando a Ontologia-Gnosiologia-Epistemologia em uma ordem que lhe for mais inerente. À medida que for interagindo mais adentro do fenômeno, criam-se dentro da cognição mais conhecimentos, quando as ações pertinentes recebem as contrapartidas do meio circundante ao ser específico. Nessa hora há conformação simultânea da mente do ser, turgida pelos conhecimentos já existentes na memória, que trabalham em dialética aos estímulos que surgem. Nessa dialética com o meio circundante, o ser específico cria conhecimentos na sua própria memória, que poderão ser demandados em outros fenômenos que participará. O posicionamento transdisciplinar triádico criará conhecimentos de muita qualidade, sintéticos, e que permitirá grande atingimento nessas três grandes categorias de conhecimentos, propiciando entendimento, compreensão, assimilação e acomodação das energias internas, e poderá surgir muita alegria pessoal por essa "mágica". Com o decorrer do tempo, perceberá seu próprio avanço da Inteligência e capacidade própria de mudanças internas, permitindo mais auto consciência e controle possível no momento do "agora". A criação da cognição e dos conhecimentos produzidos no momento do fenômeno é chamada de "pensamentos vivo" por R. Steiner, em comparação com situações em que o ser específico traz de forma decorada o discurso, no fenômeno, a partir de um conjunto de palavras-da-linguagem, um conjunto de informações cuja expressão durante o fenômeno é como se fosse lido por um robô, ou seja, como sendo um livro, um conjunto de informações ou "elementos/pensamentos mortos", comparado com a busca de ideias/conceitos/modelos mentais "produzidos" por exemplo pelo Pensar intuitivo.

A Estratégia e Gestão das Organizações tem procurado orientar suas proposições de trabalho na direção de identificar e compartilhar os conhecimentos tácitos de seus executivos de sucesso que possuem muita prática e experiência na condução de seus negócios em um mundo cada vez mais competitivo, cada vez mais incerto, mais imprevisível, e na adoção de muitas novas tecnologias, incluindo as tecnologias de informação, que conseguem mudar a face de seus negócios muito rapidamente.
Assim, os recursos materiais e financeiros, que outrora eram os principais recursos a administrar, estão perdendo sua importância relativa, passando o foco de atenções para a dimensão dos conhecimentos.

Essa mudança de foco tem muito que ver com o desenvolvimento da riqueza das nações, em que os países mais desenvolvidos se caracterizam cada vez mais como países pós-industriais, com mais da metade de seus trabalhadores trabalhando diretamente com informações e conhecimentos, como previsto por Drucker na sua caracterização de "Trabalhadores do Conhecimento" nas sociedades modernas.

Nessa passagem de foco ao conhecimento é de fundamental importância conhecer mais o maior produtor de conhecimentos que é o ser humano, que busca por respostas para as questões sobre a essência humana do tipo:

Quem sou eu? Para que é que eu vivo? Por que eu vivo? Como eu vivo?

Isso passa obrigatoriamente por questionamentos filosóficos e que concentro e relaciono no esquema via Figura 13.
Alguns autores ainda incluem a Axiologia, que são os conhecimentos relativos aos valores humanos, tais como conhecimentos éticos, estéticos, conhecimentos sobre a natureza, artísticos, religiosos etc., e que prefiro incluir na Gnosiologia, ficando na Epistemologia os conhecimentos mais particulares relativos aos conhecimentos científicos, tais como: Economia, Administração, Pedagogia, Psicologia, Biologia, Matemática, Física, Química, incluindo a Filosofia científica. São áreas que obedecem mais rigidamente à metodologia científica positivista cartesiana, com base na verificabilidade.

Fica também evidenciada a inter-relação entre a Ontologia, Gnosiologia e Epistemologia, sendo também previsto por muitos estudiosos o encontro futuro entre a ciência, a arte e a religião.

No nosso estudo sobre conhecimentos necessitamos incluir o estudo ontológico do ser humano, pois a maior instância humana na produção de conhecimentos, seja estudado pela Gnosiologia, seja pela Epistemologia, é o Pensar humano, relacionado com outras duas instâncias que são a volição (vontade) e o sentir (cognição e metacognição).
O Pensar, Sentir e Fazer constituem as três instâncias humanas que mais elaboram, desenvolvem e produzem os conhecimentos visados pelo ser humano.

A Estratégia das Organizações focando em conhecimentos passa obrigatoriamente pelo exame de como os seres humanos utilizam suas inteligências (particularmente o Pensar articulado com a volição e sempre passando ou conduzido pelo sentir) para produzir tais conhecimentos individualmente e de forma coletiva. Isso também significa entender como se aplica a inter-relação da abordagem objetivista com a abordagem subjetivista, em um jogo dialético interpolos do objeto e sujeito.

*Importante citar o modelo de análise de **Burrel/Morgan,** em que são alocados no quadrante objetivista e ordem social por regulagem todos os modelos funcionalistas da ciência de Administração de Empresas. Esse método de gestão do conhecimento propõe como contínua uma relação dialética entre o sujeito (subjetivista) e os objetos (do fenômeno em estudo), que é outra forma de dizer a dialética (contínua) entre o conhecimento tácito e o conhecimento explícito.*

Capítulo 8. Conhecimentos tácitos (modelos mentais) e conhecimentos de inovação

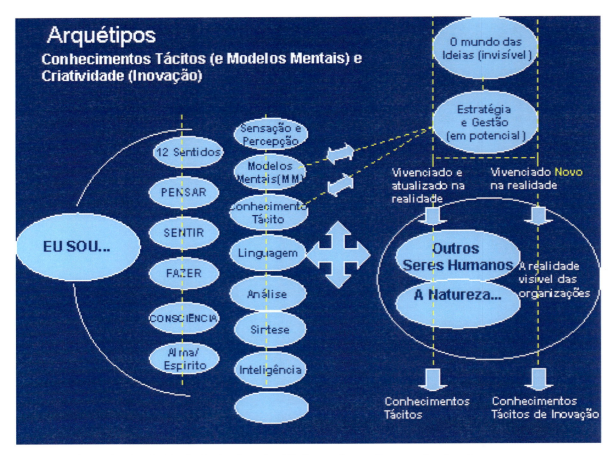

Figura 1 – Produção de Conhecimentos Tácitos na Inovação organizacional

Proveniente do Modelo Global de Produção de Conhecimentos Humanos (Figura 13), apresentamos na Figura 14 os principais elementos internos da Ontologia do ser, relacionados à produção de conhecimentos tácitos (que inclui os modelos mentais da Metacognição) e à geração de novos conhecimentos tácitos nos processos de inovação nas dinâmicas da dialética com a realidade-em-si, principalmente com outros seres humanos e a natureza.

Nesse embate, utiliza-se muito o mundo invisível das ideias, sendo manipuladas por técnicas e modelos metacognitivos (Imaginação, Intuição e principalmente Inspiração) e modelos mentais de Estratégia e Gestão das Organizações (específicos e inerentes em cada ser humano envolvido), produzindo novos modelos mentais, implícitos e explícitos (tácitos e explícitos).

Mais explicações e exemplos reais fenomenológicos são dados nos capítulos seguintes do livro.

Capítulo 9. Modelo epistemológico do Pensar-Sentir-Querer (Introdução ao MEP, às tipologias do Pensar e aos benefícios): uma introdução

Detalhamento inicial maior sobre a Figura 1 e tipologias do Pensar

O Pensar fenomenológico
O Pensar puro Imaginação
O Pensar puro Inspiração
O Pensar puro Intuitivo

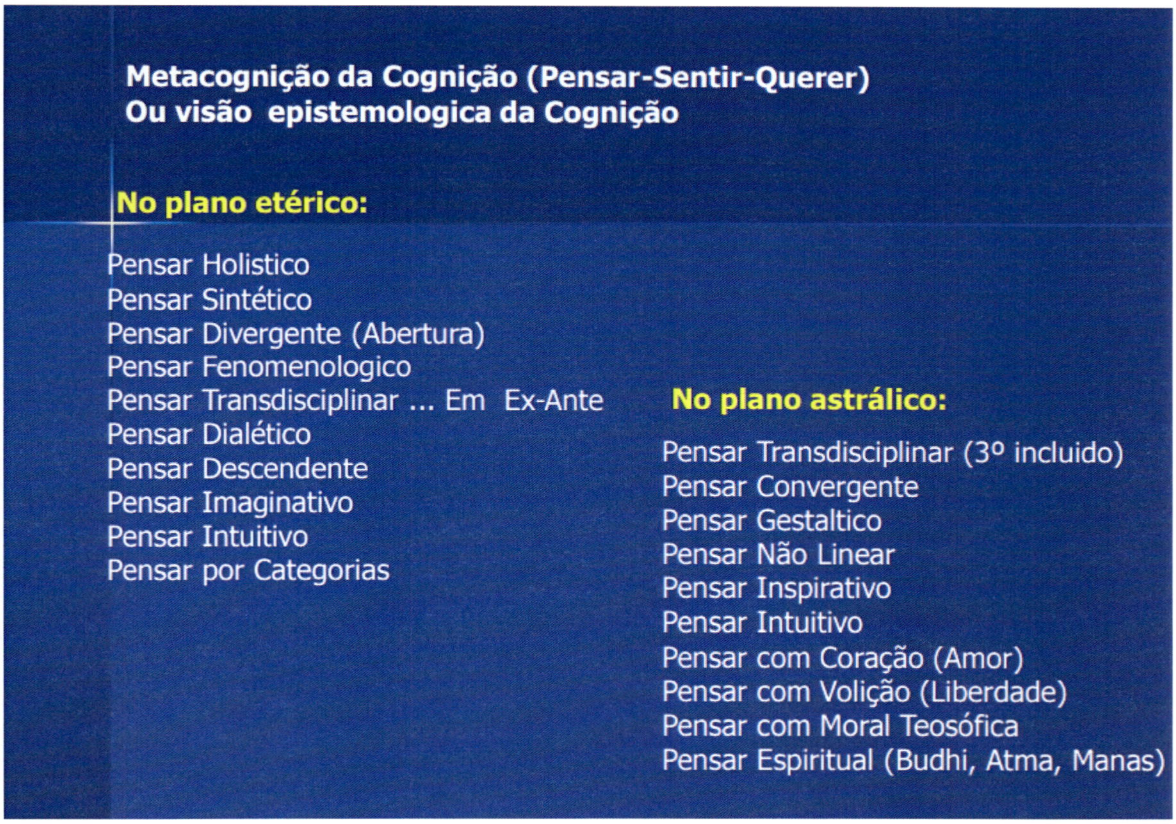

Metacognição da Cognição (Pensar-Sentir-Querer)
Ou visão epistemologica da Cognição

No plano etérico:

Pensar Holistico
Pensar Sintético
Pensar Divergente (Abertura)
Pensar Fenomenologico
Pensar Transdisciplinar ... Em Ex-Ante
Pensar Dialético
Pensar Descendente
Pensar Imaginativo
Pensar Intuitivo
Pensar por Categorias

No plano astrálico:

Pensar Transdisciplinar (3º incluido)
Pensar Convergente
Pensar Gestaltico
Pensar Não Linear
Pensar Inspirativo
Pensar Intuitivo
Pensar com Coração (Amor)
Pensar com Volição (Liberdade)
Pensar com Moral Teosófica
Pensar Espiritual (Budhi, Atma, Manas)

Figura 1

Ao estimado leitor, sugiro que faça suas próprias reflexões sobre as causalidades funcionais que originam essas tipologias da cognição humana e escreva um extrato de seus pensamentos no espaço a seguir. Depois, pode confrontar com as explicações da Parte D, certo?!

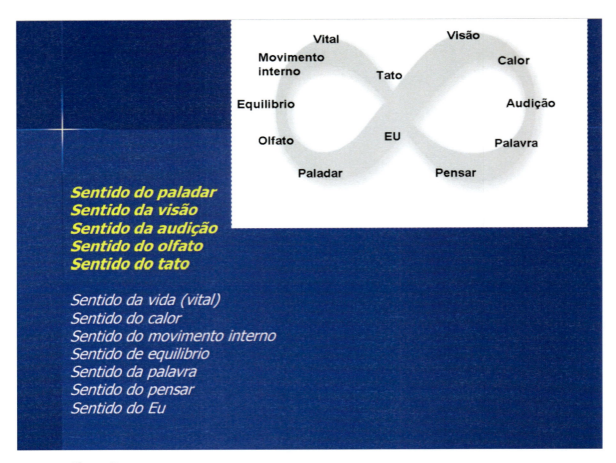

Sentido do paladar
Sentido da visão
Sentido da audição
Sentido do olfato
Sentido do tato

Sentido da vida (vital)
Sentido do calor
Sentido do movimento interno
Sentido de equilibrio
Sentido da palavra
Sentido do pensar
Sentido do Eu

Figura 2

Ao estimado leitor, vamos repetir a atividade? Sugiro que faça suas próprias reflexões sobre as causalidades funcionais que originam essas tipologias da cognição humana e escreva um extrato de seus pensamentos no espaço a seguir. Depois, pode confrontar com as explicações da Parte D, certo?!

Capítulo 10. Resumo sintético

O que se procurou mostrar nos capítulos anteriores é que o ser vivente humano é um complexo no que se refere aos seus constituintes essenciais, principalmente aqueles membros que são invisíveis aos sentidos humanos. Ao longo desses 2018 anos muito se especulou sobre essa questão da natureza do ser humano, com uma radicalização forte ao misticismo na época medieval – das lutas entre o cristianismo das cruzadas contra os muçulmanos sarracenos, quando tudo se podia falar em nome dos espíritos, com o surgimento forte em crenças e em magias, e provocando então a seguir o surgimento das ciências (por Newton, Galileu, Copernico, Bacon, Descartes) –, indo para o outro lado radical de que tudo deveria ser possível de ser medido por instrumentos de pesquisa. O movimento científico com as suas metodologias se desenvolveram graças às conquistas avançadas em tecnologia, chegando a uma boa parte da população mais estudada.

As forças de desenvolvimento tecnológico encontraram guarida na mente das populações pela via do progresso material, propiciando o chamado desenvolvimento econômico e capitalista, liderado por Adam Smith, ao mesmo tempo que a ciência social foi-se fortalecendo com o surgimento de seus defensores (Popper, Eccles etc.), trazendo mais justiça e paz social entre os povos, hoje centradas nos países ditos desenvolvidos (como os da Europa, EUA, no leste asiático, como Singapura, China). Concomitantemente as ideias keneysianas também foram sendo acolhidas pelos países mais desenvolvimentistas, crescendo pela economia do Estado. Logo, o desenvolvimento capitalista liderado por Friedman (Universidade de Chicago) trouxe um novo modelo de desenvolvimento das nações com maior crescimento dos empreendedores, se espalhando pelos negócios nos EUA e se alastrando pela Europa, Ásia e Brasil, representando a América do Sul.

De geração a geração, temos criado um inconsciente coletivo (campo de forças) de que o desenvolvimento material do mundo consumista seria o ideal de todos os jovens. Esses jovens por sua vez proveem de seu próprio crescimento enquanto infante também minado pelas ideias e imagens de que o destino maior seria o acúmulo de riquezas materiais, como casas luxuosas, carros de luxo, enfim, todo tipo de riqueza e patrimônio material. Vemos um crescimento constante da distância entre os ricos e pobres, ainda que a ciência continue criando novas descobertas interessantes, principalmente no campo da medicina. Se o movimento materialista propulsionado pelas descobertas científico-tecnológicas objetivam maior conforto e progressos aos povos, por que temos o crescimento relativo dos pobres em relação aos ricos?

Algo está errado.
Crescemos sempre em riqueza material para uma pequena parte de população em uma proporção muito menor do que o crescimento da parte de população mais pobre, ou seja, o desenvolvimento do capitalismo é uma ideia e método operacional social que privilegia as diferenças de riqueza e prosperidade entre as nações, sejam os países ricos, sejam os mais pobres.
Mesmo o acelerado crescimento econômico da China e Índia não propicia claramente o crescimento da prosperidade por igual das suas populações, entre suas classes sociais.

Depois que o mundo percebeu o equívoco ideológico do movimento marxista, cujo país propulsor teria sido a Rússia, provocando uma adesão ainda que camuflada dos países do leste europeu ao capitalismo, vemos que as nações continuam imitando o capitalismo materialista dos EUA como sendo o único caminho a se trilhar pela humanidade como um todo. A ciência continua propulsionando o desenvolvimento de soluções que drenam a mente humana das populações de que a direção seria essa de criação de riqueza. A noção de riqueza e de prosperidade está relacionada fortemente com a riqueza material, bastante impulsionada pelas crenças da própria ciência. É como se a ciência dissesse que a riqueza se refere à materialidade das coisas, que o desenvolvimento da economia social estaria atrelada às coisas visíveis, pois a ciência trabalha somente com aquilo que se pode medir e pesar.

A recente crise financeira (2008/2009) vivida fortemente pela economia dos EUA com consequências semelhantes e paralelas para alguns países da Europa indica sinais de que a direção de vida e trabalho da humanidade não precisa e não pode ir na direção do capitalismo materialista. Ao mesmo tempo, temos desastres ecológicos no Haiti, Chile, Brasil etc. que mostram o descaso pelos recursos da natureza, em nome da riqueza material. Pouca atenção tem sido dada à Ecologia, pelo contrário, a pesquisa científica tem sido colocada a reboque dos interesses políticos e econômicos de cada nação, prejudicando fortemente o equilíbrio ecológico e a própria sobrevivência dos humanos no planeta Terra.

Acreditamos que a ciência precise rever fortemente as suas crenças contra os aspectos da espiritualidade dos seres humanos contra a invisibilidade. Essas crenças limitam o poder estruturante da mente humana para dimensionar somente uns 5% das possibilidades humanas nas suas qualidades do legítimo pensamento humano. Caso a ciência adote, ainda que gradativamente, os fatores anunciados pela espiritualidade, podemos divisar novos caminhos para a humanidade em direção à prosperidade e ao progresso das nações, deixando os fatores competitivos entre as nações e entre as pessoas. Nessa direção os seres humanos buscarão não somente o progresso material das suas realizações (sucesso), mas perceberão os motivos pelos quais vivem, chegando mais próximos da felicidade humana.

Mas por que tem sido muito difícil essa direção?
Porque temos presenciado o surgimento de muitas organizações recém-constituídas (startups) pelas gerações mais recentes e jovens, que tomam como exemplo as enormes empresas capitalistas e suas operações, além de serem muito apoiadas e divulgadas pelos progressos da mídia social e profissional. Essa propagação midiática tem utilizado fortemente os progressos da tecnologia vigente e progressiva (com apoio de muitas instituições conhecidas como modernas e famosas), tais como Google, Facebook, LinkedIn, Apple etc., contaminando muitos investimentos para startups e pequenas empresas, cujas operações copiam essa estratégia de crescimento de mercado via tecnologia de comunicação e via softwares de comunicação social.

Cada vez mais surgem empresas de serviços e de coworking (colaborativos), buscando confortos operacionais-sociais, com grandes e rápidos crescimentos em faturamento e mercado. Essa busca constante e inabalável pelas riquezas materiais tem contaminado os países em crescimento econômico- social, gerando o contínuo crescimento superior da parcela das populações mais pobres, em uma busca do conforto e riqueza material, eliminando cada vez mais o surgimento natural da fraternidade humana, principal base da evolução das próximas gerações constitutivas dos Quinto, Sexto e Sétimo Estados Evolucioniastas no Planeta Terra, preparando para ser a futura décima camada de seres da Hierarquia Celestial.

Esta teoria quer ajudar e impulsionar o desenvolvimento da espiritualidade humana, com o desenvolvimento da metacognição desde os primeiros três setênios (desenvolvimento infantil pelo Bom, Belo e Verdadeiro), os três setênios em seguida com modelos e técnicas de estratégia e gestão via metacognição e, finalmente, mais os três setênios finais de vida, orientados ao desenvolvimento gradual da fraternidade humana, propiciando excelente significado de vida nessa encarnação e preparando bem às próximas encarnações.

Propomos ao caro leitor a sua busca da autopoiese de conhecimentos espirituais, com auxílio da metacognição espiritual, e o enriquecimento espiritual de sua própria encarnação, nas proposições da Liberdade, Igualdade e Fraternidade.

Parte B. A Gnosiologia humana e social

Capitulo 11. Introdução à Epistemologia da Gnosiologia.

Capitulo 12. Gnosiologia Porque ??!! Dialética de Hegel.

Capitulo 13. As civilizações até a época contemporanea.....Heráclito, Platão, Brentano e Husserl Kant e Hegel Schopenhauer.

Capitulo 14. Alguns Conhecimentos de Sabedoria (Platão, Aristoteles, Heraclito,...).

Capitulo 15. Transdisciplinaridade.

Artigo1: Reforma da Educação e do Pensamento: Complexidade e Transdisciplinaridade.

Capítulo 11. Introdução à Epistemologia da Gnosiologia

Introdução:

A Parte B vem apresentar o tema sob a ótica global da Metacognição Espiritual, nome sintético de uma nova Teoria da Cognição Humana, objetivando a expansão epistemológica da ciência clássica pela ciência espiritual.

Essa nova Teoria da Cognição Humana trabalha via tríade Ontologia, Gnosiologia e Epistemologia científica. Na Ontologia humana centramos principalmente na antropologia da Teosofia-Antroposofia; na Gnosiologia, há forte participação de ideias de Platão-Aristóteles, Kant-Hegel-Schopenhauer e R. Steiner; e na Epistemologia da Ciência, temos a ciência clássica ampliada por Eccles, com forte participação da Neurociência e da Física Quântica. Dessa teoria já praticada por anos no mercado brasileiro, conferimos e mostramos excelentes resultados-benefícios à comunidade empresarial brasileira. E para isso propormos ao leitor alguns exercícios subliminares e transpessoais recém-conquistados pelo autor e que permitem a visão do Todo-Tudo cósmico para as partes mais sintéticos e operacionais sobre a vida e o significado pessoal da vida.

Assim, objetivamos a contínua sustentabilidade da natureza e da qualidades do ser Humano nessa época industrial 4.0, visando pela contínua e crescente inovação da inteligência humana orientada ao estruturante metacognitivo do seu próprio significado da vida humana, espiritual e cósmica.

A ciência clássica, moderna e contemporânea, na sua possível ampliação horizontal de conhecimentos, pode ampliar a própria visão humana e com isso permitir a retomada e recuperação da inteligência humana na cultura e educação brasileira via ampliação vertical nas organizações, para assim atingir o nível de economia dos países mais avançados. Esse é um dos vários objetivos deste livro.

Qualifiquei esta obra focada em metacognição como Espiritual, principalmente por causa da inserção da Física Quântica nos processos mentais e sentimentais dos métodos metacognitivos já aplicados pelo autor em muitas assessorias e apresentações academicas e científicas. Assim, recomendo fortemente a leitura, compreensão e meditações ligadas aos cientistas Amit Goswami e Danah Zohar (no mínimo). É preciso muita atenção na metodologia colocada para os interessados em atingir e enfusionar quanticamente as energias holográficas (Shaeldrake) do Cosmos. Esses acessos holográficos ao Cosmos geram resultados fenomenológicos. Autopoiese!

Estou à disposição dos leitores e pesquisadores nesse campo de pesquisa do enfusionamento científico entre a ciência humana-natural e a ciência do espírito.

Capítulo 12. Por que a Gnosiologia?

O tema Gnosiologia está fortemente inserido na tríade <u>Ontologia, Gnosiologia e Epistemologia</u> aplicada ao espírito humano, acompanhando nesse estruturante cognitivo o foco das explicações de Hegel sobre a dialética do espírito humano e cósmico, as possibilidades operativas científicas (clássica e moderna) e transpessoais nas comprovações fenomenológicas no atingimento pessoal ao elemento espírito. O entendimento das filosofias das civilizações antigas é superimportante para a compreensão histórica dos pesquisadores e filósofos antigos, nas diversas etapas de qualificação civilizatória, sobre a Ontologia, religiões e registros históricos. Nessa compreensão o leitor pode entender muito mais os principais posicionamentos sobre a cultura humana, suas crenças básicas e, portanto, compreender por que nosso país trafega entre atos amorais e imorais nessa cultura empobrecida, e nisso está a compreensão do nosso próprio atraso no sistema de governo. O leitor também pode entender por que certos países e presidentes querem impor condições a outros países, seja pela guerra como pelos acordos, observados sempre por instituições também <u>empoderadas pelos imperialistas da atualidade</u>. A percepção da cultura moral histórica dos povos permite ter a visão clara das pretensões ocultas pelas palavras dos representantes de cada país, sempre inerentes a controlar os outros, também entender o papel evolutivo das religiões (e seus líderes), cuja luta também é sempre parcial em favor dos parceiros das igrejas. Essa adesão também precisa ser autopoiético, com a metacognição evoluída.

Teremos neste livro a proposição da autopoiese dos conhecimentos envolvidos na temática <u>pelo próprio leitor</u>, nas tratativas operacionais sugeridas à percepção fenomenológica da invisibilidade do Espírito, no entanto, com retenção metacognitiva da essência espiriual humana e sua possível percepção de-si para-si, via psicologia transpessoal e utilização do MCMI-OET modelado e calcado na dialética hegeliana, de forma sistemática e técnico-tenológica. Ao leitor que utilizar o referido MCMI estruturante de metacognição nos casos e exercícios propostos será premiado com a <u>percepção diferencial</u> da cognição do "todo-tudo às partes" da cognição "das partes ao todo-tudo".

Daí nossa insistência de sempre priorizar a comunicação pelas imagens, devido ao todo possível de ser atingido pelos insights-gestalts do que explicações lineares supercansativas de muitos autores. A percepção e criação das significações é muito mais produtiva pela metacognição sintética do que as palavras em linearidade.

Esse também é um ponto focal desta teoria para a aprendizagem aos leitores.
A metacognição pode ser aplicada em todas as ciências específicas humanas (Administração de Empresas, Economia, Direito etc.) e também às ciências <u>naturais</u> (Matemática, Biologia, Física, Química etc.). Enfatizamos neste livro aplicações da metacognição na ciência de Administração de Empresas e Cultura-Social, na especificidade temática e fenomenológica da "espiritualidade metacognitiva". É fundamental a cooperação do leitor no estruturante operacional dos exercícios propostos.

Outro ponto importante a citar é que o livro não tem a pretensão de explicar detalhada e linearmente todas as palavras utilizadas (ou mesmo um glossário), pois pela grande profundidade e abrangência das ideias (idealismo), preferimos dar mais importância à <u>estrutura semântica e hermenêutica</u> do <u>conjunto de palavras</u> selecionadas ao formalismo do entendimento semântico (definições, linguagens, termos especiais etc.) de forma linear, no seu convencional passo a passo linguístico.

Insistimos fortemente em mostrar a força <u>estruturante</u> do livro principalmente relativa aos elementos da metacognição utilizados. E nisso, principalmente no entendimento (abstrações pela via vertical) hermenêutico e transdisciplinar (abstrações pela via horizontal) dos conceitos e constructos das disciplinas envolvidas, sempre sob abordagem do <u>todo às partes</u> pela metacognição.

Nesse exercitar dos exercícios (proposições), o leitor irá comprovar os resultados desde início ou um pouco mais de tempo, a realização de sincronicidades junguenas ao longo do tempo e da vida. Também perceberá a possibilidade de metacognições puras fenome-

nológicas ou não, e seu atingimento a plataformas superiores do Sentir-Pensar-Querer. Com isso perceberá também a composição do seu próprio destino com suas visões de vida, na realidade em si para si, principalmente nas dialéticas humanas junto às energias do cosmos, pelos pensares puros e/ou pelas meditações integrativas.

Solicito muito gentilmente ao leitor no seu próprio conjunto Sentir-Pensar-Querer aos exercicios nesse formato moderno e avançado em postura científica propulsional e modificante, principalmente no método dialético MCMI baseado na ideias de Hegel. As manifestações de resultados via Psicologia transpessoal jungueana do inconsciente e suas sincronicidades fenômenologicas. Muita atenção nas qualidades metacognitivas envolvidas nos diferentes modelos do Sentir-Pensar devido às conexões possíveis com as energias superiores do cosmos.

Desde já informo ao leitor participante que poderá captar o autopoiese direto do todo--tudo-espiritual cósmico, como em uma evolução crescente das partes ao Todo-Tudo--Cósmico, em uma evolução mais lenta temporal. Muito importante nisso é a perfeita compreensão das ideias envolvidas nesse fenômeno pessoal de percepção e crescimento metacognitivo.

Essa fusão energética diferencial qualifica a forte pretensão deste artigo em ampliar a metodologia científica, com comprovação fenomenológica das virtudes do Bom-Belo-Verdadeiro aos leitores participativos nas resultados e comprovações. Para facilitar as reflexões nas diversas figuras e epistemes no livro, segue a figura mostrando a inter-relação das polaridades segundo o método hegeliano, sempre aplicado nas epistemes deste livro. Os conhecimentos polares em dialética são:

Tese T Antítese A
Síntese S *(que volta a ser tese nas evoluções temporais ou locais, ou circunstanciais fenomenológicas)*

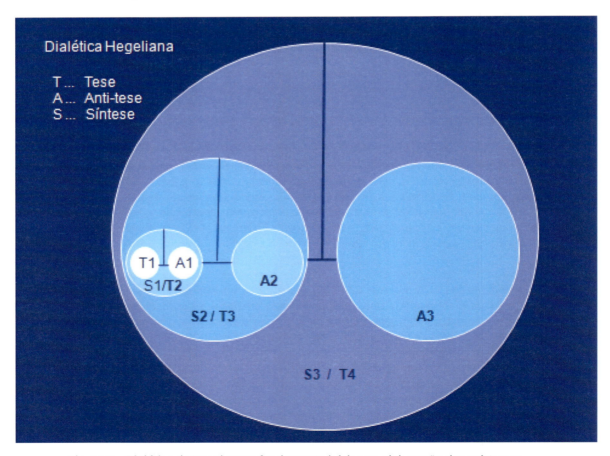

Figura 1 – Dialética de Hegel como fundamento básico na elaboração das epistemes pelo Método MCMI/OET

Capítulo 13. As principais civilizações históricas até a época contemporânea (Século XXI)

Figura 1

A ciência denominada clássica (naturais e humanas) é consequência da evolução da humanidade por meio de seus povos, impérios, e neles os intelectuais e filósofos foram aparecendo expondo suas ideias (a maioria em idealismo e racionalismo) constituindo a história das civilizações. Assim, os mundos (subconjunto de civilizações) eram concebidos e seus expoentes filósofos estudavam a natureza, o Universo, as sociedades ao mesmo tempo que as culturas inerentes iam se constituindo e propagando entre si.

Podemos destacar, sintetizados, os filósofos (governantes) e seus mundos em:
- Mundo Antigo (600 a.C.-250 d.C.): Tales de Mileto, Pitágoras, Sócrates, Confúcio, BudaSakyamuni, Platão, Aristóteles, Ptolomeu
- Mundo Medieval (250-1500): Constantino, Santo Agostinho, Boécio, Maomé, Avicena, Santo Anselmo, Averróis, Santo Tomás de Aquino
- Renascença e Idade da Razão (1500-1750): Maquiavel, Lutero, Copérnico, Bacon, Galileu Galilei, Descartes, Hobbes, Pascal, Espinosa, Locke, Leibniz, Berkeley
- Era da Revolução (1750-1900): Hume, Jean J. Rousseau, Adam Smith, Kant, Fichte, Schelling, Hegel, Schopenhauer, Auguste Comte, Feuerbach, Kierkegaard, K. Marx, Charles Pierce
- Mundo Moderno (1900-1950): Nietzsche, Saussure, Husserl, Bergson, Dewey, R. Steiner, Bertrand Russell, Wittgenstein, Heidegger, Gadamer, Popper, Adorno, Sartre, Hannah Arendt, Merleau-Ponty
- Filosofia Contemporânea (1950-atualmente): Kuhn, Foucault, Chomsky, Edgar Morin, Gilles Deleuze, Jacques Derrida, Habermas.

Os 63 estudiosos podem ser qualificados historicamente de filósofos, intelectuais e pesquisadores, desde o ano 600 a.C. até os tempos atuais, e são notabilizados pelas suas obras que pretendem explicar a natureza do Universo, da natureza e do ser humano e, progressivamente, por meio dos respectivos impérios (grego, romano, otomano, muçulmano, judaíco-cristão, chines, indiano etc.), deixaram obras históricas que permitem avaliar a evolução cultural social de cada época, e cada vez mais as influências das obras científicas e artísticas que modelaram as civilizações até a época pós-moderna e a contemporânea.

Pela visão ocidental, o Mundo Antigo é bastante focado no império grego, entre as guerras das cidades de Esparta e Atenas, no qual se destacaram os filósofos Sócrates, Platão e Aristóteles. No mundo medieval temos os impérios romano-bizantino, turco-otomano, muçulmano, judaíco-cristão etc., e nessa época também destacaram-se a força e o poder das religiões compartilhando o domínio histórico dos imperadores das populações de cada reino, em destaque o domínio e o poder da religião católica romana sobre as populações e também pelas guerras em que se projetaram fortes as forças das cruzadas cristãs.

A época da Renascença caracterizou-se por mudanças na figuração da parceria de empoderamento imperial-religioso com o filosófico entrando muito forte no surgimento da ciência baseada na Matemática e Lógica. O racionalismo adotado por Platão e o empirismo por Aristóteles fortaleceram muito mais devido à adesão e ao progresso da visão científica e matemática de Galileu, Bacon, Descartes, Newton, Pascal, Locke, Leibniz etc. e que conseguiram fundir a parceria da Ciência com a Filosofia. Nessa época também iniciaram as mutações religiosas no catolicismo cristão com a reforma proposta por Lutero, devidamente denominada de protestantismo, e também do evangelismo, que cresceu superforte nos EUA, principalmente após sua independência (da colonização inglesa) em 1776, na época seguinte, a Era da Revolução (1750-1900). A época da renascença caracteriza-se pelo fortalecimento da ciência que junto à filosofia (orientada também ao ser humano) concentraram forças ao empoderamento no meio social político e econômico. No fim dessa época, inicia-se na Inglaterra a Revolução Industrial, que se consolida alguns anos mais tarde com a atuação de Adam Smith.

A época seguinte, a era da Revolução, também denominada de época do Iluminismo europeu, fundamenta-se no crescimento econômico das nações independentes da Europa, diferente do domínio religioso no continente global europeu. Cada nação independente foi-se fortalecendo pragmaticamente na economia focada no comércio enquanto fortaleciam os processos de automação industrial produzindo grandes lotes de produtos. Muitos filósofos nessa época concentraram seus pensamentos e estudos no fortalecimento político social econômico de cada nação, propiciando preparativos para as colonizações na África, Oriente médio e no Oriente distante.

Assim, Espanha, Portugal, Grã-Bretanha, França (Bonaparte) e Holanda partiram em busca de colônias ou a implementação de políticas sociais do comunismo de Karl Marx na Rússia e nações agregadas. A filosofia foi mais orientada às aplicabilidades político-sociais e econômicas, como a Teoria do Contrato Social, minando a autoridade da Igreja e aristocracia vigente. Portanto, eram filósofos político-sociais. Nos mundos Moderno e Contemporâneo, queremos destacar os filósofos muito atuantes e que influenciaram o Modelo-Método-Técnica-MCMI e software OET deste autor do livro, principalmente na linha da linguagem: Nietzsche e Saussure. E os filósofos Dewey, Steiner e Morin nos pensamentos filosóficos relativos à educação e vida humana e à vida cósmica.

Assim também assinalei em especial os filósofos notáveis em cada mundo e que podem ter influenciado muito a minha forma de pensar e refletir de forma transdisciplinar sobre todas as categorias de assuntos estudados pelos filósofos mais conhecidos desde 600 a.C. até os dias atuais. Evidentemente há outros filósofos notáveis por escolha pessoal nas mesmas e em outras categorias de assuntos e temáticas mencionadas.

Dessa forma, a categorização de mundos históricos anterior e seus representantes filosóficos por mim estudados ao longo dos últimos 35 anos me incentivam a sugerir as temáticas como conhecimentos que deveríamos adicionar à Epistemologia das ciências naturais e humanas. Assim, a Nova Teoria Metacognição Espiritual possui como base de conhecimentos o refletir e o processar da Ontologia, Gnosiologia e Epistemologia das diversas categorias de conhecimentos a serem conectadas pela metacognição pelos diversos tipos de Sentir-Pensar-Querer, sejam fenomenológicos ou transcendentes.

Capítulo 14. Alguns exemplos de conhecimentos de sabedoria gnosiologia (Platão, Aristóteles, Heráclito etc.)

Platão:

> Sei o que sei
> Sei o que não sei Não sei o que sei
> Não sei o que não sei.

Aristóteles:

> Teoria da Formação de Categorias
> (superimportante para a composição de epistemes).

Heráclito:

> Número de Ouro Heráclito 1,168, número base de formas da natureza.

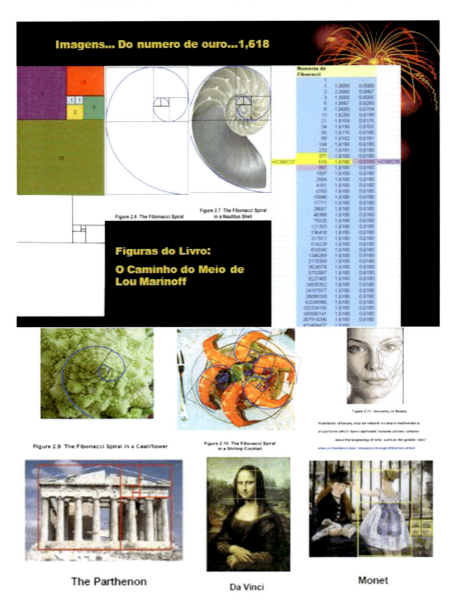

Figura 1 – Epigramas de Heráclito (dezenas de Insights via Gestalts). Busque pelos livros "Esperar pelo Inesperado", de Roger von Oech, e "Caminho do Meio" de Lou Marinof

Alguns exemplos:
- ❖ *O Cosmos fala por meio de padrões (arquétipos).*
- ❖ *Espere o inesperado ou você* não *o encontrará (Efeito Borboleta).*
- ❖ *A oposição traz benefícios.*
- ❖ *Uma maravilhosa harmonia é criada quando juntamos o aparentemente desconexo (construir metáforas).*

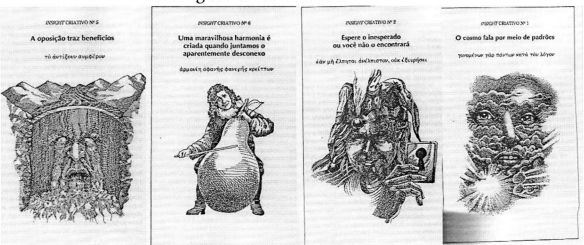

Figura 2

Os eneagramas e aquétipos constituem-se de metáforas que desenvolvem fortemente a metacognição dos leitores.

Capítulo 15. Transdisciplinaridade

Artigo 1

REFORMA DA EDUCAÇÃO E DO PENSAMENTO: COMPLEXIDADE E TRANSDISCIPLINARIDADE

Basarab NICOLESCU[*]
Tradução de Paulo dos Santos Ferreira

1. Multi, inter e transdisciplinaridade

O processo de decadência das civilizações é enormemente complexo e suas raízes mergulham na mais absoluta escuridão. É claro que podemos encontrar, a posteriori, inúmeras explicações e racionalizações, sem conseguir contudo dissipar a idéia de que há algo de irracional atuando no próprio âmago desse processo. Os atores de uma civilização bem estabelecida, desde as grandes massas até os principais responsáveis pelas grandes decisões, mesmo que sejam mais ou menos conscientes desse processo de decadência, parecem impotentes para sustar a queda de sua civilização. Uma coisa é certa: uma grande defasagem entre a mentalidade dos atores e as necessidades internas de desenvolvimento de um tipo de sociedade acompanha invariavelmente a queda de uma civilização. Tudo ocorre como se os conhecimentos e os saberes que uma civilização incessantemente acumula não pudessem ser integrados no ser interior daqueles que compõem essa civilização. Ora, afinal de contas, é o ser humano que se encontra ou deveria encontrar-se no centro de toda civilização digna desse nome.

Na época atual, o crescimento sem precedentes dos saberes torna legítima a questão da adaptação das mentalidades a esses saberes. O risco é enorme, porque a contínua expansão da civilização ocidental, em escala mundial, faria com que a queda dessa civilização fosse equivalente ao incêndio de todo o planeta, em nada comparável às duas primeiras guerras mundiais.

A harmonia entre mentalidades e saberes pressupõe que tais saberes sejam inteligíveis, compreensíveis. Mas será que essa compreensão pode ainda existir, na era do big bang disciplinar e da extrema especialização? A imprescindível necessidade de liames entre as diferentes disciplinas traduziu-se na emergência — por volta do meado do século 20 — da pluridisciplinaridade e da interdisciplinaridade.

A pluridisciplinaridade diz respeito ao estudo de um objeto de uma única e mesma disciplina efetuado por diversas disciplinas ao mesmo tempo. Por exemplo, a filosofia marxista pode ser estudada sob a visão cruzada da filosofia e da física, da economia, da psicanálise ou da literatura. O objeto sairá assim enriquecido pelo cruzamento de várias disciplinas. O conhecimento do objeto em sua própria disciplina é aprofundado mediante uma fecunda contribuição pluridisciplinar. A pesquisa pluridisciplinar adiciona um algo mais à disciplina em questão (a filosofia, no exemplo citado), mas esse "algo mais" está a serviço exclusivamente daquela própria disciplina. Em outras palavras, o procedimento pluridisciplinar ultrapassa os limites de uma disciplina, mas sua finalidade permanece restrita ao quadro da pesquisa disciplinar em questão.

A interdisciplinaridade tem um ambição diferente daquela da pluridisciplinaridade. Ela diz respeito à transferência dos métodos de uma disciplina para outra. Podemos distinguir três graus de interdisciplinaridade: a) um grau de aplicação: a transferência dos métodos da física nuclear para a medicina, por exemplo, leva à descoberta de novas *formas de tratamento do câncer; b) um grau epistemológico: a transferência dos métodos da lógica formal para o domínio do direito, por exemplo, dá origem a interessantes análises na epistemologia do direito; c) um grau de criação de novas disciplinas: a transferência dos métodos da matemática para o estudo dos fenômenos meteorológicos ou da bolsa, por exemplo, gerou a teoria do caos. Assim como a pluridisciplinaridade, a interdisciplinaridade ultrapassa igualmente os limites das disciplinas, porém sua finalidade também continua inscrita na pesquisa disciplinar. No seu terceiro grau, a interdisciplinaridade contribui até mesmo para o big bang disciplinar.*

Já a transdisciplinaridade, conforme indica o prefixo "trans", envolve aquilo que está ao mesmo tempo entre as disciplinas, através das diferentes disciplinas e além de toda e qualquer disciplina. Sua finalidade é a compreensão do mundo atual, para a qual um dos imperativos é a unidade do conhecimento.

Existe alguma coisa entre e através das disciplinas e além de toda e qualquer disciplina? Do ponto de vista do pensamento clássico não existe nada, absolutamente nada. O espaço em questão é vazio, completamente vazio, como o vácuo da física clássica.

Diante de vários níveis de Realidade, o espaço entre as disciplinas e além das disciplinas está cheio, como o vácuo quântico está cheio de todas as potencialidades: da partícula quântica às galáxias, do quark aos elementos pesados que condicionam o aparecimento da vida no Universo.

A estrutura descontínua dos níveis de Realidade determina a estrutura descontínua do espaço transdisciplinar, a qual, por sua vez, explica porque a pesquisa transdisciplinar é radicalmente distinta da pesquisa disciplinar, da qual é complementar. A pesquisa disciplinar envolve, no máximo, um único e mesmo nível de Realidade; na maioria dos casos, aliás, ela não envolve senão fragmentos de um único e mesmo nível de Realidade. Em contrapartida, a transdisciplinaridade interessa-se pela dinâmica decorrente da ação simultânea de diversos níveis de Realidade. A descoberta dessa dinâmica passa necessariamente pelo conhecimento disciplinar.

Os três pilares da transdisciplinaridade – os níveis de Realidade, a lógica do terceiro incluído e a complexidade – determinam a metodologia da pesquisa transdisciplinar. A disciplinaridade, a pluridisciplinaridade, a interdisciplinaridade e a transdisciplinaridade são as quatro flechas de um único e mesmo arco: o do conhecimento.

2. O terceiro incluído

O desenvolvimento da física quântica, bem como a coexistência entre o mundo quântico e o mundo macrofísico, conduziram – no plano da teoria e da experiência científica – ao surgimento de pares de contraditórios mutuamente exclusivos (A e não-A): onda e corpúsculo, continuidade e descontinuidade, separabilidade e não-separabilidade, causalidade local e causalidade global, simetria e quebra de simetria, reversibilidade e irreversibilidade do tempo, etc.

O escândalo intelectual provocado pela mecânica quântica consiste no fato de que os pares de contraditórios que ela pôs em evidência são de fato mutuamente contraditórios quando analisados através da grade de leitura da lógica clássica. Essa lógica baseia-se em três axiomas:

1. *O axioma de identidade:* A é A.
2. *O axioma de não-contradição:* A não é não-A.
3. *O axioma do terceiro excluído:* não existe um terceiro termo T (T de "terceiro incluído") que seja ao mesmo tempo A e não-A.

Na hipótese da existência de um único nível de Realidade, o segundo e o terceiro axiomas são evidentemente equivalentes.

Se aceitarmos esta lógica que reinou durante dois milênios e que continua a dominar o pensamento de hoje, particularmente no terreno político, social e econômico, chegaremos imediatamente à conclusão de que os pares de contraditórios postos em evidência pela física quântica são mutuamente exclusivos, porque não se pode afirmar ao mesmo tempo a validade de uma coisa e a do contrário dela: A e não-A. A perplexidade provocada por esta situação é bastante compreensível: podemos afirmar, em sã consciência, que a noite é o dia, o preto é o branco, o homem é a mulher, a vida é a morte?

Depois da constituição definitiva da mecânica quântica, por volta dos anos trinta, os fundadores da nova ciência encararam com acuidade o problema de uma nova lógica, dita "quântica". Em conseqüência dos trabalhos de Birkhoff e de von Neumann, uma grande floração de lógicas quânticas não tardou a manifestar-se. A ambição dessas novas lógicas era a de resolver os paradoxos criados pela mecânica quântica e, na medida do possível, tentar alcançar um poder preditivo superior ao proporcionado pela lógica clássica.

Na sua maioria, as lógicas quânticas modificaram o segundo axioma da lógica clássica – o de não-contradição – mediante a introdução da não-contradição com vários valores de verdade, em substituição à do par binário (A, não-A). Estas lógicas multivalentes, cujo status é ainda controvertido no tocante ao poder preditivo, não consideraram uma outra possibilidade: a da modificação do terceiro axioma – o axioma do terceiro excluído.

Coube ao filósofo francês Stéphane Lupasco o mérito histórico de haver mostrado que a lógica do terceiro incluído é uma verdadeira lógica, formalizável e formalizada, multivalente (com três valores: A, não-A e T) e não contraditória. Sua filosofia, que adota como ponto de partida a física quântica, foi marginalizada pelos físicos e pelos filósofos. Surpreendentemente, ela teve em contrapartida um poderoso impacto, embora subterrâneo, entre os psicólogos, os sociólogos, os artistas e os historiadores das religiões. Lupasco tivera razão cedo demais. É possível que a ausência da noção de "níveis de Realidade" em sua filosofia tivesse obscurecido o seu conteúdo.

A compreensão do axioma do terceiro incluído – existe um terceiro termo T que é ao mesmo tempo A e não-A – torna-se completamente clara com a introdução da noção de "níveis de Realidade".

Para conseguir uma imagem clara do significado do terceiro incluído, representemos os três termos da nova lógica – A, não-A e T – e seus dinamismos associados por meio de um triângulo do qual um dos vértices está situado em um nível de Realidade e os outros dois em um outro nível de Realidade.

Se permanecermos em um único nível de Realidade, toda manifestação surge como uma luta entre dois elementos contraditórios (por exemplo: onda A e corpúsculo não-A). O terceiro dinamismo, aquele do estado T, se efetua em um outro nível de Realidade, no qual aquilo que aparenta ser desunido (onda ou corpúsculo) é de fato unido (quanton), e o que parece contraditório é percebido como não-contraditório.

É a projeção de T sobre um único e mesmo nível de Realidade que produz a aparência dos pares antagônicos, mutuamente exclusivos (A e não-A). Um único e mesmo nível de Realidade não pode gerar senão oposições antagônicas. Ele é auto-destruidor, por sua própria natureza, quando completamente isolado de todos os outros níveis de Realidade. Um terceiro termo, digamos T', que se situe no mesmo nível de Realidade que os opostos A e não-A, não pode efetuar sua conciliação. Toda a diferença entre uma tríade de terceiro incluído e uma tríade hegeliana se esclarece mediante a consideração do papel do tempo. Numa tríade de terceiro incluído os três termos coexistem num mesmo instante do tempo. Os três termos de uma tríade hegeliana, ao contrário, se sucedem no

tempo. É por essa razão que a tríade hegeliana é incapaz de efetuar a conciliação dos opostos, enquanto a tríade de terceiro incluído consegue realizar essa conciliação. Na lógica do terceiro incluído os opostos são mais própriamente contraditórios: a tensão entre os contraditórios constrói uma unidade maior que os inclui.

Vemos assim os grandes perigos de malentendidos gerados pela confusão, assaz freqüente, entre o axioma do terceiro excluído e o axioma de não-contradição. A lógica do terceiro incluído é não contraditória, no que tange ao fato de que o axioma de não-contradição é perfeitamente respeitado, desde que as noções de "verdadeiro" e "falso" sejam ampliadas de tal maneira que as regras de implicação lógica passem a envolver não mais apenas dois termos (A e não-A), mas três termos (a, não-A e T), coexistindo num mesmo instante do tempo. É uma lógica formal, tanto quanto qualquer outra lógica formal: suas regras se traduzem por um formalismo matemático relativamente simples.

Vemos porque a lógica do terceiro incluído não constitui simplesmente uma metáfora para servir de ornamento arbitrário da lógica clássica, de modo a permitir algumas incursões aventurosas e efêmeras no domínio da complexidade. A lógica do terceiro incluído é uma lógica da complexidade e talvez até mesmo sua lógica privilegiada, na medida em que permite atravessar, de maneira coerente, os diferentes domínios do conhecimento.

A lógica do terceiro incluído não abole a lógica do terceiro excluído: apenas restringe seu campo de validade. A lógica do terceiro excluído é certamente válida no tocante a situações relativamente simples, como por exemplo a circulação de veículos numa auto-estrada: ninguém pensaria em introduzir ali um terceiro sentido, em relação ao sentido permitido e ao sentido proibido. Por outro lado, a lógica do terceiro excluído é nociva nos casos complexos, como, por exemplo, no domínio social ou político, Ela atua, em tais casos, como uma verdadeira lógica de exclusão: o bem ou o mal, as mulheres ou os homens, os ricos ou os pobres, os brancos ou os negros. seria revelador empreender uma análise da xenofobia, do racismo, do anti-semitismo ou do nacionalismo à luz da lógica do terceiro excluído.

3. Estrutura gödeliana da Natureza e do conhecimento

A visão transdisciplinar nos propõe a consideração de uma Realidade multidimensional, estruturada em múltiplos níveis, que substitui a Realidade unidimensional, de um único nível, do pensamento clássico.

De acordo com a abordagem transdisciplinar, a Realidade comporta um certo número de níveis. As considerações a seguir não dependem do fato de que esse número seja ou não finito. A bem da clareza verbal da exposição, suporemos que esse número é infinito.

Dois níveis adjacentes estão ligados pela lógica do terceiro excluído, no sentido de que o estado T, presente num certo nível, está ligado a um par de contraditórios (A, não-A) do nível imediatamente vizinho. O estado T realiza a unificação dos contraditórios A e não-A, mas tal unificação se opera em um nível diferente daquele em em que se situam A e não-A. O axioma de não-contradição é respeitado nesse processo. Isto significa então que desta forma vamos conseguir uma teoria completa, capaz de dar conta de todos os resultados conhecidos e futuros?

Existe certamente uma coerência entre os diferentes níveis de Realidade, pelo menos no mundo natural. De fato, uma imensa autoconsistência parece reger a evolução do universo, desde o infinitamente pequeno até o infinitamente grande, do infinitamente breve ao infinitamente longo.

A lógica do terceiro incluído é capaz de descrever a coerência entre os níveis de Realidade pelo processo iterativo que compreende as seguintes etapas: 1. Um par de contraditórios (A, não-A) situado num certo nível de Realidade é unificado por um estado T situado num nível de Realidade imediatamente vizinho; 2. Esse estado T, por sua vez, está ligado a um par de contraditórios (A', não-A'), situado em seu próprio nível de Realidade;

3. O par de contraditórios (A', não-A') é por sua vez unificado por um estado T' situado em outro nível de Realidade, imediatamente vizinho daquele em que se encontra o terno (A', não-A', T). O processo iterativo prossegue indefinidamente até esgotar todos os níveis de Realidade conhecidos ou concebíveis.

Em outras palavras, a ação da lógica do terceiro incluído sobre os diferentes níveis de Realidade induz uma estrutura aberta, gödeliana, do conjunto dos níveis de Realidade. Esta estrutura exerce uma influência considerável sobre a teoria do conhecimento, porque implica a impossibilidade de uma teoria completa, fechada sobre si mesma.

Com efeito, o estado T efetua, de acordo com o axioma de não-contradição, a unificação do par de contraditórios (A, não-A), mas ao mesmo tempo ele está associado a um outro par de contraditórios (A', não-A'). Isto significa que, a partir de um certo número de pares mutuamente exclusivos, podemos construir uma nova teoria, que elimina as contradições num certo nível de Realidade, mas esta teoria será apenas temporária, porque, sob a pressão conjunta da teoria e da experiência ela conduzirá inevitavelmente à descoberta de novos pares de contraditórios, situados em um novo nível de Realidade. Portanto, essa teoria será por sua vez substituída por teorias ainda mais unificadas, à medida que novos níveis de Realidade forem sendo descobertos. Esse processo continuará indefinidamente, sem poder jamais chegar a uma teoria completamente unificada. O axioma de não-contradição sai cada vez mais fortalecido desse processo. Nesse sentido, podemos falar de uma evolução do conhecimento, que não chegará jamais a uma não-contradição absoluta, abarcando todos os níveis de Realidade: o conhecimento é eternamente aberto.

A estrutura aberta do conjunto dos níveis de Realidade está de acordo com um dos resultados científicos mais importantes do século 20: o teorema de Gödel, na aritmética, segundo o qual um sistema de axiomas suficientemente rico conduz inevitavelmente a resultados quer de consistência não demonstrável quer contraditórios.

As implicações do teorema de Gödel têm uma importância considerável para toda teoria moderna do conhecimento. Antes de mais nada, ele não compreende unicamente o domínio da aritmética, mas também toda matemática que inclua a aritmética. Ora, a matemática que constitui a ferramenta básica da física teórica contém, evidentemente, a aritmética. Isso significa que toda a busca de uma teoria física completa é ilusória. Se esta afirmação é verdadeira em relação aos domínios mais rigorosos do estudo dos sistemas naturais, como poderíamos sonhar com uma teoria completa em um domínio infinitamente mais complexo, como o das ciências humanas?

De fato, a procura de uma axiomática que conduza a uma teoria completa (sem resultados de consistência não demonstrável nem contraditórios) marca simultaneamente o apogeu e o ponto em que se inicia o declínio do pensamento clássico. O sonho axiomático desvaneceu-se ante o veredicto do papa do pensamento clássico: o rigor matemático.

A estrutura gödeliana do conjunto dos níveis de Realidade, associada à lógica do terceiro incluído, implica a impossibilidade de construir uma teoria completa para descrever a passagem de um nível a outro e, a fortiori, para descrever o conjunto dos níveis de Realidade.

A unidade que reúne todos os níveis de Realidade, caso exista, deve ser necessariamente uma unidade aberta. Existe, certamente, uma coerência do conjunto dos níveis de Realidade, mas tal coerência é orientada: uma flecha é associada a toda transmissão de informação de um nível para outro. Conseqüentemente, se for limitada aos próprios níveis de Realidade, a coerência se detém no nível mais "alto" e no nível mais "baixo". Para que a coerência se estenda para além desses dois níveis limites, para que exista aí uma unidade aberta, é preciso considerar que o conjunto dos níveis de Realidade se prolongue por uma zona de não-resistência a nossas experiências, representações, descrições, imagens ou formalizações matemáticas. O nível mais "alto" e o nível mais "baixo" do conjunto dos níveis de Realidade se unem através de uma zona de transparência absoluta.

A não-resistência desta zona de transparência absoluta é devida apenas às limitações do nosso corpo e de nossos órgãos sensoriais, quaisquer que sejam os instrumentos de medição que os prolonguem. A zona de não resistência corresponde ao sagrado, ou seja, àquilo que não se submete a nenhuma racionalização. A proclamação da existência de um único nível de Realidade elimina o sagrado, ao preço da autodestruição desse mesmo nível. O conjunto dos níveis de Realidade e sua zona complementar de não-resistência constituem o Objeto transdisciplinar. Na visão transdisciplinar, a pluralidade complexa e a unidade aberta são duas facetas de uma única e mesma Realidade.

Um novo Princípio de Relatividade emerge da coexistência entre a pluralidade complexa e a unidade aberta: nenhum nível de Realidade constitui um local privilegiado de onde seja possível compreender todos os outros níveis de Realidade. Un nível de Realidade é o que ele é porque todos os outros níveis existem ao mesmo tempo. Este Princípio de Relatividade é fundador de uma nova maneira de encarar a religião, a política, a arte, a educação e a vida social. E quando muda a nossa maneira de encará-lo, o mundo muda. Na visão transdisciplinar, a Realidade não é somente multidimensional – ele é também multirreferenciada.

Os diferentes níveis de Realidade são acessíveis ao conhecimento humano graças à existência de diferentes níveis de percepção, que se encontram em correspondência biunívoca com os níveis de Realidade. Estes níveis de percepção permitem uma visão cada vez mais geral, unificadora e globalizante da Realidade, sem jamais esgotá-la inteiramente. A coerência dos níveis de percepção pressupõe, como no caso dos níveis de Realidade, a existência de uma zona de não resistência à percepção.

O conjunto dos níveis de percepção e sua zona de não-resistência constituem o Sujeito transdisciplinar. As duas zonas de não-resistência, a do Objeto e a do Sujeito transdisciplinares, devem ser idênticas para que o Sujeito transdisciplinar possa comunicar-se com o Objeto transdisciplinar. Ao fluxo de informação que atravessa de maneira coerente os diferentes níveis de Realidade corresponde um fluxo de consciência que atravessa de maneira coerente os diferentes níveis de percepção. Os dois fluxos estão em uma relação de isomorfismo, graças à existência de uma única e mesma zona de não- resistência. O conhecimento não é nem exterior nem interior: ele é ao mesmo tempo exterior e interior. O estudo do Universo e o estudo do ser humano sustentam-se mutuamente.

A transdisciplinaridade é a transgressão da dualidade que opõe os pares binários: sujeito - objeto, subjetividade - objetividade, matéria - consciência, natureza - divino, simplicidade - complexidade, reducionismo - holismo, diversidade - unidade. Esta dualidade é transgredida pela unidade aberta que abarca tanto o Universo quanto o ser humano.

4. O transcultural

A contemplação da cultura de nosso século que se acaba é ao mesmo tempo perturbadora, paradoxal e fascinante. O avanço fulminante da tecnociência não fez senão aprofundar o abismo entre as culturas. A esperança do século 19, de uma cultura única de uma sociedade mundial, alicerçada na felicidade proporcionada pela ciência, desmoronou há muito tempo. Em lugar disso, assistimos, de um lado, à separação total entre ciência e cultura e, de outro, a um desmembramento cultural no interior de uma única e mesma cultura.

A separação entre ciência e cultura gerou o mito da separação entre Ocidente e Oriente: o Ocidente, depositário da ciência enquanto conhecimento da Natureza, e o Oriente, depositário da sabedoria enquanto conhecimento do ser humano. Esta separação, ao mesmo tempo geográfica e espiritual, é artificial, porque, como bem observou Henry Corbin, existe Oriente no Ocidente e Ocidente no Oriente. Em cada ser humano encontram-se potencialmente reunidos o Oriente da sabedoria e o Ocidente da ciência, o Oriente da afetividade e o Ocidente da efetividade.

Apesar de sua aparência caótica, a modernidade conduz a uma reaproximação entre as culturas.

O pluricultural mostra que o diálogo entre as diferentes culturas é enriquecedor, mesmo que não vise a uma efetiva comunicação entre as culturas. O estudo da civilização chinesa foi sem dúvida fecundo para o aprofundamento da compreensão da cultura européia. O pluricultural nos faz descobrir melhor a fisionomia de nossa própria cultura no espelho de uma outra cultura.

O intercultural é nitidamente favorecido pelo desenvolvimento dos meios de transporte e de comunicação e pela globalização econômica. A descoberta aprofundada das culturas outrora mal conhecidas ou desconhecidas faz com que se desenvolvam as potencialidades insuspeitadas de nossa própria cultura. O surgimento do cubismo, sob a influência da arte africana é um eloqüente exemplo disso. Com toda a evidência, o pluricultural e o intercultural não asseguram, por si mesmos, a comunicação entre todas as culturas, que pressupõe uma linguagem universal, erigida sobre uma base de valores partilhados. Mas eles constituem passos importantes rumo ao advento de uma tal comunicação transcultural.

O transcultural designa a abertura de todas as culturas a tudo aquilo que as atravessa e as ultrapassa. Esta percepção daquilo que atravessa e ultrapassa as culturas é, antes de tudo, uma experiência irredutível a toda e qualquer teorização. Ela nos indica que nenhuma cultura constitui o lugar privilegiado de onde seja possível julgar as outras culturas. Cada cultura é a atualização [1] de uma potencialidade do ser humano, em um lugar preciso da Terra e num momento preciso da História. Os diferentes lugares da Terra e os diferentes momentos da História atualizam as diferentes potencialidades do ser humano, as diferentes culturas. É o ser humano, em sua totalidade aberta, que constitui o lugar sem lugar daquilo que atravessa e ultrapassa as culturas.

5. A evolução transdisciplinar da educação

O advento de uma cultura transdisciplinar, capaz de contribuir para eliminar tensões que ameaçam a vida em nosso planeta, é impossível sem um novo tipo de educação, que leve em conta todas as dimesões do ser humano.

As diferentes tensões – econômicas, culturais, espirituais – são inevitavelmente perpetuadas e agravadas por um sistema de educação baseado em valores cuja defasagem em relação às mutações contemporâneas se acentua de forma acelerada. A guerra mais ou menos embrionária das economias, das culturas e das civilizações não deixa de provocar conflitos reais em alguns pontos do planeta. No fundo, toda a nossa vida individual e social é estruturada pela educação. A educação está no âmago de nosso devir.

A despeito da enorme diversidade que se verifica entre os países no tocante aos sistemas de educação, a globalização dos desafios de nossa época acarreta a globalização dos problemas da educação. As perturbações que ocorrem no campo da educação em alguns países são apenas sintomas de uma única e mesma lacuna entre os valores e as realidades de uma vida mundial em mutação. Se não existe, por certo, uma receita miraculosa para sanar tais problemas, existe contudo um centro comum de interrogação. A tomada de consciência do fato de que o sistema educacional se encontra defasado em relação às mudanças do mundo moderno traduziu-se na realização de numerosos colóquios, relatórios e estudos.

Um relatório recente e exaustivo foi elaborado pela comissão internacional para a educação no século 21, vinculada à UNESCO e presidida por Jacques Delors. O Relatório Delors põe em grande destaque os quatro pilares de um novo tipo de educação: Aprender a conhecer, aprender a fazer, aprender a conviver e aprender a ser. A abordagem transdisciplinar pode contribuir valiosamente para o advento desse novo tipo de educação. Nesse contexto, os recentes trabalhos de Edgar Morin são bastante esclarecedores.

Aprender a conhecer significa antes de mais nada a aprendizagem dos métodos que nos ajudem a distinguir o que é real do que é ilusório, e a ter assim um acesso inteligente aos saberes da nossa época. Nesse contexto, o espírito científico, uma das mais altas conquistas da aventura humana, é indispensável. A iniciação precoce nos domínios da ciência é salutar, porque faculta – desde a infância – o acesso à inesgotável riqueza do espírito científico, fundado no questionamento, na recusa de toda resposta pré-fabricada e de toda certeza em contradição com os fatos. O que permite o acesso ao espírito científico não é a assimilação

de uma enorme massa de conhecimentos científicos, mas a qualidade daquilo que é ensinado. E "qualidade" aqui significa fazer com que a criança, o adolescente ou o adulto penetre no próprio cerne da conduta científica, que consiste no permanente questionamento relativo à resistência dos fatos, das imagens, das representações e das formalizações.

Aprender a conhecer quer dizer também ser capaz de estabelecer pontes – pontes entre os diferentes saberes, entre tais saberes e sua significação para nossa vida cotidiana e ainda entre tais saberes e significações e nossas capacidades interiores. Este procedimento transdisciplinar constituui complemento indispensável do procedimento disciplinar, porque conduzirá à formação de um ser constantemente atento, capaz de adaptar-se às mutáveis exigências da vida profissional e dotado de uma flexibilidade permenentemente orientada para a atualização [1] de suas potencialidades interiores.

Aprender a fazer significa, é claro, escolher uma profissão e adquirir os conhecimentos e técnicas a ela associados. A escolha de uma profissão inclui necessariamente uma especialização. Ninguém será capaz de realizar uma operação cirúrgica sem ter estudado a cirurgia. Porém, neste nosso mundo em ebulição, no qual o sismo da informática anuncia que outros sismos virão, fixar-se por toda a vida num único e mesmo ofício pode ser perigoso, pelo risco de levar ao desemprego, à exclusão, ao sofrimento que desintegra o indivíduo. A especialização excessiva e precoce deve ser banida num mundo em rápida mudança. Se quisermos realmente conciliar a exigência da competição e a preocupação da igualdade de oportunidades para todos os seres humanos, toda profissão deverá ser, no futuro, uma verdadeira profissão a ser tecida, uma profissão que estará ligada, no interior do ser humano, às linhas que conduzem a outras profissões. É claro que não se trata de adquirir várias qualificações profissionais ao mesmo tempo, mas de construir um núcleo interior flexível, capaz de permitir o rápido acesso a uma outra profissão.

Dentro do espírito transdisciplinar, o "aprender a fazer" é um aprendizado da criatividade. "Fazer" significa também fazer coisas novas, criar, pôr em dia suas potencialidades criativas. É este aspecto do "fazer" que constitui o contrário do tédio de que padecem tantos seres humanos que, para prover suas necessidades, são obrigados a exercer uma profissão em desacordo com suas predisposições interiores. A igualdade de oportunidades quer dizer também a realização de potencialidades criativas que diferem de uma pessoa a outra. A "competição" pode significar também a harmonia das atividades criativas no seio de uma única e mesma coletividade. O tédio, fonte de violência, de conflito, de loucura, de renúncia moral e social, pode ser substituído pela alegria da realização pessoal, qualquer que seja o lugar em que essa realização se efetue, porque esse lugar será sempre único para cada pessoa num dado momento.

A hierarquia social, tão freqüentemente arbitrária e artificial, poderia assim ser substituída pela cooperação entre níveis estruturados de acordo com a criatividade individual. Tais níveis seriam níveis de ser, ao contrário de níveis impostos por uma competição que absolutamente não leva em conta o homem interior. A abordagem transdisciplinar funda-se no equilíbrio entre o homem exterior e o homem interior. À falta desse equilíbrio, "fazer" não significa mais do que "sujeitar-se".

Aprender a conviver certamente significa, antes de mais nada, acatar as normas que regem as relações entre os membros de uma coletividade. Mas tais normas devem ser verdadeiramente compreendidas e intimamente aceitas pelas pessoas, e não apenas obedecidas como uma lei imposta exteriormente. "Conviver" não quer dizer simplesmente

- *tolerar o outro em suas diferenças de opinião, raça e crença;*
- *curvar-se às exigências dos poderosos;*
- *navegar entre os meandros de inúmeros conflitos;*
- *separar definitivamente sua vida interior de sua vida exterior;*
- *fingir dar atenção ao outro, sem contudo abrir mão da convicção quanto à absoluta justeza de suas próprias posições. Porque isso transformaria a convivência no seu contrário: uma luta de todos contra todos.*

A atitude transcultural, transreligiosa, transpolítica e transnacional pode ser aprendida. Ela é inata, na medida em que existe em cada ser um núcleo sagrado intangível. Mas se essa atitude inata for apenas potencial, ela pode permanecer para sempre nesse estado, ausente da vida e da ação. Para que as normas de uma coletividade sejam respeitadas, elas devem ser validadas pela experiência interior de cada um. Um aspecto primordial da evolução transdisciplinar da educação diz respeito à capacidade de reconhecer-se a si próprio na imagem do outro. Trata-se de um aprendizado permanente, que deve começar na mais tenra infância e prosseguir ao longo de toda a vida.

Aprender a ser surge, à primeira vista, como um enigma insondável. Nós sabemos existir, mas como aprender a ser? Podemos começar por aprender o que significa, para nós, a palavra "existir": descobrir nossos condicionamentos, descobrir a harmonia ou a desarmonia entre nossa vida interior e a social, sondar os fundamentos de nossas convicções, para descobrir o que existe de subjacente. Na construção, o estado da escavação precede o das fundações. Para alicerçar o ser é necessário proceder de início à escavação de nossas certezas, de nossas crenças e de nossos condicionamentos. Questionar, questionar sempre: aqui também, o espírito científico nos serve de precioso guia. Esta é uma lição que é aprendida tanto pelos que ensinam quanto pelos que são ensinados.

A construção de uma pessoa exige inevitavelmente uma dimensão transpessoal. A inobservância deste acordo imprescindível é em grande parte responsável por uma das tensões fundamentais de nossa época, a tensão entre o material e o espiritual. A sobrevivência de nossa espécie depende em muito da eliminação dessa tensão, mediante uma conciliação entre esses dois contraditórios aparentemente antagônicos. Essa conciliação deve operar-se em um outro nível de experiência, diferente daquele do nosso dia-a-dia.

Existe uma inter-relação bastante evidente entre os quatro pilares do novo sistema de educação: como aprender a fazer aprendendo a conhecer, e como aprender a ser aprendendo a conviver? Na visão transdisciplinar, existe também uma transrelação, que liga os quatro pilares do novo sistema de educação e que tem sua origem em nossa própria constituição de seres humanos. Essa transrelação é como o teto que se apóia sobre os quatro pilares da construção. Se um único dos quatro pilares ceder, todo o edifício desmorona, inclusive o teto. Se não houver o teto os pilares não terão amarração entre si.

Uma educação viável deve ser obrigatoriamente uma educação integral do homem, de acordo com a precisa formulação do poeta René Daumal. Uma educação dirigida à totalidade aberta do ser humano e não apenas a um único de seus componentes. Podemos observar aqui toda a diferença entre o modelo transdisciplinar de educação e os trabalhos de Howard Gardner, nos quais se inspira atualmente o modelo educacional norte-americano. A teoria de inteligências múltiplas não deve ser transformada en slogan demagógico a serviço exclusivamente da eficácia econômica. Em seu último livro, The Disciplined Mind, Gardner não hesita em afirmar que tudo o que está além do conhecimento disciplinar provém da barbárie!

A educação atual privilegia o conhecimento disciplinar, o que foi sem dúvida necessário, em determinada época, para permitir a explosão do saber. Mas, se for perpetuada, essa preferência nos arrastará na lógica irracional da eficácia pela eficácia, que tenderá unicamente a levar-nos à autodestruição. A educação transdisciplinar lança uma luz nova sobre uma necessidade que se faz sentir cada vez mais intensamente em nossos dias: a necessidade de uma educação permanente. Com efeito, a educação transdisciplinar, por sua própria natureza, deve efetuar-se não apenas nas instituições de ensino, da escola maternal à Universidade, mas também ao longo de toda a vida e em todos os lugares em que vivemos.

Nas instituições de ensino, não há nenhuma necessidade de se criarem novos departamentos nem novas cadeiras, o que seria contrário ao espírito transdisciplinar: a transdisciplinaridade não é uma nova disciplina e os pesquisadores transdisciplinares

não são novos especialistas. A solução consiste em gerar, dentro de cada instituição de ensino, uma oficina de pesquisa transdisciplinar, cuja constituição deverá variar ao longo do tempo, reagrupando docentes e discentes da instituição. A mesma solução poderá ser tentada nas empresas e em qualquer outra coletividade, nas instituições nacionais e internacionais. Numerosas outras propostas concretas foram feitas no quadro do projeto CIRET-UNESCO Evolução transdisciplinar da Universidade, que esteve sob o foco central dos trabalhos do Congresso de Lucarno de 1997. A declaração e as recomendações adotadas pelos participantes desse congresso foram apresentadas ao Congresso Mundial do Ensino Superior, realizado em Paris, na sede da UNESCO, em outubro de 1998.

Na perspectiva transdisciplinar, existe uma relação direta e incontornável entre paz e transdisciplinaridade. O pensamento fragmentado é incompatível com a busca de paz sobre a Terra. A emergência de uma cultura e de uma educação para a paz exige uma evolução transdisciplinar da educação e, muito particularmente, da Universidade.

A penetração do pensamento complexo e transdisciplinar nas estruturas, nos programas e na área de irradiação da influência da Universidade permitirá sua evolução rumo a sua missão, hoje um pouco esquecida: o estudo do universal. A Universidade poderá assim vir a ser um local de aprendizagem da atitude transcultural e transreligiosa, e do diálogo entre a arte e a ciência, eixo da reunificação entre a cultura científica e a cultura artística. A Universidade remodelada será o lar de um novo tipo de humanismo.

BIBLIOGRAFIA

[1] Basarab Nicolescu, O Manifesto da Transdisciplinaridade. Tradução de Lúcia Pereira de Souza. Triom, São Paulo, 1999.
[2] Edgar Morin, La tête bien faite - Repenser la réforme, réformer la pensée, Éditions du Seuil, Paris, 1999.
[3] Howard Gardner, The disciplined mind, Simon & Schuster, New York, 1999.
[4] Centre International de Recherches et Études Transdisciplinaires (CIRET) http://perso.club-internet.fr/nicol/ciret/
[5] Centro de Educação Transdisciplinar (CETRANS) - Escola do Futuro (Universidade de São Paulo) http://www.cetrans.futuro.usp.br/

[*] *Físico Teórico do Centre National de la Recherche Scientifique (CNRS)*
Presidente do Centre International de Recherches et Études Transdisciplinaires (CIRET), Paris, França

[1] *A palavra atualização está aqui empregada em sua acepção filosófica. Atualizar significa transformar em ato algo que existia em potência.*

Parte C. A Epistemologia científica

Capitulo 16. Introdução à Epistemologia das Ciencias Especificas (Naturais e Humanas).

Capitulo 17. Pesquisas Cientificas (Inclusos).

    Artigo 2: Executive Information Systems and Learning Organizations.

    Artigo 3: Operador Epistemologico Tácito - Um enfoque Antropocentrico.

    Artigo 4: Estratégia e Gestão das Organizações com Base em Conhecimentos e Inteligências.

    Artigo 5: A Inteligência Coletiva das Organizações ,...e a MetaCognição.

Capitulo 18. Curso EAD com 20 palestras em 24 horas de aula expositiva.

    Nova Teoria: MetaCognição ....Inteligência Profissional Organizacional Acadêmico Espiritual.

Capítulo 16. Introdução à Epistemologia das ciências específicas (naturais e humanas)

As ciências naturais (vegetais, animais, minerais) e as ciências humanas (Biologia, Psicologia, Sociologia) já coexistem com a Filosofia, principalmente nos tempos antigos da Grécia, da Pérsia, do Império Romano etc. Somente nos tempos modernos e contemporâneos a ciência clássica foi se isolando da Filosofia, construindo métodos científicos de comprovações sobre os fatos ou eventos a pesquisar. Mais recentemente as ciências humanas também foram se fortalecendo, adotando a metodologia científica adotada pelas ciências naturais.

Assim, muitas descobertas e perguntas foram dirimidas por filósofos pesquisadores como Galileu, Sócrates, Platão, Aristóteles, Aquino, Bacon etc., e mais recentemente por Descartes, que muito influenciou a composição das ciências clássicas, e Popper, Kuhn, Eccles, Einstein, Heisenberg, Sheldrake, esse último foi um forte pesquisador e introdutor da Holografia Humana e Cósmica, que incide muito fortemente no estilo científico.

Sintetizando, podemos **resumir o método científico** aos seguintes itens:

1. **Existe uma dúvida**, simples ou complexa, ou perguntas a pesquisar ou explicitar cientificamente.
2. **Análise do fenômeno**, dividindo-o em partes menores, com conexões quantitativas e qualitativas. Forte utilização da razão e da lógica, tentando chegar às causalidades.
3. **Formulação de Hipóteses**.
   A conquista da verdade (causalidades fenomenológicas) deve ser adquirida por meio da fenômenologia experimental, principalmente sensorial, ainda que utilize instrumentos auxiliares e científicos. Selecionar a experimentação baseada no pensamento Indutivo (começa no um, dois, três, partindo do simples
   para chegar no todo-geral, complexo) ou Dedutivo (começa analisando as causalidade visíveis e possíveis do complexo, e depois as causalidades mais simples, nas e entre as partes). As hipóteses devem ser analisadas pela Matemática ou Estatística, induzindo resultados gerais ao fenômeno.
4. **Generalização das hipóteses**
5. **Confirmação das hipóteses**, com **outras** experimentações, locais e autores.
6. **Delineamento de leis** sobre o fenômeno, colocado no início.

Ao leitor, sugerimos analisar os artigos (1 a 4) colocados a seguir, sempre emitidos em congressos científicos e aprovados pelos comitês avaliadores correspondentes.

Capítulo 17. Pesquisas científicas (artigos científicos acadêmicos do Prof. Dr. Chu)

Artigo 2: Executive Information Systems and Learning Organizations

Artigo 3: Operador Epistemologico Tácito – Um Enfoque Antropocentrico

Artigo 4: Estratégia e Gestão das Organizações com Base em Conhecimentos e Inteligências

Artigo 5: A Inteligência Coletiva das Organizações, ...e a MetaCognição

Artigo 2:

Executive Information Systems and Learning Organizations

CHU SHAO YONG
Professor Doutor da Escola de Administração de Empresas de S. Paulo da Fundação Getulio Vargas - EAESP-FGV

Endereço:
Al. Joaquim Eugenio de Lima 835, apto 91
001403-001 S. Paulo SP
Brasil

Contato:
Fone: +55 11 3779-7884
Fax: +55 11 8123-1501

Chu@fgvsp.br
Chu@aom.com.br

Track: Accounting, Taxation and Management Information System

Executive Information Systems and Learning Organizations

ABSTRACT

The paper focuses the executives and managers that interact with Executive Information Systems (EIS). In order to understand better the results of EIS usage, a field research was made involving organizations in the brasilian market. A set of constructs was planned with the objective of modelling the EIS environment and the consequences of its usage by the decision processes with effects in the information quality, learning processes and executive performance. The application of the constructs model indicated that, throught EIS usage within the decision processes, the executives learnt more about the business of the organization and got better performances.

1. Introdução ao tema

Nos últimos anos, contemplamos uma diversidade de mudanças que está modificando o mundo dos negócios, caracterizado por ambientes de turbulência crescente:

a) *A globalização dos negócios, viabilizada pelo intenso desenvolvimento da Telecomunicação e Tecnologias de Informação, propiciando grandes alterações no modo competitivo das organizações (Prahalad, 1998; Arthur, 1999) e das nações (Porter, 1990A).*
b) *A reestruturação dos empreendimentos industriais mediante a quebra e mudanças de paradigmas administrativos (reengenharia, downsizing, orientação a clientes, qualidade total etc.) e inovações na área de serviços (terceirizações de serviços, empresas virtuais, marketing na WEB, B2B,...).*
c) *A mudança global do nível e tipos de empregos provocada pela crescente automação e informatização, com as características preconizadas por Zuboff (1994), demanda cada vez mais, maior capacidade intelectiva dos executivos e profissionais do mundo dos negócios.*

Nesse contexto global, o papel dos sistemas de informação, em particular os de apoio aos executivos e gerentes, adquire posição de maior importância ao preencher as necessidades dos executivos por informações de apoio aos seus processos decisórios. Na interação com os EIS, os executivos têm a possibilidade de modificar e melhorar seus modelos mentais, resultando em ações precisas de controle e também de natureza inovadora.

Aplicando os conceitos e reflexões apresentados por Krogt (1998), os EIS consistem em instrumentos de trabalho dos executivos e gerentes que, quando bem projetados, são também sistemas de aprendizagem e de desenvolvimento pessoal. A própria natureza de abrangência funcional das informações de gestão dos EIS propicia uma visão compartilhada de metas em curto e longo prazos (planos estratégicos, painel de controle, planos orçamentários...), e a democratização das informações horizontal e verticalmente na organização em decorrência do spread do EIS, conforme Glover (1993), traz como consequência melhorias pessoais no campo motivacional, emocional e de relacionamento com o ambiente físico e humano. Podemos apreciar a emergência das cinco disciplinas preconizadas por Senge (1999B) para as organizações de aprendizagem (learning organizations):

> *"Em longo prazo, desempenho superior depende de aprendizagem superior. A necessidade de entender como as organizações aprendem e aceleram essa aprendizagem é hoje maior do que nunca."*

Este estudo, além de outras conclusões, procura mostrar que o EIS é um poderoso instrumento de gestão que proporciona ganhos em desempenho operacional e aprendizagem aos executivos e gerentes.

2. Importância do estudo

Os resultados deste estudo constituem-se de muito interesse para:

a) *Melhorar a compreensão dos conceitos, disciplinas, processos, práticas e benefícios esperados dos EIS, para os executivos e gerentes das empresas usuários de EIS, assim como para os demais constituintes, como fornecedores, consultores e desenvolvimentistas de EIS.*
b) *Incentivar as organizações a investir nos EIS para maior competitividade em curto prazo, diante do mercado cada vez mais competitivo e globalizado.*
c) *Estimular as organizações a investir nos EIS com consequência direta no processo de aprendizagem dos seus executivos/gerentes, base de uma competitividade sustentável em médio e longo prazos em suas organizações.*
d) *Adicionar valor à formação de teoria sobre EIS.*

3. Características da pesquisa de campo

Para a sustentação empírica da pesquisa, uma pesquisa de campo (survey) referente à utilização de EIS foi efetuada em empresas localizadas no território nacional.
A pesquisa foi realizada com base em um questionário (vide exemplo no Anexo 1) preenchido pelos executivos, contendo os seguintes itens/constructos:

> *Características dos respondentes e das empresas*
> *Tecnologia EIS envolvida*
> *Características organizacionais (variável ORG com sete itens)*
> *Características ambientais (variável AMB com sete itens)*
> *Características de projeto em EIS (variável PROJ com oito itens)*
> *Características de uso de EIS (variável UTIL com quatro itens)*
> *Processos decisórios (variável PRDEC com seis itens)*
> *Qualidade de informações de gestão (variável QUAL com sete itens)*

Aprendizagem (variável APREND com oito itens)
Caracterização de desempenho operacional (variável DESEMP com sete itens)
Avaliação de sucesso e fracasso de EIS (variável AVAL com cinco itens)

Cada constructo foi projetado com um conjunto de quatro a oito itens, em que cada item é uma escala Likert (a maioria) ou itens de múltipla escolha, de natureza intervalar ou nominal. A escala Likert (Vide Anexo 1 do artigo) contém cinco posições de escolha, visto que a Posição 5 representa o aspecto mais favorável e a Posição 1, o mais desfavorável. Definimos também a terceira posição como neutra para permitir que o executivo possa responder o item que não conhece ou tem dúvidas.

4. A pesquisa empírica (campo)

4.1. Objetivos
- *Descrever características de uso de EIS nas organizações brasileiras, com referência ao perfil dos executivos usuários de EIS. Quem e como é o executivo usuário de EIS? Como utiliza o EIS?*
- *Consolidar um modelo básico dos constructos relativos aos EIS nas organizações.*
- *Testar hipóteses sobre o interjogo dos constructos (relacionamentos e poder explicativo dos constructos), configurando uma causalidade entre os constructos.*

4.2. Formulação de hipóteses
As hipóteses emergem naturalmente dos modelos de relacionamento entre constructos colocados em teste estatístico. A rigor, a comprovação dos modelos estatisticamente validam suas subjacentes hipóteses, derivadas da própria causalidade entre constructos.

4.3. Método de pesquisa
O método de pesquisa baseou-se em uma adaptação, com extensão, do método preconizado por Benbasat e Moore (1992), incluindo problemáticas de maior abrangência relativas à estratégia de pesquisa como um todo, definindo o escopo das áreas de conhecimento e a inserção da estratégia e operacionalização do processo de coleta de dados. Seguem os passos do método utilizado:

4.3.1. Estratégia de pesquisa
A pesquisa empírica visou obter informações sobre os impactos dos EIS nos executivos, incidindo, portanto, em atributos das entidades executivos, percebidos por eles mesmos. Por exemplo: na percepção dos executivos, ao interagirem com o EIS, houve aprendizagem? Melhorou o seu próprio desempenho operacional?

As áreas de conhecimento envolvidas podem ser sintetizadas em:

a) Teoria da aprendizagem (psicologia de aprendizagem)
b) Processos decisórios e desempenho em gestão empresarial (planejamento e controle de empresas)
c) Tecnologia de Informação (qualidade de informações e Tecnologia de Informação)
d) Contexto oferecido pela organização (infraestrutura de informação) e ambiente (ambiente competitivo na indústria brasileira).

4.3.2. Elaboração do modelo de informações
A Figura 1 mostra o modelo de informações multidisciplinar desenvolvido neste estudo. O modelo é fruto de uma observação fenomenológica e reflexões sobre os processos que envolvem o executivo quando interage com o EIS. É importante observar que os fundamentos de modelagem seguem os processos de abstração (classificação, agregação e generalização) de Smith e Smith (1977) e Rumbaugh (1994), sendo fonte de informações para a construção dos correspondentes constructos.

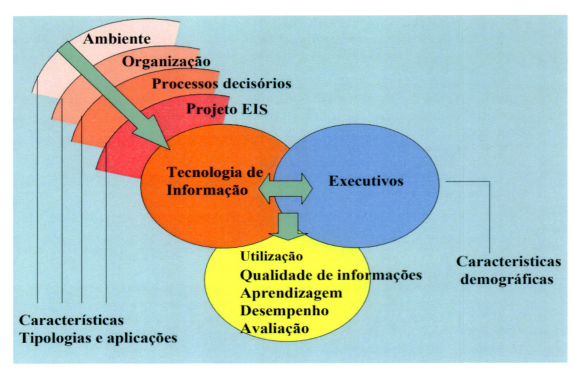

Figura 1 – Modelo de informações da pesquisa

4.3.3. Desenvolvimento dos constructos e seus indicadores
A partir do modelo de informações, construiu-se o conjunto dos constructos e seus indicadores, e é possívelmente o item de maior importância na pesquisa, pois é neste momento que a essência da pesquisa se insere, e, em um contexto multidisciplinar, é neste instante que se introduzem os elementos das disciplinas que queremos pesquisar, como indica a Figura 2. Os elementos das disciplinas estão inseridas como itens ou indicadores (Likerts) dos constructos.

Figura 2 – Modelo multidisciplinar da pesquisa

4.3.4. Escolha do software de análise de dados
Para processar os modelos em SEM, os testes com AMOS (v. Fev1999) mostraram o software ainda bastante instável, de forma que optamos pelo Lisrel 8.3, com resultados confiáveis.

4.3.5. Testes das escalas
As escalas foram elaboradas na forma de formulários, procurando minimizar o número de páginas a serem preenchidas. Testou-se a utilização dos questionários por dois alunos de pós-graduação e por dois executivos de Informática em EIS, que preencheram os formulários e não apresentaram dúvidas no seu preenchimento. Diversos outros conjuntos de formulários foram enviados para executivos sem que houvessem perguntas em retorno. Considerou-se então que os termos e medidas transmitiam bem os conceitos dos constructos.

4.3.6. Plano operacional da pesquisa
Para obtermos o maior número possível de respondentes, optamos pela utilização de técnica avançada de Marketing Direto um a um no relacionamento com os executivos potenciais, com a utilização diária de software especializado no acompanhamento do andamento de obtenção de executivos e do controle gradual de recebimento dos questionários preenchidos. Foi escolhida a indústria de manufaturas como ambiente organizacional mais complexo de informações pela sua diversidade de tipos de informação.

4.3.7. Análise de dados
Respostas com preenchimento irregular ou parcialmente preenchido foram descartadas, obtendo o seguinte resultado final para análise estatística: 88 respondentes de 36 empresas.

Validade dos constructos: conforme Malhotra (1996) e Hair (1998), vamos examinar a validade dos constructos elaborados na forma de escalas Likerts, em três aspectos, a seguir:

4.3.8. Validade de conteúdo
Na devolução dos questionários, uma atenção especial foi efetuada na confirmação de que as informações dos respondentes se referiam à categoaria dos sistemas EIS.

Foi calculada uma matriz de correlação Pearson dentro de cada constructo, considerando a correlação de cada item com a média (variável multivariada) representativa do constructo, dos valores dos itens, e verificamos a pertinência de cada item dentro do constructo, pois não há queda abrupta de nenhum índice de correlação assim considerado. Os valores mínimo e máximo dentro de cada constructo estão na Tabela 1 a seguir.

4.3.9. Validade de convergência

Analisando correlações entre as variáveis observáveis dos constructos ORG e PROJ, foram detectados problemas de convergência com ORG1(estratégia operacional etc.) e PROJ1 (projeto feito com a participação do executivo), com a eliminação de ambos. Com outros itens da variável ORG tivemos que inverter o sentido para que mantivessem o aspecto favorável em direção à Posição 5.

4.3.10. Validade em discriminância

Foram examinadas as correlações de Pearson em uma matriz envolvendo todos os itens de todos os constructos (escalas Likerts), verificando-se a possibilidade de que certos itens poderiam pertencer a outros constructos em vez de estar no constructo em que estão, observada a pertinência teórica em significado. As correlações entre os itens foram analisadas um a um e não houve necessidades de mudança de constructo por parte dos itens.

4.3.11. Confiabilidade (reliability) dos constructos

O teste de confiabilidade dos constructos foi efetuado pelo cálculo dos índices Alpha de Cronbach, cujos resultados seguem na Tabela 1. Conforme Nunnally (apud Bajwa, 1993), um score aceitável para Alpha de Cronbach é 0,6. Verificamos, então, que, fora ORG (constructo organização) e UTIL (constructo utilização), todos os demais constructos estão bem acima de 0,6.

Índices	Constructo	Alpha de Cronbach	Alpha de Cronbach padronizado	Correlação mínima	Correlação máxima
2-7	Organização	0,5567	0,5971	0,474	0,606
1-7	Ambiente	0,7900	0,7877	0,502	0,821
2-8	Projeto	0,7830	0,7835	0,554	0,767
1-2-4	Utilização	0,6104	0,6211	0,663	0,849
1-6	Processo decisório	0,8384	0,8418	0,667	0,841
1-7	Qualidade	0,8106	0,8094	0,529	0,793
1-8	Aprendizagem	0,8466	0,8509	0,590	0,771
1-7	Desempenho	0,8221	0,8214	0,540	0,752
1-5	Avaliação	0,7236	0,7294	0,663	0,727

Tabela 1 – Índices de Alpha de Cronbach dos constructos

Teste da normalidade das médias: foi considerada como variável multivariada representativa dos constructos, a média dos valores dos seus itens, e efetuado o teste de normalidade Kolmogorov-Smirnov dessas médias, concluindo que, em nível de 1%, e com exceção de UTIL, as variáveis podem ser consideradas normais.

4.4. Modelo Structured Equation Modelling SEM (Lisrel)

a) Introdução a Structured Equation Modelling (SEM)

Structured Equation Modelling (SEM), conforme (Hair, 1998), é uma extensão de diversas técnicas multivariadas, principalmente regressão múltipla e análise fatorial confirmatória, examinando uma série de relacionamentos simultaneamente. Outras referências: Bollen (1989) e Schuler (1995).

b) Processamento com Lisrel

Com base no software Lisrel e referenciado pelos manuais correspondentes (Jöreskog, 1993, 1996A, 1996B), foram processados diversos protótipos com os constructos projetados, iniciando com uma estratégia de, a partir de modelos mais simples, chegar ao modelo final com todos os nove constructos projetados, representados pelas siglas: ORG, AMB, PROJ, UTIL, PRDEC, QUAL, APREND, DESEMP e AVAL. Os modelos iniciais, mais simples, foram construídos e processados na forma de variáveis latentes e variáveis observáveis, correspondendo aos constructos e seus itens. As principais recomendações pertinentes ao Lisrel foram seguidas, tais como:

a) As variáveis observáveis foram definidas como variáveis do tipo ordinal, calculando-se em seguida, as matrizes de correlação polichoric (Hair,1998; Jöreskog & Sörbom, 1996A) e matrizes de covariância assintótica.

b) Adotando-se o método de estimativa Generally Weighted Least Squares (WLS), foi possível chegar a resultados significativos, mas parciais em número (poucos) de constructos.

Nos modelos finais, ao considerarmos todos os constructos, com as cargas mais significativas, Lisrel não conseguiu calcular a matriz de covariância assintótica por necessitar de um número maior de respondentes, como previsto em Jöreskog (1996, pp. 23). A fim de manter a possibilidade de trabalho com o maior número possível de constructos dentro de um

mesmo modelo, decidimos representar cada constructo pela variável média das variáveis observáveis. Assim, as variáveis foram identificadas com a letra M no fim de cada sigla.

c) O modelo SEM resultante fornecido pelo Lisrel

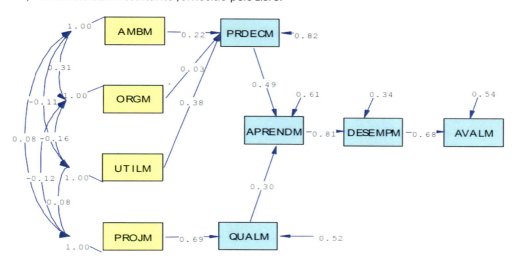

```
Chi-Square=34.57, df=22, P-value=0.04292, RMSEA=0.083
```

Os modelos prototipados e o modelo final fornecido pelo Lisrel simplificaram sobremaneira o objetivo de obter uma visão causal (simultânea) entre todos os constructos da pesquisa.

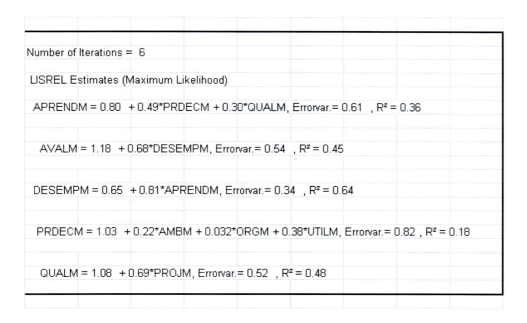

As equações simultâneas produzidas por Lisrel são apresentadas a seguir:

A avaliação do ajuste do modelo preditivo com os dados observados é uma das questões mais polêmicas e difíceis no campo das equações simultâneas (SEM), tendo uma grande variedade de índices e de interpretações. Selecionamos alguns índices para descrever o ajuste do modelo. Com base em Hair (1998) e Kline (1998), temos:

- *Um valor elevado de Qui-Quadrado relativo aos graus de liberdade significa que as matrizes observadas e estimadas diferem consideravelmente. O índice de Qui-Quadrado dividido pelo número de graus de liberdade (Normed chi-square) é igual a 1,57, menor do que o limite desejado de 3 conforme Kline (1998, pp. 128), indicando um bom ajuste do modelo.*
- *Índice Goodness-of-fit index (GFI) é igual a 0,92, perto do ajuste perfeito de valor igual a 1. Este índice não possui limites (thresholds) absolutos para aceitação, e varia entre 0 (ajuste pobre) e 1 (ajuste perfeito).*
- *Índice Adjusted goodness-of-fit index (AGFI) é igual a 0,83, perto do limite desejado de 0,9 (Hair,1998, pp. 635). É um índice estendido do GFI, utilizado para corrigir o valor de GFI, quando cresce a quantidade de parâmetros Kline (1998).*
- *Os índices de Non-normed fit index (NNFI) igual a 0,92 e Normed fit index (NFI) igual a 0,89, estão acima e perto do limite desejado mínimo de 0,9 (Hair,1998, pp. 635).*
- *O índice Root mean square error of aproximation (RMSEA) é igual a 0,083, bem perto do limite de 0,08 conforme indica Hair (1998, pp. 634).*

Considerando o exposto anteriormente, podemos inferir que o modelo de constructos proposto possui um bom ajuste com os dados observados.

5. Conclusões

As principais conclusões da pesquisa são:

- *Os executivos descreveram o ambiente brasileiro com alto nível de competição, com as empresas em busca de maior participação no mercado e com a necessidade de informações para competição.*
- *O investimento das empresas nos sistemas de gestão EIS orientados ao mercado é prioritário. Quase a totalidade das empresas possui um módulo EIS que analisa o desempenho em vendas. Logo a seguir constam aplicações EIS financeiras, controle de custos e despesas, indicando uma preocupação com as margens de contribuição e lucro operacional.*
- *A quase totalidade das empresas possui um posicionamento estratégico de maior desempenho operacional e utiliza intensivamente o EIS nos processos de elaboração de planos operacionais e no controle das atividades do dia a dia, indicando uma preocupação em atingir as metas preestabelecidas.*
- *A qualidade de projeto dos EIS tem sido boa e determinante da boa qualidade das informações de gestão, conforme o modelo causal de constructos concluído nos resultados finais da pesquisa. Ainda assim, devemos ressaltar que uma boa parte dos executivos não participou da definição das necessidades de informação. Isso pode significar que a necessidade potencializada de informações de gestão era muito grande ou os desenvolvimentistas fizeram um bom trabalho. Ou ambos.*
- *É também importante ressaltar que a maioria dos executivos incorporou o uso dos EIS nas suas atividades funcionais do cargo e expressou como maior benefício do EIS "os avanços significativos na democratização do acesso às informações da empresa".*
- *A análise final aponta que é extremamente significativo que os EIS propiciaram maior desempenho operacional aos executivos ao mesmo tempo que conduziram a ganhos de aprendizagem. Analisando as respostas nas escalas Likerts, podemos concluir que esse ganho, em grande parte, ainda se refere ao nível do controle das atividades, mostrando uma aprendizagem na categoria de single-loop. No entanto, evidenciaram-se também casos de aprendizagem double-loop (Argyris,1977). Esses resultados são muito semelhantes aos obtidos por Vandenbosch (1993) e muito coerentes com a pesquisa de Zuboff, da qual extraímos o seguinte trecho:*

> A informatização evoca uma nova visão da organização: um grupo de pessoas reunidas em torno de um núcleo central – que é o banco de dados automatizado [...] a organização torna-se uma instituição de aprendizagem para a qual um objetivo fundamental é a expansão do saber sobre os negócios e as opor-

> tunidades que se apresentam [...] a organização informatizada se baseia numa outra direção. Ela se baseia nas capacidades humanas de ensinar e aprender... (Zuboff, 1992, pp. 89-91).

Finalmente, as empresas e executivos respondentes consideraram que há democratização do acesso (portanto spread do uso da tecnologia EIS) às informações de gestão, proporcionando menor nível de ansiedade e de conflito intergrupal e colaborando com a "construção do sentido compartilhado" definido como "senso coletivo do que é importante e o porquê" por Senge (1999B). O acesso às informações estratégicas e às de painel de controle, juntamente às possibilidades de comunicação grupal proporcionadas pelo EIS, favorece a construção de "uma visão compartilhada e comum de negócios" de forma comprometida.

As informações de gestão dos EIS oferecem aos executivos momentos de tomada de consciência (Senge, 1999) do "agora" e do "como" resolver as questões empresariais. Perls (1977, pp. 15) fornece uma indicação importante:

> [...] a ansiedade é a excitação, o élan vital que carregamos conosco, e que se torna estagnado se estamos incertos quanto ao papel que devemos desempenhar [...] a ansiedade é o vácuo entre "o agora" e "o depois". Se você estiver "no agora" não pode estar ansioso, porque a excitação flui imediatamente em atividade espontânea. Se você estiver "no agora", você será criativo, inventivo.

O domínio sobre as ansiedades pessoais e grupais, concomitantemente com a incorporação do EIS no dia-a-dia de trabalho, produziu maior experiência, segurança e confiança na resolução dos problemas empresariais, assim como "maior motivação e autorreforço", com a reformulação dos modelos mentais dos executivos no exercício das tarefas de gestão das empresas. A utilização intensiva dos EIS em reuniões grupais dos executivos e gerentes proporciona um "aprendizado em grupo" em relação às informações de gestão oferecidas pelo EIS e progressivamente construindo conhecimentos derivados dessa prática grupal, com o surgimento de novas posturas, procedimentos informais, diálogos e "discussões hábeis", que favoreçam o surgimento sinergético de aprendizagem grupal sobre questões da empresa.

As visões compartilhadas de metas e de informações de feedback, em conjunto com a aprendizagem grupal, atualizam os modelos mentais dos executivos, permitindo maior tomada de consciência do mundo empresarial, melhor percepção e contato com o mundo real do ambiente e diminuindo fortemente o contato e vivência com fantasias, preconceitos e apreensões, os quais geram estados crescentes de ansiedade e/ou depressão, bases de situações crônicas de esquizofrenia organizacional, como descrevem Vries e Miller (1984).

O pensamento sistêmico na prática gerencial, conforme expressa Senge (1997), sugere algumas habilidades fundamentais para os futuros líderes:

a) Enxergar inter-relações (e não coisas) e processos (e não fotos instantâneos).

b) Distinguir a complexidade de detalhes da complexidade dinâmica (causa e efeito estão distantes no tempo e espaço), na busca das pequenas medidas que produzem grandes resultados (princípio de alavancagem) e das causas subjacentes aos problemas e não efetuar intervenções imediatas como soluções sintomáticas.

O EIS, como sistema projetado para prover informações de gestão globais da empresa e do ambiente e dotado de uma dinâmica planejada de busca e apresentação das informações, proporciona aos executivos oportunidades de exercício do pensamento sistêmico na arte e prática gerenciais.

Dessa forma, visão compartilhada, aprendizagem grupal, atualização de modelos mentais, maestria pessoal e pensamento sistêmico configuram as cinco disciplinas requeridas às organizações de aprendizagem (Senge, 1999A). Identificamos assim, o exercício das cinco disciplinas pelos executivos no interjogo com as informações e conhecimentos do ambiente operacional dos EIS.

Em resumo, Argyris (1977), Senge (1990A) e Fullmer (1998) caracterizam e sustentam que as organizações de aprendizagem constituem o modelo de empresas que manterão a vantagem competitiva no futuro. Acompanhando essa direção, o EIS pode se posicionar como um elemento de infraestrutura tecnológica e informacional para o apoio das organizações que aprendem.

Assim, a conclusão da pesquisa comprova que o EIS é um poderoso instrumento de gestão, propiciando ganhos em desempenho operacional e aprendizagem aos executivos e gerentes.

Bibliografia

ARGYRIS, Chris. Double-loop learning in organizations. Harvard Business Review, Boston, v. 55, n. 5, p. 115, Sept./Oct. 1977.

ARTHUR, Len. Managing in organizations that learn / organizational learning: the competitive advantage of the future. Management Learning, Thousand Oaks: Jun. 1999.

BAJWA, Deepinder Singh. An empirical investigation of the antecedents of executive information system success. Carbondale, Il., Southern Illinois University at Carbondale, 1993. (DBA Dissertation)

BARUA, Anitesh, CHELLAPA, Ramnath, WHINSTON, Andrew B. The design and development of internet and intranet-based collaboratories. International Journal of Electronic Commerce, v. 1, n. 2, p. 32-58, Winter 1996-97.

BENBASAT, Izak, MOORE, Gary C. Development of measures for studying emerging technologies. IEEE, p. 315-324, 1992.

BOLLEN, Kenneth A. Structural equations with latent variable. New York: John Wiley & Sons, 1989.

ELLIOTT, Dorothy Gillilan. Executive information systems: their impact on decision making. Austin, The University of Texas at Austin, 1992. (Ph.D. Dissertation).

FLECK, James. Contingent knowledge and technology development. Technology Analysis & Strategic Management, Abingdon, Dec. 1997.

FROLICK, Mark Nelson. Determining information requirements for an executive information system. Athens, The University of Georgia,1991. (Ph.D. Dissertation).

FULLMER, Robert M. A model for changing the way organizations learn. Planning Review, Oxford, May/Jun 1994.

GLOVER, Oscar H. Executive support systems - organizational spread: an integrative study. Athens, University of Georgia, 1993. (Ph.D. Dissertation).

HAIR, Joseph F. et al. Multivariate data analysis. New Jersey: Prentice Hall, 1998.

JÖRESKOG, Karl, SÖRBOM, Dag. Lisrel 8: structural equation modeling with the SIMPLIS command language. Chicago: Scientific Software International, 1993.

JÖRESKOG, Karl, SÖRBOM, Dag. Lisrel 8: user´s reference guide. Chicago: Scientific Software International, 1996A.

JÖRESKOG, Karl, SÖRBOM Dag. PRELIS 2: user reference guide. Chicago: Scientific Software International, 1996B.

JUNQUEIRA, Marco, MOSQUEIRA, Juan, BAQUEIRO, Rute et al. Aprendizagem: perspectivas teóricas, Editora da Universidade, 1985.

KEEN, Peter G. W. Competing in time. Harper Business, 1988.

KLINE, Rex B. Principles and practice of structural equation modeling. New York: The Guiolford Press, 1998.

KROGT, Ferd J. Van der. Learning network theory: the tension between learning systems and work systems in organizations, Human Resource Development Quartely, Summer 1998.

MALHOTRA, Naresh K. Marketing research: an applied orientation, Prentice Hall, New Jersey, 1996. MEIRELLES, Fernando de Souza. *Informática: novas aplicações com microcomputadores.* São Paulo: Makron Books, 1994.

OLIVEIRA, J. B. Araujo, CHADWICK, Clifton B. *Tecnologia educacional: teorias da instrução.* Ed. Vozes, 1982. PERLS, Frederick S. *Gestalt-terapia explicada.* São Paulo: Summus, 1977.

PIAGET, Jean. *A epistmologia genética: sabedoria e ilusões da filosofia; problemas de psicologia genética.* São Paulo: Victor Civita. 1978.

PORTER, Michel E. The competitive advantage of nations. *Harvard Business Review*, Mar./Apr. 1990.

PORTER, Michel E. *Competitive strategy: techniques for analysing industries and competitors,* New York; The Free Press, 1980.

PRAHALAD, C. K. Growth strategies. *Executive excellence*, Provo, Jan. 1998 PRAHALAD, C. K., HAMEL, Gary. *Competindo pelo futuro.* Campus, 1995.

RAINER JR., Rex Kelly,. *Successful executive information systems: a multiple constituency approach.* Athens, The University of Georgia, 1989 (Ph.D. Dissetation).

RAMARAPU, Narender K. *The impact of linear versus nonlinear information presentation on problem solving: an experimental investigation in an EIS environment.* Memphis State University,1993. (PH.D. Dissertation).

ROCKART, John F., DELONG. *Executive support systems: the emergence of top management computer use.* Down Jones Irving, 1988.

RUMBAUGH, James, BLAHA, Michael, PREMERLANI, William, et al. *Modelagem e projetos baseados em objetos.* Campos, 1994.

SCHULER, Maria. Análise multivariada de segunda geração. Tudo o que eu queria saber sobre Lisrel e que os matemáticos foram herméticos demais para me explicar. 19° ENANPAD, 1995.

SENGE, Peter M. *A quinta disciplina.* Best Seller, 1990.

SENGE, Peter M. *A quinta disciplina: estratégias e ferramentas para construir uma organização que aprende.* Rio de Janeiro, 1999A.

SENGE, Peter M. O novo trabalho do lider: construindo organizações que aprendem. In STARKEY, Ken. *Como as organizações aprendem.* São Paulo: Futura, 1997.

SENGE, Peter M. Creative tension. *Executive excellence*, Provo, Jan. 1999B.

SMITH, J. M., SMITH, D. C. P. Database abstraction: agregation and generalization ", *ACM Transaction on Database Systems*, v. 2, n. 2, p. 105-133, Jun. 1977.

VANDENBOSCH, Betty Mary. *Executive support system impact viewed from a learning perspective (organizational performance).* London, Ontario, The University of Western Ontario, Canada, 1993. (Ph.D Dissertation).

VRIES, Manfred F.R. Kets, MILLER, Danny. *The neurotic organization.* Jossey Bass Publishers, 1984.

WATSON, Hugh J., HOUDESHEL, George, RAINER JR. et al. *Building executive information systems and other decision support aplications.* John Wiley & Sons, 1997.

YONG, Chu S. Metodologia de desenvolvimento e implementação de EIS/OLAP. Documento Técnico Interno, v. 1, 1999.

ZACK, Michael H. Developing a knowledge strategy. *California Management Review*, Berkeley, Spring, 1999. ZUBOFF, Shoshana. *In the age of the smart machine: the future of work and power,* New York: Basic Books, 1988.

ZUBOFF, Shoshana. Automatizar/informatizar: as duas faces da tecnologia inteligente, *Revista de Administração de Empresas*, v.34, n. 6, nov./dez., p. 80-91, 1994.

ZUBOFF, Shoshana. In the age of the smart machine: the future of work and power, *Revista de Administração de Empresas*, Resenha por Silva, E. S., v. 32, n. 5, p. 111, nov./dez. 1992.

Anexo 1. Exemplo de escala Likert utilizada

EAESP
Escola de Administração de
Empresas de São Paulo

J- Aprendizagem

Avaliação da aprendizagem em decorrência do uso do EIS.

Legenda	1 - Discordo fortemente	2 - Discordo moderadamente	3 - Neutro	4 - Concordo moderadamente	5 - Concordo fortemente

A utilização do EIS permitiu-me (e/ou incentivou-me a):	1	2	3	4	5
J1) Justificar decisões e ações.	☐	☐	☐	☐	☐
J2) Conseguir maior entendimento e análise do desempenho da empresa, conforme planejamento.	☐	☐	☐	☐	☐
J3) Obter maior familiaridade e lembrança das informações de gestão.	☐	☐	☐	☐	☐
J4) Adquirir uma visão sistêmica do negócio, gerando novos raciocínios, novas visões e entendimentos, idéias e/ou soluções à empresa.	☐	☐	☐	☐	☐
J5) Identificar disfunções organizacionais, gerando re-organizações ou processos de reengenharia.	☐	☐	☐	☐	☐
J6) Criar e testar novas premissas.	☐	☐	☐	☐	☐
J7) Ter mais tempo de reflexão sobre os problemas empresariais, de forma a enxergar melhor os reais perigos.	☐	☐	☐	☐	☐
J8) Obter mais motivação pessoal e auto-reforço no exercício e resolução das minhas tarefas de gestão.	☐	☐	☐	☐	☐

O conjunto dessas escalas de medição faz parte de uma pesquisa oficial do NPP da EAESP-FGV com o título "Análise de Impacto dos Sistemas de Apoio às Decisões Executivas nos Executivos e Organizações Brasileiras", sob coordenação do Prof. Chu S. Yong. O relatório final dessa pesquisa conterá somente informações agregadas. As informações de cada respondente e da empresa são confidenciais. Muito obrigado pela colaboração!

Artigo 3:

Operador Epistemológico Tácito - Um Enfoque Antropocêntrico.

Author: Chu Shao Yong
Professor Doutor da Escola de Administração de Empresas de S. Paulo da Fundação Getulio Vargas - EAESP-FGV

Endereço:
Rua Barú 55, Jardim Cordeiro
04639-030 S. Paulo SP
Brasil

Contato:
Fone: +55 11 5548-8022
Chu@fgvsp.br

Resumo

O artigo tem por principal objetivo trazer à percepção, compreensão e discussão no meio acadêmico e profissional, um conjunto de aplicações de um Operador Epistemológico Tácito (OET), criado para a conversão de conhecimentos tácitos em conhecimentos explicitos. Criado para ser aplicado individualmente, mas pela diversidade de utilização prática, tem-se obtido surpreendentes resultados e pertinentes benefícios, também em nível grupal, ampliando sua utilização em âmbito do conhecimento, inteligência e aprendizagem organizacionais. Pela amplitude de algumas áreas de conhecimentos envolvidos com gestão do conhecimento, tais como filosofia, epistemologia, semiótica, psicologia, sociologia e antropologia, seria tarefa sobrehumana e de muita pretensão intelectual, propor discussões sobre as áreas de conhecimento e teorias pertinentes que formam essa rede de conhecimentos em poucas linhas desse artigo. Assim, após itens de caráter introdutório, o artigo vai centrar nas aplicações práticas efetuadas e seus resultados, e mostrar algumas conexões com as teorias e autores notáveis dessas áreas de conhecimento, como Edgar Morin, Nonaka, Kaplan, Steiner e Goethe. Por não ter encontrado ainda estudos e aplicações dessa mesma natureza do Operador apresentado, o autor está preparando as bases epistemológicas com maior rigor científico.

Palavras-Chave: Epistemologia, conhecimentos tácitos, conhecimentos explicitos, inovação, gestão do conhecimento, operador epistemológico, transdisciplinaridade

1. Introdução
O artigo possui por objetivos:
1º) Mostrar um processo centrado e, um operador epistemológico tácito (OET) de transformação ou conversão do conhecimento tácito em explicito, com aplicações práticas realizadas em diversos campos de conhecimento do mundo empresarial e institucional, tais como:

- ❖ Representação do conhecimento, com operador (ação) e conteúdo (grade)
- ❖ Gestão de organizações mediadas por informações e conhecimentos
- ❖ Desenvolvimento uniforme de indicadores de desempenho, em diferentes domínios de conhecimento
- ❖ Processos cognitivos de formação de estratégias e de gestão
- ❖ Ensino (didática) em Administração de Empresas com grades epistemológicas
- ❖ Estruturação de processos cognitivos com base em redes de conceitos ou categorias.

2º) Trazer à luz para discussão, no meio acadêmico e profissional, de um operador epistemológico ou operador cognitivo (Almeida, 1997), um instrumento essencial para a gestão do conhecimento, centrado no pensar humano, em vez de conhecimentos explícitos, cuja gestão, na maioria dos casos, pode ser efetuado com as tecnologias de informações ou de inteligência empresarial existentes.

3º) Trazer um operador que possa trabalhar a transversalidade dos saberes que o pensamento disciplinar e compartimentado disjuntou e parcelarizou (Morin, 2002), absorvendo os conceitos emitidos pelo pensamento de complexidade de Edgar Morin e colaborar em outros estudos e teorias onde inexistem operacionalização dos conceitos pertinentes, como por exemplo:

a) Definição de informações e indicadores de gestão com base em um arquétipo ou modelo de gestão das organizações e na expressão de modelos mentais de gestão. Vale mencionar que a teoria de gestão por indicadores balanceados (Kaplan, 1996) não fornece método de construção dos correspondentes indicadores.
b) Em todas as ocasiões em que seja necessário efetuar a junção dos saberes, conforme a Teoria da Complexidade, o operador epistemológico tácito permite visualizar a religação dos saberes envolvidos, trazendo à luz os conhecimentos tácitos, os conceitos ou categorias envolvidos na articulação do pensar do pesquisador. Um dos campos de aplicação poderia ser a articulação dos conhecimentos no pensar ativo de produção e formulação do pensamento estratégico (Mintzberg, 1994).
c) Por ser um operador limite entre o tácito e o explícito, dependendo do ponto de tomada de visão, o OET perfaz a união entre o mundo sensível (experimental) e o mundo cognitivo (reflexões do pensar ativo), e produz em um primeiro instante uma grade epistemológica estruturado pela rede de conceitos, e que no segundo instante, em dialética, é estruturante à cognição.

Os resultados mostrados nesse artigo e resultantes das aplicações do OET mobiliza e incentiva a formulação dos aspectos teóricos explicativos de sua formação, assim como uma metodologia de aplicação, constituindo assuntos a serem tratados em futuros artigos. E por fim, em sua generalização, o operador fornece o instrumento operativo para as ideias de Edgar Morin.

1.1. Da importância do tema
Em Almeida (1997), é citado que Morin responsabiliza que o pensamento redutor cartesiano, linear, com os saberes compartimentados, implica políticas sociais redutoras, parciais e que cerceiam as potencialidades e liberdades humanas. Daí a necessidade de buscar operadores de interconexão entre saberes, permitindo o resgate do pensamento complexo.

A possibilidade de efetuar a passagem do conhecimento tácito, incorporado dentro do ser humano, portanto invisível aos sentidos humanos, para uma forma de conhecimento explícito e visível, é um dos temas mais centrais e importantes no contexto da gestão do conhecimento, componente essencial à conversão e socialização do conhecimento nas organizações (Nonaka, 2001).

1.2. Das motivações ao tema
Pela característica inovadora do OET, utilizam-se também formas de pensamento diferentes da lógica racional, característica básica da abordagem kantiana e cartesiana, bases da investigação científica da atualidade. Assim, utilizam-se com frequência e subjacente às aplicações e explicações, formas de pensamento analógico e as tipologias do pensar ativo e fértil (Steiner, 1985).

Esse artigo, fruto de amadurecimento nos últimos três anos de pesquisa, experimentações e aplicações, em círculos restritos, tanto acadêmicos como profissionais, vem se colocar em uma posição de inovação e originalidade quanto ao tema (conversão de conhecimentos tácitos em explícitos), na abrangência de categorias de aplicações, e das bases epistemológicas inovadoras subjacentes à sua constituição. E com isso mostrar ao público dos enormes benefícios que poderiam ser auferidos com a sua plena utilização nos diversoso campos de conhecimento em que encontre aplicação.

A utilização do OET pelos pesquisadores acadêmicos poderia melhorar, em grande parte, a questão da baixa qualidade (diversas dimensões) dos artigos de pesquisa conforme citam Tonelli (2003) e Hoppen et al. (1998). Ao público profissional, incentivar aplicações com OET em áreas nunca antes resolvidos, como a definição de informações e indicadores de gestão empresarial, de forma metodológica, multidisciplinar e transdisciplinar. Outra área de importante e profícuas aplicações situa-se na didática em ambientes de ensino/ aprendizagem de assuntos subjacentes às Ciências Humanas (Administração de Empresas, Psicologia, Pedagogia, Sociologia etc.).

Em todas as aplicações obteve-se maior e mais rápida absorção dos conhecimentos envolvidos, com o atingimento de maiores significados no interjogo estruturante entre as grades epistemológicas e os conceitos e modelos mentais formados.

***1.3.** Das premissas e restrições do artigo*
Uma premissa básica do artigo considera que o conhecimento é primordialmente um atributo humano, podendo ser incorporado por meio de três dimensões , a saber:

- *Dimensão cognitiva (pensar nas formas de raciocínio logico, imaginação, inspiração e intuição)*
- *Dimensão do sentir (representando as emoções, sentimentos, alegrias, ódios etc.), como também citado por Nonaka (2001), com as dimensões de solicitude, envolvendo confiança mútua, empatia ativa, acesso à ajuda, leniência em julgamento e coragem.*
- *Dimensão da volição ou vontade humana, capacidade de colocar em ação ou movimento.*

2. Representação do conhecimento

Trata-se de um tópico de grande importância, pois o conhecimento deve ser possível de representar, a fim de que possa ser administrado (Nonaka, 1994) dentro do ciclo de geração, aquisição, processo, compartilhamento e disseminação dos conhecimentos.

2.1. A escrita chinesa – uma brevíssima abordagem antropológica
Sem entrarmos em considerações muito detalhistas, cada caractere chinês pode ser decomposto em radicais que possuem significados de categorias específicas de assuntos, e que ao longo dos últimos 4 mil anos da história chinesa sofreram diversas modificações até chegar ao seu estágio atual, tanto na versão simplificada (vigente no continente chinês) como na sua forma mais completa de representação (mais conservador, em Taiwan).

Examinando a composição da cada palavra, podemos sempre ter uma noção do seu sentido, mesmo que não tenhamos conhecido o sentido exato. E sua representação icônica possui a característica singular de evocar um certo significado, oferecendo assim uma percepção imediata da informação ou conhecimento (conceitual) envolvido. Essa capacitação de percepção imediata, às vezes intuitiva, já não acontece com os símbolos do alfabeto dos idiomas ocidentais.

Exemplo 1 – Conhecimento no idioma chinês é composto pelas palavras:

Saber

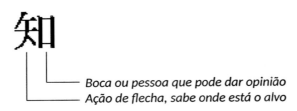

— Boca ou pessoa que pode dar opinião
— Ação de flecha, sabe onde está o alvo

e

Conhecer, Conhecimento

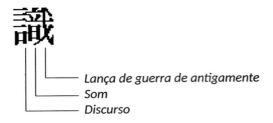

— Lança de guerra de antigamente
— Som
— Discurso

Interpretação:
O Saber reside em conhecer a direção representado pela flecha em um determinado objetivo, junto à ideia de uma pessoa que conhece, que pode dar uma opinião.
O Conhecimento seria um tecido de discursos, incorporado também por coloridos especiais como o som, formado em um embate dialético entre falas e discursos, tecido esse que Morin (apud Almeida, 1997, pp. 30) cita: " complexidade é tecer junto ,religar e rejuntar".

Exemplo 2 – Fome Zero:

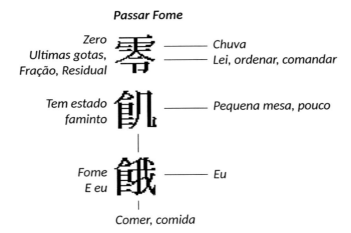

Interpretação:
As interpretações antropológicas das palavras chinesas seriam poucas gotas, ou mesmo, um resíduo, vindas como lei, e o radical comer é qualificado por situações específicas, como pouca comida, ou mesa pequena é suficiente quando comida é escassa; e a palavra Eu qualificando o passar fome do sujeito, eu, de forma acentuada.

Exemplo 3 – Tempo

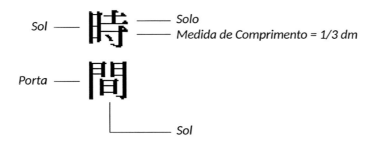

Interpretação:

A primeira palavra seria a composição de uma medida no solo de uma sombra projetada pelo Sol, configurando um relógio de sol, enquanto que na segunda palavra temos uma porta que se abre para a entrada dos raios solares, criando um intervalo em que os raios solares entram, criando o conceito de tempo.
É importante citar que cada palavra utiliza o pensamento analógico para a obtenção do significado, e o uso de radicais para o uso conjunto com outros radicais qualificadores criando outros significados.

2.2 Os constituintes do OET
Para a representação do conhecimento empresarial e organizacional, o autor buscou a circunferência por tratar-se de uma representação simbólica e universal de um assunto, e semicírculos ou arcos de circunferência para representar categorias ou conceitos do assunto visado.

2.3. Algumas fontes epistemológicas inspiradoras do Operador
Uma fonte inspiradora de ideias importantes sobre a formulação do OET aplicado na forma de conceitos vem do artigo de Steiner (1908) no qual se discute a formação de conceitos, seja na cognição ou na sua origem suprassensível. Da percepção fenomenológica, a mente humana forma as representações que assim são integradas ou relacionadas pelos conceitos, dando compreensão e significado ao ato de observação. Acrescente-se a tudo isso a possibilidade de crescimento ou encadeamento de conceitos a partir de outros conceitos (pensar conceitual), formando uma rede de conceitos, também chamados de categorias, e cuja Doutrina (de Categorias) foi aperfeiçoada por Hegel.
Assim, o OET pode ser considerado como uma representação do limiar que se constrói durante a dialética entre as percepções (elemento diferencial, vazia em nexo) e a contínua aplicação da rede de conceitos (elemento relacional, resultado de um pensar voluntário, ou um pensar ativo) sobre as percepções, dando a esses últimos o nexo e o sentido da observação fenomenológica, no nosso caso, das organizações. E nessa dialética interativa entre a percepção e conceitos, estruturamos subjetivamente a realidade (Veiga, 2000).
Outra fonte inspiradora de bastante efeito na apreensão dos arquétipos organizacionais (de gestão) foi a busca de Goethe a uma forma básica que explicasse todo o desenvolvimento de variedades nos reinos vegetal e animal. A multiplicidade dos órgãos internos e das espécies deveria ter um modelo simples e constante que representasse toda a dinâmica das transformações da diversidade vegetal e animal. Goethe chamou esse modelo simples de Tipo (Typus), ou arquétipo, sendo real e atuante nas plantas e animais. Assim, em vez de caracterizarmos pelo variedade de tipos de organizações, examinamos como as organizações crescem e podem ser representadas por categorias, e suas evoluções, fazendo analogia do crescimento da rede de conceitos com o crescimento dos conceitos ou categorias funcionais, ou mesmo interdisciplinares das organizações. E da mesma forma a analogia do conceito Essência na definição das informações essenciais pertinentes às categorias das grades epistemológicas formadas pelo OET.

Outra fonte que também influenciou fortemente a consolidação do OET foi o estudo da categorização na forma de radicais da escrita chinesa, cuja evolução ao longo dos últimos 4 mil anos possui um peso bastante grande, como meio de comunicação e linguística, e portanto também como símbolo representativo epistemológico do homem, na sua ação como construtor autoconsciente da realidade.

2.4 Algumas características funcionais do OET

Seguem algumas características funcionais do OET, com verbetes ou explicações simplificados e adaptados ao foco e contexto do OET.
Holístico: abrange todas as categorias de conhecimentos que influenciam o epi-fenômeno observado. Contrário à posição do saber compartimentado das ciências naturais, e das aplicações do pensamento cartesiano e positivista no pensamento científico atual.
Essencial: é a qualidade do ser em si mesmo.
Tácito-explícito: conversão de conhecimento tácito em explícito.
Dinâmico: no sentido de ser dialético e de maneira contínua. Holográfico: multidimensional.
Quantitativo/qualitativo: a abordagem goethianística, muito utilizada nas aplicações do OET, utiliza a abordagem analógica e qualitativa.
Conceitual: ênfase na construção da rede de conceitos pelo pensar.
Fenomenológico: abordagem fenomenológica e sob a ótica de Goethe (Guelman, 2000).
Abordagem arquetípica: busca de um tipo permanente e primordial de conhecimento. Articulado e aberto: articulado em função da capacidade ou qualidade do pensar ativo.
Hieráquico, recursivo, rede, complexo: características provenientes da formação da rede de conceitos. Diversidade: de disciplinas ou multidisciplinar, o OET permite reunir em uma só grade epistemológica um conjunto de disciplinas, ou categorias.
Estruturante/estruturado: a característica estruturada da rede de conceitos e sua interatividade com as percepções permite que melhores estruturas do pensar possam ser representados, explicitados e compartilhados no ambiente organizacional. Essa característica permite acelerar o aprendizagem individual e grupal dentro das organizações.
Pensar ativo, imaginação, inspiração, intuição: tipologias do pensar segundo Steiner (1985).

3. Aplicações do OET

Como a área operativa possível do OET envolve uma grande diversidade de saberes, a rigor onde o pensar possa atuar, o artigo não tem a pretensão de explicar a operação de forma mais profunda ou detalhada, ou mesmo discutir as teorias e saberes envolvidos, com os pertinentes pontos mais essenciais ou mesmo polêmicos.
Dessa forma, o artigo vai expor aplicações em gestão do conhecimento, por meio do proposto Operador Epistemológico, em diversas áreas do saber, citando os autores e suas teorias ou ideias mais conhecidas:

- *A religação dos saberes (Morin, 2002).*
- *Conversão do conhecimento tácito em explícito (Ikujiro Nonaka, representando outros conhecidos autores sobre gestão do conhecimento, tais como Probst, Kluge, Stewart, Tissen, Conway etc.).*
- *Definição de informações e indicadores em gestão das organizações (Watson, Rockart, Kaplan etc.).*
- *A expressão do pensamento estratégico (Mitzberg,1994).*
- *Ensino em Administração de Empresas com OET, em disciplina de Gestão de Conflitos (Morgan, 1996).*

Os exemplos de aplicação foram obtidas ao longo dos últimos três anos, de forma contínua e efetuados tanto em ambiente empresarial como acadêmica, seja por profissionais ou por alunos de pós-graduação, ou ambos. As aplicações ou ações do OET produzem no final da operação uma grade epistemológica explícita contendo os conhecimentos na forma de categorias, permitindo mostrar as informações mais essenciais sobre o fenômeno.

Das tipologias de representação do conhecimento pelo OET
Dos resultados obtidos pela aplicação do OET destacamos a grade epistemológica que contém os conhecimentos e suas informações mais essenciais. Nessa expressão estamos colocando explicitamente as categorias ou conceitos subjacentes ao fenômeno em foco.

Tipologias:
- ❖ Conhecimento conceitual em artigos (conceitos e suas conexões)
- ❖ Conhecimento fenomenológico (relacionamento entre os atores essenciais)
- ❖ Conhecimento causal.

3.1. A religação dos saberes (Edgar Morin - Complexidade)

Trazemos aqui uma aplicação em que fica visível a reunião de diversos saberes por ocasião de tomadas de decisão perante novos negócios, tais como o projeto e a implementação de um modêlo de e-Business.

O experimento foi efetuado com um conjunto de 40 alunos de pós-graduação, que tiveram a incumbência de ler 35 artigos e que produziram, em conjunto com o autor, uma grade epistemológica essencial do e-Business.

O quadro a seguir mostra uma fase intermediária (analítico, e em fase de expansão) da modelagem grupal dos conhecimentos envolvidos, seguindo por um modelo mais compacto, realizado por pensamentos de síntese. O quadro a seguir mostra a grade epistemológica após devidos ajustes de síntese.

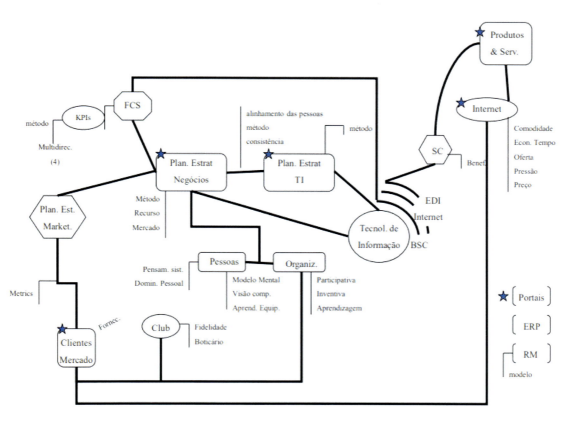

ESQUEMA 1 – Modelo Epistemológico Essencial do e_Business

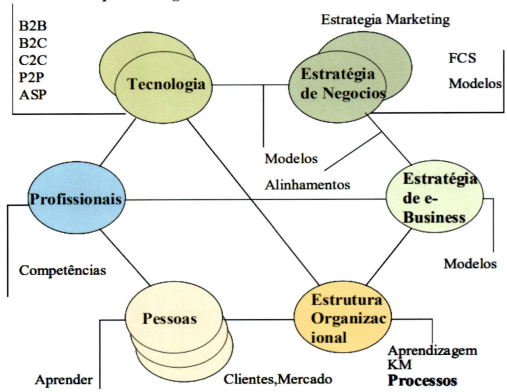

ESQUEMA 2 – Grade Epistemológica Essencial do e-Business

3.2 Conversão do conhecimento tácito em explícito
O OET pode ser utilizado como instrumento de implementação de gestão do conhecimento, indo diretamente à conversão do conhecimento tácito em explícito (Nonaka, 1994), muito em contraponto com as implementações de gestão do conhecimento que se preocupam com a utilização direta de tecnologias de informação nas informações e conhecimentos explícitos na organização.

O OET pode ser utilizado como principal técnica que permite ir direto ao ponto de início de implementação de um projeto de Gestão do Conhecimento. A sua ação pode começar em um conjunto de reuniões com as pessoas destacadas para ações provenientes do planejamento estratégico, podendo inclusive constituir um base representativa dos processos cognitivos do pensamento estratégico (Mintzberg, 1994), ajudando na formação de uma grade epistemológica, proveniente de uma dialética entre uma rede de conceitos estratégicos e seu confrontamento com representações provenientes de observações do ambiente (nível de competição, concorrência, políticas e regras governamentais etc.), estabilizando-se em uma formulação estratégica, base para o planejamento estratégico.

Essas reuniões com os elementos de ação permitem a identificação das principais fontes de conhecimentos tácitos e explícitos, assim como, ao longo do tempo, permitir a socialização organizacional, institucional e ambiental dos conhecimentos. A socialização organizacional poderia ser efetuada por meio de criação de grupos e contextos de alta solicitude comportamental (Nonaka, 2001), complementando a inteligência e capacitação de articulação cognitiva, e seu crescimento dialético no ambiente organizacional e institucional. Segue um esquema de como um movimento de Lemniscate (de Bernouilli, com a sua equação matemática) poderia representar o movimento dialético inter e intra camadas de adição de valor, durante ciclos de geração, aquisição, aplicação, compartilhamento e disseminação de conhecimentos, nos processos de socialização, internalização, externalização e combinação (Nonaka, 1994) em diferentes instâncias ontológicas de indivíduo, grupo, organização e outras tipologias de maior abrangência e complexidade.

A Lemniscate de Bernouilli pode ser representada pela seguinte equação:

$$x^4 + y^4 + 2x^2y^2 - 4x^2 + 4y^2 = 0$$
$$-2.5 < x < 2.5 \qquad -1 < y < 1$$

As 7 camadas de Agregação de Valores			
Missão	Valores	Responsabilidade Social	Visão Economico
Objetivos Estratégicos	Metas	Prioridades	
Conhecimentos	Tácitos	Explicitos	
Ações	Decisões	Aprendizagens	Comportamentos Inovações
Aplicações	Sistemas Projetos	Processos Regras	
Dados	Datawarehouses	Documentos	Artigos
Infra-estrutura	Hardware Software	Tele-comunicação	

ESQUEMA 3

3.3. Definição de informações de gestão e indicadores de desempenho

O tema de definição de informações de gestão para os executivos tem sido ao longo dos últimos 15 anos de difícil resolução (Rockart, 1988; Watson,1997), pois as informações visadas precisam apoiar os modelos mentais dos executivos, cujos perfis de trabalho são eminentemente tácitos e bastante mutáveis em relação à volatilidade do ambiente organizacional, interno e externo. O operador OET vem também ao encontro dessa questão, com as possibilidades tanto na resolução da questão do pensamento estratégico (Mintzberg, 1994), como nos processos de gestão por meio de informações (ou indicadores) e conhecimentos de gestão.

3.3.1 Grade epistemológica de gestão de uma mesa de operações em mercado de capitais de uma empresa da área financeira

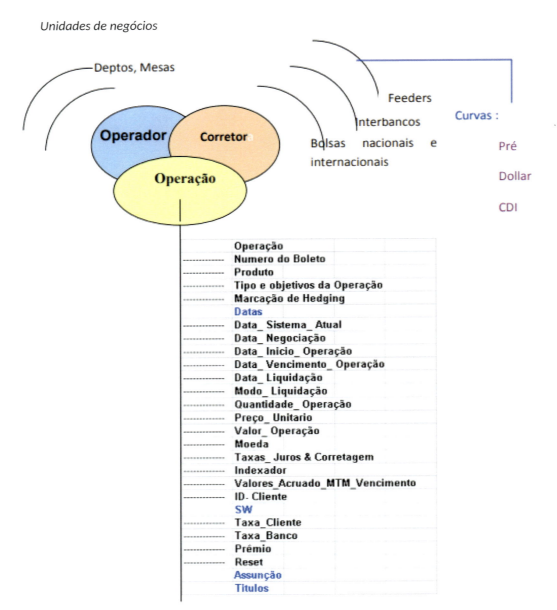

ESQUEMA 4

3.3.2 Exemplo de modelo mental de decisão, com as informações e os conhecimentos envolvidos
O modelo mental das informações e conhecimentos está explicitado em uma forma de busca encadeada e hierárquica, com sucessivos momentos de decisão, baseado em conhecimentos tácitos-explícitos, e refere-se à grade epistemológica de gestão exibido no item 3.3.1.

3.4. Grade epistemológica de alinhamento do pensamento estratégico com informações e conhecimentos de gestão de uma empresa importadora de móveis, com modelo de negócios.

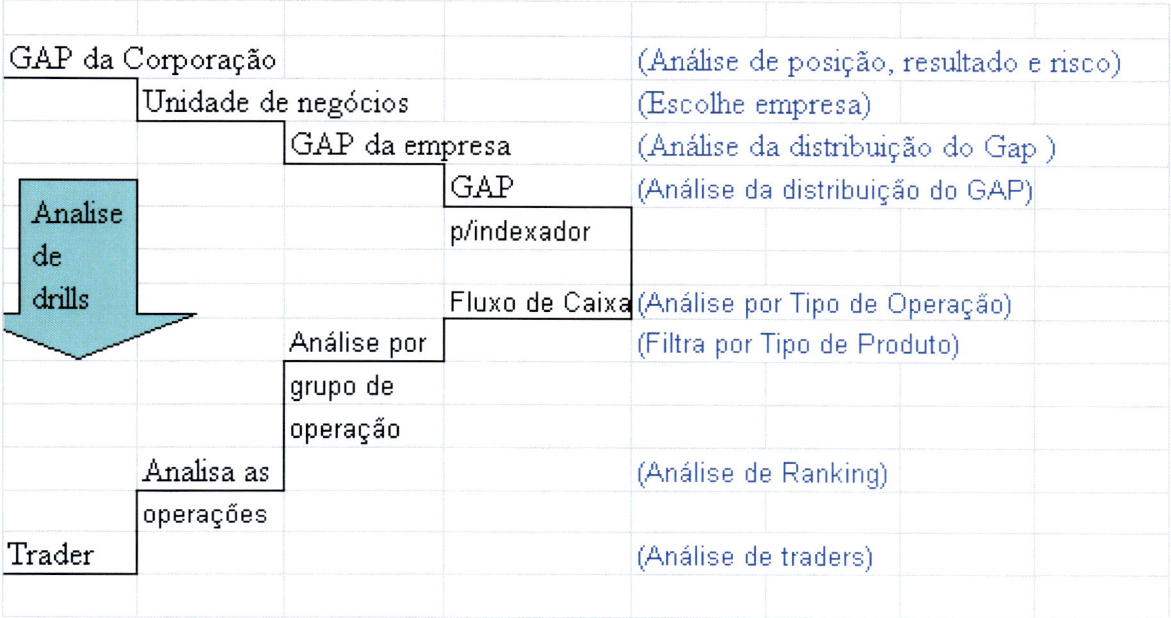

GAP da Corporação				(Análise de posição, resultado e risco)	
	Unidade de negócios			(Escolhe empresa)	
		GAP da empresa		(Análise da distribuição do Gap)	
Analise de drills			GAP	(Análise da distribuição do GAP)	
			p/indexador		
			Fluxo de Caixa	(Análise por Tipo de Operação)	
		Análise por grupo de operação		(Filtra por Tipo de Produto)	
	Analisa as operações			(Análise de Ranking)	
Trader				(Análise de traders)	

ESQUEMA 5

B2C (Business to Consumer) e B2B (Business to Business).

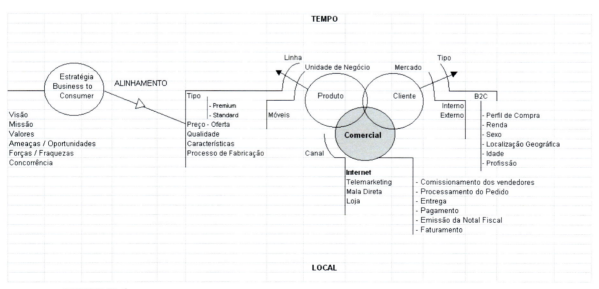

ESQUEMA 6

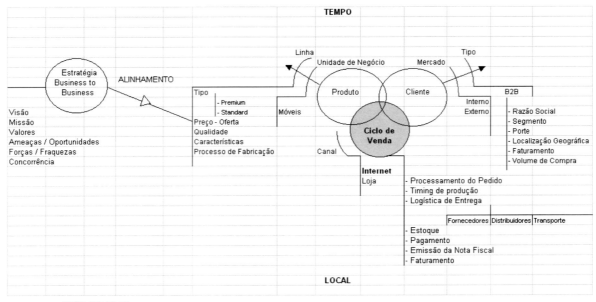

ESQUEMA 7

Modelo mental de conhecimentos de gestão da empresa que adota novas estratégias de negócios em B2C e B2B.

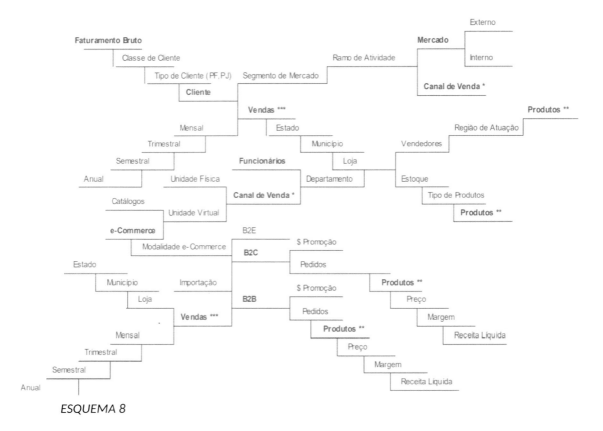

ESQUEMA 8

3.5. O Ensino em Administração – aplicação do OET em disciplina de Gestão de Conflitos em Ambientes Organizacionais

Um exemplo de aplicação prática do OET em ensino em Administração de Empresas pode ser visualizado com o desenvolvimento de uma grade epistemológica de conflito, com base em Morgan (1995) e em Grasl (2002). As explicações com relação à gestão de conflitos foram explicadas por meio dos conceitos emergentes na grade e discutidas em um confrontamento dialético com os alunos, cuja leitura inicial do capítulo foi incentivada, incluindo a confecção da grade pertinente pelos alunos.

A grade genérica obtida foi posteriormente utilizada como processo para efetuar grades epistemológicas em diversos ambiente empresariais, vivenciados pelos alunos.

A leitura inicial, a confecção da grade e a discussão dialética permitiram a assimilação dos conceitos envolvidos e a estruturação do conflito em ambiente real de trabalho, juntamente à inserção do ator-aluno, como elemento observador e produtor da realidade, onde vive e trabalha.

Os comentários dos alunos no término do curso foram muito positivos com relação a esse novo instrumento didático.

Segue exemplo de grade epistemológica do conflito

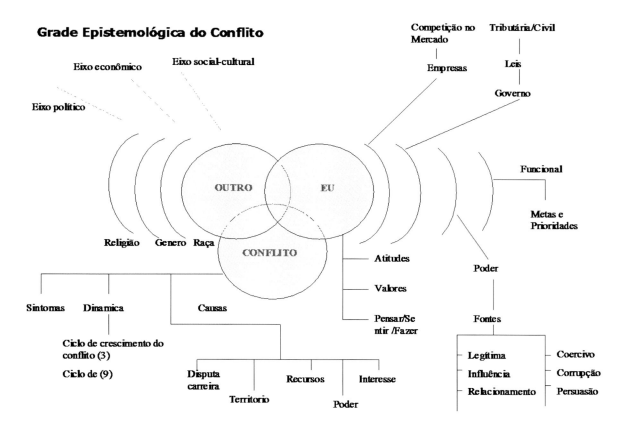

ESQUEMA 9

4. Conclusões

Esses foram somente alguns exemplos de aplicação do OET em diversos campos de conhecimento no ambiente organizacional e institucional.

Os resultados têm sido muito bem recebidos seja pelos alunos seja pelos profissionais que interagem com o Operador Epistemológico. A utilização intensiva do OET tem provocado nos alunos uma alteração na atitude interna durante a leitura de novos artigos: ficam mais ansiosos para obtenção mais rápida dos conhecimentos essenciais, queixando-se de os textos serem muito prolixos, devido às frases serem lineares, ao contrário do formato de imagem das grades epistemológicas.

Outros alunos, em manifestações voluntárias, têm realimentado o autor desse artigo das mudanças e melhorias mentais alcançadas, principalmente ao término de resoluções de problemas complexos com o OET.

Está em andamento uma formulação com maior rigor científico dos constituintes do OET, assim como de métodos mais abrangentes para efetuar as aplicações, considerando adicionalmente os outros aspectos humanos além da cognição.

5. Bibliografia

Almeida, M. da Conceição e Carvalho,E.de Assis e Castro,Gustavo de (Organizadores). Ensaios de Complexidade. Porto Alegre: Editora Sulina, 1997.
Conway, Susan and Sligar, Char. Unlocking Knowledge Assets. Redmond, Washington: Microsoft Press, 2002.
Fleury, Maria Tereza Leme e OLIVEIRA Jr, Moacir de Miranda. Gestão estratégica do conhecimento: Integrando Aprendizagem, Conhecimento e Competências (organizadores). São Paulo: Ed. Atlas, 2001.
Glasl, Friedrich. Auto-ajuda em Conflitos. S. Paulo: Ed. Antroposófica, 2002.
Go, Ping-Gam. What Character is That?: An Easy-Access Dictionary of 5.000 Chinese Characters. Larkspur, CA: Smplex Publications, 1995.
Gomes, Elisabeth e Braga, Fabiane. Inteligência competitiva: como transformar informação em um negócio lucrativo.Rio de janeiro: Ed. Campus, 2001.
Guelman, Ricardo. Fenomenologia de Goethe aplicada em agricultura biodinâmica: a dissociação entre homem e natureza: Reflexos no Desenvolvimento Humano. In: Conferência Brasileira de Agricultura Biodinâmica, 4ª, 2000, São Paulo. Anais... S. Paulo. 2000.
Hoppen, N., Audy, J.L.N, Zanela, A.I.L., Condotti, C.T., Santos, A.M., Scheid, R., Perin, M.G., Mecca, M.S., Petrini, M. Sistemas de Informação no Brasil: Uma análise dos artigos científicos dos anos 90. In: Encontro Anual da Associação Nacional dos Programas de Pós-Graduação em Administração, 22ª. 1998, Foz do Iguaçú. Anais... Foz de Iguaçú: Anpad, 1998. Administração da Informação.
Kaplan, Robert S. e Norton, David P., The balanced scorecard – measures that drive performance. Harvard Business Review, January – February 1992: 71 - 79.
Kaplan, Robert S. e Norton, David P., Putting the balanced scorecard to work. Harvard Business Review, September – October 1993: 134 -147.
Kaplan, Robert S. e Norton, David P., Using the balanced scorecard as a strategic management system. Harvard Business Review, September – October 1993: 75 - 85.
Kaplan, Robert S. e David P. Norton. The balanced scorecard. Boston: Harvard Business School Press, 1996.
Kluge, Jurgen and, Stein, Wolfran, and Licht, Thomas. Knowledge Unpluged: the Mckinsey & Company Global survey on knowledge management. New York: Palgrave, 2001.
Miller, JerryP. O Milênio da Inteligência Competitiva. Porto Alegre: Bookman,2002.
Mintzberg, Henry. The fall and rise of strategic planning. Harvard Business Review, Jan/Feb 1994.
Morgan, Gareth. Imagens da organização. Ed. Atlas. S. Paulo. 1996.
Morin, Edgar. A cabeça bem feita: repensar a reforma reformar o pensamento. Rio de Janeiro: Ed. Bertrand Brasil Ltda, 1999.
Morin, Edgar. Os sete saberes necessários à educação do futuro.São Paulo: Ed. Cortez, 2001.
Morin, Edgar. A re-ligação dos saberes: o desafio do século XXI. Rio de Janeiro: Ed. Bertran Brasil Ltda, 2002.
Nonaka, Ikujiro, A Dynamic Theory of Organizational Knowledge Creation. Organizational Science, Vol 5, No.1, February 1994.
Nonaka, I. and Takeuchi, H. The Knowledge-Creating Company. New York: Oxford Press, 1995.
Nonaka, Ikujiro, Ichijo, Kazuo, Krogh, Georg Von. Facilitando a criação de conhecimento: reinventando a empresa com o poder da inovação contínua. Rio de Janeiro: Ed. Campus., 2001.
Probst, Gilbert, and Raub, Steffen, and Romhardt, Kai. Gestão do Conhecimento: os elementos construtivos do sucesso. Porto Alegre: ArtMed Editora, 2000.
Rockart, John F., DELONG. Executive support systems: the emergence of top management computer use. Down Jones Irving, 1988.
Steiner, Rudolf . A formação de conceitos e a doutrina de categorias de Hegel, Berlim 1908.

Steiner, Rudolf. A educação pratica do pensamento : aprender a pensar a partir da realidade. S. Paulo: Editora Antroposófica, 1970.

Steiner, Rudolf. A obra científica de Goethe. S. Paulo: Associação Pedagógica Rudolf Steiner, 1980.

Steiner, Rudolf. O conhecimento iniciático: As vivências supra-sensíveis nas diversas etapas da iniciação. S. Paulo: Editora Antroposófica,1985.

Stewart, Thomas A. Capital Intelectual: A nova vantagem Competitiva das Empresas. Rio de Janeiro: Ed. Campus, 1998.

Tissen, René and Andriessen, Daniel and Deprez, Frank Lekanne. Creating the 21th Century Company: Knowledge intensive, people rich value-based knowledge management. Nederland BV: Addison Wesley Longman,1998.

Tonelli, M. José et. al. Produção acadêmica em recursos humanos no Brasil: 1991-2000, Revista de administração de Empresas. São Paulo, v.43, n. 1, jan/fev/mar, 2003. p. 105-122.

Veiga, Marcelo. Filosofia da Liberdade e Nociência. In: Anais da IV Conferência Brasileira de Agricultura Biodinâmica. USP – Cidade Universitária, S. Paulo. 2000

Watson, Hugh J., HOUDESHEL, George, RAINER JR. et al. Building executive information systems and other decision support aplications. John Wiley & Sons, 1997.

Wilder, G.D. and Ingram, J.H. Analysis of Chinese Characters. Dover Publications, Inc. New York, 1974.

Artigo 4:

Estratégia e Gestão das Organizações com Base em Conhecimentos e Inteligências

CHU SHAO YONG
Professor Doutor da Escola de Administração de Empresas de S. Paulo da Fundação Getulio Vargas - EAESP-FGV

Endereço:
Al. Joaquim Eugenio de Lima 835, apto 91
001403-001 S. Paulo SP
Brasil

Contato:
Fone: +55 11 3779-7884
Fax: +55 11 8123-1501

Chu@fgvsp.br
Chu@aom.com.br

Estratégia e Gestão das Organizações com Base em Conhecimentos e Inteligências

Resumo

O artigo tem por principal objetivo trazer à compreensão e discussão no meio acadêmico e profissional de um novo paradigma em Estratégia e Gestão das Organizações incorporando ontologicamente a Gestão do Conhecimento e Inteligencia Organizacional com seus pertinentes paradigmas, conceitos, modelos, e técnicas relativas aos conhecimentos e inteligências necessárias às tomadas de decisões nas organizações. O artigo mostra diversas aplicações inovativas principalmente no que diz respeito à formação, formulação e visibilidade de modelos mentais dos processos decisórios, trazendo a visibilidade da inteligência subjacente (incluindo inovativa) ao exercício das tomadas de decisões nas categorias de Estratégia e Gestão empresariais.

1. Introdução

O artigo possui os seguintes objetivos:

1. Mostrar um novo paradigma em Estratégia e Gestão das Organizações (EGO) com foco ou base em uma nova forma e arquitetura em estruturação de informações e conhecimentos constituintes em um todo denominado episteme (Miklós, 2000; Critelli, 1996).

Esse paradigma constitui um ponto evolutivo de temas tais como EGO com base em Tecnologia de Informação, com base em Informações Estratégicas, com base em Inteligência de Negócio (Business Intelligence), e, finalmente, foco central do artigo, com base em conhecimentos, cuja unidade de referência é nomeada de Episteme.

Para que isso seja mais bem compreendido, alguns pontos essenciais serão colocados em pauta para então chegarmos às aplicações empresariais, organizacionais e institucionais, mostrando resultados práticos, e indo além, com a participação de software especialmente projetado para essa finalidade aplicativa.

2. Trazer à luz para discussão, no meio acadêmico e profissional, um operador cognitivo, instrumento essencial para a Gestão do Conhecimento, centrado no conhecimento ontológico (Critelli, 1996) do ser humano em oposição ao que se faz atualmente de gestão do conhecimento com forte ênfase em tecnologia aplicada em informações.

Esse operador está implícito em todas as operações em que se requer a representação do conhecimento, e em particular nas diversas formas da dialética e dialógica entre os conhecimentos tácitos e explícitos.

Os resultados produzidos por esse operador ficam registrados em uma episteme (configuração especial de conhecimentos e informações) que reflete todos os conhecimentos de interesse para a análise do fenômeno empresarial ou organizacional. O desenho dessa episteme pode ser compreendido como sendo a configuração de crescimento dinâmico da complexidade de conhecimentos em função biunívoca com o crescimento fenomenológico da realidade organizacional em estudo, em uma clara analogia com a busca e construção do arquétipo das plantas de Goethe (Guelman, 2000; Goethe, 1985). Uma vez estabelecida toda a configuração dos conhecimentos em uma episteme, pode-se utilizar a Inteligência humana para os objetivos visados, por exemplo, na elaboração de modelos mentais de decisão, e torná-los visíveis. Nessas atividades temos a conversão (pode haver reducionismo de tipologias de conhecimentos ou de outras características ontológicas do ser humano por ocasião da dialética tácito-explícito) de conhecimentos tácitos em explícitos, ao mesmo tempo que se efetua a formação e explicitação de pensamentos estratégicos, de gestão, criativos, inovadores etc.) na forma de modelos mentais.

3. Mostrar outras aplicações inerentes a essa nova forma de representar os conhecimentos e modelos mentais de gestão e estratégia, na área empresarial e organizacional, em um espectro funcional mais amplo, visando atingir o nível universal, com exemplos que operacionalizam conceitos e métodos já de muita aceitação no meio acadêmico e profissional, mas que ainda carecem de instrumentos de operacionalização.

- d) *Definição de informações e indicadores de gestão visando à busca do arquétipo (nesse texto utilizado como elemento universal) de gestão das organizações e sua expressão por meio de modelos mentais de gestão. Vale dizer que o processo de gestão por Indicadores Balanceados (Kaplan, 1999) não fornece método de construção dos correspondentes indicadores. Ou seja, carece da metacognição na construção e definição dos indicadores.*

- e) *Em todas as ocasiões em que seja necessário efetuar a junção dos saberes, conforme a Teoria da Complexidade de Edgar Morin (Morin, 2002), o operador cognitivo permite visualizar a religação dos saberes envolvidos, trazendo à luz dos conhecimentos explícitos os conceitos e as categorias envolvidas na articulação do pensar do pesquisador. Um dos campos de aplicação poderia ser a articulação dos conhecimentos no pensar ativo na produção e formulação do pensamento estratégico, nas suas diversas tipologias (Mintzberg, 1994). Interessante citar a possibilidade de elaborar Estratégias Antecipatórias (Caron, 2004) com a inclusão de imagens de sinais fracos e sua construção de sentidos, em uma Gestalt (Perls, 1977) reflexiva.*

- f) *Por ser um operador limite entre o tácito e o explícito, dependendo do ponto de tomada de visão, o operador cognitivo perfaz a união entre o mundo sensível (experimental) e o mundo cognitivo (reflexões do pensar ativo), e traz ao uso em uma primeira instância de expressão (tácito a explícito) de uma grade epistemológica estruturada por rede de conceitos, e que em uma segunda instância, em dialética (explícito para tácito), é estruturante ao pensar da cognição. Trata-se aqui da questão de que a linguagem pode moldar os pensamentos ou a forma (linear, não linear, imagens) como se pensa (Pearce, 1992).*

4. Mostrar uma nova forma de pensar, dentro do complexo da cognição, e que não tem sido utilizada, trabalhada ou pesquisada pelo mundo acadêmico e profissional. Para tanto podemos notar que a grande maioria dos artigos de pesquisa remetidos ao Banco de Dados da Enanpad nesses últimos sete anos são artigos de pesquisa centrados no objetivismo da metodologia científica. Essa nova forma de pensar mostrada nesse artigo passa pela percepção do fenômeno empresarial, em seguida, pela construção da episteme correspondente, para depois disso pela explicitação da inteligência requerida pelo questionamento científico ou empresarial, por meio de modelos mentais. Assim, os modelos mentais assim expressos representam a inteligência humana, individual ou coletiva, investidos nesse questionamento. Essa inteligência inclui a inteligência criativa, base das inovações.

Os benefícios citados neste artigo e resultantes das aplicações do OET mobilizam e incentivam a formulação dos aspectos teóricos explicativos de sua formação, assim como a metodologia de aplicação, sendo assuntos a serem tratados em futuros artigos. E por fim, em sua generalização, o operador fornece o instrumento operativo para o atingimento das ideias de transdisciplinaridade (Morin, 2002).

2. Das premissas e importância do tema

É bastante sabido que a estratégia e a gestão são temas centrais em administração de empresas, em particular a formação e o desenvolvimento dos pensamentos de estratégia e gestão para os principais gestores dos empreendimentos organizacionais. Assim, tornar visíveis os conhecimentos tácitos de gestão das organizações, e seu compartilhamento e disseminação e acesso, tem sido os principais objetivos da Gestão do Conhecimento (Nonaka, 1994).

A possibilidade de efetuar a passagem do conhecimento tácito, incorporado dentro do ser humano, portanto invisível aos sentidos humanos, para uma forma de conhecimento explícito e visível, é um dos temas mais centrais e importantes no foco e contexto da gestão do conhecimento, componente essencial à conversão e socialização do conhecimento nas organizações.

Uma vez preenchidas as premissas dessa nova forma de pensar e seu registro em epistemes (com seus possíveis e inerentes modelos mentais) como uma configuração especial de informações, podemos efetuar infindáveis aplicações nas ciências sociais (inclui administração de empresas) e humanas (inclui medicina, psicologia, pedagogia etc.).

Fica fácil perceber que os pensamentos estratégicos e de gestão na forma de modelos mentais aplicados em epistemes e que representam os processos cognitivos envolvidos em processos decisórios e atividades organizacionais e profissionais podem ser utilizados analogicamente em outras ciências, passando, por exemplo, pela resolução de problemas sociais, diagnósticos psicológicos, ensino- aprendizagem em escolas, pesquisas sociais, modelos holísticos de diagnósticos médicos etc., exaurindo- se nas possibilidades de pesquisa acadêmica e desenvolvimento profissional.

Como principal premissa, considera-se que o conhecimento é primordialmente um atributo humano, podendo ser incorporado por meio de três dimensões, a saber:

a) *Dimensão cognitiva (sensação, percepção, atitudes, impulsos, comportamentos, e pensar nas formas de raciocínio lógico, imaginação, inspiração e intuição) (Steiner, 1985).*
b) *Dimensão do sentir, representando as emoções, sentimentos, alegrias, ódios etc., como também citado por Nonaka (2001), com as dimensões de solicitude, envolvendo confiança mútua, empatia ativa, acesso à ajuda, leniência em julgamento e coragem.*
c) *Dimensão da volição ou vontade humana, capacidade de colocar em ação ou movimento (Steiner, 1985).*

3. Definição e representação do conhecimento (tácito)

Trata-se de um tópico de muita importância, pois, em uma abordagem cognitivista, o conhecimento deve ser possível de representar, a fim de que possa ser administrados

(Nonaka, 1994) dentro do ciclo de geração, aquisição, processo, compartilhamento e disseminação de conhecimentos. Assim, é fundamental obter uma boa definição do que seja conhecimento, a partir de uma compreensão do que seja dado e informação.

Dados são representações simbólicas que permitem ao homem a sua manifestação em relação à natureza e a sua expressão humana nas relações inter-humanos.

Informações são dados que possuem um nexo ou sentido para o observador em foco. Significa que quando falamos de informações estamos sempre nos referindo com relação a algum observador, ou seja, a informação é de natureza subjetiva.

Conhecimento pode ser entendido como sendo um conjunto de informações tais que a sua configuração ou arquitetura produz um significado maior ou superior ao observador. Portanto, o conhecimento também necessita de um referencial observador. O significado maior deve ser obtido pelo observador dentro do mesmo sentido de uma Gestalt envolvendo a cognição como um todo, ou em seus componentes constitutivos.

Se considerarmos a cognição como um conjunto de operações mentais envolvendo sensação, percepção, busca de conceitos, busca de novas ideias e de memória, atenção, comunicação, reflexão, imaginação etc., a Gestalt utilizada nesse paradigma de EGO significa uma compreensão maior em relação ao conhecimento entendido essa como uma configuração especial de informações. Essa compreensão maior deve ser entendida não como um acúmulo das informações em um sentido de soma sequencial, em uma analogia ao quantitativo, mas obtém-se um outro nível de complexidade ou patamar de compreensão na mente do observador.

A essa configuração de informações, que potencialmente pode provocar momentos criativos de insight (Perls, 1977), chamamos de episteme.

3.1. Algumas fontes epistemológicas inspiradoras do Operador

Uma fonte inspiradora para a criação do operador cognitivo utilizado na forma de conceitos vem do artigo de Steiner (1908) em que se discute a formação de conceitos com a sua origem suprassensível, explicando em contraponto à visão de Spencer e Kant, cuja formação de conceito está ligada a experiências exteriores de forma fenomenológica. Da percepção fenomenológica, a mente humana forma as representações que assim são integradas ou relacionadas pelos conceitos já formados, dando compreensão e significado ao ato de observação (Guelman, 2000). Acrescente-se a tudo isso a possibilidade de crescimento ou encadeamento de conceitos a partir de outros conceitos (pensar conceitual), formando uma rede de conceitos também chamados de categorias.

Assim, o operador cognitivo pode ser considerado como uma representação do limiar que se constrói durante a dialética entre as percepções fenomenológicas e a contínua aplicação da rede de conceitos sobre as percepções, dando a esses últimos o nexo e o sentido da observação fenomenológica, no nosso caso específico, das organizações. E nessa dialética interativa entre a percepção e conceitos, estruturamos subjetivamente a realidade (Veiga, 2000).

Outra fonte inspiradora, fundamental para a aquisição e acomodação dos arquétipos organizacionais (de gestão) foi a busca de Goethe (1985) a uma forma básica que explicasse todo o desenvolvimento de variedades nos reinos vegetal e animal. A multiplicidade dos órgãos internos e das espécies deveria ter um modelo simples e constante, que representasse toda a dinâmica das transformações da diversidade vegetal e animal. Goethe chamou esse modelo simples de Tipo (Typus), ou arquétipo, sendo real e atuante nas plantas e animais. Assim, em vez de caracterizarmos os fenômenos empresariais ao longo da variedade de tipos de organizações, examinamos o modo simples, fenomenológico, de como as organizações crescem (fazendo analogia com o crescimento vegetal) e podem ser representadas por categorias dos conceitos, funcionais, ou mesmo interdisciplinares *das organizações. Trata-se certamente da mesma discussão entre a abordagem ontológica versus a abordagem ôntica (Critelli, 1996).*

Outra fonte que também influenciou fortemente a consolidação do Operador Cognitivo foi o estudo da categorização na forma de radicais da escrita chinesa (Go, 1995), cuja evolução ao longo dos últimos 4 mil anos possui um peso bastante grande, como meio de comunicação e linguística, e portanto também como símbolo representativo epistemológico do homem, na sua ação como construtor autoconsciente da realidade.

3.2. Conversão do conhecimento tácito em explícito

O Operador Cognitivo pode ser utilizado como instrumento de implementação de Gestão do Conhecimento, indo diretamente à conversão do conhecimento tácito em explícito (Nonaka, 1994), muito em contraste com as implementações de gestão do conhecimento que se preocupam com a utilização direta de tecnologias de informação nas informações e conhecimentos explícitos na organização.

O Operador Cognitivo pode ser utilizado como principal técnica que permite ir direto ao ponto de inicio de implementação de um projeto de Gestão do Conhecimento. A sua ação pode ter início em um conjunto de reuniões com as pessoas destacadas para ações provenientes do planejamento estratégico, podendo inclusive constituir uma base representativa dos processos cognitivos do pensamento estratégico (Mintzberg, 1994), ajudando na formação de uma grade epistemológica, proveniente de uma dialética entre uma rede de conceitos estratégicos e seu confrontamento com representações provenientes de observações do ambiente (nível de competição, concorrência, políticas e regras governamentais etc.), estabilizando-se em uma formulação estratégica, base inicial para um planejamento estratégico.

Essas reuniões com os elementos de ação permitem a identificação das principais fontes de conhecimentos tácitos e explícitos, assim como, ao longo do tempo, permitirem a socialização organizacional, institucional e ambiental dos conhecimentos. A socialização organizacional poderia ser efetuada por meio de criação de grupos e contextos de alta solicitude (Nonaka,2001) comportamental, complementando a inteligência e capacitação de articulação cognitiva, e seu crescimento dialético no ambiente organizacional e institucional.

Segue um esquema de como um movimento de lemniscata (de Bernouille, com um exemplo de equação matemática) poderia representar o movimento dialético inter e intra camadas de adição de valor, durante ciclos de geração, aquisição, aplicação, compartilhamento e disseminação de conhecimentos, nos processos de socialização, internação, externalização e combinação (Nonaka, 1994) em diferentes instâncias ontológicas de indivíduo, grupo, organização e outras tipologias de maior abrangência e complexidade, como as cadeias e arranjos produtivos locais. Faz-se importante citar que a percepção e compreensão dessa lemniscata é de percepção ontológica dos fenômenos humanos e permite a aquisição (pela dialética tácito-explícito) de conhecimentos cada vez mais universais e, portanto, de maior amplitude na aplicabilidade do que a forma de espiral na pesquisa dos fenômenos empresariais. Podemos também citar a percepção do movimento lemniscático dentro do ser humano (estrutura óssea espinhal e cerebral, esquema circulatório, dinâmica muscular, movimento transdutor entre pensar- sentir-fazer, entre contração e distensão do coração, e assim por diante). A aplicação analógica da lemniscata intercamadas de agregação de valor nas organizações fica bastante facilitada. Essa aplicação é ontológica e mais universal, portanto, mais interessante do que a espiral preconizada por Nonaka (1995).

A lemniscata de Bernouilli pode ser representada pela seguinte equação:

$x^4 + y^4 + 2x^2y^2 - 4x^2 + 4y^2 = 0$
$-2.5 < x < 2.5$
$-1 < y < 1$

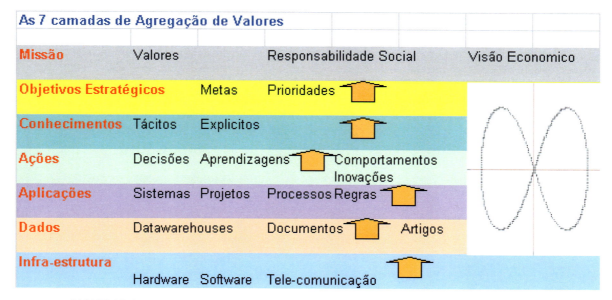

ESQUEMA 1

4. Aplicações do novo paradigma

O artigo expõe aplicações de EGO com base em inteligências e conhecimentos, a saber:

1. Um modelo universal de elaboração de estratégias, mostrando uma episteme com um conjunto requerido de conhecimentos, e a expressão visível de modelos mentais de estratégia, representando a manifestação da inteligência aplicada na formulação da estratégia que nada mais significa do que e escolha de um caminho (conjunto demandado de conhecimentos) entre uma diversidade de alternativas. Esse modelo apresentado pode ser aplicado, com devidas adaptações, para uma organização (qualquer tipologia), grupo de organizações, redes de organizações, cadeias e arranjos produtivos, uma agrupamento regional, uma nação, conjunto de nações etc.

2. Um modelo de religação de saberes (Morin, 2002) aplicado em uma aplicação de business to consumer (B2C) em ambiente virtual, mostrando uma episteme e modelos mentais relativos a uma operação de compra, passando por diversas áreas de conhecimentos ou nos equivalentes departamentos funcionais de uma organização. Pode-se imaginar algo como comprar um livro via Internet (Amazon, Livraria Cultura etc.).

3. Um modelo inicial de formulação de estratégias para construção de teorias das organizações com base em artigos sobre o tema. A evolução de paradigmas, interparadigmas e também multi paradigmas fica bem mais perceptível e facilitada.

4. Um modelo de aplicação em ensino e aprendizagem por meio de epistemes e modelos mentais de ensino didático, a partir de um exemplo de Inteligência competitiva sob a visão de uma escola superior de administração.

4.1. Modelo universal de elaboração de estratégias

O tema de definição de informações de gestão para os executivos tem sido ao longo dos últimos 15 anos um tema de difícil resolução (Rockart, 1988; Watson, 1997), pois as informações tinham que se apoiar em modelos mentais dos executivos, cujos perfis de trabalho são eminentemente tácitos e bastante mutáveis perante a volatilidade do ambiente organizacional, interno e externo. O operador cognitivo vem também de encontro a essa *questão, com as possibilidades tanto na resolução da questão do pensamento estratégico (Mintzberg, 1994) como nos processos de gestão por meio de informações (ou indicadores) e conhecimentos de gestão (Kaplan, 1996). Nesse modelo temos por objetivo solucionar a questão de desenvolvimento e formulação de estratégias (Mintzberg, 1994).*

Na Figura A, a seguir, temos uma epísteme com conhecimentos agrupados em diversos eixos, sendo expressas duas estratégias (pré-organizacionais, em uma instância ainda seminal, porém de modo universal, arquetípico) de desenvolvimento de Arranjos Produtivos Locais (APLs) de móveis, uma em Lucas do Rio Verde, e outro em Cuiabá. Da mesma forma obteríamos estratégias de desenvolvimento para arranjos de confecção em Nova Friburgo, Colatina, Cerquilho, Goiânia e Apucarana. E assim da mesma forma para as centenas de APLs existentes no Brasil.

Pode-se ainda acrescentar que essa forma de delinear as estratégias abrange as antecipatórias (Caron, 2004), e as por adaptação, potencialização e transformação dos fatores em jogo (Jullien, 1998). E assim abrange também as estratégias orientadas por recursos ou por posicionamento nas indústrias consideradas, ou qualquer outra tipologia que entrasse em uma crivagem de estratégia ativo/passivo, ou subjetivo/objetivo ou mesmo qualquer paradigma com dois polos opostos.

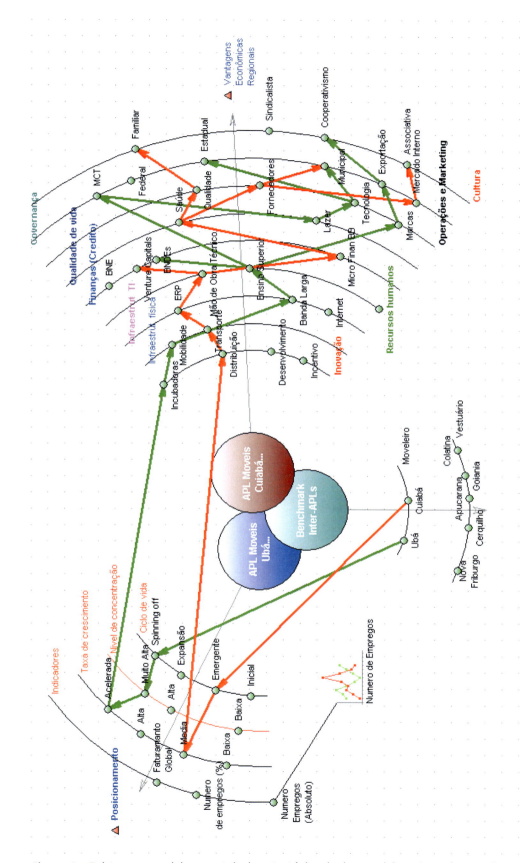

Figura 1 – Episteme e modelos mentais de estratégias de desenvolvimento socio-econômico regional

4.2. Aplicação de Business to Consumer (B2C)

Trazemos aqui uma aplicação onde fica visível a reunião de diversos saberes por ocasião de tomadas de decisão frente a novos negócios tais com o projeto e implementação de um modelo de E-Business. As setas representam as energias investidas para a resolução da questão fenomenológica empresarial, nesse caso de uma venda em internet, tipicamente um e_business B2C (Business to Consumer, ou venda direto ao consumidor). Representa também a operacionalidade Transdisciplinar de venda em ambiente digital.

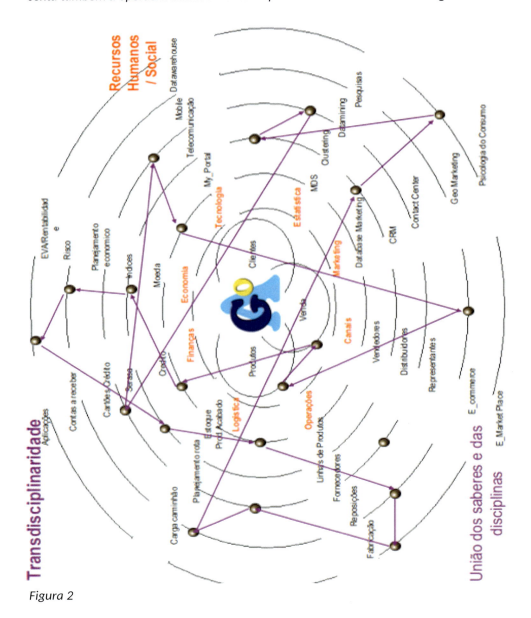

Figura 2

4.3. Modelo inicial de formação de estratégias de construção de teorias das organizações

Esse modelo aplicativo em formulação de estratégias foca o tema de construção de teorias das organizações e tem origem na leitura dos artigos de Caldas (2005), Burrel (1979) e Lewis (2005).
Como primeiro passo, procurou-se estruturar uma episteme (Figura B) que pudesse representar a totalidade de conhecimentos necessários e envolvidos na construção de teorias das organizações. Na construção da episteme foram utilizados critérios inerentes de categorização dos conhecimentos segundo eixos orientativos de uma mesma natureza de conhecimentos.

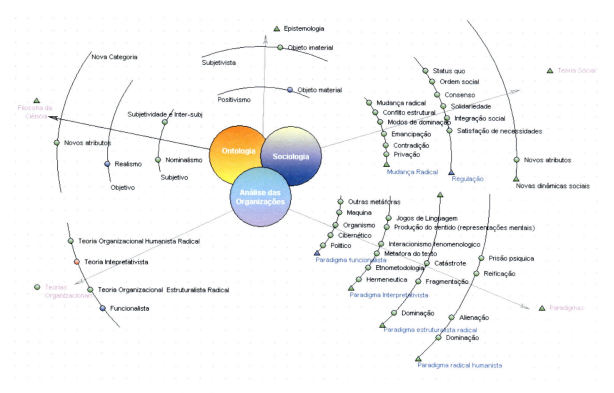

Figura 3 – Episteme de elaboração de estratégias para construção de Teorias de Organizações Assim, na Figura B construímos cinco eixos em que colocamos:

a) Os conhecimentos relativos ao modelo de Burrel Morgan, que são os eixos Filosofia da Ciência, com as categorias de conhecimento Objetivismo e Subjetivismo, e Teorias Sociais, envolvendo Mudança Radical e Regulação com os seus atributos, que também são categorias de conhecimentos.
b) A categoria de conhecimentos em que colocamos as quatro teorias (conhecimentos) colocadas nos quatro quadrantes no modelo de Burrel Morgan.
c) Os paradigmas constituintes com as suas metáforas.
d) O eixo de epistemologia representando os conhecimentos produzidos por cada teoria.

Uma vez construído esse conjunto coerente de conhecimentos podemos representar de forma global ou holística como as teorias das organizações foram sendo elaboradas e o envolvimento de cada elemento da episteme nas suas diversas granularidades de conhecimento.

Na Figura B1 colocamos então na forma de setas o envolvimento conjunto de conhecimentos de cada teoria, ficando clara e visível a liberdade potencial de formar outras tipologias em teorias das organizações seja porque envolvem categorias diversas ou diferentes das já reconhecidas como a colocação de outras categorias (em um momento criativo e evolutivo dos estudos e pesquisas), de acordo com a evolução da ciência nessa área.

Percebe-se que a configuração matricial (em duas dimensões ou eixos do modelo Burrel Morgan) pode limitar a própria expansão mental na escolha de outros conhecimentos de granularidade diversa e/ou mesmo outras categorias de conhecimentos, se nós elaborarmos uma episteme.

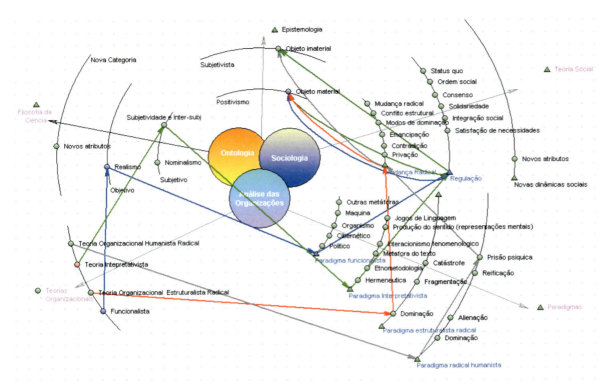

Figura 4 – Modelos mentais representando estratégias

A Figura B1 mostra em cores quatro modelos mentais que representando as quatro teorias e os conhecimentos envolvidos. Fica evidente, pela visão holística e total de conhecimentos envolvidos, que fica fácil aos estudiosos efetuar uma abordagem inter ou multimetafórica para a geração ou construção de novas teorias e novas pesquisas e seus testes de hipóteses.

Essa visão holística de conhecimentos convida os pesquisadores a buscar outras formas alternativas de construção de conhecimentos, portanto há uma decisão estratégica de escolha de um caminho entre uma grande diversidade. Daí se percebe que, com essa forma de construção de conhecimentos e a constante exercício da inteligência dos estudiosos na formação estratégica de busca de novas teoria e soluções, cria-se ao longo dos tempo um corpo de conhecimentos formador de teoria de forma mais rica e transdisciplinar.
Em um pensamento mais abrangente, pode-se praticar a multidisciplinaridade, interdisciplinaridade e transdisciplinaridade de forma mais consciente sobre os rumos de progresso das ciências. Progressos mais rápidos da ciência, com mais qualidade e inteligência na construção acumulada dos conhecimentos.

4.4. Modelo de aplicação em ensino e aprendizagem

A Figura C mostra um exemplo de aplicação prática do ensino em Administração de Empresas, efetuado com o desenvolvimento de uma episteme para gestão de uma faculdade de administração (tomada ao acaso), em que tanto as siglas como os modelos mentais são fictícios, sem qualquer implicação em ser verdadeira.

A episteme mostra os diversos departamentos de ensino e pesquisa da faculdade, suas pertinentes disciplinas e professores, concorrentes da faculdade, e as diversas tipologias de ensino presencial e virtual. Completa-se a episteme com os conhecimentos de tempo e local.

A figura também mostra os modelos mentais de ensino sobre Gestão de Organizações com base em conhecimentos. Os modelos mentais estão orientados para explicar técnicas de análise aplicadas sobre os conhecimentos colocados na episteme representando os conhecimentos de Inteligência Competitiva da faculdade. Procurou-se mostrar alguns

modelos mentais sugerindo técnicas de análise como Pareto e análise de Evoluções, envolvendo conhecimentos ou grupos de informações internas e externas (concorrentes). Mostra também a possibilidade tecnológica de incluir figuras (com opções de aumento) que auxiliam no processo didático.

Essa didática de ensino tem produzido bons resultados tanto para o professor como para a efetividade do ensino segundo testemunhos dos alunos.

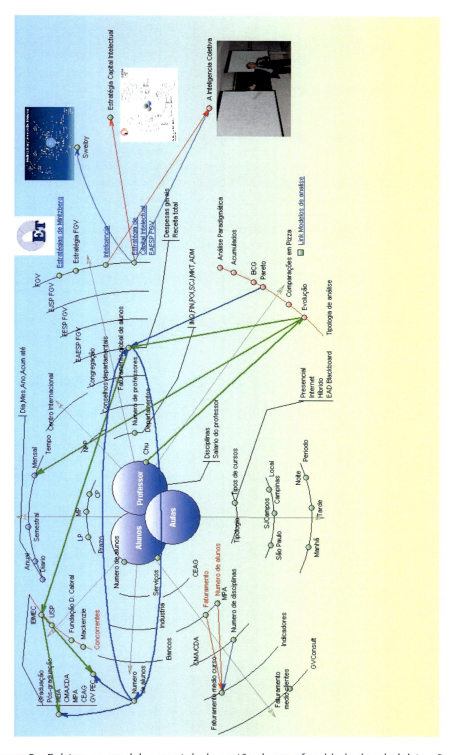

Figura 5 – Episteme e modelos mentais de gestão de uma faculdade de administração

5. Conclusões

Esses foram algumas aplicações em EGO com base em conhecimentos efetuadas dentro de certas premissas de definição de conhecimento e inteligências. O conhecimento é definido como sendo uma configuração de informações que, em um processo de Gestalt perceptivo e também no modo reflexivo, traz um significado maior ao sujeito observador.

Esse novo paradigma subjetivo/objetivo de Gestão do Conhecimento só é possível com a utilização de um operador cognitivo que permita a conversão (com uma certa redução possível) do conhecimento tácito ao explícito. Uma vez montada a episteme que representa o fenômeno empresarial-institucional, passa-se à fase de expressar a inteligência subjacente às tomadas de decisões na forma de modelos mentais, nesse caso caracterizadas por um conjunto de setas, que analogicamente correspondem aos investimentos de energia aplicados na rede de conhecimentos (neurôneos) cerebrais/mentais.

Assim, procurou-se mostrar quatro aplicações que possam mostrar as reais possibilidades de aplicação desse novo paradigma de Estratégia e Gestão com base em conhecimentos, e que só é possível quando se tem uma definição mais sensível do que seja conhecimento e da operacionalização desse importante conceito na forma concreta de uma episteme. É fundamental a esse paradigma incluir a abordagem fenomenológica com base no método científico de Goethe e nos estudos sobre a ontologia humana por Rudolf Steiner.

Entendidas e aceitas as premissas dessa novo paradigma, e por termos resolvido a questão essencial de representar o conhecimentos e a inteligência, fica evidente a amplitude de aplicações possíveis dessa nova forma de desenvolvimento da espiral ou da Lemniscata de aquisição e disseminação de conhecimentos, e dessa vez com possibilidade inovativa de representação expressa e visível da inteligência humana na forma de modelos mentais.

Fica aberta assim uma nova possibilidade, quiçá um novo rumo e caminho, para a expressão dos conhecimentos e inteligências aplicadas no desenvolvimento das ciências e de outras realizações em que entra o pensamento humano.

6. Bibliografia

Almeida, M. da Conceição, Carvalho, E. De Assis, Castro, Gustavo de. Organizadores. Ensaios de Complexidade. Porto Alegre: Editora Sulina, 1997.

Burrel, Gibson; Morgan, Garreth. Sociological paradigms and organizational analysis. London: Heineman, 1979.

Caldas, Miguel P.. Paradigmas em estudos organizacionais:uma introdução a serie.Revista de Administração de Empresas.São Paulo, v. 49, n.1, p. 53-57, 2005.

Caron-Fasan, M-L; Janissek-Muniz, R. Análise de informações de inteligência estratégica antecipativa: proposição de um método, caso aplicado e experiências, RAUSP. RAUSP, v.39, n. 3, p. 205-219, 2004.

Critelli, Dulce Mára. Analítica do Sentido: Uma aproximação e interpretação do real de orientação fenomenológica. São Paulo, EDUC Editora Brasiliense, 1996.

Conway, Susan and Sligar, Char. Unlocking Knowledge Assets. Redmond, Washington: Microsoft Press, 2002.

Fleury, Maria Tereza Leme e OLIVEIRA Jr., Moacir de Miranda. Gestão estratégica do conhecimento: Integrando Aprendizagem, Conhecimento e Competências (organizadores). São Paulo: Ed. Atlas, 2001.

Go, Ping-Gam. What Character is That?: An Easy-Access Dictionary of 5.000 Chinese Characters. Larkspur,CA: Smplex Publications, 1995.

Goethe, J.W. von. A metamorfose das plantas. São Paulo, Edições Religião & Cultura, 1985.

Gomes, Elisabeth e Braga, Fabiane. Inteligência competitiva: como transformar informação em um negócio lucrativo.Rio de janeiro: Ed. Campus, 2001.

Guelman, Ricardo. Fenomenologia de Goethe aplicada em agricultura biodinâmica: a dissociação entre homem e natureza: Reflexos no Desenvolvimento Humano. In: Con-

ferência Brasileira de Agricultura Biodinâmica, 4ª, 2000, São Paulo.Anais... S. Paulo. 2000.

Jullien, François. Tratado da Eficácia. São Paulo: Editora 34, Ltda, 1998.

Kaplan, Robert S. e David P. Norton. The balanced scorecard. Boston: Harvard Business School Press, 1996.

Kluge, Jurgen and, Stein, Wolfran, and Licht, Thomas. Knowledge Unpluged: the Mckinsey & Company Global survey on knowledge management. New York: Palgrave, 2001.

Lewis, Marianne W.; Grimes, Andrew J. Metatriangulação: a construção de teorias a partir de múltiplos paradigmas. Revista de Administração de Empresas, v. 45, n. 1, p. 72-91, 2005.

Miklós, Andreas A. de Wolinsk. A terra e o homem. In: Conferência Brasileira de Agricultura Biodinâmica, 4ª, 2000, São Paulo.Anais...S. Paulo. 2000.

Miller, Jerry P. O Milênio da Inteligência Competitiva. Porto Alegre: Bookman,2002.

Mintzberg, Henry. The fall and rise of strategic planning. Harvard Business Review, Jan / Feb 1994.

Morgan, Gareth. Imagens da organização. Ed. Atlas. S. Paulo. 1996.

Morgan, Garreth. Paradigmas, metáforas e resolução de quebra-cabeças na teoria das organizações. Revista de Administração de Empresas, v. 45, n. 1, p. 58 – 71, 2005.

Morin, Edgar. A cabeça bem feita: repensar a reforma reformar o pensamento.Rio de Janeiro: Ed. Bertrand Brasil Ltda, 1999.

Morin, Edgar. Os sete saberes necessários à educação do futuro. São Paulo: Ed. Cortez, 2001.

Morin, Edgar. A re-ligação dos saberes: o desafio do século XXI. Rio de Janeiro: Ed. Bertran Brasil Ltda, 2002

Nonaka, Ikujiro, A Dynamic Theory of Organizational Knowledge Creation. Organizational Science, Vol 5, No.1, February 1994.

Nonaka, I. and Takeuchi, H. The Knowledge-Creating Company. New York: Oxford Press, 1995.

Nonaka, Ikujiro; Ichijo, Kazuo; Krogh, Georg Von. Facilitando a criação de conhecimento: reinventando a empresa com o poder da inovação contínua. Rio de Janeiro: Ed. Campus, 2001.

Pearce, J. Chilton. O fim da evolução: reivindicando a nossa inteligência em todo o seu potencial. São Paulo: Editora Cultrix, 1992.

Perls, Frederick S. Gestalt-terapia explicada. São Paulo: Summus, 1977.

Probst, Gilbert, and Raub, Steffen, and Romhardt, Kai. Gestão do Conhecimento: os elementos construtivos do sucesso. Porto Alegre: ArtMed Editora, 2000.

Rockart, John F., DELONG. Executive support systems: the emergence of top management computer use. Down Jones Irving, 1988.

Steiner, Rudolf. A formação de conceitos e a doutrina de categorias de Hegel, Berlim 1908.

Steiner, Rudolf . A educação pratica do pensamento: aprender a pensar a partir da realidade. S. Paulo: Editora Antroposófica, 1970.

Steiner, Rudolf . A obra científica de Goethe. S. Paulo: Associação Pedagógica Rudolf Steiner, 1980.

Steiner, Rudolf. O conhecimento iniciático: As vivências supra-sensíveis nas diversas etapas da iniciação. S. Paulo: Editora Antroposófica, 1985.

Stewart, Thomas A. Capital Intelectual: A nova vantagem Competitiva das Empresas. Rio de Janeiro: Ed. Campus, 1998.

Tissen, René and Andriessen, Daniel and Deprez, Frank Lekanne. Creating the 21th Century Company: Knowledge intensive, people rich value-based knowledge management. Nederland BV: Addison Wesley Longman, 1998.

Tonelli, M. José et. al. Produção acadêmica em recursos humanos no Brasil: 1991-2000, Revista de administração de Empresas. São Paulo, v.43, n.1, jan/fev/mar, 2003. p. 105-122.

Veiga, Marcelo. Filosofia da Liberdade e Noociência. In: Anais da IV Conferência Brasileira de Agricultura Biodinâmica. USP – Cidade Universitária, S. Paulo. 2000.

Watson, Hugh J., HOUDESHEL, George, RAINER JR. et al. Building executive information systems and other decision support applications. John Wiley & Sons, 1997.

Wilder, G.D. and Ingram, J.H. Analysis of Chinese Characters. Dover Publications, Inc. New York, 1974.

Artigo 5:

A INTELIGÊNCIA COLETIVA DAS ORGANIZAÇÕES E METACOGNIÇÃO

Nova Teoria da Cognição Humana e Aplicações Empresariais

Artigo elaborado pelo Prof. Dr. Chu S.Yong da EAESP FGV, postado no Congresso SIMPOI2014 em 22 de abril de 2014 e apresentado no Congresso CNEG Inovarse em setembro de 2016

A INTELIGÊNCIA COLETIVA DAS ORGANIZAÇÕES E ...METACOGNIÇÃO

Nova Teoria da Cognição Humana e Aplicações Empresariais Artigo elaborado pelo Prof. Dr. Chu S.Yong da FGV EAESP 22/04/2014

Resumo:

O presente artigo vem apresentar esse tema sob a ótica da MetaCognição, nome sintético de uma Nova Teoria da Cognição Humana, objetivando expansão epistemológica à Ciência. Essa nova Teoria da Cognição Humana trabalha via tríade Ontologia, Gnosiologia e Epistemologia Científica. Na Ontologia Humana centramos na antropologia da Teosofia-Antroposofia; na Gnosiologia, a participação de ideias de Platão-Aristóteles, Hegel-Schopenhauer e Rudolf Steiner, e na Epistemologia da Ciência, temos a ciência clássica ampliada por Eccles, com forte participação da Neurociência e Física Quântica. Dessa Teoria já praticada por anos no mercado brasileiro, vimos conferir e mostrar excelentes resultados- benefícios à comunidade empresarial brasileira.

Palavras-chave: Cognição, MetaCognição, Inteligência-Coletiva, Transdisciplinaridade, Epistemologia, Modelos-Método-Software-Cognitivos, Estratégia-Gestão, Inovação, Aprendizagem, Cultura- Organizacional.

1. Introdução ao tema

O tema "A Inteligência Coletiva das Organizações" está inserido epistemologicamente na Ciência de Administração de Empresas e, pela grande profundidade e abrangência das ideias envolvidas, constitui uma grande oportunidade e plataforma operacional na divulgação de novas abordagens e novas teorias, em específico, de uma nova teoria denominada Metacognição, ou a Cognição da Cognição.

A Metacognição pode ser aplicada em todas as Ciências Específicas <u>Humanas</u> (Administração de Empresas, Economia, Direito etc.) e também nas Ciências <u>Naturais</u> (Matemática, Biologia, Física, Química etc.). Enfatizamos neste artigo aplicações da Metacognição na Ciência de Administração de Empresas, na especifidade temática e fenomenológica da "A Inteligência Coletiva das Organizações".

Outro ponto importante a citar é que o artigo não tem a pretensão de explicar detalhada e linearmente todas as palavras utilizadas (ou mesmo um glossário), pois pela grande profundidade e abrangência das ideias, preferimos dar mais importância à <u>estrutura semântica e hermenêutica</u> do <u>conjunto de palavras</u> selecionadas ao formalismo do entendimento semântico (definições, linguagens, termos especiais etc.) de forma linear, no seu convencional passo a passo linguístico.

Insistimos fortemente em mostrar a força <u>estruturante</u> do artigo principalmente relativa aos elementos da Metacognição utilizados. E nisso, principalmente no entendimento (abstrações pela via vertical) hermenêutico e transdisciplinar (abstrações pela via horizontal) dos conceitos e constructos das disciplinas envolvidas, sempre sob abordagem do <u>todo às partes</u> pela Metacognição.

Utilizamos muito essa questão da aquisição da Gestalt Hermenêutica da fusão de conceitos-constructos com a exposição de imagens de comunicação sempre referente do <u>todos às partes</u>, de forma <u>transdisciplinar</u> e de <u>pensamentos não lineares</u>, na interligação de significações de forma sintética pela Metacognição do leitor, passando facilmente das significações fenomenológicas aos pensamentos imaginativos, inspirativos e intuitivos. Aos leitores não tão acostumados com essas significações não lineares em uma Gestalt ex ante fenômenos, e as derivações aos pensamentos puros, em atingimentos sucessivos de compreensão com consciência mais elevada em significações, recomendo uma visão rápida de um filme disponível no YouTube, protagonizado pelo famoso artista Pablo Picasso. Por isso, postei nesse artigo uma figura (pág. 12) mostrando diversos estágios do pensar holístico e não linear de Picasso, durante a dinâmica fenomenológica de sua pintura. Essa pintura precisa ser vista na sua dinâmica, e não (somente) pelas palavras ou imagem neste artigo. O leitor perceberá a diferença de conhecimentos "mortos" (textos) e dos "conhecimentos vivos" protagonizados pela Cognição Humana, imaginados durante os momentos de exibição do filme.

Eventuais demandas de formalismo, recomendamos o leitor a consultar as apostilas do autor na EAESP FGV, ou mesmo o livro Metacognição do autor, no prelo editorial. Esse artigo trabalha fortemente com os conhecimentos envolvidos nas seguintes palavras de grande poder sintético em significações (cognitivas) correspondentes:

Inovações, Conhecimentos, Metacognição, Analytics, Estratégias-Gestão-Organizacionais, Pessoas, Aprendizagem-Inteligência-Cultura Organizacionais, Educação Corporativa.

Para a produção e atingimento de tais conhecimentos utilizamos a Cognição Humana que, por meio de sucessivas operações mentais, construímos plataformas de inteligência cada vez mais superiores aos normais, trazendo maior sucesso empresarial, brilhantismo e fraternidade coletiva nas organizações, de fortes reflexos para a humanidade como um todo.

Essas plataformas físico-materiais derivadas da Metacognição são mencionadas brevemente no artigo como Modelo-Métodos-Software-Cognitivos MCMI ™e OET™, cujas funcionalidades operacionais produziram os resultados expressos na forma de imagens ou figuras, trazidas ao longo do artigo.

2. A Inteligência Coletiva desenvolvida pela Cognição e Metacognição

Neste artigo a <u>Cognição Humana (Ontologia)</u> é desempenhada pelos constituintes internos do ser humano em: Pensar-Sentir-Querer, funções essas exercidas fisicamente pelas energias inerentes ao sistema nervoso (Pensar), ao sistema metabólico (Querer) e do sistema rítmico (Sentir) proporcionado pelos sistemas respiratório e circulatório. Normalmente utilizamos a nossa cognição em conjunto e em simultâneo com o sistema sensório (Sentidos) para interpretarmos com os nossos pensamentos a percepção daquilo que o sistema sensório apresenta pelo seu exercício constante como sistema sensório (visão, audição, olfato etc.) sobre a realidade-em-si (terminologia kantiana e hegeliana). <u>Isso significa que o nosso mundo interno do Pensar é um mundo separado e diferente do mundo da realidade-em-si</u>, e com isso, pelo sistema rítmico, atuamos no sistema metabólico e pomos em ação (atitudes e comportamentos) nossos membros e transformamos algo naquilo que chamamos de <u>a-realidade-em-si</u>. A cognição quando incide (examina) sobre o próprio ser humano-em-si exposto na realidade-em-si, nas funções em ativa de sua própria cognição, dizemos então que seja <u>Metacognição</u>, ou a Cognição de sua própria Cognição.

São muito relevantes a compreensão e a aceitação de que as significações são acionados em reflexão (especular) daqueles conhecimentos que existem <u>previamente na memória</u> do indivíduo, e que são trazidos pelo Self+Consciência, acionando a percepção sensória. Ou seja, o ser humano traz as significações, puras ou/e ex ante fenômenos, e cuja

amplitude significativa de compreensão é compatível com o que se mostra no sistema sensório. Em outras palavras, o ser Humano percebe sensorialmente aquilo que a cognição demanda previamente, ou praticamente simultâneo com o sistema sensório. Assim, exemplificando, o processo de sincronicidade (Jung) expressa o encontro da Cognição (Intuição, digamos) com aquilo que o sistema sensório oferece, e que ex ante a sincronicidade simplesmente a cognição não tinha a demanda cognitiva daquela especial significação e que o sistema sensório teria sempre mostrado na realidade-em-si.

O grande filosofo Hegel trabalhou o seu mais famoso livro <u>A Epistemologia do Espírito</u> para explicar a existência do espírito humano. Nisso, colocou sua dialética em ações e explicações, resolvendo a famosa questão circular do <u>em-si, de-si, para-si</u>, procurando chegar à verdade científica da existência do espírito. Recomendamos muito a leitura desse livro filosófico <u>(Gnosiologia)</u> na compreensão da dialética de Hegel, que muito influenciou o desenho (design) dos métodos MCMI e principalmente o desenho geométrico expresso pelo Software Cognitivo OET (leia Sacred Geometry de Steiner).

A Epistemologia colocada na figura elaborada pelo OET expressa os conhecimentos da própria ciência da época pós-moderna. Pelas breves explicações e exemplos delineados neste item, estamos propondo a inclusão dos conhecimentos provenientes da Ontologia Humana e da Gnosiologia dos grandes sábios da Antiguidade, no caso da antiga Grécia.

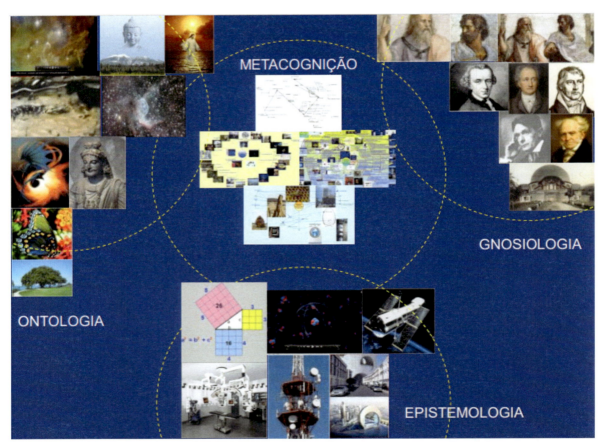

FIGURA 1

Em síntese, o Modelo Epistemológico do Pensar (MCMI) adotado no texto trabalha com um conjunto de processos de cognição humana (Metacognição) buscando conhecimentos na <u>Ontologia, Gnosiologia e Epistemologia</u> ex ante os fenômenos em análise e mesmo os relacionados com os pensares puros, como o Pensar Imaginativo, Inspirativo e Intuitivo. Os MEP e MCMI trabalham também em conjunto com um software cognitivo OET que

permitirá a implementação de bancos de conhecimentos (transdisciplinar) propiciando um inovativo Pensar coletivo estruturante em conhecimentos coerentes com o crescimento da inteligência coletiva da Organização.

Desenvolver a inteligência coletiva pela cognição humana significa (simplificando com certo reducionismo proposital) aprender a relacionar as interconexões existentes entre fenômenos (internos e externos à organização) diversos e desenvolver internamente conceitos, constructos, significações e modelos mentais (em conjunto e com a mesma dinâmica interna pelos outros seres humanos envolvidos), visando tomar decisões coerentes com os valores, estratégias e diretrizes das organizações, e com isso colocar a inteligência coletiva da Organização em plataformas superiores.

Na busca interna pela Metacognição gradativa e pessoal, cada pessoa atingirá a compreensão de seu significado de vida (ou dessa vida), ou seja, o Todo pessoal, e pela compreensão de si pela Metacognição, poderá integrar-se mais facilmente com o grupo todo, atingimos então o significado do todo grupal, cuja manifestação é a própria dinâmica da inteligência coletiva. O leitor poderá perceber e sentir que o atingimento do todo pessoal e grupal pela Metacognição se fará muito mais facilmente do que das partes particulares de cada um, dos interesses alocados na realidade material-em-si, para chegar a um certo todo coletivo, com manifestações muitas vezes simuladas ou obscurizadas.

A integração da inteligência pessoal para a coletiva pode ser explicada pela integração astrálica das significações, de forma conjunta, diretamente pelas Metacognições, ou na dialética conjunta e explícita pela via dos conhecimentos explícitos, mapeados pelo MCMI/OET, e integrados pela volição em desenhos simbólicos linguísticos ou imagéticos do OET ou mesmo vocalizados de forma sonora, incluindo gestos e outras manifestações visíveis do sistema sensório. A integração direta pelos corpos astrálicos e também pelos corpos mentais (Manas) e sua eventual manifestação-expressão ao visível pode também ser explicado pelo colapso das ondas mentais expressos como ondas de possibilidades da física quântica segundo Heisenberg. Também fortalece essa questão de manifestação visível pela Teoria de Bose-Einstein.

Nesse percurso temos portanto o mapeamento em explícito (visível) dos conhecimentos da Metacognição. Casos práticos serão mostrados nos demais itens a seguir, para a dialética, assimilação e acomodação (Piaget) da leitura do artigo pelo leitor. Assim, inerente a essa Teoria da Metacognição, é completamente fundamental o entendimento do <u>pensar do todo às partes</u> (item a seguir), em vez do pensar das partes ao todo, como é usual aos pensamentos clássicos da ciência.

3. Abordagem "do todo às partes" ou abordagem descendente

*Em se tratando de inteligência estamos sempre focando e explicando pela Tríade OGE, na **O**ntologia, **G**nosiologia e **E**pistemologia científicas. Veremos que quando estamos tratando das "coisas" referentes ao ser humano, precisamos começar sempre pela abordagem descendente, ou seja, do todo às partes. É razoável iniciar dizendo que temos "O todo" e iremos representar esse todo por meio de uma imagem da natureza (também cósmica) onde se passa o fenômeno humano-social proveniente do pensar fenomenológico, ou via imagens geométrico-simbólicas criadas na mente humana, como círculos, provenientes do pensar puro. Esse todo se refere a tudo que nós sabemos ou conhecemos ou temos percepção, enfim, tudo que pode existir, incluindo a mim, a nós, a todos os objetos, ideias, pensamentos, enfim, toda a manifestação que percebo no seu sentido mais amplo possível, "Tudo que existe ou penso que existe". Veja a figura a seguir sobre "Do todo às partes":*

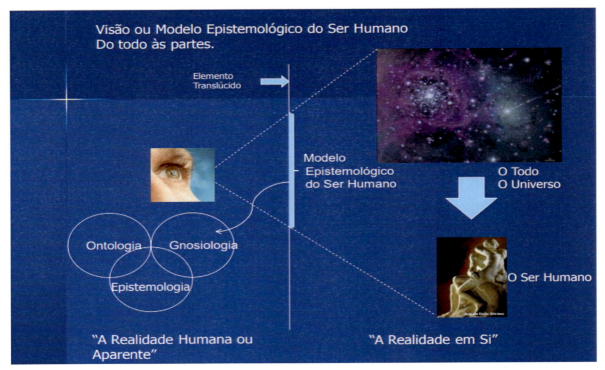

FIGURA 2

*Nessa frase acima temos uma grande descoberta: "Tudo que existe" refere-se a "tudo que existe **em si**" (Hegel), ou seja, existe um "todo" em que as manifestações viventes ou não se expressam ou se manifestam no visível, independentemente da consciência desses elementos expressos. Ora, como somos um elemento dos que se manifestam dentro desse tudo, e estamos todos manifestando nesse tudo, a percepção e reflexão humana específicas sobre esse tudo que o contém se refere ao tudo que está sendo manifestado dentro e pelas estruturas, energias constituintes ou corpos (físicos ou não) dentro desse ser humano. Ou seja, quando dizemos "Tudo que existe" é o "tudo que existe em si", que muitos sábios dizem ser a realidade circundante ao ser específico, e é totalmente diversa, diferente e separada do mundo (mente) pessoal desse ser específico, ou melhor dizendo, a Realidade-"em-si" é diversa da realidade "aparente" (vide Steiner: Filosofia da Liberdade) que criamos dentro das nossas estruturas cognoscentes. A "realidade em si" é um mundo diferente (separado e diverso) da "realidade aparente" que o ser humano cria nas suas estruturas internas, onde está sediada a consciência do e de ser em relação ao seu mundo físico circundante. Muitas vezes, fazemos (queremos, procuramos etc.) coincidir a "realidade em si" com a nossa realidade criada internamente na alma humana (física, psíquica e espiritual). Para o filosofo Platão, o que estamos identificando como "realidade aparente" nas dimensões do Pensar idealístico pode coincidir com o seu "mundo das ideias", dito por ele como sendo a própria realidade, e a realidade-em-si (entendida como realidade concreta ou o nosso mundo físico, visível etc.), sendo a "sombra" do mundo da realidade de "Ideias" platônicas.*

A ciência, desde os tempos de Copérnico, Aristóteles, Bacon e Descartes, ao metodizar-se para que a mística do "mundo das ideias" não fique muito distante da "realidade em si", criou suas diretrizes científicas ao longo do desenvolvimento objetivado (da doutrina do objetivismo) da ciência, e em específico nas suas pesquisas empíricas, por meio da metodologia científica hipotético-dedutiva, procurando sempre quantificar os experimentos mediante métodos e ferramentas metodológicas objetivadas, de tal forma a poder exibir resultados mensuráveis. Pela colocação de métodos estatísticos procurou a ciência conquistar a prova de confiança ou fidedignidade (reliability) de suas pesquisas e conclusões. Procurou, assim, buscar métodos científicos que mostram resultados objetivos coerentes (comunicáveis/comprováveis por diversos observadores) com a situação da realidade--em-si, ainda que a avaliação instrumental e final seja feita pelos humanos. Toda essa

forma de trabalhar cientificamente é procurar formas metodológicas que independam do pesquisador ou observador. É buscar uma mediação, seja humana ou mesmo instrumental, com a realidade-em-si, independendo ao máximo da "realidade humana ou realidade aparente" criado dentro do ser humano. É a solução objetiva (do objetivismo) dos fenômenos em manifestação.

Essa questão também é muito discutida pelos físicos quânticos (Zohar, Amit Goswami, Ken Wilber etc.) e filósofos (Goethe, R. Steiner), quando pelos seus estudos e encaminhamentos em que cada ser vivo cria a sua própria "realidade aparente" e, portanto, precisamos sempre saber como conciliar ou integrar nossos movimentos e comunicações sociais, inter-humanos, já superados as diferenças radicais intergrupais sociais, e também determinados e provenientes do crescimento educacional infantil-adolescente de cada ser, a fim de criarmos/identificarmos um mundo comum "em si", que possa ir em direção ao desenvolvimento dos povos viventes no planeta Terra, ou expresso pela linguagem mais espiritual, do desenvolvimento da raça humana, perante os desígnios daquilo ou daquelas criaturas-energéticas que criaram o ser Humano (digamos: visão monista-espiritualista).

3.1. A questão do conhecimento e sua produção (ou espelhamento) pela Metacognição representa a inteligência humana

Penetrando agora no mundo do conhecimento e da sua produção pelos elementos constituintes do ser e da cognição humana, dentro desse "todo", e mais perto de nós, vamos examinar os (objetos) elementos viventes no planeta Terra e que possam construir conhecimentos. Temos consciência de que os animais e vegetais não simbolizam e portanto não constroem conhecimento que possam ser transmitidos, pelo menos na forma usual que conhecemos. Como o tema é sobre conhecimentos, podemos intuir que o ser humano dentro desse Todo seja o elemento vivo que produz os conhecimentos, e é o elemento a ser examinado e detalhado na sua manifestação e fenomenologia, a fim de podermos explicar essa nova Teoria da Cognição (Conhecimento) Humana.

Se o elemento produtor de conhecimentos é o ser humano, é fundamental estudarmos como os constituintes internos do ser humano são desenvolvidos e melhor engajados durante o seu envolvimento nos fenômenos de produção de conhecimentos e como podemos expressar (consciente e visivelmente) esses conhecimentos para poder compartilhar aos demais seres humanos, criando uma sociedade de conhecimentos mais justa e progressista. Com isso, também colaborar no desenvolvimento do pensar científico, alargando suas possibilidades no crescimento da inteligência humana, afastando-se do fundamentalismo científico clássico muito centrado no objetivismo, no pensar racional lógico, que tanto aprisiona mentes ilustres do mundo científico e tecnológico.

O olhar do autor deste artigo estará sempre focando muita atenção nesse complexo chamado ser humano, nos seus constituintes internos ontológicos sempre em desenvolvimento (Ontologia), participando fenomenologicamente no desenrolar histórico das nações e raças humanas em direção à prosperidade material e imaterial. Simultaneamente teremos sempre um olhar em relação à sabedoria das filosofias atuais e passadas (Gnosiologia), que tanto influenciaram e influenciam o atuar e viver na sociedade atual entre os homens, e certamente também um olhar no subjacente pensamento científico, (Epistemologia) dos avanços da Ciência e da Tecnologia. Assim, o olhar simultâneo da Ontologia-Gnosiologia e Epistemologia se faz constituinte na formação dessa Teoria do Pensar, e é dessa forma que deve ser entendido o objetivo maior deste artigo, na sequência e fusão dialética entre o ser humano, a sabedoria, e a ciência, na medida em que a vida flui nos tempos e espaços humanos.

Seja a figura da pág. 3, na qual representamos o Universo como o todo, e desse filtramos o melhor representante vivente e produtor de conhecimentos: o ser humano. Temos então o observador ou pesquisador (você, leitor) que visualiza o quadro de Rodin em que temos o homem e a mulher, ambos representando o ser humano. Quando falamos em visão, esta-

mos nos referindo à percepção humana do seu meio ambiente circundante, pela via dos 12 sentidos (Steiner), captando o fenômeno ser humano. A imagem do ser humano representado aqui pela obra de Rodin certamente remete à imagem da visão do observador formado internamente no cérebro do observador, e que não necessariamente coincide com a realidade-em-si. Essa imagem percebida é certamente uma imagem invisível dentro da mente do observador, cuja compreensão o observador pode exprimir em visível como modelo epistemológico do fenômeno ser humano, na superfície translúcida colocada como anteparo à visão. Essa visão pode ser expressa pela via da Ontologia do ser, da Gnosiologia filosófica, e da Epistemologia das ciências específicas (por imagens ou círculos geométrico). Com isso, acrescentamos aos encaminhamentos da Ciência, a Gnosiologia e a Ontologia do ser, enriquecendo pela fusão de tácitos, fortemente, o desenvolvimento científico. Penso que dessa forma enriquecemos fortemente a doutrina científica do objetivismo. Pela mesma tratativa, encaminhamos possibilidades de (em dupla mão) desenvolvimento imaterial ou espiritual, dos humanos (e suas tipologias) que estão restritos ou aprisionados pelo materialismo e suas conquistas nesse âmbito somente. Alargamos as possibilidades da significação ao significado de vida, com essa visão transdisciplinar, desde a cognição pela via do sistema sensorial com os fenômenos-em-si, até os pensamentos puros da Imaginação, Inspiração e Intuição.

Em resumo, essa nova Teoria da Cognição Humana trabalha via conhecimentos ou significações, com a tríade Ontologia-Gnosiologia-Epistemologia:

A Ontologia refere-se aos conhecimentos focados na essência do ser humano, trabalhando a mente em reflexão com relação aos fatores constituintes desse elemento vivo, procurando explicar "o que é o ser humano", como foi construído, por que foi construído, e como funciona ou desenvolve ou se transforma esse ser vivo. Essa abordagem pode também ser "considerada" mística-quântica-espiritual do ser humano. Na visão epistemológica dessa nova teoria, teremos abordagens fortemente influenciadas pela antropologia da Teosofia de Blavatsky-AliceBailey e pela antroposofia do cientista espiritual e filósofo Rudolf Steiner.

A Gnosiologia vai tratar dos Conhecimentos relativos aos pensamentos dos filósofos e que ao longo da historia da humanidade expuseram seus conhecimentos relativos aos constituintes essenciais do ser Humano, e ao "saber viver" ou sabedoria de viver dos homens. Trata-se da abordagem filosófica do ser humano, e podemos citar Heráclito, Sócrates, Platão, Aristóteles, Kant, e Hegel (e seus contemporâneos), que são os filósofos que mais influenciaram o presente Modelo Epistemológico do ser humano e da MetaCognição.

A Epistemologia refere-se aos conhecimentos trazidos pelas investigações ditas como científicas, ou seja, conhecida como as ciências específicas, ou as ciências clássicas. Essas ciências podem ser categorizadas em ciências naturais e ciências humanas. Nessa área de conhecimentos, a produção obedece estritamente à metodologia científica moldada desde Aristóteles, passando depois por Bacon, Descartes, e Popper. Assim, um dos principais objetivos do artigo é a proposição de uma nova Teoria da Cognição (atividades complexas do ser humano, em específico das funcionalidades internas do pensar, sentir e querer e sua produção de conhecimentos tácitos). Essa teoria tem por base o modelo epistemológico dos "modelos ontológicos do ser humano", também dos "pensamentos filosóficos" e, por fim, de tratativas epistemológicas da própria ciência. Essa visão é uma abordagem holística do fenômeno do ser humano em ação no meio ambiente, de forma simultânea, interagindo com todas as potencialidades constituintes do ser, com os demais viventes e animais, vegetais e minerais.

3.2. Comunicação por meio de imagens, filmes e figuras (por exemplo: geométricas, e ícones simbólicos) que expressam os conhecimentos via Metacognição (nesse artigo, a serviço da Inteligência Coletiva) e sempre baseado na Ontologia, Gnosiologia e Epistemologia da Ciência

Sempre que for possível, teremos um olhar que expresse os conhecimentos na forma de figuras, de imagens, fornecendo uma linguagem holística por imagens. Espera-se que as imagens expressem o máximo por si mesmo, sem precisar de extensa explicação a ser co-

locada na forma linear da linguagem escrita. Os antigos sábios chineses já falavam que "uma imagem vale mais do que mil palavras". Segue imagem de comunicação entre quem já foi com quem ainda está vivo na sua encarnação, propiciado pelo filme Hanami-Cerejeiras em Flor.

FIGURA 3

3.3. Abordagem holística e dialética de ideias e fenômenos (não linear, divergente, convergente e espiral de crescimento sintético de pensamentos produtores de conhecimentos tácitos) a serviço da Inteligência Coletiva

Como decorrência natural da comunicação ser orientada preferencialmente por imagens, estas tenderão a transmitir uma ideia ou um conjunto de ideias que permitam uma compreensão tópica de um tema. A abordagem deste artigo caracteriza sempre uma abordagem do todo holístico dos fenômenos para as partes, oferecendo um pensamento divergente até os limites da pertinência e abrangência das ideias a transmitir, e dentro do mesmo tema permitir o surgimento ou expressão de pensamentos convergentes acarretando o surgimento concomitante de Gestalts (insights) na mente do leitor. Nesse momento temos a dialética hegeliana em aplicação, recursiva ou não, transdisciplinar ex ante e ex post fenômenos e nos diversos níveis de realidade (vide Basarab).

Como sabemos que isso nem sempre é costume ou hábito dos leitores, teremos sempre frases (pensamento linear) que explicam as imagens. A ênfase é que as imagens devem provocar compreensão tácita no leitor "diretamente" (preferencialmente sem passar pela tradução semiótica e hermenêutica de linguagens simbólicas), e que com o prosseguir da leitura o leitor poderá acostumar-se bem mais com as imagens e tenderá a pensar na forma de imagens, ou pelo menos guardará muito mais facilmente as ideias sintéticas provocadas pelas imagens. A leitura por imagens provocará um entendimento intuitivo (vide Steiner) das ideias, conceitos e conhecimentos tácitos expressos.

Essa abordagem é muito importante e bastante diferencial e complementar ao método científico que dá preferência ao pensamento analítico, que procura dividir os problemas e complexidades em partes menores cujas complexidades permitem ajustar os métodos científicos (matemáticos, estatísticos etc.) de análise dos fenômenos. Essa forma de pensar analítico, que muitas vezes delineia árvores hierárquicas de problemas em constructos cada vez de menor complexidade, leva de forma enganosa a pensar sempre objetivamente, com foco nos objetos, esquecendo que em assuntos ligados aos seres humanos, muitas vezes necessitamos de uma abordagem subjetiva integrativa, com seus derivativos hermenêuticos, na interpretação dos modos expressivos considerados nos experimentos, tais como atitudes, comportamentos, as linguagens verbais, as escritas simbólicas de uma linguagem e fortemente os modelos mentais de outrem que está na escuta, e assim por diante.

A capacitação constituinte integrativa da mente humana é oposta ao elemento analítico e, segundo estudiosos, é elaborada diferentemente pelas regiões do próprio cérebro físico, e certamente pelas diferentes regiões (ou corpos) energéticos do ser humano. É fundamental ao desenvolvimento do ser saber conscientemente, em autoconsciência, como a nossa "mente" trabalha, no envolvimento do ser-de-si na dinâmica dos fenômenos-em-si que participa.

3.4. Pensamento transdisciplinar (ex ante fenômenos visíveis) a serviço da Inteligência Coletiva

Por ser uma nova teoria de Produção de Conhecimentos centrado em uma visão holística de fenômenos, desenvolvendo e abrangendo conceitos e modelos mentais de forma metodológica visões e pensamentos de conhecimentos que serão sempre transdisciplinares quando possível e desejável ao entendimento ao leitor. Essa forma de comunicação também tenderá a formar e conformar ao leitor o pensar transdisciplinar, mais horizontal de conhecimentos do que o clássico pensar hierárquico e vertical aos detalhes. Se o leitor pensar na forma de imagens é a maneira mais centrada em cima da transdisciplinaridade porque é um pensar integral no todo fenomenológico, e se possível o leitor poder expressar suas ideias por meio de imagens (abrangendo as linguagens com os seus ícones simbólicos padronizados), que é uma expressão transdisciplinar ex ante ou contínua do pensar fenomenológico, na geração tácita em fusão metafórica de suas ideias, posicionado na origem intuitiva do pensar conceitual para geração de constructos e modelos mentais mais complexos. No primeiro momento que o leitor for expressar suas ideias, portanto poderá ser na forma de imagens (em um todo) ou, na nossa era pós- moderna contemporânea, tendemos a expressar na forma de linguagens que possam comunicar nossas ideias, e na expressão da linguagem, o leitor tenderá a expressar dimensões categóricas de conhecimentos (em disciplinas) na forma de conhecimentos em que foram formados pela educação o seu pensar e sua forma específica de expressão. Assim, uma expressão de ideias na forma de imagens corresponde à melhor forma de expressão transdisciplinar, ou seja, já na origem há transcendência disciplinar. Inversamente, se o leitor aprendeu desde sua formação em conhecimentos na forma linear e internamente conseguir trabalhar as imagens e símbolos e consegue expressar em um corpo inteiro e simultâneo, podemos dizer que o leitor transmutou as ideias apreendidas e aprendidas e fez uma síntese original em conhecimentos. Trata-se de um fenômeno superior do ser humano a possibilidade de criação de conhecimentos com aquilo que aprendeu durante sua vida até o momento e elabora outro conhecimento com base na sua especificidade no corpo-alma-espírito (específicos), em tempo e local. Assim, o pensamento transdisciplinar pode ser resgatado (considerando que o desenvolvimento da linguagem linear – basicamente ocidental – por meio do pensar no seu "todo" na forma de imagens (e também figuras), ponto de origem no pensamento transdisciplinar, quando então o leitor conseguiria fundir em um todo, em uma imagem, quando possível, ou quando consegue, os conhecimentos em questão em uma visão holística e de expressão em significação simultânea, seja interna ou via externalização à realidade "em si". O confrontamento amistoso entre ideias e constructos se fará de forma interdisciplinar e principalmente transdisciplinar, de forma horizontal e em um caráter de fusão de conceitos de forma sinérgica, seja criando novos conceitos de forma inovadora ou ampliando os conceitos envolvidos ou modelo mental de complexidade maior, podendo chegar a arquétipos de significado universal.

Assim, resumimos que o pensamento transdisciplinar é muito incentivado quando lidamos constantemente com imagens, trazendo sempre um todo, e percebemos que com o tempo podemos emitir conhecimentos de diversas maneiras de forma metafórica. Com isso, integramo-nos mais facilmente a uma inteligência coletiva em construção.

3.5. Modelo, métodos cognitivos (MCMI) e software cognitivo (OET) como produtos de técnica e tecnologias de sustentação à nova Teoria de Cognição (Metacognição) Humana

A Teoria da Metacognição e seus modelos-métodos são resultados de inovações disruptivas em conhecimentos do autor com a convergência ou fusão de conhecimentos sobre diversas áreas de conhecimento humano, como explica a transdisciplinaridade. Assim, os processos do pensar reflexivo e a vivência pessoal tanto no ambiente visível como invisível puderam ser sintetizados em um modelo de visão epistemológica sobre a cognição, originando em derivativos como métodos e técnicas de pensar, induzindo também de forma derivativa, softwares que sustentam passo a passo os modelos e seus MEPs, que pela universalidade do modelo do pensar, permitem que tenhamos aplicações concretas em todas as Ciências Naturais e Humanas, delineadas pelo atual posicionamento científico.

Assim, o modelo e o MEP podem ser aplicados em Ciências Naturais como Física, Química, Biologia, Medicina etc., e em Ciências Humanas como Administração de Empresas, Economia, Psicologia, Sociologia, Direito etc. Trata-se coincidentemente de um estudo realizado pela arte da inovação e convergência de conhecimentos narrado no livro "O Efeito Médici" de Franz Johansson.

Segue a convergência ou fusão decConhecimentos de autores filosóficos (Ontologia e Gnosiologia) que influenciaram essa Teoria da Metacognição e a construção de métodos e software cognitivos, permitindo a expressão explícita de conhecimentos tácitos, representantes fortes da inteligência humana. Lembramos ao leitor de que no mundo da cognição, o Pensar-Sentir e Querer é um todo, jamais deve ser considerado como elementos separados, como é comum quando a tríade Pensar-Sentir-Querer é lida somente pela sintaxe como coisas separadas. Ou seja, a cognição (Pensar-Sentir-Querer) é um todo, podendo ser acionado distintamente pelo Self, devidamente trabalhado ou desenvolvido.

FIGURA 4

Em resumo, o olhar epistemológico sobre os fenômenos da realidade-em-si corresponde à Epistemologia (Teoria do Conhecimento) aplicada de forma triádica (ontologia humana, gnosiologia e epistemologia científica) sobre os fenômenos-em-si e também com os pensamentos ditos "puros" da Imaginação, Inspiração e Intuição, conhecidos como não originados pela fenômenologia. Assim, quando falamos em Epistemologia da Estratégia Organizacional, estamos nos referindo em conjunto no todo organizacional estratégico refletido e proveniente das essências ontológicas humanas (internas no humano) juntamente aos aspectos gnosiologico-filosóficos (sabedoria) da vida humana (inter-humana), e em conjunto com os aspectos objetivados externos ao ser humano e no contexto social visível, trazido pela ciência positivista (nesse exemplo, os modelos mentais explícitos de Estratégia de Organizações, da Ciência da Administração de Empresas). Com isso estamos criando uma nova visão, uma nova abordagem científica (além da ciência clássica) que integra e abrange todos os aspectos e possibilidades em que o ser humano é envolvido direta ou indiretamente, na sua atuação operativa na natureza e grupos sociais organizados.

Essa nova Teoria da Cognição (e Metacognição) está condensada neste livro e constitui fundamento para sete novas teorias, a saber:

Livro Prof. Dr. Chu

MetaCognição e ... Aplicações Acadêmicas e Organizacionais

: **Nova Teoria da Cognição Humana**
: **Aplicações em todas as Ciências Específicas Humanas e Naturais**
: **Método Cognitivo MCMI ® e SoftwareCognitivo OET ® ...**

Em destaque:
Nova Teoria da Cognição (e MetaCognição) Humana
Nova Teoria de Ensino-Aprendizagem
Nova Teoria da Inovação e Criatividade
Nova Teoria do Conhecimento Humano
Nova Teoria da Inteligencia Humana e Organizacional
Nova Teoria da Espiritualidade Humana (Pessoas e Cosmos)
Nova Teoria da Pesquisa Cientifica

E suas Aplicações Acadêmicas e Organizacionais

FIGURA 5

4. Benefícios (não exaustivos) do método inovador do Prof. Chu (Modelo Universal da Cognição): metacognição

Metacognição como Nova Teoria da Cognição Humana com apoio do Modelo-Métodos-Software Cognitivo MCMI-OET (Operador Epistemológico Tácito). Inclui um **Modelo Transdisciplinar de Ensino- Aprendizagem(PsicoPedagogia)** às Universidades, também Corporativas. Veja também as 7 (sete) novas Teorias derivadas da MetaCognição.

1. Aumenta a capacidade intuitiva nos negócios e relacionamentos com maior assertividade
2. Aumenta a capacidade de enxergar mais
3. Possibilita ver mais possibilidades em construção de cenários
4. Favorece a inovação sustentável da cultura organizacional em Inovação

5. Favorece o desenvolvimento da inovação aberta (Open Innovation)
6. Favorece a visão do todo (inclusive em P&D)
7. Permite o mapeamento de todos os movimentos dos seus concorrentes
8. Permite o mapeamento, planejamento e desenvolvimento do capital intelectual na organização
9. Proporciona o desenvolvimento de mapas de criatividade
10. Permite fazer diagnóstico e gestão da cultura organizacional em inovação
11. Facilita o desenvolvimento de equipes de alto desempenho em Inovação
12. Propicia a construção de mapas de processos de Inovação em tempo de crise
13. Permite visão ampla e coletiva de novas oportunidades de negócios e mercados
14. Favorece a coesão de trabalho entre grupos: executivo, gerencial e operacional
15. Favorece o compartilhamento dos conhecimentos em inovação e outras tipologias de conhecimentos
16. Desenvolve a capacidade cognitiva de síntese
17. Aumenta a flexibilidade cognitiva
18. Permite a percepção de alternativas em processos decisórios
19. Torna visível o pensamento sem perder as ideias prévias
20. Facilita o registro de pensamentos criativos no momento em que surgem, garantindo a melhoria do capital intelectual em inovação
21. Permite fazer alinhamento da inovação aos objetivos estratégicos organizacionais
22. Organiza e estrutura os processos mentais dos decisores
23. Adquire conhecimentos (tácitos) mais rapidamente e com maior qualidade
24. Torna explícito os conhecimentos (tácitos) mais rapidamente e com maior qualidade
25. Expressa significado maior para estratégia e gestão via conhecimentos
26. Permite compartilhamento explícito de conhecimentos nas organizações
27. Potencializa e expressa a inteligência competitiva, colaborativa e associativa
28. Permite a governança dos sistemas e organizações complexas
29. Acelera a aprendizagem individual e coletiva nas organizações
30. Aumenta a capacitação mental em criatividade e inovação
31. Desenvolve maior flexibilidade nas atividades de cognição
32. Adquire a Inteligência arquetípica de Estratégia e Gestão Organizacional
33. Tem-se a visão fenomenológica mais aguçada e de maior prontidão e resposta
34. Aumenta significativamente a inteligência individual e coletiva das organizações e das nações
35. Produz resultados concretos em Gestão do Conhecimento Tácitos
36. Produz resultados concretos em Gestão da Inovação
37. Produz resultados concretos em Modelos Mentais de Estratégia e Gestão Organizacional
38. Permite analisar e quebrar o paradigma Pensar-Sentir-Fazer conforme fenômenos
39. Permite aumentar a Inteligência Coletiva
40. Permite aumentar a aprendizagem e inovação coletiva
41. Oferece sustentação no compartilhamento de conhecimentos em redes sociais específicos
42. Outros.

Em resultados empresariais podemos citar a formulação de Estratégias e de Gestão Vencedoras, visando ao atingimento da missão das organizações e de seus colaboradores. Essa conquista é uma consequência natural do desenvolvimento da inteligência e genialidade coletiva da organização.

Outros inúmeros ou infinitos benefícios podem ser expressos conforme a infinitude da Metacognição ligado com a inteligência coletiva das organizações, comunidades, nações e da própria humanidade.

A Metacognição é também a forma científica mais completa ao atingimento da Ciência da Espiritualidade.

5. Desenvolvimento da inteligência coletiva das organizações pela Metacognição

A Metacognição em aplicações empresariais-organizacionais-institucionais permite a construção de novas teorias e seus consequentes programas de pós-graduação, como o novo EMBA, modelado a seguir, sendo oferecido a unidades de pós-graduação da FGV e universidades corporativas. Outras aplicações a seguir, da Metacognição ao desenvolvimento da inteligência coletiva também são fornecidas com imagens de alguma complexidade, refletindo casos reais, dentro da realidade-em-si organizacional e universitária.

5.1. Inteligência coletiva expressa por EMBA ou
(Educação Corporativa MBA com dez disciplinas em transdisciplinaridade (544 horas/aula) Em visão holística temos:

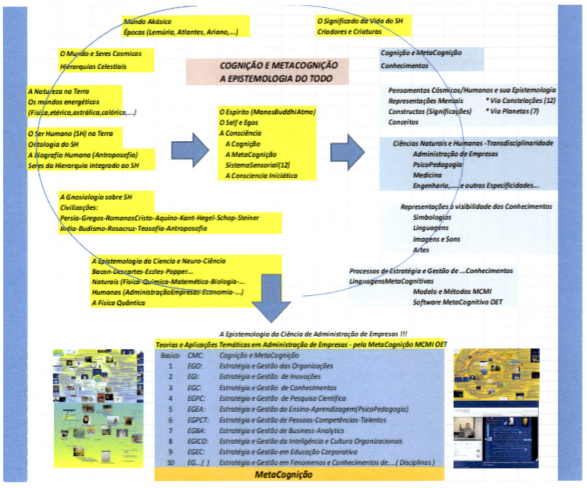

FIGURA 6

Esse programa de pós-graduação para executivos é um dos produtos dessa nova Teoria Metacognição e consiste em um programa de 544 horas/aula, em uma linha de tempo de dois anos. Nesse programa temos uma formulação dinâmica mais completa das sete teorias mencionadas e que aqui são explicadas de forma mais resumida nos pertinentes capítulos.

Examinando com o olhar transdisciplinar percebemos facilmente que o MBA produzido se insere totalmente em um programa educativo-profissional a executivos de qualquer organização ou instituição, propiciando inteligência pessoal e também a coletiva organizacional. Segue uma foto de uma realização de cocriação de EGO para uma grande corporação brasileira nas salas de aula da EAESP FGV.

Assim, as 10 disciplinas em dinâmica da transdisciplinaridade confere às organizações a possibilidade de desenvolvimento de uma inteligência coletiva, de forma crescente, contínua e coerente às transformações de valores quantitativos e qualitativos, de origem e natureza social, principalmente a brasileira.

5.2. Inteligência coletiva expressa por Inovação do Pensar (Metacognição) a serviço da inteligência coletiva

*A **Inovação** é sem dúvida alguma um dos principais instrumentos, senão o mais importante, da inteligência e estratégia competitiva das organizações, no curso da sobrevivência e crescimento organizacional no nosso mundo moderno, cada vez mais global, competitivo, agressivo, incerto e volátil. A **Inovação** pode ser abordada pelos seus produtos finais, em categorias como: inovação de produtos e serviços, em design, em processos organizacionais, em pesquisa e desenvolvimento, na estrutura e cultura organizacionais, e digamos finalmente nos modelos de estratégia e gestão.*

*Pouco se fala e se faz no relativo à **Inovação do Pensar**, na forma de pensar, base da gestão do conhecimento tácito e da aprendizagem organizacional, também poderosos instrumentos de luta empresarial. Luta no seu sentido mais amplo, chegando à estratégia e gestão da competitividade entre nações. Ora, estamos mirando na **Inovação** da arte do Pensar, que está no bojo, inerente e subjacente à base da criação de inovações. O pretenso inovador precisaria minimamente saber ou aprender a:*

- ***Pensar holisticamente***, *isto é, a perceber o mundo na sua forma global, saindo do "ponto de vista ser vista por um ponto" para ser vista por múltiplos outros pontos.*
- ***Pensar simultaneamente*** *em diversos assuntos de forma a aumentar suas chances de "insight" em Gestalten (o conhecido e popular "cair as fichas" ou "ahá"). Alguns entendidos também falam em transdisciplinaridade em ação.*
- ***Pensar de forma não linear*** *(pensamento complexo) encostando (sem abandonar o enferrujado pensar racional e cartesiano (ugh!), bastante utilizado em searas de "erudição".*

Como exemplo aplicativo concreto apresentamos a seguir uma fusão transdisciplinar semântico-hermenêutica dos tipos de pensar holístico-simultâneo-não linear por meio das obras artísticas de Pablo Picasso.

Por ser cognição humana, encontramos aplicações inovativas também em todas as ciências específicas, tais como: Psicologia, Medicina, Pedagogia, Sociologia, Economia, Ciências jurídicas, Antropologia, Engenharia, Física Quântica etc.

Exemplo 1 de inovação do pensar via cognição (Metacognição holístico-simultâneo-não linear) pela via artística

Trata-se de caso de cognição "do todo às partes, transdisciplinar e pensamento não linear" do famoso artista Picasso. A evolução dinâmica dessas características pode ser melhor entendida pelo leitor vendo filmes no mundo do YouTube sob a denominação de "O Mistério de Picasso". O mapeamento dos resultados dessa tipologia de cognição (Picasso) podem ser verificados e sentidos (com emoção e sentimentos) na mesma dinâmica da Metacognição estudada nesse artigo, e a expressão dos conhecimentos tácitos em conhecimentos explícitos, pelo Método e Software Cognitivos MCMI e OET (provenientes da Metacognição).

FIGURA 7

Recomendamos que o leitor verifique por si essa dinâmica sendo efetuado por Pablo Picasso no filme. O desenvolvimento cognitivo dos mapas de conhecimentos colocados em explícito são construídos com as mesmas tipologias de Metacognição mencionadas, qualificando igualmente Pablo Picasso e MCMI/OET, esse último mencionado como técnicas e tecnologias de apoio à Metacognição.

Exemplo 2 de Inovação do Pensar (Metacognição produzindo inteligência):
inovação disruptiva

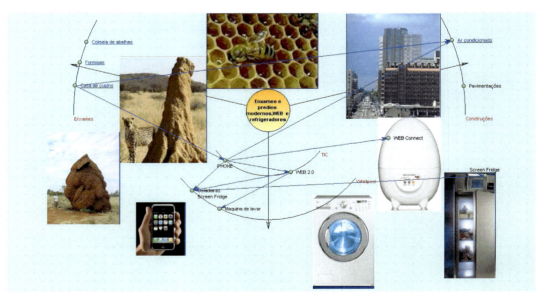

FIGURA 8

Essa figura foi elaborado pelo método MCMI® e Software OET® aplicados na geração de inovação por disrupção com a intersecção de conhecimentos construção de prédios (Arquitetura, Engenharia e Construção), das tecnologias de comunicação, na inovação da dinâmica de produtos de refrigeração (...) e construção de prédios. As imagens e categorias de tácitos são pertinentes e processados pelo Software de Inovação OET.

Exemplo 3 de inovação em desenho de novos produtos e serviços (banco Itaú) (exemplo aplicativo com método MCMI e insights intuitivos do Software Cognitivo OET)

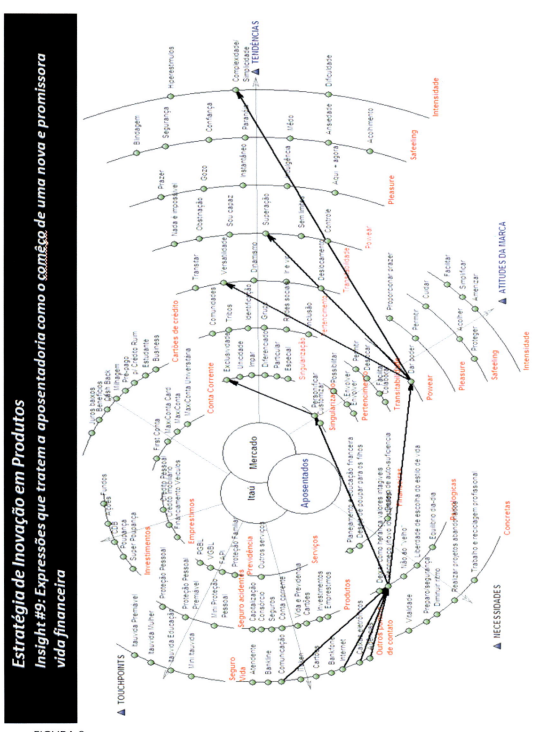

FIGURA 9

5.3. Inteligência coletiva expressa por formulação de estratégias (Metacognição a serviço da Inteligência Coletiva)

Segue exemplo de estratégia de aumento de receitas (EAESP FGV, universidades e universidades corporativas)

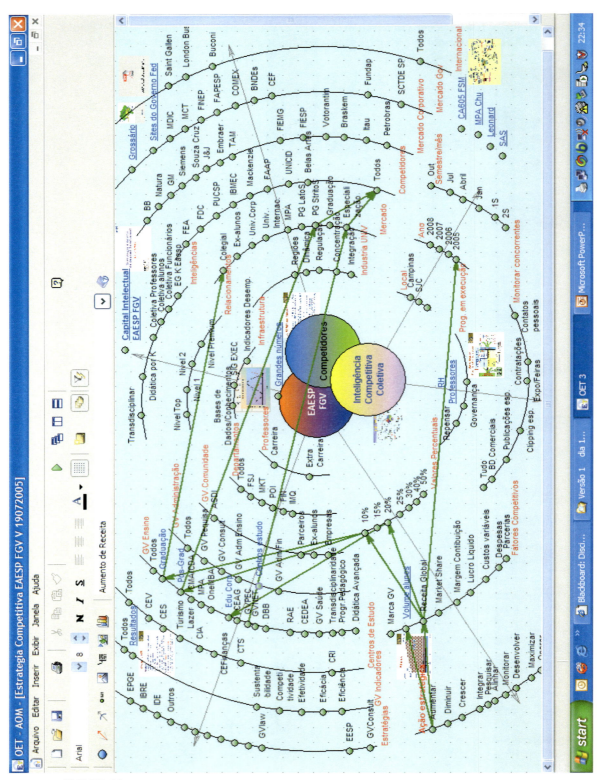

FIGURA 10

Segue exemplo 2 de formulação de estratégia de aumento da carteira de clientes (modificado do original), elaborado por uma grande corporação brasileira.

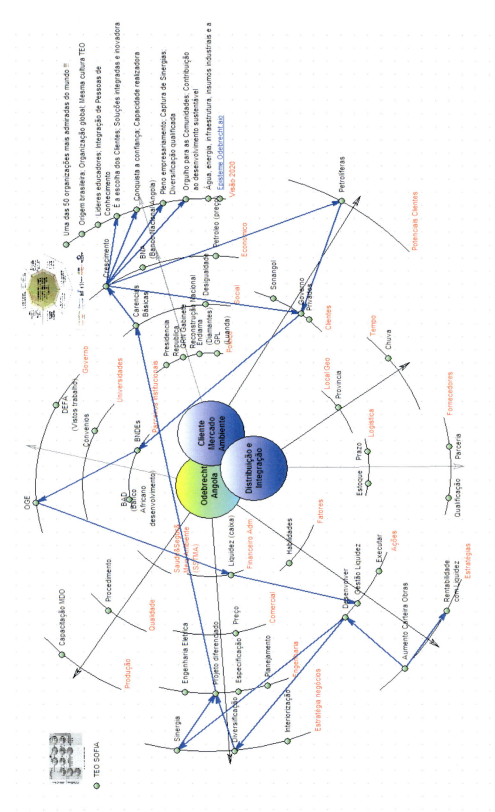

FIGURA 11

Segue exemplo 3 com cocriação coletiva de estratégias (acontecendo) ou (Metacognição a serviço da inteligência coletiva)

FIGURA 12

Essa imagem propicia a percepção da dinâmica fenomenológica para cocriação de estratégia para uma grande coorporação em uma aula de EMBA na EAESP FGV.

5.4. Inteligência Coletiva Expressa por Modelos de Ensino-Aprendizagem com Software Cognitivo na FGV EAESP

Exemplo1 de Inovação em Ensino-Aprendizagem no workshop do Prof. Chu sobre **Modelos de Estratégia e Gestão Organizacional.** *Via* **Epistemologia de Estratégias Organizacionais (Safari):**

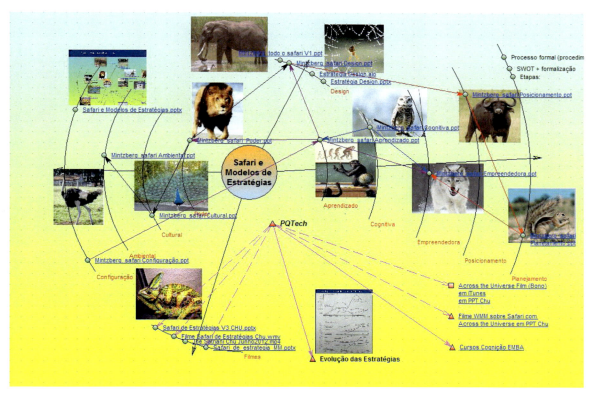

FIGURA 13

*Segue episteme mostrando workshop sobre estratégia e gestão de conhecimentos em ensino- aprendizagem, produzido pelo **Software Cognitivo OET (Prof. Chu) para Inovações**.*

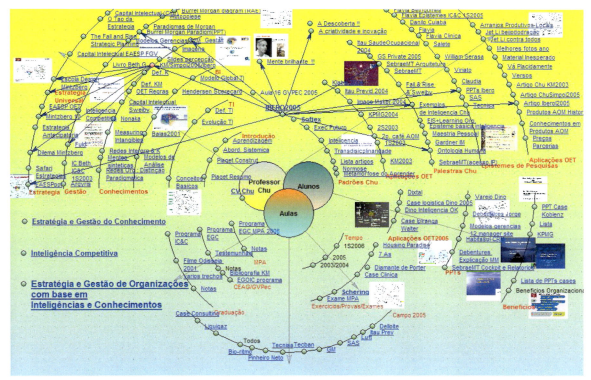

FIGURA 14

Segue episteme evidenciando um processo dialético de psicopedagogia-terapêutico utilizando-se de conhecimentos de abrangência teórica da psicopedagogia, elaborado pela pós-graduada V. A. Rosa, no MBA Psicopedagogia, da Anhembi Morumbi, em 2012.

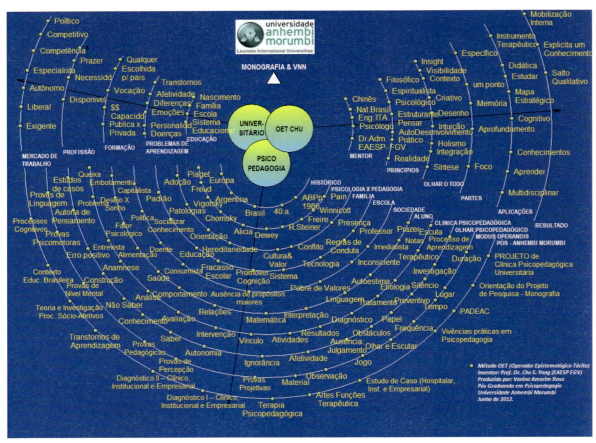

FIGURA 15

Segue exemplo de estratégia e gestão do ensino-aprendizagem (Diversos workshops pelo Prof. Chu na FGV Corporate) com mais de 20 tipologias de pensamento incluindo o pensamento transdisciplinar, divergente, dialético e não linear.

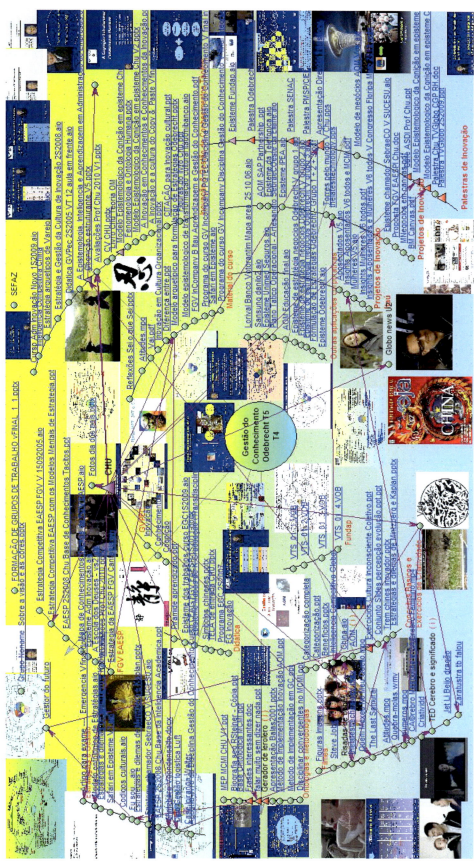

FIGURA 16

Nessa tipologia de ensino-aprendizagem, o alunato percebe por si (de-si, em-si, para-si) as evoluções dos conhecimentos (tácitos-explícitos) em jogo, juntamente à Metacognição dos próprios pensamentos quanto à sua tipologia. Assim, os conhecimentos tácitos formados ficam transdisciplinarmente conectados com os demais conhecimentos tácitos que o aluno já possui.

Essa conexão é o <u>Aprender Novos Conhecimentos</u>. Esse espelhamento (Steiner) das significações e construção de conexões em conhecimentos podem ser expressos de forma explícita pela via dos Métodos e Software Cognitivos MCMI e OET.

Nessa tipologia de ensino-aprendizagem, os aprendentes percebem as evoluções dos conhecimentos em jogo, juntamente à Metacognição dos próprios pensamentos quanto à sua tipologia. Assim, os conhecimentos tácitos formados ficam transdisciplinarmente conectados com as demais tipologias de conhecimentos tácitos que o aluno já possuía previamente. Essa conexão é o Aprender Novos Conhecimentos. E esse espelhamento (ler Steiner) das Significações e construção de conexões em Conhecimentos pode ser expresso de forma explícita pela via da MetaCognição e seus pertinentes Métodos e Software Cognitivos, nesse caso por MCMI e OET.

A dialética dos mapas explícitos de cognição junto à realidade-em-si permite ao pesquisador conhecer suas próprias potencialidades de forma explícita e ampla, e assim desenvolver e controlar seus próprios pensamentos-sentimentos (incluindo os pensamentos puros em derivação ou sequenciamento) e a tradução desse mundo do Pensar-Sentir em atos de Volição, interferindo com plena consciência no mundo da realidade-em-si.

Assim, a gestão consciente de seguintes tipologias de pensamento (a seguir) também pode ser efetuada ao desenvolver sua Metacognição em um processo de autoconhecimento e autodesenvolvimento, de forma contínua, na busca do essencial e ontológico significado de vida.

A autopercepção do significado de vida aproxima a criatura dos seus criadores.
E nisso a inteligência coletiva das organizações se eleva à inteligência coletiva da humanidade.

Tipologias do Pensar Cognitivo

Pensar Holístico	*Pensar Transdisciplinar (3º incluído)*
Pensar Sintético	*Pensar Convergente*
Pensar Divergente (Abertura)	*Pensar Gestaltico*
Pensar Fenomenológico	*Pensar Não Linear*
Pensar Transdisciplinar ... Em Ex-Ante	*Pensar Inspirativo*
Pensar Dialético	*Pensar Intuitivo*
Pensar Descendente	*Pensar com Coração (Amor)*
Pensar Imaginativo	*Pensar com Volição (Liberdade)*
Pensar Intuitivo	*Pensar com Moral Teosófica*
Pensar por Categorias	*Pensar Espiritual (Budhi, Atma, Manas)*

ESQUEMA 1 –

Bibliografia

Albrecht, Karl. *Inteligência Prática.* São Paulo: M.Books do Brasil, 2008.

Basarab, Nicolescu. *O Manifesto da Transdisciplinaridade.* São Paulo: Ed.Triom, 2001. Bazarian, Jacob. *O Problema da Verdade.* São Paulo: Ed. Alfa-Ômega, 1994.

Burrel, Gibson; Morgan, Garreth. *Sociological paradigms and organizational analysis.* London: Heineman, 1979.

Caldas, Miguel P.. *Paradigmas em estudos organizacionais: uma introdução a serie.* Revista de Administração de Empresas. São Paulo, v. 49, n.°, p. 53-57, 2005.

Caron-Fasan, M-L; Janissek-Muniz, R. *Análise de informações de inteligência estratégica antecipativa: proposição de um método, caso aplicado e experiências*, RAUSP. RAUSP, v.39, n. 3, p.205-219, 2004.

Cleland, Scott. *Busque e Destrua - Porque você não pode confiar no Google.* São Paulo: Ed. Matrix, 2012.

Conway, Susan and Sligar, Char. *Unlocking Knowledge Assets.* Redmond, Washington: Microsoft Press, 2002.

Eccles, John C. *Cérebro e Consciência: O Self e o Cérebro.* Lisboa: Springer-Verlag, 1994.

Ferry, Luc. *Aprender a Viver: Filosofia para os Novos Tempos.* Rio de Janeiro: Editora Objetiva, 2006. Foley, Michael. *A Era da Loucura.* São Paulo: Alaúde Editorial, 2011.

Gladwell, Malcolm. *Fora de serie.* Rio de Janeiro: GMT Editores, 2008. Gladwell, Malcolm. *O Ponto de Virada.* Rio Janeiro: GMT Editores, 2009.

Goethe, J.W. von. *A metamorfose das plantas.* São Paulo, Edições Religião & Cultura, 1985. Goswami, Amit. *Deus não está Morto.* São Paulo: Aleph, 2008.

Greenfield, Susan. *O Lado sombrio da Tecnologia.* In: R.Veja Ed. 2303 Janeiro 2013 Ed.Abril - São Paulo 2013 Greuel, Marcelo da Veiga. *A Obra de Rudolf Steiner.* São Paulo: Ed. Antroposófica, 1994.

Guelman, Ricardo. *Fenomenologia de Goethe aplicada em agricultura biodinâmica: a dissociação entre homem e natureza: Reflexos no Desenvolvimento Humano.* In: Conferência Brasileira de Agricultura Biodinâmica, 4a, São Paulo. Anais... S. Paulo. 2000.

Harvey, David. *Condição Pós-Moderna.* São Paulo SP: Edições Loyola, 23 Ed. 2012. Hegel, Georg W.F. *Fenomenologia do espírito.* Petrópolis, RJ, Editora Vozes, 2002.

Higgins, James M. *101 Creative Problem Solving Techniques: The Handbook of New Ideas for Business.* New Management Publishing Company Inc, 1994.

Higgins, James M. *Innovate or Evaporate.* New Management Publ. Company Inc, 1995.

Kaplan, Robert S. e Norton, David P. *Mapas Estratégicos BSC.* Rio de Janeiro: Elsevier Editora, 2004.

Kluge, Jurgen and, Stein, Wolfran, and Licht, Thomas. *Knowledge Unpluged: the Mckinsey & Company Global survey on knowledge management.* New York: Palgrave, 2001.

Kluyver, Cornelis A. e Pearce II, John A. *Estratégia: Uma Visão Executiva.* São Paulo: Pearson Education do Brasil, 2006.

Lewis, Marianne W.; Grimes, Andrew J. *Metatriangulação: a construção de teorias a partir de múltiplos paradigmas.* Revista de Administração de Empresas, v. 45, n. 1, p. 72-91, 2005.

Miklós, Andreas A. de Wolinsk. *A terra e o homem.* In: Conferência Brasileira de Agricultura Biodinâmica,4a, São Paulo. Anais...S. Paulo. 2000.

Mintzberg, Henry et alli. *Safari de Estratégia.* Porto Alegre RS: Artmed Editora 2009.

Mintzberg, Henry. *The fall and rise of strategic planning.* Harvard Business Review, Jan / Feb 1994.

Morgan, Garreth. *Paradigmas, metáforas e resolução de quebra-cabeças na teoria das organizações.* Revista de Administração de Empresas, v. 45, n. 1, p. 58 - 71, 2005.

Morin, Edgar. *Os sete saberes necessários à educação do futuro.* São Paulo: Ed. Cortez, 2001.

Morin, Edgar. *A re-ligação dos saberes: o desafio do século XXI.* Rio de Janeiro: Ed. Bertran Brasil Ltda 2002 Nonaka, Ikujiro e Takeuchi, Hirotaka. *Gestão do Conhecimento.* São Paulo: Artmed Editora, 2009.

Nonaka, Ikujiro; Ichijo, Kazuo; Krogh, Georg Von. *Facilitando a criação de conhecimento: reinventando a empresa com o poder da inovação contínua.* Rio de Janeiro: Ed. Campus, 2001.

Nonaka, Ikujiro, A Dynamic Theory of Organizational Knowledge Creation. Organizational Science, Vol 5, No.1, February 1994

Pascal, Georges. Comprender Kant. Petrópolis RJ: Ed. Vozes, 2005.

Pearce, J. Chilton. O fim da evolução: reivindicando a nossa inteligência em todo o seu potencial. São Paulo: Editora Cultrix, 1992.

Porter, Michael E. e Montgomery, Cynthia A. (Organizadores). Estratégia: A Busca da Vantagem Competitiva. Rio de janeiro: Ed. Campus, 1998.

Probst, Gilbert, and Raub, Steffen, and Romhardt, Kai. Gestão do Conhecimento: os elementos construtivos do sucesso. Porto Alegre: ArtMed Editora, 2000.

Prokofieff, O. sergei. The Occult Significance of Forgiveness. London: Temple LodgePublishing, 1991.

Rockart, John Executive support systems: emergence of top management computer use. Down Jones Irving, 1988.

Schopenhauer, Arthur. O Mundo como Vontade e como Representação. São Paulo: Fundação Ed. Da UNESP, 2005.

Simha, André. A Consciência. Do Corpo ao Sujeito. Petropolis RJ: Ed. Vozes, 2009.

Steiner, Rudolf. A educação pratica do pensamento: aprender a pensar a partir da realidade. S. Paulo: Editora Antroposófica, 1970.

Steiner, Rudolf. A formação de conceitos e a doutrina de categorias de Hegel, Berlim 1908. Steiner, Rudolf. A obra cientifica de Goethe. S. Paulo: Associação Pedagógica Rudolf Steiner, 1980.

Steiner, Rudolf. O conhecimento iniciático: As vivências supra-sensíveis. S. Paulo: Ed. Antroposófica 1985. Steiner, Rudolf. A Antroposofia como Cosmosofia. São Paulo: Ed. João de Barro, 2005.

Steiner, Rudolf. A Filosofia da Liberdade. São Paulo: Editora Antroposofica, 2008

Steiner, Rudolf. The Fourth Dimension - Sacred Geometry. Massachussetts USA: Antroposophic Press, 2001

Stewart, Thomas. Capital Intelectual: A NovaVantagem Competitiva Empresas. RJaneiro: Ed. Campus, 1998.

Veiga, Marcelo. Filosofia da Liberdade e Nociência. In: Anais da IV Conferência Brasileira de Agricultura Biodinâmica. USP - Cidade Universitária, S. Paulo. 2000.

Wilber, Ken. O Espectro da Consciência, São Paulo: Cultrix, 2007. Wilber, Ken. Uma Teoria de Tudo, São Paulo: Cultrix, 2012.

Wilder, G.D. and Ingram, J.H. Analysis of Chinese Characters. Dover Publications, Inc. New York, 1974. Wolman, Richard N. Inteligência Espiritual. Rio Janeiro: Ediouro Publ., 2001.

Yong, S. Chu. Curso FGV EAESP: Gestão do Conhecimento, Inovação e Aprendizagem. Apostila FGV, 2012. Yong, S. Chu. Estratégia e Gestão com base em Conhecimentos e Inteligências. Congressos desde 2005. Yong, S.Chu. MetaCognição: NovaTeoria da Cognição e Aplicações Empresariais. Prelo (editoras), 2014. Yong, S. Chu. Operador Epistemológico Tácito. Diversos Congressos desde 2005.

Zohar, Danah. O ser Quântico. Rio Janeiro: Ed.Best Seller, 2010.

Outros destaques e formatos:

- ❖ LaoTzé (TAO)
- ❖ Aristóteles (Categorias Universais etc.)
- ❖ Goethe (Teoria da Cognição e Cores)
- ❖ Tomas de Aquino (Fenomenologia do espírito)
- ❖ Kant (Realidade etc.)
- ❖ Hegel (Fenomenologia do Espírito etc.)
- ❖ Schopenhouer (O Mundo como Vontade etc.)
- ❖ Blavastzky e Alice Bailey (Teosofia)
- ❖ Steiner (Antroposofia, 30 livros, 5.000 palestras, Cosmosofia etc.)
- ❖ Prokofieff (Cognição etc.)
- ❖ FisicaQuântica (Heisenberg, Einstein, Goswami etc.)
- ❖ Eccles (Neurociência)

- *Sheldrake(Neurociência)*
- *Ken Wilber (Neurociência)*
- *Morin-Basarab (Complexidade,transdisciplinaridade)*
- *Chu (Espiritualidade e Ciência, Nova Dialética Estruturante)*
- *Outros pensadores.*

Segue um painel de imagens do artigo publicado no Congresso como base de apresentação do artigo, conforme as regras de apresentação de artigos aprovados do Congresso.

FIGURA 17

FIGURA 18

Capítulo 18. Curso EAD com 20 palestras em 24 horas de aula expositiva

Nova Teoria: Metacognição, Inteligência Profissional, Organizacional, Acadêmica e Espiritual

*Embora seja um curso de ensino a distancia (EAD), as palestras podem também ser consideradas como instrumento de ensino-aprendizagem **complementar** aos cursos e às palestras do autor ao longo do tempo e conforme resolução a combinar. Seguem imagens de exemplo textual (a dinâmica com visual e sonoro pode ser combinado com o Prof .Dr. Chu no acesso direto on-line ao site da AOM). Segue também o catálogo dos 20 módulos com tema específico e duração.*

1. Executando a fala no EAD, palestra da aula número 10

Figura 1

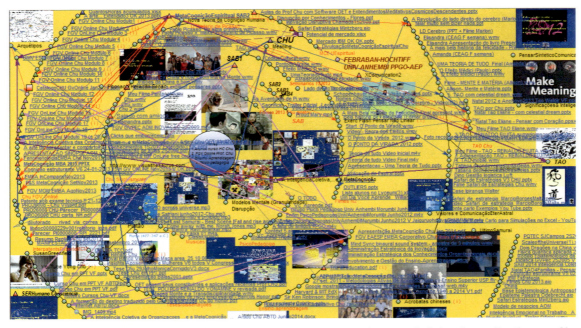

Figura 2 – Links para as palestras pela categoria à esquerda. Demais links são explicativos ou filmes

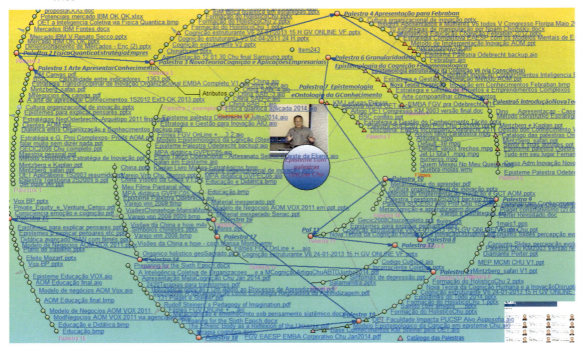

Figura 3 – Links para as palestras pelas categorias reunidas pelo modelo de intencionalidade

Evidentemente que os conhecimentos envolvidos no EAD podem ser explicados em processos de apresentação padrão, em telas projetadas, autofalantes, músicas, e outras medidas de ensino- aprendizagem. Nessa episteme temos também a exibição de imagens e filmes pelos links textuais.

Parte D. Modelo Epistemológico da Cognição e do Pensar (MEP) e o Método MCMI

Capítulo 19. Epistemologia da Cognição e do Pensar Fenomenológico
   19.1. Introdução
   19.2. Epistemologia da Cognição
   19.3. Sobre a expressão: o Modelo Epistemológico de...
   19.4. Sobre o Modelo Epistemológico da Cognição:
- ❖ Monismo e dualismo (gnosiologia)
- ❖ O modelo Hepta do ser Humano e a Cognição(ontologia do ser)
- ❖ A visão do Todo Holístico: a Unidade da Diversidade (Ontologia)
- ❖ A visão do Todo Holístico: a Unidade da Diversidde
- ❖ A Vida e a Consciência humana(Epistemologia)
- ❖ O fluir da Consciência na construção da Cognição Indivuidual
- ❖ A fenômenologia e os 12 sentidos(epistemologia e ontologia)
- ❖ A produçao de Conhecimentos internos ao ser (ontologia)em
- ❖ Das abordagens: descendente e ascendente e sua dialética
- ❖ A Influência das Vidas anteriores na Cognição na presente Vida
- ❖ Granularidade da Epistemologia da Cognição Fenomenológica
- ❖ A evolução do MEC para MEP-S-Q (ontologia)
- ❖ A constituição do Modelo Epistemológico da Cognição(MEC)
- ❖ Tipologia do Pensar-Sentir-Querer (ontologia)

Capítulo 20. Introdução às diversas formas de Pensar (Modelo Epistemológico do Pensar).
   20.1. Pensamento Linear
   20.2. Pensamento com visão em Figura Geométrica (Diamante)
   20.3. Pensamento Sistêmico
   20.4. Pensamento Fenomenológico (Sensitivo/Perceptivo)
   20.5. Pensamento Epistemológico: Holístico, Transdisciplinar, Dialético etc.
   20.6. Pensamento de Conjunto de Ações como Intencionalidade (trabalho da volição) etc.
   20.7. Pensamento sobre Modelos de Comportamento (atitudes, posturas, perfis de liderança
   20.8. Pensamentos (O Pensar) com diversos atributos de qualificação
   20.9. O Pensar Puro (sem fenômenologia).....
      Introdução
      20.9.1. Desenvolvimento da Imaginação (etérico 3ª hierarquia)
      20.9.2. Desenvolvimento da Inspiração (astrálico 2ª hieraqrquia)
      20.9.3. Desenvolvimento da Intuição (Manas+Buddhi. 1ª hierarquia)
   20.10. Progresso espiritual para o desenvolvimento harmonioso da raça humana nessa próxima época cultural (6ª época cultural – denominada Júpiter)

Capítulo 21. Introdução ao Método Epistemológico do Pensar MCMI
Capítulo 22. Mapas de Conhecimentos e Mapas de Intencionalidades (MCMI® e OET®)
      Manual de Projeto
Capítulo 23. Modelo e Método Epistemológico do Pensar (Cognição): Benefícios
Capítulo 24. Comparações do MEP (Método MCMI) com o estado atual da Tecnica

Capítulo 19. Epistemologia da Cognição e do Pensar Fenomenológico

19.1 Introdução

Consideremos a figura global a seguir pela qual podemos ter uma visão do todo em relação às ideias e aos temas que utilizaremos para explicar o Modelo Epistemológico da Cognição (MEC) e seus derivativos, como o MEPensar-Sentir-Querer ou simplesmente MEP e o software cognitivo denominado como OET.

Essa visão imagética do todo a explicar objetiva que o leitor (mais esclarecido ao tema) possua uma compreensão de natureza intuitiva, de forma a inspirar mais reflexões de forma interna e emergencia pessoal.

Nesse encaminhamento mais detalhado, chegamos aos explicativos relativos a um modelo mais reducioniasta, tratando do MEPensar-Sentir e Querer, sem nenhuma prioridade em específico, nesse momento, entre as três instâncias. Pelo nossa visão global, vemos que a produção de conhecimentos humanos envolve uma série grande de abordagens, incluindo as historicamente abrangentes, como a ontologia humana, a gnosiologia filosófica, e certamente o histórico de feitos da Ciência, até os tempos de hoje.

O MEC (e do derivativo MEPensar-Sentir-Querer) possui como principal objetivo aproximar mais a ciência da espiritualidade, criando caminhos de dupla mão, mas não tão somente entre essa tríade P-S-Q, entre o visível e o invisível, entre o idealismo espiritual e o materialismo científico ou a ciência materialista, entre o intangível e o concreto, e porque não entre a felicidade e a riqueza material, ambas humanas.

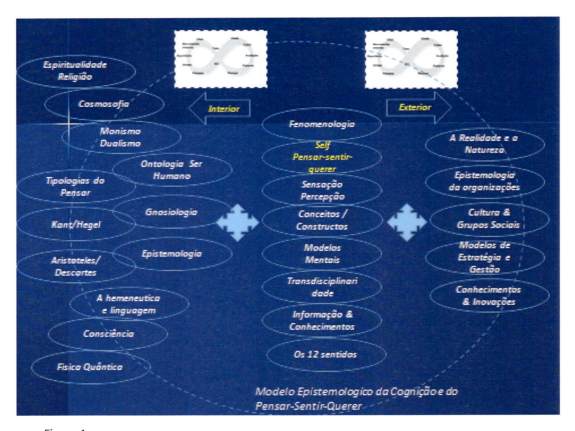

Figura 1

Em uma visão mais macro, desenvolvemos uma figura-imagem para falarmos de algumas especificidades.

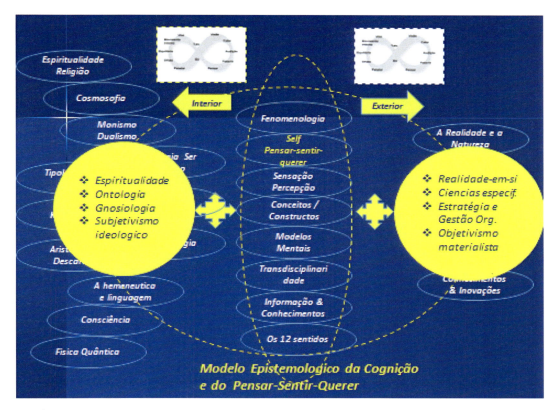

Figura 2

Pela figura anterior podemos perceber facilmente que o MEC é um modelo de conhecimentos que permite a fusão entre, de um lado, a espiritualidade, trazendo consigo os conhecimentos na ontologia e gnosiologia humanos, dentro de uma abordagem subjetivista ideologica, e, de outro lado, a realidade-em-si com as ciências específicas (naturais como Física, Química, Biologia etc. e humanas como Administração de Empresas, Economia, Psicologia, Pedagogia etc.). Assim, o MEC permite vermos de um lado o **agir de aspectos invisíveis** (a Consciência, Self, eventos mentais, tipologias do Pensar, Conhecimentos Tácitos etc.) e do outro as **expressões visíveis** correspondentes no mundo da realidade-em-si, supostamente existente-em-si, das aplicações científicas, e fenômenos do mundo empresarial, com as suas organizações, as ações de EGO (Planejamento e controle empresarial, resultados financeiro-operacionais, gestão estratégica de pessoas, controle de indicadores de desempenho etc.). Tais organizações podem ser de tipologias diversas como privadas, governamentais, medicina, ensino, enfim, qualquer agrupamento social de pessoas, com determinados objetivos organizacionais. É o mundo do objetivismo materialista das ciências específicas, tais como Administração de Empresas, Economia, Sociologia, Medicina, Biologia etc.).

19.2 Epistemologia da cognição

Muito importante é denotar que a cognição é nessa figura representada pela figura geométrica da elipse do meio ligando dinamicamente os dois lados, o visível (da realidade) com o invisível (dentro das instâncias da mente). Essa interação (interno-externo) é dinâmica nas suas diversas instâncias até a constituição satisfatória pelo indivíduo dos conhecimentos visados ou o solucionamento de uma problemática qualquer. Estamos considerando que o indivíduo busca os conhecimentos tácitos (e suas significações) de forma consciente, de forma fenomenológica, utilizando as capacidades sensitivas e perceptivas.

A capacidade de sensações é provida pelos 12 sentidos, em que cinco sentidos são orientados para o exterior ambiental que envolve o ser humano observador, e sete sentidos *são orientados para as sensações provenientes dos órgãos internos (órgãos de digestão, respiração, glandulas, nervos e reprodução). A capacidade de sensações internas é provida pelos órgãos internos (cérebro, coração, metabolismo) e suas camadas etéricas e astrálicas correspondentes. Importante que o leitor não entenda somente o organismo na interação de órgãos físicos (com formas definidas) e seus funcionamentos, trazidos pela ciência/medicina, mas que compreenda também a possibilidade de comunicação entre os níveis físico-etérico-astrálico (capítulo 1). Em um detalhamento posssível para maior aceitação da comunicação intercamadas energéticas pode ser feita pelas "tipologias do etérico" (vital, químico, luz e calor) na sua comunicação com as camadas física, astrálica e calor (Self) (veja capítulo 1). Assim, a cognição abrange as sensações, percepções (significações: de imagens, símbolos, conceitos, constructos, e modelos mentais no etérico) que são caminhos do Pensar, e inclui também as emoções e sentimentos (e seus derivativos e conexões) no mundo astrálico, juntamente às atitudes e aos movimentos físicos relativos à volição na manifestação da vontade. A cognição refere-se portanto a todos os movimentos internos nas diversas camadas e corpos do ser humano, em um esforço coordenado do Eu Sou (Self + Ego) em uma atuação do ser no enfrentamento de uma situação qualquer. É portanto mais ampla na área potencial de atuação/ação do que o Pensar, ou mesmo do Pensar+Sentir+Querer, desfazendo mal-entendidos de muitos de que cognição possui a mesma significação do Pensar.*

19.3 Sobre a expressão: O Modelo Epistemológico de...

Nesta parte iremos explicar os fatores ou elementos mais importantes na configuração, interação e entendimento do MEC, também focando no Pensar-Sentir-Querer e nos 12 sentidos que nos permitem, em um momento fenomenológico, ter governança pessoal e sobre o meio ambiente circundante. Antes, porém, queremos destacar o uso da expressão "O Modelo Epistemológico de..." que será largamente utilizado pelo autor neste livro, pois estamos propondo uma "Visão de Conhecimentos" sobre os conhecimentos de um fenômeno qualquer. Buscamos conhecimentos (visíveis/invisíveis em dialética com uma dinâmica de um fenômeno qualquer), como será?

*No momento que começamos a olhar (tornar consciente pelos sentidos) o fenômeno em exame, segundos antes de esse olhar ser efetuado, em um instante que estamos chamando de "ponto zero" (dentro do expresso pelos modelos de morfogenese de Sheldrake, vide capítulo...), a **disposição cognitiva** seria a utilização de elementos de cognição já trazidos pela Epistemologia (Ciência clássica) e em memória desse observador/interacionista, mas também de conteúdos provenientes da Gnosiologia e Ontologia Humanas. Ou seja, estamos propondo o acréscimo transdisciplinar de Gnosiologia e Ontologia Humanas dentro desse olhar fenomelógico que viria logo a seguir. Esse acréscimo de possibilidades é certamente transcendente às regras do objetivismo científico, para dar entrada às possibilidades provenientes dos aspectos da ontologia humana e dos encaminhamentos já "registrados" internamente ao ser, e não se trata de trazer as possibilidades no sentido disciplinar dos nomes envolvidos de "ontologia" e gnosiologia", e sim permitir a entrada de subsídios cognitivos já internos ao ser e permiti-los brotar no confrontamento com aquilo que surgiu no olhar. Esse olhar que despeja uma representação mental no cérebro (físico/etérico/astrálico) deve ser o mais fiel possível à realidade-em-si, à semelhança da primariedade de Pierce (veja Pierce). Para muitos esse olhar deve ser trabalhado para que as regras do cientificismo materialista não restrinjam ou não façam surgir muito rapidamente conclusões equivocadas, ainda que mentais no observador.*

Concluindo, quando estamos falando de "Modelo Epistemológico de...", estamos nos referindo a uma abordagem e disposição cognitiva mais ampla, juntas ao pensamento clássico da ciência, com os conhecimentos da Ontologia e Gnosiologia humanas. Assim, estaremos sempre utilizando a figura a seguir.

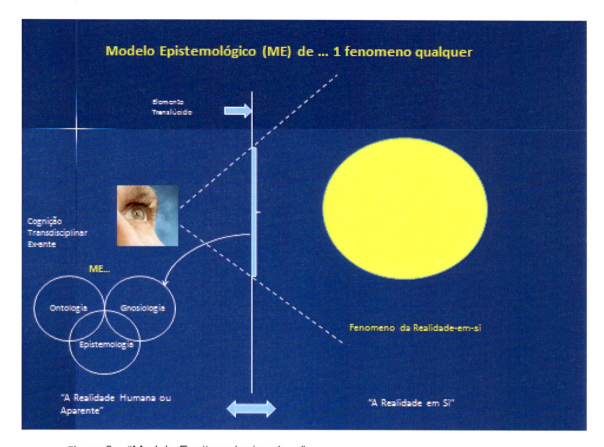

Figura 3 – "Modelo Epsitemologico de…"

É importante relembrar que a nossa abordagem é sempre (até agora) fenomenológica, isto é, a cognição é movimentada pelo sistema sensorial (seus 12 sentidos) que leva aos constituintes internos físicos inerentes a cada sentido, os estímulos correspondentes. Assim, ao vermos uma árvore com maçãs físicas penduradas, tateamos as maçãs físicas, e exclamamos: "Ah! são maçãs!". Antes da exclamação, a cognição humana, mais particularmente a Intuição humana, traz o conceito de maçã que permite a exclamação. Antes de chegar à palavra maçã, o indivíduo já passou pelos sentimentos (poderia sentir fome etc.) que acionou o tatear (volição) e depois o pensar (trazendo significação do conceito). Claramente que o tatear poderia ficar inativo. Assim, a significação trazendo o conceito expresso pela palavra maçã provoca o entendimento fenomenológico trazido pela visão. Certamente que a simples visão da maçã poderia trazer outros atributos (cor bonita, começa a saborear a possibilidade de comer a maçã, sentimento de que é grande e madura etc.) sem que diga nada sobre a palavra do idioma que conhece. É importante que os outros atributos trazidos sejam oriundos principalmente da Intuição (pensar mais nobre), mas certamente poderiam ser acionados pela emoção (do cérebro) que acionaria o desejo (emoção de comer a maçã) e pelo instinto (sistema límbico e hipotálamo) homeostático de equilíbrio físico-psíquico.

Uma aplicação do Modelo Epistemológico pode ser encontrado quando temos em foco os fenômenos que se passam nas organizações, naquelas em que podemos referirem-se como EGO, de forma geral.

Assim, os fenômenos de qualquer organização podem ser contemplados pelo observador e conduzidos ao longo do tempo de estudo-pesquisa, produzindo novos conhecimentos (significações) na mente do observador e, no nosso caso, o observador já possui na sua cognição formações estruturantes de conhecimentos sobre EGO, que na figura a seguir mencionamos como conceitos e teorias sobre EGO. Conceitos e teorias essas que serão aplicadas nos fenômenos empresariais que está observando um dado fenômeno, em um determinado espaço-tempo.

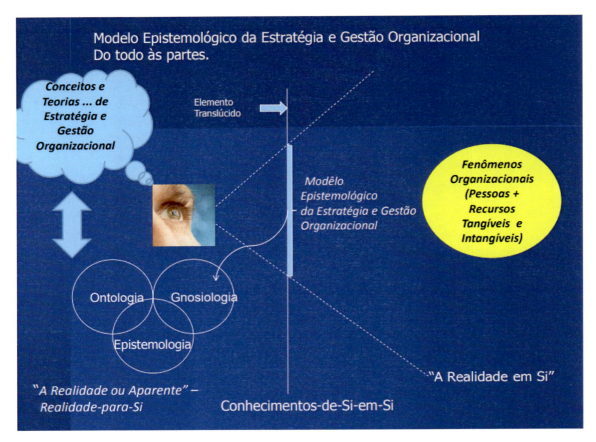

Figura 4

Assim, na busca dos conceitos e teorias autoexplicativas, o pesquisador trabalha na produção de novos conhecimentos. Vai em busca de conceitos e teorias não somente as relativas à epistemologia da ciência inerente ao fenômeno que está em foco (visual-sentimental-emocional), mas também dos aos conhecimentos trazidos pela Gnosiologia (filosofia-sabedoria) e também dos inerentes à Ontologia do ser humano. Isso significa ampliar essa busca intuitiva pelos conhecimentos (não somente científicos) mas também aqueles conhecimentos que já estão na mente ou na alma do pesquisador. Com isso, estamos incentivando o encontro da Ciência com a Filosofia-Espiritualidade, muito ao contrário desses últimos 150 anos, em que a ciência radical ignora tais conhecimentos de origem filosófica e espiritual. Os conhecimentos mais profundo sobre a filosofia-sabedoria e a ontologia humana possuem um efeito muito fertilizador na criação de conhecimentos relativos ao fenômeno em foco, sem refutar ou ignorar os conhecimentos trazidos pela Gnosiologia e Ontologia humanas. Claramente que um estudo-pesquisa profundo da Gnosiologia e Ontologia humanas inibe fortemente a caída ao capitalismo religioso (as igrejas de forma geral).*

Com a aplicação da tríade Ontologia-Gnosiologia-Epistemologia da Ciência, podemos obter a seguinte figura em que denotamos.

Pela Ontologia
Conhecimentos profundos sobre o ser humano por meio das civilizações, de suas manifestações e mudanças, principalmente da consciência e dos grandes iniciados e suas influências nas sociedades e na humanidade. Certamente dos outros seres vivos que coexistem no planeta com os seres humanos: as plantas e animais. Também o papel do reino mineral, principalmente os minerais que também são constituintes do físico humano. Assim, simbolizamos os três reinos (mineral-vegetal-amimal) e a vida e os pensamentos de Budha, Cristo e Maitreya, entre outros nomes famosos passados e futuros.

Pela Gnosiologia, a vida e pensamentos de:

Platão, Aristóteles, Kant, Hegel, Schopenhauer, Tómas Aquino, Goethe, R. Steiner, para citar alguns que o autor estuda, respeita e admira. E finalmente:
Pela epistemologia da Ciência: Aristóteles, Bose, Einstein, Eccles, Popper, Khun, A. Goswami e outros grandes cientistas.

Pela especificidade na Ciência de Administração de Empresas, em EGO, podemos citar, a título de exemplos: Mintzberg, Schein, Piaget, Maturana etc.
Segue exemplo prático do MEC em EGO.

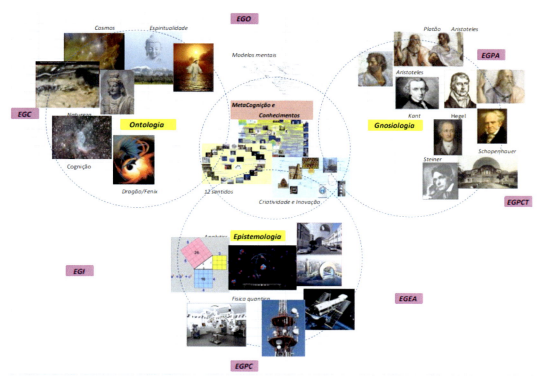

Figura 5

Assim, foi dessa forma que chegamos ao curso MBA (544 horas/aula) proposto às universidades (vide Apêndice N) com sete disciplinas de aplicação, juntamente à disciplina básica (sete submodulos) sobre a Metacognição.

Se descermos mais na categorização de conhecimentos específicos (Marketing, Operações, Produção, Finanças, Mercado, Intangíveis, Inteligencia Coletiva etc.), podemos obter mais programas-disciplinas, todas dentro de um mesmo modelo cognitivo e seus métodos e softwares. Pretendemos com isso incentivar as unidades acadêmicas das universidades a iniciar com a linguagem Metacognição aqui descrita, unindo a Ontologia-Gnosiologia-Epistemologia da Ciência. Temos assim, um caminho intelectual composto em conhecimentos (Ciência-Filosofia-Espiritualidade) convergentes para a aquisição do significado de vida conjuntamente às vivências no planeta Terra.

Nesse Apêndice N exibimos a aplicação dessa Epistemologia da Metacognição aplicada em um ambiente de MBA em Psicopedagogia, sempre concretizando pela utilização do Modelo e Software Cognitivo OET, produtos da ciência ampliada da Metacognição.

Na Figura 26 temos exibidas as expressões:

<u>A Realidade em-si</u>: a existência de uma realidade externa independente ao observador. Pode ser também o Maya (ilusão), quando temos referência no observador.

<u>A Realidade para-si</u>: a existência de uma cognição interna e sua subjetividade em dinâmica criando tácitos (significações na categoria astrálica, e também representações mentais já preexistentes no tempo, ex ante fenômeno em observação) e suas representações mentais (no etérico, quando contemplado por um certo tempo).

<u>Conhecimentos de-si em-si</u>: a existência da possibilidade de perceber em visível o movimento ou dinâmica da <u>própria</u> (do observador) cognição, que denominamos Metacognição e seus efeitos na forma de conhecimentos. No nosso caso representado pelo Método MCMI e a visibilidade dos resultados das ações mentais-cognitivas trazidas em expresso pelo Sotfware Cognitivo OET.

Tais expressões seguem a "dialética" de Hegel na sua Fenomenologia do Espírito e expressam a
criação do tácito (para-si) e sua dialética com o explícito (de-si em-si).

19.4 Sobre o Modelo Epistemologico da Cognição

Vamos utilizar o Modelo de Epistemologia proposto nas primeiras quatro premissas relativas à apresentação dos fenômenos de enfocar os fenômenos pelo todo, que no ponto zero da cognição temos em uma abordagem transdisciplinar ex ante fenômeno em que entramos junto à epistemologia científica, à ontologia e à gnosiologia. Estamos observando um observador em interação fenomenológica (qualquer tipo de interação interpessoas) com a realidade em si. A nossa observação e análise possuem e trazem a nominação de MEC do primeiro observador, em interação com a realidade-em-si.

Nessa aplicação a abordagem é sobre um fenômeno envolvendo um observador/interativo com um fenômeno qualquer, e pretendemos explicar sobre sua cognição fenomenológica. Trata-se portanto da observação epistemológica (cognição) da própria cognição dentro de um fenômeno, ou explicarmos a cognição estruturante em um observador que interage com um fenômeno, por exemplo, de uma reunião para a formulação de estratégias organizacionais.

Certamente que poderiamos também o fazer na forma de auto-observação do desenvolvimento da cognição e torná-lo expresso aqui. Optamos por um estudo sobre um segundo observador com o seu fenômeno (formulação de estratégias organizacionais).

Assim, a abordagem fenomenológica da cognição pode ser vista pelo esquema a seguir, que é composto pelos seguintes elementos:

- *Fenomenologia*
- *Self + Ego*
- *Sensação*
- *Os 12 sentidos*
- *Percepção*
- *Conceitos*
- *Costructos*
- *Modelos mentais*
- *Transdisciplinaridade*

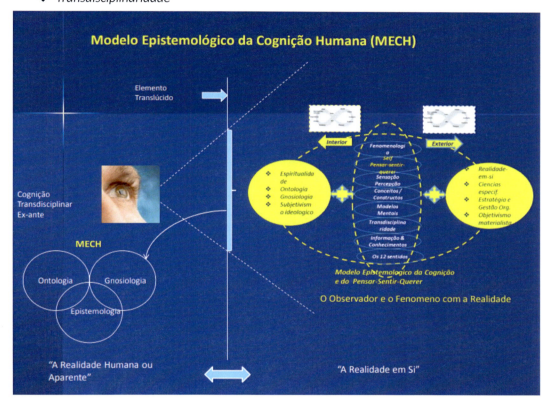

Figura 6

Esses nove elementos constituem o MEC que permitem a conexão entre a espiritualidade invisível, o subjetivismo ideológico, olhando para o "interior" do ser humano, e os elementos visíveis da exterioridade ao ser humano, tais como a realidade-em-si, a ciência clássica e suas demandas e resultados, em particular os modelos de estratégia e gestão da Administração de Empresas e o objetivismo materialista. Os olhares para o interior são efetuados pelos sete sentidos e o olhar externo ao corpo humano, pelos clássicos cinco sentidos.

Nesse processo de cognição com base em fenomenologia não estamos considerando os pensares "puros" que são: a Imaginação, a Inspiração e a Intuição. Assim, esse modelo cognitivo trabalha com os fenômenos visíveis da realidade-em-si, provocando as sensações pelos 12 sentidos.

Assim, iremos considerar e explicar os seguintes elementos e suas interações, trazidos pela transdisciplinaridade no ponto zero da cognição:

- **Monismo e dualismo (gnosiologia)**
- **O modelo hepta do ser humano e a cognição (ontologia do ser)**
- **O desenvolvimento do ser humano visto pela ontogenese ou pela filogenese**

- *A visão do todo holístico: a Unidade da Diversidade (ontologia)*
- *A vida e a consciência humanas (epistemologia)*
- *O fluir da consciência na construção da cognição individual*
- *A fenômenologia e os 12 sentidos (epistemologia e ontologia)*
- *A produção de conhecimentos internos ao ser (ontologia)*
- *Das abordagens: descendente e ascendente e sua dialética*
- *Granularidade da Epistemologia da Cognição Fenomenológica*
- *A influência das vidas anteriores na cognição na presente vida*
- *A evolução do MEC para MEP-S-Q (ontologia)*
- *Tipologias do Pensar-Sentir-Querer (ontologia)*
- *O aprender humano (epistemologia e ontologia)*
- *A constituição do MEC e a realidade*
- *A evolução do modelo para o Método MCMI e Software OET (epistemologia).*

Alguns itens escolhidos anteriormente possuem conteúdos históricos e acadêmicos que mereceriam maiores discussões e explicações, no entanto, fica claro que estamos querendo explicar os pontos essências de cada item, visando a um posterior entendimento constitucional do MEC e depois os derivativos metodológicos e da tecnologia de software envolvido. Não cabe portanto neste livro a discussão dos detalhes de cada item, fica o desafio para outras publicações. Outra consideração importante é o fato de que o conhecimento é produzido pela vivência do nosso dia a dia nos fenômenos que nos envolvem, e muitos conhecimentos são produzidos e recolhidos na nossa mente por simbolismo, figuras ou ícones que são as informações expostas nos livros, e portanto também neste livro. O recomendável é que o leitor entenda os simbolismos das palavras deste livro e consiga nos seus fenômenos envolventes na vida produzir-em-si o que se fala neste livro por meio de palavras. Conhecimentos produzidos pelo ser, juntamente aos outros seres, é certamente muito mais conhecimento (vivo, Steiner) do que a símbologia constante nos livros (pensamento morto).

Essa questão é muito importante, pois muitos acadêmicos, professores, pesquisadores ainda pensam que os livros são conhecimentos (mas são somente informações) e valem mais do que os seres vivos (professores orientados em fenômenologia) e suas atuações, que produzem conhecimentos (como pensares vivos) nos fenômenos viventes, por exemplo nas salas de aula. Procuramos neste livro transmitir os conhecimentos na forma de informações simbólicas na forma de imagens (como explicado na introdução do livro) procurando sempre uma transmissão 1°) holística (!) de ideias tácitas inerentes na imagem, mas também, na medida do possível, complementar com 2°) explicações (lineares!) ao leitor. Sempre que possível estaremos também colocando 3°) citações de autores que influenciaram os temas em foco.

Lembro aos leitores de que a comunicação por imagens produz um atingimento inconsciente direto na mente, pois atinge diretamente as imagens que foram incorporadas na época de infância do ser, trazendo significações perceptivas e analógicas que são residentes tácitos nessas épocas em que as crianças foram constituindo seus corpos energéticos juntamente aos conhecimentos mais inerentes do seu crescimento vital e primeiros entendimentos do que seja o mundo material (principalmente) circundante. Trata-se do preparo que a criança possui ao dar seus primeiros passos no viver do seu corpo físico no físico-material do planeta, preparo esse constitucional físico-emocional-sentimental-volicional nesse novo mundo onde volta a viver (reencarnação).

- *Monismo e Dualismo (gnosiologia)*

As abordagens ou posições de monismo e dualismo se referem basicamente à aceitação de explicações sobre a origem do ser humano. O Dualismo, bastante aceito entre os cientistas e acadêmicos, é uma posição que surgiu fortemente com o advento e progresso da Ciência no confronto de ideias contra as religiões desde a idade medieval, principalmente

após as cruzadas das guerras religiosas. A consolidação da igreja católica romana influenciou o surgimento de pensadores como Galileu, Copérnico, Descartes, Bohr, Einstein, Popper, Eccles e muitos outros grandes nomes da história científica humana, e que, com o surgimento das universidades em todos os países, os progressos científicos conseguiram produzir produtos e serviços que possibilitaram a prosperidade material e conforto no viver de suas populações. Assim, a metodologia científica modelou o Pensar das sociedades de que o material visível possui prioridade na existência pessoal e social, e que as coisas invisíveis são inexplicáveis pela metodologia científica, portanto, seriam "males" aceitos. O dualismo portanto seria a aceitação de que o material possui existência primária (existe antes de tudo) e as coisas invisíveis seriam "epifenômenos", ou seja, são fenômenos derivativos do ser humano, mas são frutos dos materiais visíveis, em particular, de que o pensar é fruto das atividades cerebrais.

Aos poucos, com o desenvolvimento da Física Quântica (Bohr, Einstein, Heisenberg etc.) e outros cientistas quânticos (Amit etc.), veio à tona essa questão de quem produz quem, chegando a aceitações da existência das coisas invisíveis como elementos a discutir pelos cientistas mais modernos como Eccles e Popper (vide livros), que elaboraram modelos duais com a conclusão da aceitação de coisas invisíveis, na discussão ou interação com as coisas visíveis, em um posicionamento científico que ainda vem crescendo. A discussão da interação do cérebro com o espírito merece ser estudado pelo leitor (veja capítulo específico do modelo de Eccles), a fim de saber os posicionamentos mais modernos da ciência, para que perceba que o movimento moderno científico se adianta em relação à ortodoxia científica de muitas universidades e acadêmicos brasileiros em particular. Hoje, os pensamentos dualistas mais modernos indicam duas origens ao ser humano: uma origem proveniente do próprio físico e outra origem pelas vias do invisível, ou da origem da alma humana. Importante citar ainda que a expressão alma pode incluir o espírito, em que, segundo nosso modelo adotado, espírito seria a parte que provém do espírito digamos cósmico e que reencarna a cada vida retomada, e alma seria as energias invisíveis que se manifestam durante essa vida específica de reencarnação.

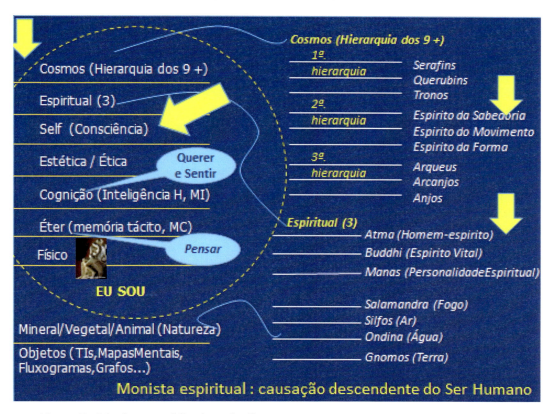

Figura 7 – Monismo espiritual e o dualismo

Quanto ao monismo, a categoria mais importante é o monismo espiritual, que afirma a prevalescência do espírito sobre a matéria, isto é, o espírito é quem cria as matérias. Em contrapartida, existe o monismo material, no qual o supremacia é da matéria, sendo o espírito uma questão epifenômenica, ou seja, o espírito é derivativo da matéria.

O nosso MEC utiliza a abordagem Monista Espiritual partindo do "ponto zero" de que o espírito existe em primeiro lugar e vai se criando segundo leis/funcionalidades de camadas energéticas no homem, (veja figura anterior), ou seja, temos a hierarquia dos nove (Capítulo), que trabalha o ser no seu ciclo reencarnatório. O ser (chamemos de Self) é proveniente do "ponto zero" nas Mônadas e representa uma gota do oceano espiritual, ou uma alma individual do oceano de almas (figura 24.8), ou, em outra metáfora, de uma consciência individual da consciência cósmica, e que por meio de sucessivas encarnações e desencarnações nos planetas em que a humanidade vai se desenvolvendo, procura desenvolver suas características espirituais.

Figura 8

Assim, o Self é a denominação arquetípica do espírito individual, que descendo novamente na Terra cria, por meio do mundo etérico e do mundo astrálico, os seus corpos etérico e astrálico, e finalmente o corpo físico, visível aos sentidos humanos. Esse início de criação dos corpos astrálico, etérico e físico começa desde o embrião (três meses da gestação) e se estende em nove meses no desenvolvimento do feto com os seus órgãos funcionais em desenvolvimento buscando as formas finais do ser humano como nós conhecemos, e com a localização relativa dos órgãos como conhecemos hoje pela medicina neonatológica. Por exemplo, na separação das células-mãe no desenvolvimento de órgãos cada um com as suas funcionalidade, temos a criação dos órgãos ouvido e rim, que embora tenham localizações físicas finais diferentes são provenientes da mesma célula-mãe, razão pela qual possuem o mesmo formato (formato da orelha com o formato do rim). Outro exemplo refere-se à formação de células do olho (córnea) e das células que compõem o intestino grosso, também provenientes da mesma célula-mãe, de tal forma que atualmente há profissionais de saúde que fazem fisioterapia-nutricional com o diagnóstico da saúde do intestino grosso por meio de um exame fotográfico da iris (iridologia). Podemos dizer que o corpo etérico, na sua tipologia vital, é que mantém os órgãos funcionando, e essa característica é que expressa a vida do ser humano no que toca à saúde física. Dizer quando um ser vivo está vivo ainda é polêmico dentro da medicina, se é o cérebro ou coração que para. No nossa visão, a vida se refere ao funcionamento vital de seus órgãos, quanto à vitalidade fornecida pelo corpo etérico, estritamente ligado aos órgãos.

Importante lembrar de que o corpo etérico, de conformação junto ao corpo físico, é constituído no seu todo (operacional) já no término da constituição física do bebê e termina efetivamente em torno dos sete anos da criança, segundo o curso biográfico de Steiner (vide Gudrun). Esse corpo etérico é assim chamado de corpo, pois possui uma conformação com o corpo físico e é constituído e sua dimensão vital é que oferece vida ao ser humano, ao longo da vida do ser, esse ao longo dá a significação de que nesses anos de vida o ser luta contra a extinção do corpo vital, lutando para o asseguramento vital ao corpo físico. Uma comparação compreensiva relativa ao etérico das plantas é que nessas não há formação do todo de um corpo, de forma que as plantas dependem sempre da existência da energia éter emanada pelo astro Sol. Comparativamente, o corpo astral de formação no ser é constituído pelas forças dos astros que circundam o planeta Terra, e também termina depois que o corpo físico é constituído e entregue às condições do planeta Terra, em torno dos seus 14 anos. Evidentemente, o corpo astral é terminado à medida que o corpo etérico tenha terminado, e parte das energias etéricas se transforma e ajuda na constituição do corpo astral. Daí a plena comunicação entre os dois corpos. Uma compreensão do corpo etérico é sua constituição ser uma superfície circundante aos órgãos físicos, e atuam fortemente conforme os órgãos que circundam. O mundo físico natural do etérico à "água humana" e por meio dessa o corpo etérico atinge e fortalece vitalmente os corpos físicos. Vale lembrar de que o elemento água preenche 80% a 90% (vide) do volume total do corpo físico, da qual vem a expressão de que o "ser humano é uma coluna de água andante".

❖ O modelo hepta do ser humano e a cognição

Pretendemos aqui explicar a expressão cognição em relação a outras capacidades ontológicas e constitucionais do ser humano, tais como Pensar-Sentir e Querer. A cognição é o movimento de todos os órgãos físicos, etéricos e astrálicos sob a coordenação do Self indo em direção à aquisição de conhecimentos atraídos pela diversidade de possibilidades, pondo a consciência em movimento e focando nas instâncias desejadas pelo Self (inconsciente) bastante abrangente, ou pelo desejo de base volitiva (consciente pelo ego, ou inconsciente) naquilo desejado, enfim, pode ser um movimento restrito no âmbito funcional de Pensar-Sentir-Querer. Assim, a tríade P-S-Q é uma redução da cognição para dentro de suas funcionalidades ou possibilidades de realização, por trazerem em-si as principais repercussões quando o Eu é orientado por determinadas realizações, em específico na resolução de determinados problemas/atratividades da realidade-em-si e que requer a participação ativa do Eu.

Lembramos também nesse momento que a significação do Eu Sou é a mais abrangente possível na identificação do ser, sendo composta essencialmente pelo Self (a parte espiritual permanente) e pelo Ego (assemelhado ao ego da Psicologia), formado a partir dos condicionamento que a criança sofre do seu meio ambiente, a partir de seus pais, amigos e colegas que acompanham o crescimento da criança, e de todos os sinais, símbolos que a criança é sensível e percebe significações durante a infância e juventude. O Eu Sou, portanto, é sua maior ou mais densa identificação de si próprio, na expressão deste livro

abrange tanto a parte espiritual com a parte de identificação pelo meio social envolvente.

Numa visão teosófica-antroposófica, podemos inferir que o objetivo do Cosmos/Deus/Pai Celestial/Consciência Cósmica seja a criação de uma tipologia de seres vivos denominados por nós de seres humanos, que por processos/viveres autoconscientes vivem e se constituem em uma direção de desenvolvimento da humanidade em direção às potências da Liberdade e do Amor (vide Steiner).

Os sete níveis energéticos são:
Nível "corpo espiritual" e permanente no Cosmos:
- *Atma*
- *Bhudi*
- *Manas*
- *Self (individualizado).*

Nível corpo "terrestre" (corpos que se esvaecem por ocasião da morte do corpo físico)
- *Corpo Astral*
- *Corpo Etérico*
- *Corpo Físico.*

Ao se reencarnar em uma vida na Terra, o "corpo espiritual" reconstitui o ser humano com a construção do corpo físico (materiais físico-químicos do planeta Terra), o seu corpo etérico (força energética circundante no planeta Terra, material etérico) que lhe dá as forças vitais de crescimento, principalmente no desenvolvimento da criança, desde o embrião e feto, ao nascimento e crescimento até os 7 anos. A partir dos 7 anos (em torno, certamente), por ocasião da primeira troca dos dentes, sinaliza-se a constituição mais dirigida do corpo astral, cujo término se realiza em torno de 14 anos. Aos 21 anos, temos encarnação completa do Self (e Ego modelado) com esse novo corpo físico.
Embora estejamos representando o ser humano com símbolos discretos e bastante compartilhados ou distintos, a compreensão deve ser de que, fora o físico, que percebemos distintos, os outros corpos são do tipo energético, e que há uma completa intercomunicação entre eles. Assim, o corpo etérico, embora de conformação com o corpo físico, que está também imerso em líquido humano, comunica-se inteiramente com o corpo físico, pelos seus elementos constituintes de tipologias: éter-vitais, dando vitalidade ao corpo físico; éter-químico, de comunicação com os líquidos humanos; de éter-luz, comunica-se com o corpo astrálico; e éter-fogo, com o corpo calórico, sede do Self. O Self por sua vez comunica-se com todos os corpos pelo seu corpo calórico.

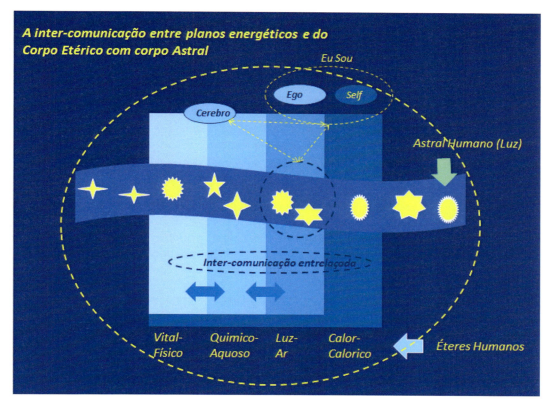

Figura 9 – Como os planos e corpos se comunicam entre si

Em resumo, o corpo "terrestre" é constituído por um processo de gestão do corpo "terrestre" pelo corpo "espiritual" à medida que o ser humano vive essa encarnação, e é modelado em comportamentos e valores. Nesse encaminhamento do ser humano específico, muitas "coisas" do ambiente circundante são inscritas no cérebro, por exemplo, a capacidade de pensar logicamente, metaforicamente em comportamentos humanos provenientes do aprender a matemática, ou a capaciadade de sentir emoções que ficam registrados no corpo etérico proveniente do corpo astrálico.

O principal órgão de registro no físico é o cérebro (símbolos, emoções, sentimentos primários, movimentos motores, funções sensitivas) e que utiliza o sistema neurossensitivo na transmissão de sensações/comandos para os sistemas digestivos, respiratórios, motores, simpáticos e de reprodução/sexuais. O desenvolvimento da ciência faz com que pensassemos que o cérebro fosse o registro e a fonte de todo o processo de vida do ser humano, mas é superimportante perceber de que o corpo etérico concentra toda memória do processo cognitivo, seja do pensar lógico simples, seja de emoções e de sentimentos. Pela facilidade funcional, muitas "coisas" que vêm do ambiente fenomenológico passam pelo cérebro, que pode registrar ou não fisicamente no cérebro, porque a memória mais permanente, de longo tempo, encontra-se no corpo etérico.

Outro ponto a entender é que o cérebro é um órgão "de gestão" em desenvolvimento já há milhões de anos e há aprimoramento funcional gradativo de suas possibilidades funcionais, assim como do todo do corpo físico.

Tudo indica que a consciência cósmica, esse todo criador, está gradativamente melhorando as partes constituintes do ser humano, em específico o cérebro humano, dando-lhe as funções simbólicas, motoras, digestivas, repodutoras, do sistema hormonal e sanguíneo, naquilo que o cérebro funcione facil ou rapidamente, no processo de gestão do ser na medida de sua atuação nos fenômenos em que participa, o cérebro vai consolidando sua atuação como gestor. À medida que extravasa por volume ou por diversidade funcional, *as experiências podem ser gravadas no corpo etérico. Assim, o corpo etérico constitui a memória, de curto e longo prazos, durante a vida do ser. Nos seres humanos de idade avançada, digamos perto de 90 anos ou 100 anos, a memória curta (cérebro) se deteriora, e o idoso acessa muito facilmente a memória longa (éter), mas não consegue acessar os acontecimentos de curto prazo, normalmente gravadas no cérebro físico. Tudo indica que, com o passar do tempo, o cérebro aumenta sua carga de funções em relação à complexidade moderna e populacional, cujos excessos passam ao corpo etérico.*

A gravação a longo prazo de todos os acontecimentos e daquilo que mereceu ser gravado no corpo etérico constitui a memória do ser e que lhe dá significação especial e específica ao ser específico. Essa memorização fornece a sua história como ser específico e permite que o ser específico tenha identidade única.

❖ O desenvolvimento do ser humano visto pelo ontogenese ou pela filogenese

Claro está que filogeneticamente temos mais dificuldades de notar as melhorias na ontogenese do ser, ficando aos especialistas correspondentes a descoberta de suas melhorias no ser em todos os seus componentes constitucionais.

Figura 10 – O ser humana visto com 7 dimensões ou Corpos: A identidade individual EuSou (Self + Ego)

*Essa dupla noção de identidade consigo próprio (ser sempre a mesma coisa, ou tipologia de ser vivo) sendo constituído pelos sete níveis energéticos, portanto ser vivo do ser humano, mas com única significação dada pelo Self, e juntamente ao histórico gravado no corpo etérico, temos assim a **identidade** que denominei de **Eu Sou**, único nesse fenômeno situacional de local e tempo, ou seja nos fenômenos em que **local e tempo** são bem definidos ou inquestionáveis.*

Ser a mesma "coisa" e ter "uma história única para contar" determina a identidade de um ser.
*Se numa situação não for aceito o Self como origem unívoca do ser (imagem da gota d'água), a identidade será desempenhada pelo Ego e sua história, em que este se apropria de todos os pensamentos, sentimentos e atos (querer) gravados ou não em uma camada energética, etérica ou não. Dessa forma se constitui a **Identidade de um ser** e podemos falar sobre a consciência desse indivíduo, a consciência individual.*

❖ A visão do todo holístico: a unidade na diversidade

Esse tópico é muito importante quando estamos tratando de coisas imateriais. Fomos moldados desde pequenos a olhar para o ambiente circundante composto por objetos distintos, os objetos possuem formas bem delineadas, e podemos tocá-los e sentir a consistência dos objetos, ou ouvimos os sons provenientes dos animais ou a rugosidade do caule das árvores.

Fomos condicionados a sentir as sensações provocadas pelos objetos que possuem forma e ocupam regiões delimitadas pela incidência da luz nos objetos e que incidem na retina. Chamamos esses objetos como unidades ou o todo do objeto visível. Agora, como podemos perceber o todo de algo invisível aos olhos? à nossa visão? Assim, o todo de um objeto qualquer é efetuado pela sua forma percebida pelos nossos sentidos, notadamente a visão. Dizemos então que o todo ou a unidade está no objeto. Ao perceber o objeto, a sua imagem como uma unidade vai para a retina, que então é "percebida" ou interpretada pelo cérebro ou seu corpo etérico correspondente. No entanto, há uma outra forma de detectar a noção de unidade, de um conjunto de objetos distintos na forma. Examinemos as figuras a seguir:

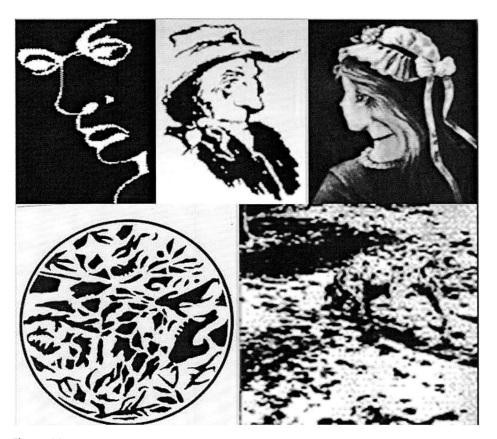

Figura 11

Nesse conjunto de imagens temos dois tipos de processos de visualização, o primeiro tipo temos as três figuras de pessoas, nas quais, dependendo de como olhamos, a nossa visão vai enviar as imagens à retina e o cérebro (físico/etérico) perceberá duas figuras distintas, ou seja, cada figura contém dois objetos (a palavra Liar e figura de rosto, um velho e um jovem, uma moça e uma velha). Isso significa que a mesma unidade de objeto pode gerar dois objetos diferentes durante a fase de interpretação da imagem enviada à retina, ou seja o todo ou a unidade não está no objeto, está na interpretação dentro do ser, mais especificamente no cérebro/éter. Significa portanto que o todo está interno ao ser, no cérebro físico/etérico, e não no objeto-em-si.

No segundo conjunto de imagens, o efeito é mais interessante, temos uma conjunto de manchas sem algum significado e, de repente, o observador pode perceber um específico conjunto de manchas, e surgir uma significação, na figura da esquerda, "uma girafa!", e todas as posssiblidades que essa significação pode evocar: animal de pescoço comprido, pernas longas, o dia em que viu a girafa no zoológico, estava com a mãe, com pipocas etc. Na segunda figura o observador exclama: "vejo um cachorro dálmata!", e como a primeira imagem a significação surgiu dentro do ser, sem que nada acontecesse com a figura. Na psicologia, esse processo de "percepção da significação na mente do ser, de repente" se denomina "processo de insight, em uma configuração global de ícones ou símbolos, ou seja, em uma Gestalt de "configuração de símbolos" conseguir distinguir um subconjunto (uma unidade) que forneça repentinamente um significado. A unidade que forneceu a significação representa uma unidade composta por elementos diversos. Podemos dizer também que uma diversidade de formatos podem compor uma unidade, que traz pela mente uma significação, especial, e pertinente ao observador. Um outro observador, olhando o mesmo conjunto de símbolos, pode não atingir o Insight em Gestalt.

Assim, a unidade que gera na mente do ser uma determinada significação pode se referir a um objeto único fisicamente, ou uma diversidade de objetos ou símbolos separados fisicamente de forma a, quando nesse caso, o cérebro do ser é que fez "o trabalho de buscar" a significação, juntando-se às diferentes partes. No primeiro processo temos um out-sight (visto por fora, na visibilidade), o segundo caso, temos um in-sight, vindo por dentro do ser a junção do todo ou da unidade.

Esse atingimento direto a significação ao olhar para uma diversidade de figura, imagens, ou símbolos, em separados foi percebido pelo Goethe (vide) e denominado de intuição, sendo destacado na diferenciação com o pensar que origina de um só objeto externo, e distinto, e que traz o conceito preexistente. Veremos mais para frente de que, quando vejo um objeto, o cérebro automaticamente vai buscar o seu significado, muitas vezes trazido já na nossa mente durante as épocas de modelagem infantojuvenil, pelos pais e amigos mais pertos na época juvenil para a adulta. Essa significação é armazenada na memória cerebral-etérica, e isso é demonstrado por Eccles no seu livro (). Certamente que a gravação no cérebro, à medida que esgota sua própria capacidade, é efetuada diretamente no plano etérico, quando então é muito mais amplo. Podemos inferir que quando temos uma gravação no cérebro temos a conhecida "memória de curto prazo", e quando passa ao corpo etérico, temos a "memória de longo prazo".

A significação de curto prazo inicia já nos primeiros anos de vida do ser e é muito influenciada pelas significações que os pais (primeiros modeladores) passam ao bebê-criança--infantojuvenil, sendo também exercida pelos amigos que a sociedade lhe traz. Essas significações, adiantando, podem ser de caráter em sentimentos, depois de conceitos, e também de mobilizações volitivas (popularmente, estou com "vontade de fazer"). Ou seja as significações envolvem diversas tipologias internas que chamamos de significações, significações internas que permitem o ajuste-social das crianças-juvenis à medida que a vida se lança, pois éter-vital vai sendo utilizado, na nossa luta diária "contra a morte" certa.

❖ A vida e a consciência humana (Epistemologia)

*Para explicarmos o que seja **consciência** humana, individualizada, em um ser, é necessário termos a noção do que seja i**dentidade** do ser humano específico. Porque a consciência individual sempre se refere e se manifesta em relação a um indivíduo em específico, em estudo.*

Consideremos a figura a seguir, no tema holístico, para explicarmos a atuação da consciência individual, e seu atingimento como um todo acionando tanto seus componentes ontológicos (modelo hepta de composição do ser), como aspectos ligados com a Gnosio-

logia (que tipo de fenômeno é esse?) e os aspectos epistemológicos, digamos científicos que estamos evocando (os sentidos humanos, as instâncias de consciência e da inconsciência freudianas ou junguianas). Com isso, podemos chegar à visão epistemológica, holística, sintética e fenomenológica nas explicações, e termos um conhecimento bastante amplo, criado no campo etérico do leitor.

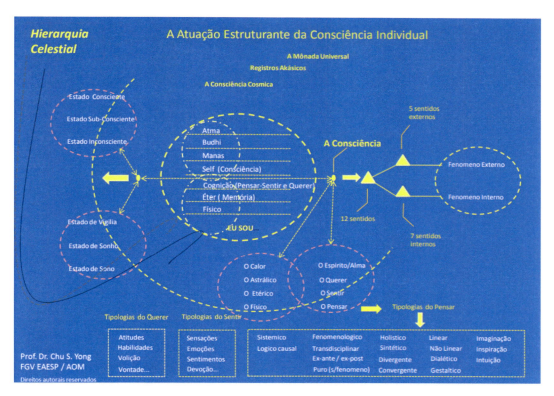

Figura 12

Vamos então às partes do fenômeno "Atuação Estruturante da Consciência Individual", holisticamente representada na figura. Relativo à vida humana, seria representado pelas camadas energéticas constitutivas do ser, e fundamentalmente pelo etérico vital, que continuamente fornece energia para o crescimento do corpo humano e seus órgãos, e o corpo astrálico no desenvovimento das emoções e sentimentos do ser.

A chegada da energia prana (éter) pode ser observada pelos diversos Chakras recebedores e distribuídos pelo corpo etérico ao restante dos corpos astrálico e físico. Isso significa que o crescimento das energias nos corpos dá-se pelo crescimento "vegetativo" de energias ao longo da biografia humana, aos 7 anos (formação do corpo etérico formado) e aos 14 anos (formação do corpo astrálico canalizado pelo éter e trasmutada a formação do corpo astrálico). Esse aporte energético seria contínuo não fosse pelos desgastes provenientes da atuação da consciência individual. Isso também fornece uma visão de que a vida na verdade seria sempre uma luta contra a degeneração do corpo etérico, provocado pelas degenerações, desfuncionalidades e desgastes do corpo físico.

Poderiamos considerar então a vida humana ao suprimento e constituição do corpo etérico, e esse mantém continuamente o corpo físico em funcionamento. A atuação do "corpo espiritual" composto pelo Self (e seus corpos Atma, Budhi e Manas) na coordenação e atuação das ações comportamentais (vontade humana), sentimentos (astralicos) e pensamentos (astrálico-etéricos) do corpo "terrestre" gera um desgaste energético, compensado pela entrada, quando necessário, das energias vitais de prana (éter), porque, à medida que a coordenação/atuação pelo corpo espiritual nos demais corpos do "corpo terrestre" acontece, há sempre um consumo das energias imanentes no corpo terrestre.

Podemos então considerar que a consciência individual seria a atuação do "corpo espiritual" no "corpo terrestre", gerando desgastes energéticos. Esse desgaste pode ser expresso por exemplo pelo "estou cansado" pelos exercícios efetuados pelo ser.

Todas as ações físicas, de sentimentos e emoções, e do pensar envolvidos pela moral (teosofica) na sua boa atuação em relação à Liberdade e ao Amor (vide Steiner) no atingimento das raças futuras humanas (época de Filadélfia, na formação da sétima raça humana), serão registradas correspondentemente no Atma, Budhi e Manas. Trata-se do processo de "espiritualização da matéria" muito expresso nos meios mais esotéricos, coerente na fala esotérica de que futuramente o ser humano dispensará o corpo físico e certamente com outros desenvolvimentos de órgãos compatíveis com a época e raça. Importante também ter uma ideia da estrutura dos seres da hieraquia celestial (leia Steiner), e do como se inter- relacionam os corpos, podendo portanto situar a humanidade como a décima hierarquia, em seguida aos anjos na nona hierarquia. Essa perspectiva fornecida pelo Steiner permite visualizar filogeneticamente a futura composição constitucional do ser humano perante as hierarquias cósmicas.

Essa visão de desenvolvimento filogenético é também muito importante para destacar que o ser humano, indivíduo de hoje, não é um ser vivo de constituição orgânica e funcional, acabada. Há um contínuo desenvolvimento morfogenético e funcional de órgãos atualmente atuantes e de novos órgãos. Por exemplo um novo órgão da fala (faringe) estaria em formação (Steiner) para a constituição de uma fala simbólica mais expressiva (emocional, sentimental, moral) ao longo do desenvolvimento da humanidade.

Ao leitor mais cético do "modelo antroposófico" muito utilizado até aqui, convido-o a estudar o modelo quântico relativo ao entendimento do que seja a consciência (cósmica universal e individual) e também sobre a Hierarquia dos 9, como "mecanismos, melhor, sistemas epistemológicos" da consciência cósmica, e poderá chegar a pensamentos metafóricos de boa conclusão (insights) ao entendimento dessa questão fundamental da Ontologia do ser e da consciência cósmica e individual, tudo regido e explicado principalmente pelos princípios de Schoredinger, Bohr e do Paradoxo de Godel.

Tudo indica que a consciência cósmica é a força de criação dos elementos que chamamos de entidades vivas (devido aos fatores energéticos), e cujo desenvolvimento espiritual/material continua sendo "trabalhado" pelos seus criadores. Se nós refletirmos sobre os tempos de Lemúria, Atlantes e atualmente sobre a quarta e quinta raças, é possível entender, ainda que pouco, e individualmente, o aprimoramento da raça humana, nos seus diversos aspectos. Tudo também indica que há um desenvolvimento dos aspectos físicos do ser humano, trazidos pela manifestação do espírito na matéria.

O espírito individual, pelas suas qualidades inerentes e pelos desenvolvimentos das diversas encarnações, interage durante suas peregrinações no cosmos, com seres normalmente de sua natureza naquele instante, e sua volta na Terra é provocado pelas oportunidades de interação com uma diversidade enorme de almas de graus muito diferentes. Esse encontro com a diversidade de almas permite o desenvolvimento do espírito/alma, na sua encarnação presente. É pelo encontro com os menos desenvolvidos, alma e espírito, e também no material, que as almas mais avançadas podem se autodesenvolver obedecendo aos desígnios da consciência cósmica.

A análise da complexidade do cérebro físico evolutivo desde os tempso remotos (Lemúria, Atlantes) indica a utilização funcional cada vez mais complexo do cérebro físico, cuja complexidade acompanha a evolução do complexo social, que hoje percebemos as transformações e o acelerado das problemáticas. A humanidade e seus grupos crescem na complexidade, e o aceleramento dos processos humanos sociais tem exigido maiores funcionalidades no proprio cérebro físico, que é o órgão humano de maior interação funcional inter-órgãos na cognição humana, via corpo etérico, principalmente. O corpo

etérico representa a forma vital de alimento contínuo às formas etéricas, que moldam os diversos órgãos físicos humanos e também representa a memória humana, na qual são registrados os acontecimentos que envolvem o Eu Sou, gerando sua história como ser vivo individual, memória essa que pode ser acessada, no presente momento de vida, com as vidas anteriores. A memória e o Self constituem as duas "campeãs" que caracterizam o fluir desse ser ao longo do tempo, local, e além disso, na transcendência desses dois últimos. Com isso, as funcionalidades do cérebro também se modificam ao longo dos tempos, e aí muitas funções foram especificadas pelo método científico (veja Eccles) e por outros autores na área da neurociência e seus pesquisadores.

Assim, funções cerebrais sempre vão sendo instauradas no ser (e verificadas por métodos científicos) provenientes de camadas superiores ao corpo físico, e sendo aprimoradas nos órgãos correspondentes nos corpos físicos, incluindo certamente o cérebro físico, meta de estudo da neurociência.

Ao mesmo tempo que a ciência progride, há outros grupos, com outras metodologias de estudo, que estudam e completam os avanços científicos. O avanço desses outros grupos de estudo traz sem dúvida alguma o progresso do ser humano, enquanto ser humano. Com isso, declara-se que outras formas de estudo surgem e possuem validade muito grande em relação aos avanços da ciência. Cabe a ela incorporar essas outras aberturas metodológicas.

❖ O fluir da consciência na construção da cognição individual

*Se aceitamos que a Consciência é o trabalho que o Eu Sou (Self Espiritual + Ego modelado) exerce quando faz a "gestão" dos seus "corpos", podemos determinar ou orientar a atenção dessa Consciência, ou seja, onde deve ser exercido o trabalho (de gestão). Essa junção do Eu Sou e da possibilidade de colocar a Consciência em regiões escolhidas pelo Self e Ego, para o seu iminente e imanente expressão do Viver, podemos chamar de **dirigibilidade ou fluir da Consciência**, naquela volição-sentir-pensar (reducionismo do Eu Sou) comandado pelo Self ou Ego. Essa dirigibilidade pode ser expressa também pela palavra **Atenção** (conexão com trabalhos científicos, Eccles), cujo desdobramento funcional pode ser explicado pelas palavras de: **Foco** ou **Concentração** e **Intensidade**. Assim, o fluir da consciência pode se dirigir para fenômenos externos (via cinco sentidos externos) e para fenômenos internos (via os sete sentidos internos). O Self Espiritual é eminentemente espiritual-inconsciente, enquanto que o Ego é o Eu formado-modelado (Skinner) desde a infância, pelo ambiente circundante. Essa ação pode ser portanto exercida em uma instância de vigília, de sonho ou mesmo de sono, correspondendo aos estados que chamamos de Consciente, Semiconsciente e Inconsciente.*

A Consciência é portanto um "ponto de trabalho", expresso em um processo de coordenação ou gestão, do Eu Sou aos componentes astral-etérico-físico, consciente ou inconsciente, exercido pelo Eu, composto pelo Self espirirtual e pelo Ego modelado pelas forças "mentais" ou "símbolos" do ambiente. Essa modelagem simbólica envolve os sinais (ícones) tais como a linguagem, falas, sons, impressões táteis, figuras visuais, reflexões próprias sem imagens externas (provenientes dos cinco sentidos), ou mesmo representações mentais provenientes dos processos internos provenientes dos sete sentidos internos.

Cumpre dizer que, em vigília, executamos também processos inconscientes, por exemplo, quando erguemos o nosso braço, e isso, a rigor, vemos somente o resultado "o braço erguido", mas uma ordem inconsciente foi efetuada, sem estarmos conscientemente em vigília, percebendo e executando a ordem. Se o observador estivesse sob domínio do Ego, observando o erguer do braço, dizemos então que o processo seria autoconsciente. Assim, quando o Eu exerce a ação em um determinado lugar (ponto de consciência), por exemplo, pela visão externa, o observador simplesmente recebe sensações (primeiridade de Pierce, vide Pierce) por meio da visão do objeto, esse objeto pode provocar ações reflexas de defesa por exemplo, e todo o corpo responde com a volição em movimentos.

O corpo se prepara para defender (digamos) ao ter observado o citado objeto externo. A visão desse objeto pode também ser trabalhado pelo nosso "corpo" de sentimentos e pelo nosso pensar.

Assim, o nosso trabalho expresso pelo livro é mostrar o fluir da Consciência pelos diversos caminhos de manifestação da Consciência do ser, provocando cognição, ou seja criando conhecimentos, nas suas diversas formas na memória humana, constituindo a memória individual e histórica de vida do ser. Essa memória é um dos constituintes principais do ser humano individual, sem a sua existência, o indivíduo perde sua posição temporal e histórica, perdendo sua noção pessoal de identidade como ser humano, aproximando-se do reino animal e vegetal.

Uma característica importante da consciência, quando em atividade consciente, é vetorial, isto é, existe sempre acionado uma direção e sentido. Assim, sempre estamos falando de estar "consciente em" algum objeto ou entidade. Essa atividade é expressa pelos sentidos (internos e externos), principalmente pela visão e audição, que são os sentidos de expressão mais amplos quanto ao ambiente externo. Assim, posso estar consciente olhando na direção de uma flor que está no jardim, e criando uma cadeia/diversidade de pensamentos relativos à visão exercida do momento.

❖ A fenômenologia e os 12 sentidos (epistemologia e ontologia)

Neste capítulo vamos mostrar uma nova epistemologia do Pensar-Sentir-Querer, visto que a aquisição dos conhecimentos é efetuada na visão ou contemplação de um fenômeno no mundo da realidade-em-si circundante ao observador. O observador tem por objetivo criar ou buscar conhecimentos à medida que observa ou participa ativamente do fenômeno. Dizemos então que o observador utiliza sua cognição fenomenológica.

Importante enfatizarmos de que o observador interfere ou influencia o fenômeno que observa principalmente se no fenômeno temos outros seres humanos envolvidos. Há como sabermos de uma comunicação entre os seres humanos pela interação energética dos éteres, do astral, e dos calores circundantes aos EUs envolvidos. Pela Física Quântica teríamos a explicação das comunicações não locais e pelo modelos holográficos de Eccles e Sheldrake também.

Vamos então mostrar o processo de criação de conhecimentos com base na observação de fenômenos. Lembramos aqui que essa condição de construção de conhecimentos baseado na interação com fenômenos é coerente com a posição de Kant, que sempre admite a possibilidade do pensar abstrato somente a partir de um fenômeno da realidade física. Consideremos então a figura a seguir:

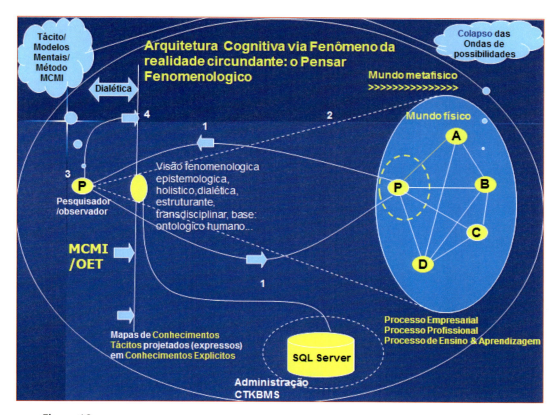

Figura 13

Utilizando nossa abordagem Monista-Espiritual, temos no início da dinâmica o mundo metafísico ou mundo espiritual. A seguir surge o fenômeno da realidade física (mundo físico) identificada por processos profissionais, processos organizacionais, ou processos de ensino-aprendizagem, como exemplo, o nosso observador P participa dos processos com as pessoas A, B, C e D, ao mesmo tempo (posições 1 e 2) que observa os processos (posição 3 de P). Em uma distância determinada do grupo, o observador P se propõe a adquirir conhecimentos nessas interações com B, C e D, desempenhando assim dois papéis, de observador e participante do fenômeno. Como observador utiliza seus cinco (para o exterior) + sete (para interior) sentidos em um processo de sensibilização pessoal, utiliza o pensar intuitivo para a aquisição corresponte dos conceitos e consegue expor, hipoteticamente, em uma superfície translúcida o mapeamento do tácitos que surge na sua mente, à medida que observa e participa do fenômeno em questão.
A descrição dos sete sentidos internos está contida na pagina 30/31.

❖ *A produção de conhecimentos internos do ser (ontologia)*

Vimos que o Eu Sou pode conduzir a consciência em um determinado ponto do ser humano, seja no físico, etérico ou astáalico, provocado ou não pelos sentidos captando estímulos sejam internos ou externos. Queremos com isso dizer que nem sempre o ser está produzindo conhecimentos, pode estar simplesmento captando uma simples significação, melhor, sensação orientado pela atividade dos 12 sentidos. Essa primeira "batida" consciente por exemplo do olhar sobre um objeto externo, dizemos que há uma sensação e sempre temos a participação da Consciência nisso. Sem a Consciência não temos sensação. A dirigibilidade consciente da Consciência é quem capacita o ser a ter a sensação, operacionalizada pelo sistema dos 12 sentidos. Uma vez obtida a sensação, a Consciência procura a percepção ou a significação, ou a compreensão da sensação, iniciando uma fase de percepção, quando temos o início da cognição, ou seja, a criação do conhecimento relativo à sensação. O sistema dos 12 sentidos pode ainda estar funcionando e a consciência estar se esvaindo (diminuindo de intensidade), diminuindo a sensação, como é o caso do mal de Alzheimer, quando percebemos visivelmente a ida da consciência, ainda que os 12 sentidos ainda esteja funcionando. Ou seja, o vital dos sentidos (e das demais regiões do corpo físico) funciona nos diversos órgãos, no entanto as forças do astrálico são insuficientes para ativar a consciência. A pessoa pode te olhar (12 sentidos), mas não há sensação, e nesse caso, certamente nenhuma percepção.

Indo agora em direção à sensação-percepção, ou simplesmente percepção, quando então dizemos que o ser começa a criar conhecimentos, ou seja, começa a obter significação daquilo que os sentidos (+ consciência) trazem, é na percepção, portanto, que surgem os conhecimentos. O corpo astrálico começa a criar os conhecimentos que nesse momento ainda é uma fusão de resultados do Pensar-Sentir-Querer (em estado de volição), que apreciaríamos sugerir uma "representação cognitiva", de origem astrálica.

Trazemos a figura a seguir como uma possível imagem da "representação cognitiva" que está sendo construída no astral-etérico. Lembro que o Self e Ego estão sempre juntos, coordenando essas formações.

Figura 14

Trazemos propositavelmente uma imagem do mundo dos astros físicos (via Hubble) como sendo algo criado pelo corpo astral-etérico. É óbvio que esse processo é super-rápido, tipo microssegundos humanos. Nesse ato perceptivo o ser está buscando-criando via corpos etérico-astrálico (metáfora em círculo amarelo) uma significação em relação às sensações trazidas na fase de sensações. O resultado da percepção é uma identificação daquilo que podemos chamar de "representação cognitiva". Simplesmente não podemos obter no plano físico (do mundo físico) essa representação cognitiva, que podemos denomi-

nar também de conhecimento. Podemos interpretar esse conhecimento como possuindo forma e conteúdo. Como forma estamos representando com a forma astrálica, somente como representação para entendimento com os leitores, e como conteúdo podemos sugerir como significação, que vai representar o entendimento cognitivo pelo indíviduo. Esse entendimento é pertinente à "representação cognitiva", e que depois é gravado como um todo na memória etérica do ser. Sabemos também que logo após a morte a representação cognitiva (astrálico e etérico) continua a ser integrada ao etérico terreno e astrálico cósmico, criando condições para captação das próximas vidas encarnadas (reencarnação), e que são atingidas pelos processos cognitivos de então da nova vida a ser encarnada. A intuição via Self (ainda integrada ao físico, ou o Self destacado do físico, permite que o entendimento via "representação cognitiva" se estabeleça novamente. Isso significa que o processo cognitivo trabalha sempre com o atingimento atual intuitivo e também relativo aos atingimentos realizados de outras vidas, em específico a vida encarnada passada. O entendimento desse ciclo de vidas interferindo dos atingimentos cognitivos da encarnação presente é confortador, pela compreensão global-holística do fenômeno do ser humano.

Importante também lembrar que a consciência (Gestão) sob comando do Eu Sou pode ser exercida em uma instância manifesta no físico de forma consciente ou inconsciente, em que a forma inconsciente se manifesta bastante pela volição (querer), representada por atitudes ou expressões faciais e corporais.

O ser humano dentro dos seres vivos no planeta Terra é o único dotado da capacidade de simbolizar suas vivências, no decorrer da sua vida, desde o nascimento até sua morte e passagem novamente ao mundo dos espíritos, ou volta ao pó, como preconizam os ateus. Assim, durante sua vida, o ser humano consegue construir internamente uma estrutura físico-etérico-astrálico que permita efetuar a tradução de símbolos em significações. Nessa estrutura, o cérebro constitui uma parte essencial, e fisicamente visível, e mais fácil de pesquisar (pela ciência) o seu funcionamento.

Ao enxergar uma símbolo qualquer (uma figura, um traço de rabisco, de desenho, um desenho concreto copiando um objeto vivente ou objeto qualquer de enfeite, um ícone etc.), o ser humano consegue trazer "uma representação" mental nessa estrutura cérebro-físico-etérico-astrálico (popularmente chamado de "mente" humana), notadamente a "significação" ou " sentido" daquilo que viu (ou qualquer outro sentido humano) daquilo que viveu em um determinado instante. Com a gravação ou registro de situações vividas, pode então o ser perceber novamente uma situação passada, e agir de acordo na sua conveniência ou maturidade pessoal. Esse conjunto de registros de "representações mentais" representa a sua própria história, e fica registrado nos cérebros físico-etérico-astrálico de cada indivíduo. O cérebro físico, por ser visível e examinado por instrumentos da ciência, é o foco da neurociência, e mais recentemente (últimos 70 anos) também pela Física Quântica. O cérebro físico é um órgão físico humano que vem sendo melhorado gradativamente desde milhões de anos e possui porções funcionais as quais a ciência divide em regiões (Cortex, Sistema Límbico, Cerebelo etc.) para melhores estudos e pesquisas.

O cérebro humano hoje concentra as funcionalidade de percepção do meio ambiente externo e interno do corpo. Nessa percepção queremos dizer que o indivíduo compreende, gera significação pessoal sobre o que se passa no meio circundante e também no seu meio interno (corpo humano), e assim consegue viver e sobreviver desde o nascimento até a morte.

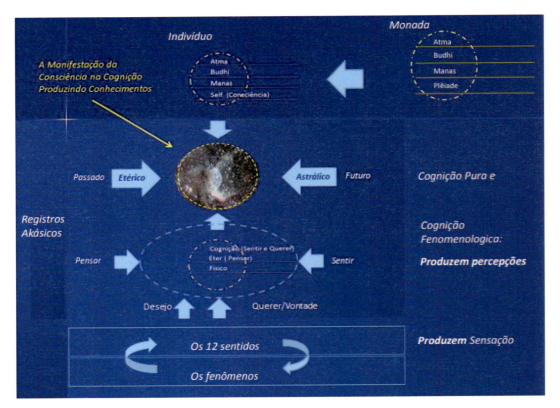

Figura 15 – Manifestação da consciência na cognição produzindo conhecimentos

Assim, vemos facilmente como é importante essa geração de significações dentro do ser e essas significações (simples ou complexas) serem regsitradas dentro dessa estrutura de energias, na forma de "representações cognitivas".

No processo de Gestão pelo Eu Sou dos diversos corpos (físico-etérico-astrálico) na produção de conhecimentos, podemos configurar principalmente:

1. A integração dinâmica do espírito (Self espiritual + Ego) com a alma (corpos astrálico-etérico) e o corpo físico.

2. A produção de conhecimentos na fusão entre o passado (conhecimentos na memória eterica) com o futuro (emergência astrálica, representando o pensar-sentir-querer), produzindo em momento presente (tão pequeno quanto se queira) as representações cognitivas, à medida que as reflexões seletivas vão se gravando nas regiões funcionais do cérebro.

    É também importante lembrar que o passado pode significar aquilo que as encarnações passadas, principalmente a recém-passada encarnação, podem ter produzido no éter-pessoal, trazendo ao momento fenômenológico da vida presente aquilo que já vivenciou e se manifesta no instante de produção das significações. Incluimos assim a atuação das Hierarquias Celestiais, seja nas intencionalidades e atuações em vidas passadas, como na vida presente, na incidência e produção de conhecimentos na vida presente. Assim, nas primeiridades fenomenológicas temos um atingimento das significações praticamente instantâneas, ficando para o atingimento de significações mais elaboradas com o passar da contemplação.

3. As reflexões seletivas acontecem em um segundo momento quando o Self ou Eu Sou procura destilar do significado total (Significação total) e procura posicionamentos internos para respostas funcionais mais específicas, quando então procura o Pensar, ou o Sentir, ou o manifesto pelas Volições (gestos, atitudes, expressões faciais, os dedos

mexem etc.). Essa procura funcional é inserida naquilo que pertence ao desenvolvimento do ser humano, no manifesto físico, ou o que atualmente está expresso visível no físico. Assim, naquilo que podemos "separar" e o órgão físico procurado existe fisicamente então dizemos que estamos destilando cada tipo (pensar-sentir-querer) no seu órgão físico funcional correspondente. Exemplo forte é quando estamos em reflexões e vemos (sob controle científico, veja Eccles) a manifestação física nas regiões cerebrais do Cortex, e nas emoções vemos atingimento no sistema límbico do cérebro (também veja Eccles).

Nosso sistema de sentidos é nosso "órgão funcional" que detecta fenômenos que provêm da nossa exterioridade ambiental e também dos processos orgânicos funcionais internos do nosso corpo físico e fornece imagens ou sensações à disposição. Tada essa disposição é inerente às suas funções como sistema de sentidos. À medida que a visão olha para o fenômeno externo, ou as mãos percebem por tato, temos uma sensação que é colocada à disposição aos processos internos do nosso ser.
Essa sensação é somente sensação. Não há tradução no que possa ser dentro do ser Humano, pelos seus órgãos internos. Não há interpretação.
A interpretação é efetuada à medida que a nossa consciência está para lá dirigida. Lembramos aqui da atenção, em foco dirigido e intensidade alocada, conscientemente. Assim, nossos órgãos de sentido produzem as sensações, mas é a consciência que vetorialmente dirigida para lá, a fim de produzir o que podemos chamar de percepção (em alguns escritos de Steiner, há essa troca de palavras, entre sensação e percepção).
Para o pessoal por exemplo que sofre de Alzheimer, os sentidos funcionam, mas a intensidade da consciência vai diminuindo, afetando o foco e, assim, a atenção como um todo. Não há atingimento da percepção pela consciência, pelo desvanecimento dessa última. A vida, no sentido da nutrição continua, mas é a consciência que desvanece a questão bipolar de vida e consciência, no ser humano.

Podemos dividir a construção do conhecimento interno em duas grandes categorias:

1. *A Cognição Fenomenológica: existe em ação, circundante aos sentidos, um fenômeno que envolve a natureza e seres humanos. Esse fenômeno é captado pelo nosso sistema de 12 sentidos.*
2. *A Cognição Pura (Transfenomenológica): o ser aciona internamente suas atividades cognitivas nominadas de Imaginação, Inspiração e Intuição.*

Ambas as tipologias de cognição geram entendimentos (percepções) e significações internas ao ser, e que a atuação da consciência coordenada pelo Eu Sou tende a gravar uma "Representação Cognitiva" de forma mais permanente nas suas estruturas internas, que são os corpos astrais, etéricos e físicos. O sistema de sentidos posta uma imagem, ou cheiro, ou som, ou rudeza de uma superfície nos locais aprópriados de sensação (olho, nariz, ouvido, pele) e, se há sensação, é porque a consciência já está lá, captando a sensação específica. Nesse momento, a consciência busca intuitivamente a significação correspondente já armazenada na memória etérica. Esse confrontamento entre o passado (Representação Cognitiva existente na memória etérica) com o astrálico, que representa a entrada do futuro, gera a emergência de um juízo, trazendo conceitos simples. Esse confrontamento etérico (passado) com o astrálico (futuro) gera naquele instante o momento presente da consciência, um instante tão pequeno quanto se queira. O entendimento inicial se passa no corpo astral, sempre coordenado pelo Eu Sou, e ao longo do tempo, pretende-se passar esse entendimento aos corpos etéricos e finalmente no órgão físico, nesse caso, o cérebro físico. Deve ser entendido também que os processos de entendimento e fixação mais permanente dos resultados dos "entendimentos e significações" se passam de forma interpenetrantes nos diversos corpos, chegando no final à salinização física nos seus diversos percursos. À medida que a salinização se efetua nos diversos corpos, pela ordem astral-éter-físico, há simultaneamente um processo de desalinização, com velocidade aproximadamente quatro vezes mais rápida, pelo sistema sanguíneo (vide Steiner, A atuação do Cosmos na formação do organismo humano). A salinização é efetuada pelo sistema respiratório, que é aproximadamente quatro vezes mais lento do que a desalinização feita pelo sistema sanguíneo.

Isso significa que de forma contínua o próprio organismo tende a fazer desaparecer aquilo que entendeu desde o início, e sempre na medida de suas ações recorrentes perante o percebido pelo astral (sempre junto com o Eu Sou e Consciência), para que continue com a mesma disposição e disponibilidade para novos fenômenos ou novas imaginações. Essa dinâmica de salinização e desalinização é um processo de nossas estruturas internas de manter possibilidades e disponibilidades de "memorizar" aquilo que entendeu provocado pelos fenômenos ou pela Cognição Pura.

À medida que o indivíduo, por meio do Self-Ego, permanece envolto no fenômeno, seus corpos astrálico- etéricos estão em ativação. O conjunto dos corpos astrálico-etéricos se expressam pelos diversos órgãos funcionais físicos e podem acionar também as glândulas (principalmente no sentir emoções). O astrálico-etérico aciona o físico das glândulas emitindo suores (glândulas sudoríparas) ou as glândulas tiroides, segregando hormônios que manifestam expressões faciais ou dos membros, em uma manifestação de medo. Nessa sequência descendente de atingimentos até o físico, com manifestações físicas visíveis, temos a utilização dos sete sistemas físicos do ser humano, podendo assim atingir as diversas partes físicas do homem, desde a cabeça (cérebro) até a ponta dos dedos, passando pelo arfar da respiração (rítmico), sua conexão com o sangue (hormônios) até os movimentos articulados dos dedos.

1. *Sistema sensorial*
2. *Sistema neural*
3. *Sistema respiratório*
4. *Sistema circulatório*
5. *Sistema calórico*
6. *Sistema metabólico*
7. *Sistema reprodutor.*

Segue exemplo da dinâmica de utlização pelo astrálico-etérico pelos sistemas mencionados, no atingimentos aos órgãos funcionais:

O exemplo:
Recebimento de diploma de graduação em uma Ciência Humana tipo Administração de Empresas em uma cerimônia pública e depois em um festejamento privado com familiares em locais apropriados pode acionar os processos anteriormente mencionados com participações dos seus órgãos funcionais correspondentes.

A cognição, no seu sentido mais amplo, mais lato, envolve simultaneamente um "conglomerado" dessas três qualidades humanas: Querer, Pensar e Sentir, em uma mistura inseparável, que produz "significações" ou representações mentais, como denominados por R. Steiner. Podemos também chamá- los de conhecimentos tácitos, como é mencionado pelo pessoal que trabalha com conhecimentos ou cognição. É cognição, assim entendido neste documento, enquanto temos o Self-Ego trabalhando nos corpos astrálico e etérico, e que produzem "significações" ou conhecimentos" que são gravados no corpo etérico, ou em órgãos físicos inerentes às manifestações internas do ser humano.

❖ Das abordagens: descendente e ascendente e sua dialética

Esta seção pode também ser entendida como: a causação descendente e a causação ascendente a produção de conhecimentos (conhecidos como tácitos) na sua forma de significações ou o entendimento e compreensão tanto dos fenômenos apresentados ao sistema sensório físico do ser humano (com o Self inserido dentro do corpo físico), como nos fenômenos suprassensíveis, quando então provocados em uma estado do Self fora do corpo físico (e também com atingimentos com a Hierarquia Celestial, seja vida presente ou encarnações passadas (veja Steiner, Prokofieff etc.).

Assim, em um momento inicial ou ponto zero da cognição acionado sempre pelo ato ou processo de consciência, temos o indivíduo em um estado de Sensação-Percepção-Contemplação, com a consciência no estado de vigília, quando o Eu Sou pratica sua decisão de estar com o Self inserido no corpo físico, ou inconscientemente com o Self fora do corpo físico.

O estado de contemplação pode ser consciente (virgilia) ou inconsciente (estado de sonho ou sono quando então o Self está fora do corpo físico). Esse processo é decidido entre o Self e o Ego, em uma espécie de "passagem de bastão" de que o comando da consciência como processo e sua intensidade seja "gestionada" pelo Self ou pelo Ego. Como a dominância é sempre pelo Self, de maior amplitude operacional, funcional e espiritual pelo Self, podemos até expressar que o Self libera ao Ego aos momentos de consciência no consciente ou em vigília.

Mas, voltemos à consciência com o Ego, em vigília.
O que estamos também observando é que a produção de conhecimentos pelas significações depende de a consciência ser operada pelo Self ou pelo Ego. E também enfatizar que o Inconsciente, via Self, exerce "gestão contínua", ainda que inconsciente, sobre o Ego, mesmo durante a vigília. Essa consideração é efetuada de forma descendente, de que o elemento espiritual predomina sobre a cognição (componente alma). Sempre de forma descendente, a cognição como um todo, composto de elementos diversos (ou energias de tipologia nominados de forma ascendente), procura sempre adquirir uma significação que o sistema sensorial lhe oferece. Sempre é bom lembrar que a cognição possui a consciência atuando com atenção (foco) e intensidade trazido pelo Self e Ego, e nisso temos um composto de atuações funcionais na cognição na forma de um composto sem formas delineadas, mas podendo ter cores inerentes, que são expressas pela nossa linguagem na forma de alfabetos encadeados (letras, palavras e sentenças) seguindo uma sequência ascendente, dizemos que a cognição atua em um composto de representação mental representando três categorias de atuação interna pelas palavras Pensar-Sentir-Querer.

Assim, fica claro que o mundo espiritual possui regras diferentes no seu acontecer, e o mundo físico vigoriza outro conjunto de regras no acontecer. E muitas vezes temos que ter cuidado nas expressões linguísticas porque essas são construídas pelos fenômenos físicos, e sua qualificação do mundo espiritual pode não ser exato, e muitas vezes as pessoas tentam explicar fenômenos espirituais por palavras moldadas no mundo físico. Assim, no mundo físico não há qualificações expressivas que retratam "exatamente" o acontecer no mundo espiritual. O mundo espiritual precisa ver vivido pelo indivíduo diretamente-por-si como fenômeno, e o indivíduo aí conseguiria poder expressar mais precisamente (quantidade/qualidade) o que se passa no mundo espiritual. Assim, podemos verificar e destacar nas obras do Steiner expressões que mencionam sempre o uso frequente da palavra "aquilo" e depois a explicação sobre o aquilo, e nunca a qualificação direta sobre o que se quer dizer. Sempre passa pelo "aquilo," lembrando que é uma passagem ou qualificação em mundos diferentes.

De forma descendente temos de início sempre um composto de cognição atuante, cognição que oferece um composto de significação interno ao indivíduo que chamarei de Pensar-Sentir-Querer, que acontece de forma simultânea. O Pensar (Consciente) e o Sentir frequentemente são acionados em conjunto e por meio dos sistemas físicos: neurossensorial, respiratório, circulatório, metabólico, podemos perceber o atingimento no Querer, por meio de pequenos movimentos dos membros e dedos (especificamente), indicando preparos da Volição em direção a movimentos de ação- comportamental. As volições ou intencionalidades de movimento são inconscientes no seu preparo, vemos seu acontecimento quando a volição se expressa por movimentos de ações comportamentais, e vemos assim os resultados da volição-vontade-intencionalidades.

Assim, ao contrário, o movimento ascendente procura pela visão do mundo discreto das coisas e leva ao mundo espiritual também as formas discretas das "coisas" que acontecem no mundo físico. Por estar totalmente modeladas pelas "formas discretas" do mundo físico, há

tendências de se explicar o mundo espiritual composto por elementos discretos. Esse cuidado discriminamte intermundos espiritual versus físico é preciso ter sempre em mente, pois esse tipo de engano acontece muito em uma conversa entre o pessoal muito "cientista" e o pessoal muito "espiritual", que é sobre o dialógo que sempre acontece com a comunicação em uma "linguagem do mundo físico," tentando incidir as significações no mundo espiritual. Por exemplo: um "encontro físico" entre duas pessoas no mundo físico não pode projetar esse seu jeitão de "encontro" no mundo espiritual, onde o encontro deve ser substituido por "imersão" ou "infusão" entre energias (Self+Eter+Astral+etc.) que constituem os seres humanos e os seres espirituais (por exemplo dos seres da Hierarquia Celestial). Os processos e regras funcionais entre os mundos físico e espiritual são diferentes e devem ser considerados quando temos uma conversa ou dialética sobre os dois mundos.

Isso também deve estimular os estudantes do mundo espiritual a necessidade de viver os fenômenos espirituais, a fim de perceber em vivência os fenômenos espirituais, e não somente conhecer o mundo espiritual pelos seus aspectos intelectuais, em uma linguagem do mundo físico.

A rigor, para toda leitura de artigos e livros na linha espiritual recomendamos uma leitura mais profunda, procurando sentir-pensar sobre as palavras-imagens, de forma que a leitura não signifique uma leitura "seca" sobre as palavras. Um determinado conjunto de palavras deve acionar o Sentir profundo, atingindo, ou melhor dizendo, trazendo significações da cognição, de forma intuitiva (busca ou contato com significações – imagéticas ou não), que teriam sido armazenadas nessa ou em encarnações passadas.

Isso significa que não se trata de ler ou ouvir as letras das frases, significa, de preferência, captar a significação do pensar-sentir do emitente das frases, sejam escritas ou faladas, podendo inclusive e intuitivamente captar outras significações ou simplesmente significações-derivativos das frases- significações emitidas. Rudolf Steiner menciona esse tipo de leitura como leitura-meditativa, no sentido de que em uma instância de meditação, nossos pensamentos se esvaziam, a mente de forma geral fica mais vazia, digamos assim, e temos mais possibilidades de aceitar outros pensamentos existentes no astrálico-etérico de forma geral, ou mesmo de quem estamos diretamente interagindo. Captamos, portanto, significações desde as mais simples (conceitos) até os pensamentos (modelos mentais) complexos originários do mundo cósmico e das hierarquias celestiais.

Pelo fato de a ciência insistir na abordagem ascendente, das partes ao todo, ou dos detalhes ao conjunto significativo, o pessoal mais simpático aos pensamentos científicos não consegue determinados pensamentos que em muito resolveriam certos problemas práticos.

Um primeiro exemplo:
Fala-se já por mais de 20 anos, em Administração de Empresas, da Gestão do Conhecimento, termo introduzido por Nonaka. Muitos gestores acadêmicos ou profissionais, ou mesmo instituições que levam o nome de conhecimento em seu próprio nome, ainda tratam conhecimentos como informações, não há percepções e/ou esforços em tratar conhecimentos como produção interna da cognição, e procuram-se sempre por condições externas para especificar conhecimentos, mas que no fundo são informações categorizadas.
Ainda que seja possível agregar informações por fora, externamente ao ser humano, e dizer ou caracterizar que são conhecimentos, no fundo, na sua essência, são informações agregadas ou contextualizadas, e não se menciona o produtor de conhecimentos que é a cognição humana.

Como podemos planejar e controlar o produtor pelos emitidos informações seus produtos?

Se algo invisível produz certos resultados, como podemos pelos resultados produzir controle ou gestão ao seu produtor invisível?
Sabemos que para um determinado dado-informação (objetivado) podemos ter inúmeras-e-infinitas possibilidades de produção do mesmo dado-informação (objetivado).

Esse é uma das desvantagens do modo de "pensar da ciência", principalmente a ciência dita radical ou clássica, não dando crédito ou existência às entidades-recursos-manifestações invisíveis.

Um segundo exemplo notável situa-se no Ensino-Aprendizagem.

Inclusive muitas universidades acreditadas possuem departamentos que cuidam desse tema, mas que não chegam na essência do Aprender. A ênfase está sempre na exterioridade dos aprendentes, nos comportamentos visíveis, ou então construir sistemas de informação que controlam a produção dos objetos de aprendizagem, tipo gestão da "sala de aula", gestionando as mensagens de troca entre alunos, ou mesmo, os exercícios enviados pelos alunos.

Evidentemente, e também pelo bom senso, o Aprender é um processo interno do ser humano aprendente. O pessoal ingênuo-materialista procura por meios externos "propulsionar produções" dentro de um determinado quadro referencial externo de alguma Instituição. Mesmo diversos alunos que produzem o mesmo resultado podem ter níveis de aprendizagem diferente, inclusive os alunos mais limitados, que repetem simplesmente as demandas. Aprender a pensar-intuir-imaginar são processos internos, e não podem ser modelados "por fora" de forma skinneriana ou pavloviana, ou mesmo sob demanda por indicadores ou influenciadores psicossociais (inveja, prestígio, competição, prêmios etc.). O aprender modelado "por fora" é um grande equivoco de muitas instituições de ensino, que se baseiam fortemente em elementos externos, com base em objetivos externos, políticos-sociais-institucionais.

Uma visão humana, do aprender, por dentro, da Cognição Humana, jamais permitiria frases como "garantimos a aprendizagem", como o ser humano fosse uma máquina, modelável, com bastante controle dos meios externos.

Um terceiro exemplo situa-se na questão chamada de Transdisciplinaridade.

Como podemos elaborar a transdisciplinaridade, se desde pequenos nós fomos acostumados a enxergar o mundo na sua manifestação discreta. Os objetos são separados visivelmente; o professor mostra

1. *A caneta, todos enxergam, e repetem, sim é caneta.*
2. *A cadeira, com cadeira aos alunos, sim, cadeira e cadeira.*
3. *Livros, comprados pelo pai-mãe ou emprestados da biblioteca.*
4. *Flores dos canteiros na escola.*
5. *O vaso de flores na mesa da professora, sim, vemos o vaso de flores.*
6. *Flores na floricultura.*
7. *Concretização de duas lojas familiares (1 livraria e 1 floricultura).*
8. *Concretização de operações de compra e venda.*
9. *Controle do fluxo de caixa.*
10. *Começo de alguns pensamentos estratégicos (modelos mentais simples), em conversa com pessoas que possuem mais conhecimentos dos ramos de negócios.*

Assim, os alunos desde pequenos aprendem a ver os objetos de forma independente, com as suas denominações e sons correspondentes. As crianças aprendem a enxergar o mundo de forma discreta, e também as suas denominações, que também são palavras e sons diferentes. Quando entram nas universidades, a ciência também já separou as áreas de conhecimento e suas disciplinas. Engenharia, medicina, letras, sociologia etc. são "fenômenos" discretos, assim como as suas disciplinas.

A própria família cresceu e construiu-comprou lojas de dois tipos, ou seja, faz comércio (compra e venda) de livros (livraria) e também uma floricultura. O jovem já mais crescido e universitário começa a entender as operações de compra de flores e livros para vender, percebe os fornecedores e clientes, e passa a entender o que seja Estratégias de Compra (SCM) e Vendas (CRM), dentro das operações familiares, nas duas tipologias de lojas. E assim assimila os processos de operações nas duas lojas. Os modelos de pensar são relativos aos objetos de compra e vende. Os pensamentos são estritamente relacionados com os objetos que compra e vende. As disciplinas são compartimentalizadas e operadas em processos que devem ser coordenados pelas pessoas-funcionários.

Os universitários assim vão estudando os cursos de pós-graduação, sempre com o pensamento de ir agregando as tipologias de conhecimento por onde passam. Agregando diversas partes, para um conjunto que seria a soma das disciplinas. É assim o processo ascendente da ciência. Como modificar essa tipologia de disciplinas, sempre agregando de baixo para cima, um movimento ascendente? Como efetuarmos um movimento do Todo para as partes?

A metodologia científica possui uma visão de que deve descer desde os elementos visíveis comuns (objetos que vemos cotidianamente como computadores, mesa, cadeira, pessoas, braços, pernas etc.) e ir examinando pelo microscópio até os níveis tão pequenos que ficam invisíveis a olho nú. Desce-se até aos circuitos tipo rede de átomos/elétrons até a descoberta dos fótons e das descobertas desse momento. A descoberta de átomos e de elétrons girando em volta levando os pensamentos de que no fundo temos vazios dentro do material, ou que nossos corpos físicos são furados, com vazios, mas que achamos que tudo é preenchido de matéria. Daí é que surgiram os conceitos de Física Quântica, concluindo o teorema de Heisenberg de que o material não existe, e sim há probabilidade de "consolidação" das ondas de possibilidades em elementos concretos assim, como vemos, a olho nu?
Ou como diz o Amit Goswami de que a consciência é quem faz esse colapso das ondas de possibilidade?

Vemos então que à medida que cresce o adolescente quase adulto vai formando o seu mundo fenomenológico (negócios familiares) e percebe a busca cada vez mais por informações e conhecimentos. O pensar é fenomenológico muito perto da concretude das operações. Importante é notabilizar que o jovem adulto vai crescendo tendo pensamentos concretos relativos às operações de negócios. O fluxo de caixa dá as primeiras iddias de controle financeiro. Queremos mostrar que na maioria dos casos, inclusive nas entradas ao ambiente universitário, temos um crescimento do concreto para cada vez mais abstrato, em termos de conhecimentos. As informações servem como base na formações de conhecimentos.

Assim, pelo último exemplo, visualizamos como de forma geral temos no início uma concretude com objetos, crescendo em conhecimentos com modelos mentais mais abstratos. À medida que se eleva a abstração podemos generalizar para os seguintes modelos mentais em um esquema que chamaremos de: "Granularidade da Epistemologia da Cognição Fenomenológica".

Cumpre mencionar de que a palavra causalidade ascendente e descendente é derivativa dessa tipologia de pensamentos, em que pretendemos significar a causação, por exemplo, a causação do ser humano que tratamos no tema da ontologia. Na Física Quântica também temos essa preocupação de "o que causou o quê". Por exemplo simples: a fruta laranja é causada pela laranjeira; a carro é causado (produzido) pelas fábricas; o livro é causado (produzido) pelo autor; ou seja, vemos um fenômeno qualquer e sempre vem à nossa mente a pergunta: o que causou isso? O que causou "o ser humano"? O que "me causou" mesmo? Por que sou assim?
Certamente que a pergunta "Por quê?" é de maior profundidade-complexa do que o "o que" (onde reside a ciência, que procura explica o "o que" ou "as causações" da coisa.

Assim, podemos dizer que as perguntas podem ser alinhadas por profundidade-complexa nesta ordem decrescente:

1. *Por quê? (Entendimento do "Todo" principal-foco causativo)*
2. *Por quê? (Finalidade focal e específica)*
3. *O que foi a causação? (Elemento causador)*
4. *Como foi a causação? (Processo causador, etapas etc.)*
5. *Quando? (Tempo)*
6. *Onde? (Local)*
7. *Para onde vai? (Destino).*

A ciência, nas suas pesquisas, sempre procurar ir cada vez mais fundo nos detalhes composicionais para depois ir formando seus agregados. É o movimento ascendente causal. A espiritualidade sempre procurou suas origens no seu topo, para daí ir explicando sua hierarquia de causação descendente.

A figura a seguir mostra os modelos de cada tipo de causalidade.
O leitor poderá perceber a grande diferença de pesquisa entre a ciência clássica e a espiritualidade, mas também poderá notar a complementalidade e a possibilidade de criarmos um caminho comum de dupla mão, inserindo também a transdisciplinaridade em ação.

Na <u>causação ascendente</u> vemos a ciência indo em direção à atomicidade dos materiais e cerrando suas disciplinas de estudo à medida que se vai ascendendo na composição de seus elementos grupais, indo em direção do desconhecido à medida que os instrumentos de medida permitem a inserção do método científico. Temos no Item 1 os espaços desconhecidos, e no Item 3 os elementos visíveis possíveis de se aplicar o método científico.

No lado temos a trilha da <u>causação descendente</u>: o Item 1 nominado como o elemento espírito, o Item 2 com o elemento Alma e o Item 3 com o elemento físico (corpo físico). O espírito permanece sendo o elemento imortal, isto é, a parte que permanece viva após a morte do corpo físico. O Item 2 refere-se ao elemento criado em conjunto ao corpo físico, desde o nascimento até a morte. Temos a criação dos corpos astrálico-etérico-físico quando temos o nascimento do ser individual-personalizado nessa encarnação no planeta Terra.
E a cognição é o elemento-base da parte nomeada como Alma.

E vemos que o corpo físico com a Alma poderão estender o autoentendimento do componente espírito e, portanto, o Todo do seu ser, podendo atingir então outras esferas de pensamento, não somente o fenomenológico. Por meio da percepção dos diversos níveis de abstração mental (modelos mentais) em relação ao fenômeno ser humano, podemos elaborar exercícios de autopercepção de causalidade descendente, e assim o atingimento da significação do ser humano por meio do seu autodesenvolvimento.

Lembro-lhes que o mundo invisível possui regras e características que não podem ser totalmente entendidas ou mesmo expressas pela linguagem estabelecida no momento na Terra — Humanidade, e a comunicação inter-humanos ainda é efetuada pela linguagem articulada pela laringe, tornada simbólica na escrita. Está inerentemente perceptível que as palavras não podem expressar "exato e coerentemente" tudo aquilo que acontece na região do espírito (Cosmos). Assim, a leitura das palavras deste livro também deve ter a própria intuição do viver ou atuar na região do espírito (O Cosmos).

Preferencialmente, temos que sempre viver as palavras que lemos, principalmente os escritos mais esotéricos dos grandes iniciados ou mesmo os bons autores da Física Quântica, sentir o mundo manifesto pela matemática da fisica quantica. Já nos ditos efetuado pela cognição expressa neste livro é preciso ler-viver (tendo vivência) as palavras expressas com a cognição.

Já mencionei também aqui que Rudolf Steiner expressa essa preocupação na leitura de seus textos.
Há sempre o "aquilo", e depois vem a explicação (a ser vivida pelo leitor), e depois é que temos um nome trazida pela expressão das significações que ele quer transmitir. Deixo aqui a perplexidade do momento de que se as significações são de cada ser humano, significações que são também armazenadas no corpo etérico, como podemos atingir essas significações (também armazenadas) de outrem?
Esse é exatamente o assunto tratado como "mundo aparente" ser diferente da "realidade-em-si" tratado nos itens seguintes como MEC.

Figura 16

❖ **A influência das vidas passadas na cognição da presente vida**

Esse tema é muito especial e importante para compreendermos o todo e tudo que interfere na formação da cognição nas vidas e em específico na presente vida. Isso significa que tudo aquilo que elaboramos em uma vida na forma de pensamentos e sentimentos é armazenado de forma esmaecida no etérico de cada pessoa, em cada vida.

Para tanto considere o seguinte figura, baseada na Cosmosofia de R. Steiner (leia), no qual ele mostra a vida do ser humano depois da morte até uma nova reencarnação. A vida entre a morte e novo nascimento. O período que o ser espiritual, que sempre somos, em todos os instantes também quando estamos encarnados fisicamente no planeta Terra, fica no mundo espiritual (distinto no mundo físico visível na Terra). Uma pergunta essencial deve ou pode ser feita neste instante: por que existe esse funcionamento de encarnar novamente? Existe um certo bom senso nisso, nessa função universal, que acontece com todos os seres humanos?

Muitos filósofos e pessoas que possuem interesse nesse tema de por que ficamos morrendo e nascendo de novo? Por que o pessoal que nos inventou nos construiu da forma que somos e vivemos hoje, por que esse renovar por meio de vidas novas, a cada reencarnação? Um fator superimportante a lembrar nesse momento é que estamos falando do ser humano (e não dos animais e vegetais nem minerais), que possuem o famoso livre arbítrio, isto é, somos dotados de uma independência ou liberdade inerente aos humanos, de pensar-sentir-e fazer aquilo que temos vontade, no meio que nos cerca, ou na realidade-em-si. Colocado em uma outra perpectativa, como fazer com que a humanidade tenha valores comuns do tipo não roubar, não matar, não ter inveja, ou mais facilmente, por que conseguimos obter na massa humana das épocas a tal da Igualdade-Liberdade-Fraternidade? Principalmente, por que todos podem fazer o que querem de suas vidas e a cada momento?

O pessoal de todos os lugares no mundo vai lutar entre si no tipo Todos-Contra-Todos?

Se olharmos no nosso mundo exterior (guerras, assaltos, roubos, mentiras, enganações, desde os tempos imperiais até os tempos do capitalismo norte-americano), podemos até ver isso chegando, de todos contra todos, e mais ainda, com a aceleração dos intrumentais eletrônicos, como computadores, internet, tablets, iPhones, Google (que enganam muitos que não sabem que é uma estratégia de ganho de altas receitas por propagandos pagas por corporações vendendo em mercados específicos, pois possuem as informações e perfis de pesquisa de seus usuários. Quantos sabem disso?).

Tudo isso para mostrar a visibilidade dos "benefícios" fornecidos pelas corporações e que, utilizando dos meios mais modernos de Tecnologia de Informação, tentam ficar cada vez mais ricos, às custas de seus clientes, que ficam maravilhados pelas utilidades expostas por esses novos capitalistas via Tecnologia de Informação. Um sexto da população mundial continua pobre e passa fome. Essa visão ou aparências de propiciar benefícios aos "clientes" ou à "população" pode ser transportada facilmente nos meios políticos, basta ver a riqueza acumulada de cada um desses políticos que "roubam" e ficam milionários, e ainda assim o povo ainda vota-adora ser saqueado. Assim, temos pessoas espertas que enriquecem enquanto procuram "agradar-enganar" seus clientes ou eleitores. Esse parágrafo psico-social-corporativo-ambiente virtual de negócios somente possui o propósito de que existe uma forma "dissimulada" já nessa época da Guerra de Todos-contra-Todos.

Assim, pergunto novamente: por que estamos vivendo? Por que vivemos? Por que estou vivo ou vivendo? Não pedi para nascer! E dizem que vou morrer daqui a anos! Muitas pessoas, na impossibilidade de responder com clareza, simplesmente "vão levando as coisas", ou de depressão em depressão se chega às portas inevitáveis da morte repentina ou reservada em um leito hospitalar. Morre sem sabe por que nasceu e morreu, ou viveu. E o mundo todo também não sentiu falta.

A reencarnação é um processo superimportante de conseguir uma humanidade mais adepta à posição mais almejada de Liberdade-Igualdade-Fraternidade (conhecido já por muitas décadas), ou do tipo Liberdade-Fraternidade (Antroposofia), ou seja, uma humanidade em que os valores principais sejam Liberdade e Amor entre seus componentes, nela teríamos manifestações em forma-movimento com diversidade (diversas unidades humanas nascendo-movimentando-morrendo) e as interações inter- humanos se passam com Liberdade-Amorosidade podendo ser considerados como unidade. Diversidade em uma unidade manifesta. Tudo indica que essa situação é almejada pelos construtores do ser humano, com livre arbítrio e, portanto, a humanidade precisa caminhar nessa direção. Sabemos também que na sétima raça, os humanos adquirirão um posicionamento dentro da Hierarquia Celestial, seguindo os anjos, e não precisaríamos mais do elemento material Terra para as transformações. Portanto teremos somente até o corpo etérico.

Assim, se o conjunto de seres humanos, por livre e espontânea vontade, conseguir o atingimento de Liberdade-Fraternidade-Amorosidade, teremos conquistado nossa junção à Hierarquia Celestial.

Portanto, as encarnações são processos fenomenológicos acontecidos aqui na Terra, em que o ser humano, em um mundo visível, por meio do seu sistema sensorial (12 sentidos, veja capítulo) percebe o mundo material (Maia) e faz seus atingimentos internos mobilizando e construindo pensamentos e sentimentos, os quais são armazenados no corpo etérico e, dependendo da frequência e intensidade desses movimentos, grava as produções no cérebro, principalmente aqueles movimentos que acontecem com muita frequência e intensidade, então temos as ações gravadas no físico-cérebro.

Assim, nossos construtores arquitetaram o processo de reencarnação a fim de que a cada reencarnação tivéssemos corpos etéricos mais penetrantes em pensamentos e sentimentos orientados para Liberdade-Fraternidade. Uma vez com esse entendimento objetivado das reencarnações, entremos no processo do "como se realiza" esse objetivo.

❖ *Granularidade da Epistemologia da cognição fenomenológica*

Essa grade facilitará ao leitor efetuar sua contemplação epistemológica de suas mentalizações no momento de evocação de significações.

Os níveis colocados expressam conhecimentos relativos a diversos níveis de abstração da contemplação de fenômenos da realidade-em-si e também de cognições puras (imaginação, inspiração e intuição). Dessa contemplação surgem níveis de abstração que dependem da capacidade de elaborar ou construir conhecimentos, passando pela geração de significações vividas. Na sua vida do dia a dia as pessoas constroem pensamentos cognitivos que dependem da sua possibilidade ou potencial de elaboração de conhecimentos provenientes da sua vivência e principalmente de processos e momentos de sua educação, informal e principalmente educação formal pelas escolas e universidades que frequenta e/ou frequentou. O objetivo básico das escolas e universidades é fornecer essa capacidade de elaborar conhecimentos mentalmente cada vez mais complexos ou abstratos, incluindo as descobertas de novas teorias, sejam de teor científico (clássico moderno) ou de teor espiritual (também trazido sob a sigla de ciência, como a pesquisa científica espiritual trazida por R. Steiner).

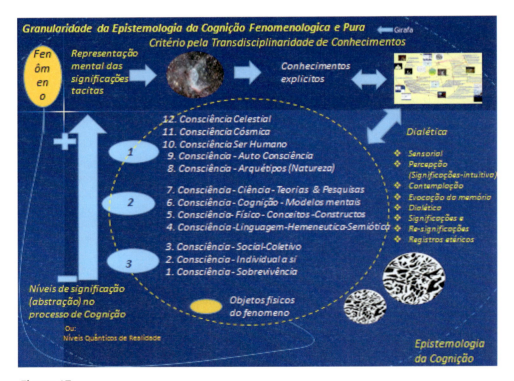

Figura 17

Assim, a grade fornecida pela figura anterior mostra uma grade epistemológica, propondo-a em diferentes graus de complexidade cognitiva à medida que pretende do nível concreto chegar aos conhecimentos relativos à Vida Celestial.

Os nomes dados na grade epistemológica compreendem os diversos níveis de complexidade alcançados pelo ser humano, à medida que mobiliza sua cognição. Níveis de complexidade ou níveis de compreensão gerando "significações" mais elaboradas e suas correspondentes "representações mentais". Lembro-lhes aqui novamente de que é muito difícil, aqui no mundo físico, visível, conseguirmos colocar uma palavra (da linguagem visível ou audível) que seja entendível da mesma maneira por todos os que leem essa palavra e conseguem evocar a mesma significação.

Essa grade é portanto um conjunto de palavras em que cada uma representa um mundo de uma complexidade típica comum. Podemos também entender como sendo uma classificação de complexidade mental quando queremos entender um determinado fenômeno ou mesmo tipologia de compreensão.

Assim, em um primeiro instante, temos os objetos concretos e visíveis à visão do observador. Poderia ser algo fenômenológico ou mesmo um objeto perceptível pelos cinco sentidos. Na mente do observador surge no mesmo instante, ou melhor dizendo, a significação já está registrada, e o observador simplesmente busca a significação que "bate" na sua consciência-consciente, como sendo aquilo (significação) na mente que combina com o objeto. Pelo observador tudo se passa como algo induzido pelo objeto, mas, a rigor, a mente simplesmente encaixa (porque o Eu Sou quer, ou por ser a própria intuição, via Eu Sou, para dizer internamente que "é isso"). A significação para o observador "corresponde" ao que vê pelos sentidos de percepção, no caso a visão. Isso pode ser estranho ao leitor porque sempre tem certeza do que está vendo, e daí sua significação.

Imagine então, caro leitor, que você esteja tateando algo (tato), digamos um mouse de computador, que alguém colocou para você dizer o que seja, e você está de olhos vendados. Pelo tato você poderia dizer uma série de coisas, e nenhuma das respostas poderia não coincidir com a realidade (objeto) colocado para você dizer o que seja. Ou seja, pelos sentidos a visão evocada é sempre intuitiva de forma que podemos estar "sentindo" algo intuitivamente, que pode ou não coincidir com a realidade-em-si colocado à sua frente.

Ou seja a mente evoca intuitivamente a significação existente em relação ao objeto da realidade-em-si colocado. Duas pessoas de qualificações educacionais diferentes podem explicitar significações sobre o objeto totalmente diferentes.

Tudo que falamos de objeto, pode ser substituído por um "fenômeno" mais complexo. Assim, dependendo da capacidade educacional do observador, podemos ter explicitações totalmente diferentes. Uma pessoa que tenha um nível educacional primário, poderá explicitar muito diferente do observador que tenha estudado em universidades. Ambos utilizam a intuição na explicitação perceptiva da "significação" trazida pela intuição, via neurossensorial, pelos sentidos. Ou seja, o mundo "aparente" é diferente do mundo da "realidade-em-si.

Lembro-lhes de que a "significação" interna pode ser atingida também pelo existente (memória etérica) de encarnações passadas, e não somente as criadas na atual encarnação.

Assim, a grade epistemológica é o conjunto de palavras representando conhecimentos explicitados de tácitos adquiridos pelas significações armazenadas no cérebro-físico-etérico. E representam diversas possibilidades de abstração (significações conseguidas) reunidas na forma concreta de palavras, mas que, a rigor, as complexidades de significações podem ser não perfeitamente encaixantes na sua forma- conteúdo.

Feito essa ressalva, ainda assim, estamos considerando diferenças fortes inter-níveis--palavras.

É preciso prestar bastante atenção nisso em que o classificação da cognição seja sobre si próprio, de quem lê essas palavras, ou que o conhecimento seja a própria produção de conhecimentos. Ou seja, a própria capacitação da cognição em produzir conhecimentos na tipologia de cognição lida.

Isso significa que o pronunciamento das palavras dessa classificação precisa mobilizar a vivência própria nessa tipologia de produção de conhecimentos, e não somente a percepção "seca" das palavras ainda que entenda seu significado, que precisa ser um entendimento pela vivência. Não se trata aqui de classificarmos um objeto de fora do nosso corpo, objeto do nosso ambiente detectado pelos sentidos. Trata-se do mesmo princípio

que abordarmos sobre a nossa consciência e suas tipologias, e queremos entender as consciências superiores as quais não temos atingimento. Assim todo um cuidado referente os nomes dados aos diferentes tipos de cognição.

Também é com muito cuidado, tanto quanto quando falamos sobre a consciência, que R. Steiner abarca:

1. *Consciência da alma autoconsciente*
2. *Consciência da alma do Intelecto*
3. *Consciência da alma das sensações.*

Trazemos aqui também para efeito de aprendizagem a divisão-classificatória do livro "Uma Teoria de Tudo" de Ken Wilber, e notamos a preocupação muito forte relativa ao singular Eu, ao coletivo Nós, e aos aspectos de Objetivo-Subjetivo, procurando colocar na forma geométrica de quadrantes e assim tenderia a colocar as diversas dimensões (horizontais) e níveis (verticais) em um formato de quadrantes. Assim, teremos (Wilber, p. 62): níveis de existência, correntes de desenvolvimento, estados e tipos de consciência, estados cerebrais, fatores culturais, chakras, e os relacionamentos e comparativos entre si. Vale a pena entender o que Ken Wilber quis fazer a fim de facilitar aos seus leitores a compreensão das grades pensadas por ele.

Outros autores que trabalham também fortemente com figuras geométricas e também com a matemática para melhor compreender o ser Humano são Dr. Moacir Amaral e Dra. Tessa Basso, com o livro "Triangulos: Estruturas de Compreensão do ser Humano", muito bem escrito, poético, pelos seus autores. Também expressam por meio de estruturas-estruturantes metafóricas triangulares as qualidades constituintes do ser humano, e cujas explicações proveem de muito estudo e experiência pessoal de ambos na qualidade de médicos-terapeutas nas suas caminhadas na ajuda e desenvolvimento de seres humanos da atualidade. Muito interessante as estruturas de triângulos, descendentes e ascendentes, em fusão com explicações aritmético-matemáticas sobre a entidade viva ser humano, nas origens e seus destinos.

Refletindo nos múltiplos escritos de R. Steiner, Ken Wilber, Moacir Amaral, do físico quântico Amit Goswasmi em seus tratados sobre a Consciência, e porque não a famosa escala Likert, na ciência de Administração de Empresas, cheguei à conclusão depois de imersão meditativa sobre como comunicar- me em uma escala tal que refletisse de forma fácil o desenvolvimento da humanidade por meio de seus representantes humanos, e suas características que correm em paralelo ao seu desenvolvimento.

*Assim, veio a ideia de que o elemento-base é a própria **consciência**, elemento vital da vida humana, e dentro desse pulsar da consciência (base da Cognição), na constituição e elaboração de seus significados cognitivos, e sua comunicação comunitária pela via de conhecimentos tácito-explícitos.*

Os conhecimentos de forma geral constituem cada vez mais um diferencial do ser humano com os outros reinos-viventes (animal-vegetal-mineral), visando a uma convivência em compaixão com esses seres no planeta Terra e também entre os humanos. Um exame antropológico do ser humano nos remete a perceber a importância do conhecimento no crescimento-desenvolvimento das comunidades humanas na Terra, dentro dos desígnios espirituais do Cosmos-Celestial aos homens e à natureza que convive com os homens na Terra.

Na representação evolutiva do ser humano trouxemos a própria vida do ser humano em uma escala crescente com relação ao próprio significado e à autocompreensão do ser humano, projetando ideias comuns entre os grandes místicos-filósoficos sobre as próximas épocas de evolução das raças humanas, hoje, na quinta raça (época cultural), e projetando a possível realização das raças humanas para a sexta e sétima raça, e seus possíveis constituintes, e certamente as melhorias aos constituintes humanos nessa evolução.

Assim, dentro da menção de Vida, trazemos a cognição como elemento principal nas transformações constituintes nos seres humanos, encaminhando para as próximas raças, pelo próprio entendimento autoconsciente de seus destinos, e porque não <u>do papel das reencarnações de cada ser na transmutação dos seus tipos de caráter-personalidade em cada reencarnação</u> tornando cada indivíduo mais perto do "planejado-trabalhado-em-evolução" <u>das energias cósmicas nessa orquestração cósmica.</u> As realidades-em-si na sua forma material diminuindo de importância-relativa-individual e a humanidade, dentro do livre arbítrio (liberdade) em construção pela fraternidade amorosa entre seus componentes humanos, o ser humano individual, quando então a diversidade manifesta se mostra em <u>unidade amorosa e em compaixão entre seus membros</u>. Nesse momento os humanos perdem a necessidade das reencarnações físicas e passam a constituir a décima hierarquia abaixo dos anjos, e não precisam mais do elemento corpo-físico, e com a expressão de Liberdade-Amor próprio desse nível da Hierarquia Celestial.

A Cognição em conjunto com o Self (melhor seria a Organização do Eu, como em Prokofieff) e a consciência serão então as características da evolução humana, na produção astrálica de significações mais complexas, e na estabilização dos conhecimentos tácitos na memória etérica. Essa produção é efetuado pelos constituintes da cognição, foco deste documento. A palavra transdisciplinaridade é uma palavra proveniente da acadêmia universitária, e originária de trabalhos de Sócrates, Platão, Aristóteles, Tómas Aquino, Morin e Lupasco, que confere à escala-grade uma estrutura autoestruturante que determina o autodesenvolvimento da humanidade, em termos de conhecimentos vividos.

Importante nesse momento lenbrar que a cognição, neste documento, integra também as emoções- sentimentos, que em conjunto com o desenvolvimento estético, torna perceptível e expresso nas significações, cada vez mais, as qualidade morais, teosóficas, inerentes do ser humano. Dessa forma na sua forma expressa-visível podemos ver os conhecimentos na memória (mimetizados pelo mapeamento temporal-em-local no etérico) expressos em uma símbologia visível (nesse caso em específico, pelo Software OET, mas que pode ser efetuado de forma semelhante por outras formas de expressão visivel e de acordo com o momento histórico em análise) e os modelos mentais (astrálicos) acontecendo nos momentos inerentes da discussão e sua expressão via formato em expressividade do momento também histórico. Os elementos de conhecimentos sintetizados em um modelo mental em uma simbologia conveniente (palavra-imagem), em um outro momento poderá fazer parte da memória etérica, e será evocada no plano-em-memória, em conjunto com seus relacionamentos com os outros modelos- mentais-reduzidos-em-uma-síntese--simbolizado, no aguardo astrálico de outras construções astrálicas de conhecimentos interligados e conectados em uma determinada representação explícita.

Outra forma de dizer isso seria que todo significação-conhecimento constituído se torna um símbolo armazenável, que em um outro momento se faz parte da memória-etérica e será evocado como tal, quando induzida por outro processo am astral. E assim os conhecimentos (também emoções- sentimentos-também-moral) se farão presentes a cada evocação, se for de utilidade no desenvolvimento complexo do ser em específico. Certamente que via etérico, muitas pessoas, poderão trocar conhecimentos armazenados, incluindo o acesso aos registros Akásicos (Steiner, Shaldrake, campos morfogenéticos).

Lembramos então que a cognição é o meio pelo qual o indivíduo consegue perceber a sua inserção nas devidas tipologias e portanto sua percepção de como poderia chegar a um outro nível de consciência, ao nível do autoconsciente. Os produtos da Cognição que são as significações podem ser gravadas na memória etérica e também serem expressas em conhecimentos, na forma de conhecimentos explicitados, visíveis aos sentidos humanos.

Assim, em resumo, a grade epistemológica colocada possui um teor muito forte em Consciência- Transdisciplinaridade emitida na forma de palavras. É muito importante a compreensão dessa grade. Não se trata de "classificação" de objetos, pelos seus atributos (ex.:

classificação de flores segundo sua cor, tamanho e número de pétalas, ou mesmo cheiro emitido etc.). Assim, o pensamento transdisciplinar, ainda que seja de ascendente por palavras, procurou-se delinear diferentes níveis de complexidade de conhecimentos necessários, à medida que o ser sobe na escala, que pode ser em função de "faixas", e mesmo na forma de faixas não existe o propósito de ser exato na caracterização das faixas, no sentido que certas características são composições de conhecimentos de diferentes faixas. Assim, o pensamento transdisciplinar é totalmente aplicável nessa grade epistemológica da cognição, seja fenomenológica ou puro (suprasensíveis). E por ser Transdisciplinar, podemos pensar em níveis de complexidade, diferentes níveis de realidade e também o "terceiro incluído", mesclando as faixas, mesclagem essa também conhecida como "hierarquia entrelaçada" ou "entrelaçamento". Ou seja, a "hierarquia" de faixas é uma hierarquia entrelaçada nos diversos itens nominados de cognição e os seus sub-elementos. Significa que determinado processo (com seus sub-elementos) em uma faixa inferior pode estar ligado com outro processo de uma faixa superior. Esse entrelaçamento inter-itens-processos de cada faixa também se refere aos diversos níveis de realidade do transdisciplinar e também do "manifesto do terceiro incluído".

Assim, essa grade epistemológica é um excelente exemplo da transdisciplinaridade interfaixas referenciados com nomes específicos. Poderíamos chamar a grade epistemológica de Grade Transdisciplinar da Cognição Fenômenologica (idem ao caso do suprassensível). Também precisamos entender que poderia ser também Grade Transdisciplinar Transfaixa à medida que as faixas sejam comprendidas como estanques.

A grade de nomes vai além da transdisciplinaridade.
A grade nominada de Epistemologia, conhecimentos produzidos, portanto pelas significações produzidas em cada momento, pela cognição, procura também ajudar o encontro simultâneo-recursivo-dialético dos itens e processos de conhecimentos relativos à sua postagem em cada faixa. Pretende induzir o leitor a ter também a cognição descendente, para depois ir dividindo em elementos menores e derivativos. A causação ascendente é mais fácil de ser realizada devido aos esforços e à influência da ciência, em seus pensamentos lógico-causais. A causação descendente utiliza fundamentalmente a intuição no atingimento da significação mais "total" ou "holística" possível, e em um processo contemplativo a massa de significação se torna mais sintética, mas de maior complexidade, entrelaçada ou não pelas faixas. A percepção significativa dos fenômenos permite que nossos pensamentos sejam alocados do espiritual para o material, ainda que tenhamos sempre os resultados de "modelogem pelas palavras" e procuremos chegar a uma determinada significação, e para essa significação final, sinteticamente, procuramos trazer "aquela" palavra sintética que representa a significação atingida. Certamente que esse atingimento sintético representa um grau maior de vivência-sabedoria-intelectual, e o indivíduo consegue por meio de palavras bem "solicitadas" sintetizar a significação, sendo desnecessário um tanto de palavras de sua explicação, no processo de explicitação de conhecimentos. Aqui, pretendo dizer que a capacidade da Cognição-Pensar sintética (veja tipologia de Cognição) é muito importante nos pensamentos contemplativos, e sua explicitação no ambiente social.
Quero também enfatizar aqui a diferença entre Cognição, seja mencionada nestas páginas como Pensar- Sentir-Querer (descendente) seja diferente na expressão Pensar+Sentir+Querer (ascendente). Isso também precisa ser bem pensado pelos leitores, aqueles que ainda não captaram e diferença entre descendente e ascendente. E há necessidade de vivenciar isso, nos diversos fenômenos em que estiver envolvido.

Um exercício superimportante, por exemplo, é em cada instante fenomenológico, o leitor percebe quando temos um processo cognitivo Sentir-Pensar-Volição e como percebemos isso, de um fenômeno em que temos somente uns pensamentos lógicos-causais, e que muitas vezes derivamos para enganos, nada a ver com a realidade-em-si em derivação ao pensamento causal, manifestado ao longo do fenômeno.

Assim, à medida que o leitor conseguir progredir na Grade Epistemológica Transdisciplinar, é esperado que saiba e vivencie a conjunção transdisciplinar de Cognição-Significações-Conhecimentos à medida que progride nas diversas faixas de Vida-Consciência.

A seguir há um pequeno resumo quanto às 12 faixas e colocamos alinhados-sumarizados com relação ao desenvolvimento humano referenciado pela desenvolvimento de alma pela Consciência.

As 12 faixas referem-se à Consciência-Vida, humana-alma-espiritual entendida espiritualmente como sendo a Vida Espiritual na Terra (junto ao físico e à alma), Vida Espiritual vivido no Cosmos, e a Vida Espiritual vivido junto à Hierarquia Celestial e à Inteligência Cósmica (que criou o Tudo).

Assim, as faixas pretendem ajudar o ser humano a capturar as Cognições-Significações--Conhecimentos e assim permitir que o indivíduo consiga perceber a si-próprio, ou dito de outra forma, a ter __consciência da sua própria consciência__, processo também chamado de autoconsciência. E nessa configuração a possibilidade de sempre trabalhar a cognição de forma vivida pela __abordagem descendente- ascendente-dialética__, e também de forma transdisciplinar, com outros Conhecimentos-Significações de outras faixas também de forma entrelaçada.

1. *__Na faixa 1__ temos os conhecimentos (e certamente a Cognição-Significações produzindo) relativos ao viver. Temos níveis de vida nos quais os indivíduos estão focados na __sobrevivência__, nos aspectos de si-próprio de forma egocêntrica-egoística, e a Vida relacionados com a comunidade, com a sociedade. Nessa faixa temos normanlmente muito foco somente no sistema sensorial, ou os 12 sentidos (capítulo XXX). Assim, os conhecimentos necessários e viventes nessa faixa seriam aqueles necessários para sobreviver e para aquilo que interessa a si próprio ou egocentrado ou egoísmo. E finalmente conhecimentos que permitem ao indivíduo um olhar mais relativo aos outros de sua comunidade.*

Podemos ampliar essa Faixa1 (__Alma das Sensações__) em:
3. Consciência - Social-Coletiva
2. Consciência - Individual a si
1. Consciência – Sobrevivência.

2. *__Na faixa 2__ temos uma complexidade maior em Conhecimentos que devem ser adquiridos pelo ser notadamente na forma abstrata formando significações permanentes (gravados) no sistema neurossensorial (inclui o corpo etérico-astrálico), em que o indivíduo aproveita aquilo de conhecimentos vivênciais ou imaginados, e que permitem seu maior entendimento nas vivências na comunidade onde vive. O ser percebe que as lições aprendidas (e armazenadas como conhecimentos) lhe são úteis em outras situações na vida.*

Nessa faixa, o ser humano percebe o uso e a importância na comunicação com a sua comunidade na forma simbólica, assim, aprimora seus conhecimentos nas simbologias mais utilizadas pela sua comunidade, e passa a estudar melhor sua própria linguagem, e interpretação (Hermenêutica) de frases expressas ou recebidas de outrem ou meios de comunicação, incluindo a digital.

Podemos ampliar essa Faixa2 (__Alma do Intelecto__) em:
7. Consciência - Ciência - Teorias & Pesquisas
6. Consciência - Cognição - Modelos mentais
5. Consciência- Físico - Conceitos - Constructos
4. Consciência - Linguagem-Hemenêutica-Semiótica.

Conceitos: *referem-se à camada de significações que são correspondentes aos objetos-fenômenos de uma mesma natureza, independentemente dos atributos pertinentes à classe dos objetos, atributos como forma geométrica, cor, consistência, resiliência, composição química etc.*

Assim, conceitos referem-se ao nível de abstração mais perto do objeto observado. Importante citar que conceito independe de atributos específicos do objeto específico-em-si. O conceito é uma significação universal de todos os objetos específicos de uma mesma natureza, independentemente dos atributos inerentes e possíveis.
Exemplo: flor, copo, cadeira, mesa, predio, óculos, lampada, cachorro, mosquito, minhoca, todos os objetos possuem sua significação interna do observador.

Quando o observador mira uma flor específica, intuitivamente surge na mente a significação universal da flor, o observador traz intuitivamente o formato-tamanho, a família de flores que pertence, o cheiro-aroma, a consistência das pétalas, cor, tamanho, arquitetura espacial, enfim tudo aquilo que pertence à significação de "flor".

Constructos: *referem-se às abstrações mentais de conceitos já adquiridos, mas de natureza diferente de objetos e fenômenos considerados diferentes no seu foco.*

Por exemplo:
A interligação relacional de conceitos Flores+Livros+Negócios+Capital-entrante+Rede-Social pode gerar um Constructo de Disrupção-de-Vendas, que seria nesse momento um novo modelo mental com Significação própria do indivíduo. Como exemplo: o Constructo Supermercado a atingir com vendas muito mais elevadas do que a loja de flores simplesmente.

Modelos Mentais: *conjunto de constructos e conceitos que permitem a contemplação mental de um conjunto maior do que simplesmente o constructo ou conceitos. Certamente uma conexão de imaginação-inspiração-intuição transdisciplinar desse conjunto de constructos e conceitos, prefencialmente com focos bem objetivados, e outras derivações ou atributos mentais que permitem a construção e desenvolvimentos de ações com dialéticas fenômenologicas entre os componentes originais ou derivativos, em uma espeficidade de uso mental denominado de Abordagem Sistêmica ou de Estratégias e Gestão do Fenômeno Todo.*

Ciência Teorias e Pesquisas: *pensamentos que atingem a consciência anterior de modelos mentais, e adicionalmente com atributivos e qualificadores especiais definidos ou considerados pelos estudiosos pesquisadores e acadêmicos como um todo fenomenológico como* **ciência.**

3. **Na faixa 3** *podemos encontrar conhecimentos gerados pela tríade Self-Consciência-Cognição relativos ao desenvolvimento transdisciplinar de conhecimentos relativos a consciências mais elaboradas.*
*Podemos ampliar categorizando essa faixa3 (**Alma da Consciência**) em:*
12. Consciência Celestial (Energias Superiores)
11. Consciência Cósmica
10. Consciência do Ser Humano (Humanidade)
9. Consciência - Autoconsciência
8. Consciência - Arquétipos (Natureza).

Segue uma figura representando a formação projetada de Conhecimentos ao etérico (tempo → espaço) e à formação de novo modelo mental (em astrálico).

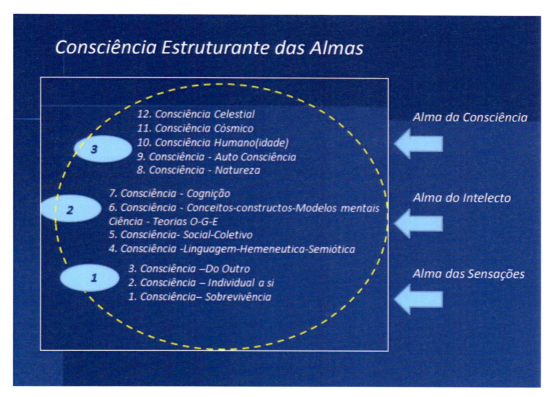

Figura 18 – Grade Epistemológica da Consciência Humana

Assim, essa grade epistemológica permite:

1. Abordagem Trasndisciplinar, ou seja: Complexidade crescente de 1 a 12 referenciais. Diversos níveis de realidade (em aberto). Terceiro incluído.
2. Abordagem "por dentro" da pessoa.
Abordagem "por fora", ambiental, permitindo condicionamentos skinneriano.
3. Individual e Coletivo.
4. Abordagem dialética, simultânea (Conhecimentos+complexos crescentes sintéticos).
5. Hierarquia entrelaçada em pontos de conhecimentos e consciênica (incluindo pela dinâmica estruturante na Vida).
6. Transcende conhecimentos sobre o humano, chegando ao cósmico e celestial, quando entendemos que atingimos o Todo-Tudo.
7. Cognição vivenciada descendente significando também vivência e olhar (com sentimentos vívidos) do mundo espiritual para a encarnação física.

Nessa tipologia de grade epistemológica, é também muito importante que a busca pela complexidade crescente de conhecimentos que a cognição sintética na busca das nomeações seja posterior ao vivenciar o fenômeno (sensível+suprasensível), e o domínio da hermenêutica da linguagem sintética seja bastante consciente e elaborado, podendo certamente trazer outras formas de simbolização, à medida da progressão da humanidade. A complexidade vertical trabalha simultaneamente com a complexidade horizontal em Cognição-Significações-Conhecimentos. No momento de reflexões e contemplações temos:

1. O exercício-acontecer das energias localizadas no EuSou+Gestão da Consciência (atenção-foco- intensidade da Consciência em Gestão dos diversos corpos pelos sistemas físicos) produzindo significações ou representações mentais que, uma vez estabilizados, produzem então os Conhecimentos (Tácitos). Importante lembrar que a cognição gera os específicos Pensar-Sentir- Querer nos seus correspondentes locais de manifestação, incluindo o cérebro físico e, dependendo da situação, propaga-se (em) inconsciente pelos sistemas (respiratório, circulatório-metabólico) e assim se manifesta pelos aspectos

de movimento dos membros, por exemplo, o movimento dos dedos, coerentes com o Pensar-Sentir ou Sentir-Pensar. Embora estejamos focando em três manifestações, essas são praticamente simultâneas (ou não) e cujas consequências podem advir em movimentos metabólicos no Pensar-Sentir gerando a posssibilidade da liberdade fluir nesses campos, como podemos ter o Pensar-Sentir se manifestando nos membros de volição, encaminhando um conjunto de movimentos amorosos- fraternais, acabando, digamos assim, em um abraço afetuoso. Convém lembrar de que poderiamos também considerar a participação de sons musicais, de calores corporais, de sentimentos de medo, de emoções positivas ou negativas etc. referentes aos 12 sentidos sendo atingidos por expressividades de Sentir-Pensar, durante a produção de Significações- Conhecimentos.

❖ A Evolução do MEC para o MEP-S-Q

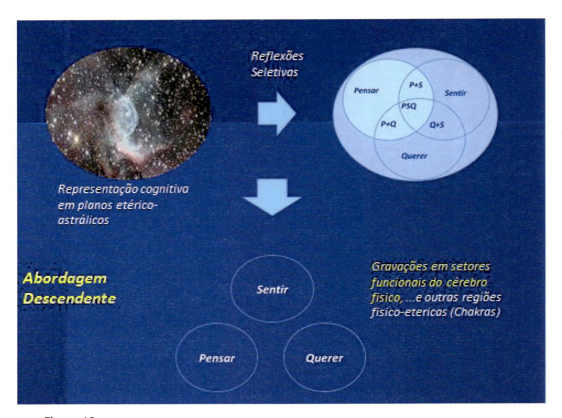

Figura 19

Assim, dando exemplo pela visão de uma rosa vermelha, podemos trazer no astrálico a sensação expressa pela sua cor e emitimos um juizo do **Pensar** " é vermelha", em que vermelha é um conceito digamos universal e subjetivo.

Da mesma forma, o Eu Sou pode manifestar-se por meio do Querer, induzido pelo Pensar ou Sentir, a se realizar atos ou mesmo a manifestações de intenção, traduzidos na forma de gestos, expressões faciais, sons, movimentos, deslocamentos, enfim trazidos pela volição. Existe uma origem de manifestaçãoes pelo querer trazidos pelo Desejo, sem passar pelo Eu Sou na coordenação, ou também instâncias de inconsciência. Assim, o Desejo é a origem de movimentos e expressões pela Vontade sem passar pelo crivo ou entendimento ou coordenação do Eu Sou espiritual. O Eu Sou corporal pode muito bem pedir as manifestações do Desejo (Enriquecimento material, desejos sexuais, vaidades, orgulhos etc.) que em instâncias posteriores se manifestam como comportamentos visíveis do ser, com plena visibilidade dos movimentos.

Dependendo do fenômeno, o acionamento da Consciência é efetuado também no astrálico, mas encaminha às emoções e aos sentimentos do **Sentir**, e traz aquilo que já estava inscrito na memória etérica, e a pessoa sente novamente as emoções evocadas intuitivamente e confrontadas com o elemento trazido pelos sentidos.

Assim, vimos a abordagem descendente da formação do significado (conhecimentos) efetuado pela cognição quando temos o atingimento ou resultantes em conhecimentos/significações, em uma primeira instância. É digamos ainda um "bloco holístico", uma significação global. Em uma segunda instância temos reflexões internas, em que o Eu Sou procura direcionar para funcionalidades específicas do Pensar-Sentir-Querer. Nessa segunda instância, dependendo da intensidade de reflexões internas, surgem gravações (salinizações) nos corpos etérico-astrálico, e as dessalinizações no decorrer do tempo.

❖ **A constituição e componentes do MEC**

Consideremos a figura holística a seguir, que nada mais é o da Figura 33, de <u>Atuação da Consciência Individual</u>, trazendo uma visão mais de causalidades e de relações N:M de forma mais clara e convencional. Trata-se de uma figura construída em uma base de Excel, com uma figuração que permite perceber os diversos componentes do Modelo Epistemológico com direcionamentos produtivos da consciência para acionamentos à função da cognição e daí aos componentes compostos e finais do Sentir-Pensar-Querer e com isso a percepção interna cria uma percepção denominada realidade aparente que interage com a Realidade-em-Si, cuja existência é independente e normalmente externa à pessoa. Muitos autores indianos antigos denominam essa Realidade-em-Si como sendo Maia, ou seja, ilusória ou passageira à Vida desse observador.

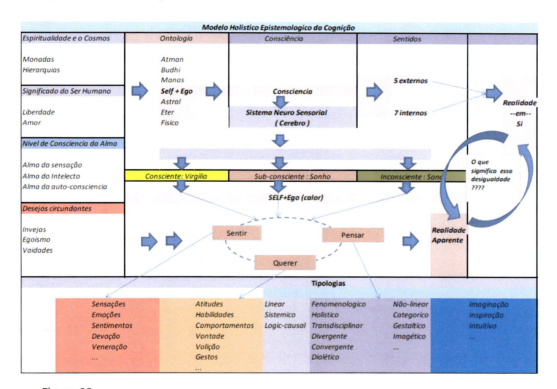

Figura 20

Utilizando o modelo MCMI/OET temos a figura a seguir, denotando e agrupando conhecimentos ligados com a 1. Realidade Aparente e a 2. Realidade-em-Si, trazendo também outros figurantes como a Hierarquia Celestial, Amor e Liberdade etc. e operacionalmente mostra três links de conhecimentos à disposição do usuário.

Com isso estou enfatizando a força da Cognição na mobilização das diferentes áreas funcionais no tratamento de fenômenos que surgem na Realidade-em-si e ativam o sistema sensorial, dependendo da evolução da alma e espírito desse ser humano, podemos também estar acionando o enfusionamento com elementos monádicos da Hierarquia Celestial.

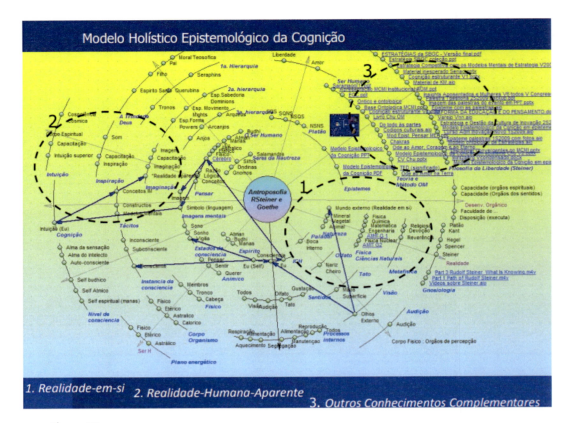

Figura 21

A seguir trazemos o mesmo mapeamento com algumas outras conexões superimteressantes e importantes, tratando principalmente da interconexão funcional entre o Self-Consciência-Alma-espírito com os sentidos, criando (complementando) a Realidade-em-Si , e com a Hierarquia Celestial pela via da Metacognição criando a Realidade Aparente, fundeado principalmente pela Imaginação sensorial e transensorial.

Evidentemente são interconexões representadas por elementos das categorias envolvidas, propiciando a total conexão, e propor a ser feito pelo leitor, entre o Pensar-Sentir e com os sensorial e transensorial, juntamente às possíveis conquistas de enfusionamento com as Hierarquias Celestiais. Essa compreensão deve ser manifestada pelo leitor garantindo o início da construção do próprio conhecimento, que deve se consolidar via Querer pelas experiências com o ambiente envoltório, e via meditações nas realizações com as entidades da Hierarquia Celestial. Essa reflexão e a execução na maior completude pelo leitor são muito importantes, pois mobiliza o pertinente Pensar-Sentir-Querer do leitor, que pode também adquirir mais ideias lendo as referências na bibliografia e links indicativos.

Assim, continuando...
O mapeamento é considerado holístico no sentido de conter o maior número possível de conhecimentos sobre a própria produção de conhecimentos, que estamos chamando de cognição. A cognição é, portanto, a mobilização do EU SOU (Self + Ego) para que crie "conhecimentos" inerentes ao confronto do ser com a Realidade-em-Si.

Nessa criação estamos considerando aquilo que está sendo produzido pelo astrálico em confronto com o etérico do cérebro, incluindo aquilo que se inscreve como conhecimentos de curto prazo. Ao mesmo tempo na busca no etérico de "significações" que já são existentes nessa vida, e também de vidas anteriores (encarnações), e se é um iniciado, consegue buscar conhecimentos registrados nos registros akásicos.

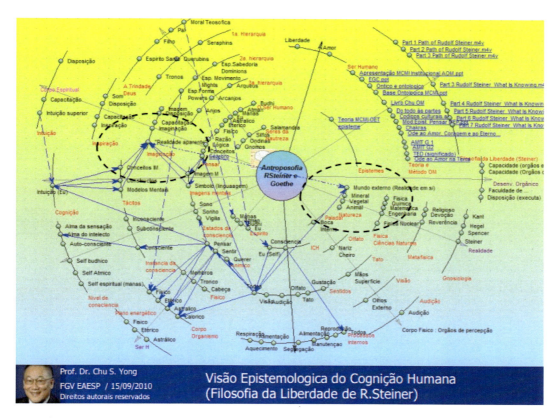

Figura 22

Com isso, dizemos de forma direta que nosso cérebro (físico e etérico) constitui um espelho de significados já previamente existentes na memória da pessoa. Seja fenomenológico ou não (pensamentos puros), para a busca das significações sejam diretas ao fenômeno, com a busca de constructos de maior significação, é utilizado o pensar Intuitivo. E quanto mais evoluída for a pessoa, mais rápida virá a correspondente significação, que a pessoa efetuará o casamento fenomenológico, ou de vindas de inspirações ou mesmo referentes às imagens imaginadas (pela Imaginação).

Nesse confronto, o ser específico cria dentro de suas estruturas de energia, digamos hepta considerado, nos corpos (Self + Ego), corpos astrálico e principalmnete o corpo etérico, nos quais está concentrada toda a memória de vida do ser específico. O cérebro físico, órgão muito estudado pelos cientistas da Neurociência, e nas experiências com vibrações eletromagnéticas com deteção em fotoscolórico nas regiões em que estão exercitando o cérebro. Ao mexer no cérebro físico, é mexido também no cérebro etérico, pois é esse que coordena as funções vitais do correspondente cérebro físico. A ciência atual consegue por cores detectar algumas as regiões físicas em que há modificação durante o funcionamento do cérebro, mas ainda não consegue detetar os correspondentes atingimentos no nível éter, menos ainda no corpo astral.

A Figura 34 é uma cópia de uma estrutura cognitiva "de mais liberdade" no pensar (R. Steiner) retratada ou construída pela Figura 34. A Figura 42 é construída de forma muito mais linear, construindo cada "quadrado" ou "retângulo" e sua disposição relativa em conjunto de tal forma a linearizar o pensamento de quem lê. Estamos modelando a "mente" do leitor, e talvez criando mais "conforto" na leitura, mas o propósito é mostrar a diferença entre o linear e o não linear, de forma espacial. Dentro de cada quadrado foram também colocadas as categorias de forma sequencial e linear de forma a facilitar a leitura pelo leitor. A disposição espacial também é propositalmente colocada na sequência com "conhecimentos" que facilitam o olhar sequencial e causal, incluindo aquelas tipo 1:1, 1:N e N:M, indicadas pelas setas grandes ou pequenas.

A Consciência consciente, e vetorialmente dirigida a um fenômeno, e utilizando-se de seus sentidos, digamos a visão, permite nesse instante a formação de uma "representação" imagética no cérebro. Dizemos que se trata da fase de sensação, pelos sentidos. À medida que há um registro no cérebro, há correspondente um registro no corpo físico/etérico/astrálico, trazendo sensações de primeiro impacto (Pierce denominou isso de Primeiridade, veja livro) que trarão em um segundo instante uma tentativa ou não de obtenção de significado. Ao se tratar de cenas ou objetos que a pessoa sempre está habituada a ver, nada acontece no cérebro físico ou etérico. Ao se defrontar com uma imagem (seja de orientação linguística ou uma cena/paisagem por exemplo) que a Consciência coloca mais energia, de foco mais intenso, a mente procura buscar um significado para a imagem. Essa busca do significado é totalmente operante pelo cérebro físico/etérico/astrálico na busca daquilo de "Compreensão ou Conhecimento ou Significado", e a Consciência coloca à disposição do Self+Ego, e a pessoa passa a ter entendimento do fenômeno em foco.
Trata-se da busca de uma percepção sobre o fenômeno. Na fase de percepção a pessoa procura trabalhar as imagens provenientes dos sentidos e das provocadas sensações, para uma percepção envolvendo as diversas regiões do cérebro físico/etérico/astrálico. Assim, há um trabalho em conjunto do Sentir-Pensar-Querer. A fase de percepção pode corresponder à Secundariedade de Pierce.

No Sentir temos a atuação por exemplo da Simpatia/Antipatia (R. Steiner) em nível de Subconsciente, e o Pensar (cérebro) procura obter o significado, e temos por exemplo a resposta por algum conceito, que o ser "normal" há o encaminhamento do Conceito que corresponde ao fenômeno em estudo. É claro que temos o acerto do conceito com o fenômeno na maioria das vezes, que a pessoa prosseguirá no seu estudo, na sua análise digamos científica. Essa busca na fase de percepção são, portanto, os diversos níveis energéticos que procurarão trazer, em um processo primeiro **Intuitivo**, o significado do fenômeno, estabilizado internamente por imagens (ainda que sejam frases e símbolos linguísticos), e que a Consciência subjacente às "áreas do cérebro físico/etérico/astrálico" fará o possível no endereçamento da "**Compreensão**" sobre o fenômeno. Essa "compreensão" é multifacetada nos níveis de Consciência da Alma (Alma da Consciência, do Intelecto, da Autoconsciência etc.), nos diversos níveis energéticos dos corpos (etéricos, astrálicos etc.), inserido em "Liberdade" e "Amor" pelos significados mais nobres do ser humano, e eventualmente, e de forma sub/inconsciente a atuação dos elementares envolvidos com a terceira hierarquia. Nessa fase de Percepção, os resultados criados nas diversas instâncias do ser, fazemos um reducionismo, e dizemos que criamos "Conhecimentos" na esfera do Sentir (específicos emoções de devoção, alegria, sofrimento etc.), do Pensar (analítico matemático-estatístico, um pensar **Gestáltico**, um pensar de causalidade operativa, um pensar transdisciplinar focado em filosofia (gnosiologia) ou mesmo no Querer (forjando por exemplo, uma atitude de confronto, de guerra, de rejeição, de amorosidade etc.) expresso por exemplo com o movimento das mãos, de expressões pelo rosto, pelo corpo, podendo vir a ser expresso por comportamentos, ações como movimentos de dança, de pulos, de encolhimento, de imitação ao fenômeno em estudo etc.

Dizemos assim, que essa segunda fase, criamos nossa **"Realidade Aparente ou Humana"** que pensamos ser igual, coerente ou parecida com a **"Realidade-em-Si"** do Fenômeno em estudo (veja figuras 34 e 35, em que estão em destaque e assinaladas por setas). A grande lição que aqui se encerra pelas 2 fases mencionadas, é que a "Realidade-em-Si" pode não ser nada igual, parecido ou coerente com a "Realidade Humana" criada dentro das nossas estruturas cognitivas, internas ao ser humano específico. Importante citar nesse instante que o fenômeno é mutante, ou seja, está mudando ao longo do Tempo-Espaço no planeta Terra, e portanto a Realidade Humana acompanha em dinâmica e em simultaneidade.

Essa "compreensão" interna do ser, ao focar e viver o fenômeno da Realidade-em-Si, e provocada internamente a Realidade Humana, que envolve o acionamento da multiplicidade de funções internas ao ser (veja novamente a Figura 34), é gravada no cérebro físico/etérico constituindo nossa memória de história de vida pessoal específica. R. Steiner menciona que há o processo de salinização dessa "compreensão" e que se nada acontecer mais em

relação ao mesmo fenômeno, acarreta biologicamente interno ao ser o processo de dessalinização e, portanto, desaparece tudo aquilo que mencionamos como "compreensão". Para que a "compreensão" não desapareça tão rapidamente, o ser utiliza por exemplo o processo do pensar imaginação (são reflexões, corresponde à terceiridade de Pierce), que trabalhará no conjunto "compreensão", no cérebro físico/etérico uma evolução dessa "compreensão", fazendo conexão com outras "compreensões" já armazenadas, e criando por si-mesmo, outros conceitos, ou adicionando também em fusão (ou complementação), de conceitos existentes, criando constructos (veja livro científico Hair) com composição hierárquica de conceitos anteriores, ou formando redes mais complexos de conceitos que chamamos de Modelos Mentais.

O conjunto da "compreensão" chamamos de "Conhecimentos" e pode ser expresso para o exterior na forma habitual do momento de vida do ser, por exemplo na forma de figuras, desenhos, de frases do idioma linguística do ser, na forma de mapeamendos específicos, como o do método cognitivo MCMI, e apoiados por software, digamos OET. Durante a expressão para o exterior, de forma explícita, o ser pode utilizar as imagens e palavras que aprendeu nos seus primeiros 21 anos de vida, por exemplo:

Esse escrevente quer preparar uma segunda viagem de negócios à China moderna, na área cultural. Assim, realizou viagens ao Pantanal, onde vivenciou ocasiões de lutas de onças com jacarés e visitou às Cataratas do Iguaçú. Visitou, em uma primeira viagem à China, Wuhan e Hangzou, entre outras cidades. Conversou também com o pessoal da câmara de Comércio CNCDE. Todas essas viagens resultaram em vivências, afetando as instâncias do Sentir-pensar-querer, que ao longo do tempo e locais visitados foram sendo registrados em um mapeamento.

As vivências foram coletadas em vídeos (que representam as vivências presenciais) tanto na China como no Brasil. São também registradas juntas informações na forma de textos e endereços de IP para acesso à Internet. E foram explicitadas em um mapeamento no qual em conjunto podemos qualificar como "Conhecimentos Tácitos" vividos presencialmente na China (tecnologias de construção e modas femininas). Essa vivências criam por meio da cognição inúmeras "gravações" provisórias ou mais permanentes, conscientes e também inconscientes. Dessa forma, as expressões são sempre uma versão reducionista do Todo Cognitivo que ficou registrado internamente nas diversas camadas energéticas, a saber principalmente no físico, etérico e astrálico. Nas outras dimensões são mexidas em ocasiões muito especiais, no Self junto ao Manas, Budhi e Atman.

*Figura 23 – **A expressão para o mundo explícito** de conhecimentos vivenciados e articulados internamente na forma de **conhecimentos tácitos***

Gravação dos nossos significados no cérebro-etérico que chamamos de representação mental, e que precisamos explicitar de forma coerente, podendo comunicar-se com outros seres humanos. Trata-se então da explicitação dos conhecimentos tácitos em uma forma explícita compreensível.

A figura acima representa as significações (conhecimentos tácitos em uma imagem holística da representação mental) alegadas a seguir e expressas por conhecimentos explícitos pelo Método MCMI e Software OET. Essa expressão holística do Todo-Tudo pode ser expressa por diversas formas de seus componentes, conforme a tecnologia expressiva utilizada.

Conhecimentos tácitos na forma de conhecimentos explícitos. A famosa Gestão de Conhecimentos nas Organizações depende dessa facilidade de conversão, que é uma dialética entre os conhecimentos tácitos com os explícitos via MCMI/OET em um momento de explicitação seja individual ou processo coletivo, organizacional e institucional. Seguem detalhes.

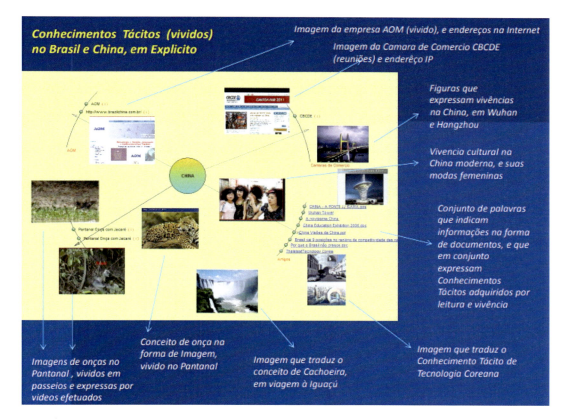

Figura 24

É muito importante entender que as vivências criaram uma série de "comprensões" relativos à China e ao Brasil, e juntamente às informações de artigos, compuseram um "conhecimento tácito" invisível no físico/etérico/astrálico, nas instâncias que denominamos de Sentir-Pensar-Querer, que o ser pode interagir com a realidade-em-si na China e no Brasil, e o "realidade aparente-humano" que se desenvolveu nas instâncias energéticas internas, denominamos de cognição tácita (consciente, subconscientes, e inconscientes), e que quando expressamos externamente, denominamos conhecimentos explícitos, ou expressos visivelmente. A cognição produz, portanto, os conhecimentos armazenados internamente e sua expressão externa pode ser representada por palavras e outras mídias, que tentam expressar os conhecimentos produzidos internamente.

Fica claro que os conhecimentos internos, ou as "compreensões" internas, no momento de produzir os símbolos para expressão externa, podem não conseguir as palavras de acordo, e podem simplesmente produzir reducionismos fortes, desvirtuando a representação para o entendimento por outrem, ou mesmo na autocompreensão de si mesmo.

As passagens da realidade-em-si para a cognição produz a realidade-humana-aparente e seu caminho inverso traz certamente desigualdades na completeza e concisão dos conhecimentos produzidos pela cognição, essas incompletudes dependem das tipologias de expressão, das mídias utilizadas nas conversões etc.

Durante a terceira fase de contemplação dos conhecimentos expressos, procuramos sempre ampliar os itens de conhecimentos no mapeamento expresso, seja fazendo associações dentro de categorias, seja na busca pela intuição de outros conhecimentos que podem se relacionar com os atuais, expressos. Essa busca de mais conhecimentos (itens por palavras, ou por imagens) normalmente é efetuado pela **Intuição,** mais do que pelas associações mentais lógico-causais ou não. O fato de ter os conhecimentos expressos e podermos imaginar por reflexão outros itens de conhecimentos relacionados sem esquecer os já expressos no mapeamento, é uma grande contribuição ao processo, se temos o

*mapeamento para o processo de imaginação. Uma vez o mapeamento efetuado em um determinado tempo, por associação, imaginação lógico-causal (menos) e intuição, podemos chegar ao **todo do fenômeno**. Olhando e contemplando esse todo holístico, chegamos a momentos de Gestalt em que diversos conhecimentos geram novas significações ou compreensões, chegando a novas tipologias de "compreensão" de nível mais elevado. O mapeamento holístico do todo do fenômeno permite o surgimento de novos conhecimentos de outra natureza, que surgem pela combinação de vários conhecimentos provenientes de outras significações, e certamente conhecimentos que podemos classificar de níveis diferentes à formação de conhecimentos que refletem o fenômeno. Essas novas agregações normalmente criam novas cognições produzindo conhecimentos novos, que são aquelas de criação nova, gerando, portanto, a formatação deles, que poderão se denominar de conhecimentos criativos ou novos.*

*A possibilidade de ver o Todo permite que a mente humana por meio da intuição (chamada de processos de Gestalt) crie novos conhecimentos por novas associações entre conhecimentos. Esses novos conhecimentos poderão encaminhar futuramente ao denominado de **Inovações** (criatividades com criações gerando valores humanos ou de outra natureza).*

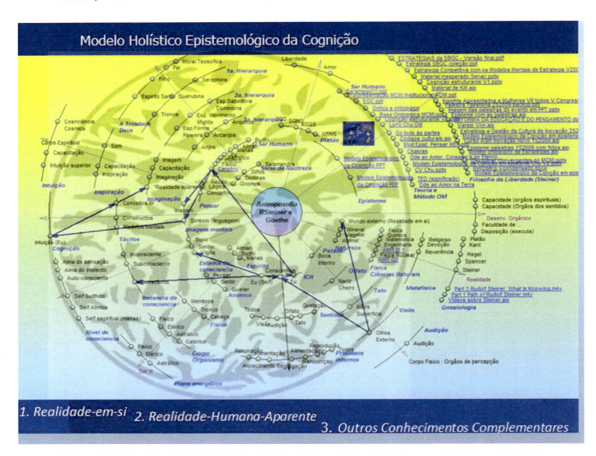

Figura 25 – Modelo Holístico Epistemológico da Cognição e Intuições por Insights em Gestalt

*Essa figura mostra muito bem a analogia-metafórica nas operações da cognição quando estamos procurando **uma unidade** com **significação**, dentro de uma diversidade constituido pelo **holismo** de um fenômeno. Dito de outra forma, focado na mapeamento dentro do modelo de Epistemologia de ser humano (universal) colocado pelos conhecimentos da Teosofia-Antroposofia, em uma operação intuitiva, trazer as relações existentes para um Pensar (ou mais amplo, uma Cognição) fenomenológico, assumido uma certa aceitação pessoal dos conhecimentos envolvidos pelo modelo do ser universal da Teosofia-Antroposofia que, dentro deste livro, seria "enxergar" **girafas (significações de Unidade)** dentro do mapeamento holístico do fenômeno em pauta.*

A Figura 45 mostra a formação da figura da Girafa (Unidade) enquanto se faz reflexão na figura que representa os conhecimentos holísticos da cognição humana, trazendo Modelos Mentais que emergem com significações ou "comprensões" novas, criando novos conhecimentos orientados para digamos Inovações.

Os Modelos Mentais (na ciência de **Administração de Empresas**) podem ser de muitas tipologias:

- Modelos de EGO
- Modelos de Inovação Cultural e Cultura de Inovação
- Estratégia e Gestão do Conhecimentos
- Modelos para Geração de Patentes
- Modelos de Sustentabilidade Ecológica
- Modelos de Analise e Sintese Economica das Nações
- Modelos Transdisciplinares de Ensino e Aprendizagem

Na área de **Medicina**:

- Modelos de Diagnóstico Holístico
- Modelos Transdiciplinares em Processo de Cura
- Modelos de Desenvolvimento de Novos Instrumentos de Análise
- Modelos Ampliados de Saúde Preventiva
- Modelos de Gestão de Epidemias
- Modelos de Gestão Hospitalar Integrados
- Modelos de Gestão Horizontal e Vertical de Postos de Saúde Pública
- Modelos Ampliados pela AI (Ex.: Watson IBM).

Na área da **Psicopedagogia**:

- Modelo de Ensino Aprendizagem de Piaget
- Modelo de Ensino via Cognição de Alsubel
- Modelo de Ensino Aprendizagem pela Waldorl Schule
- Modelo da Psicopedagogia Vigotsky
- Modelos de Ensino Aprendizagem Metacognitivo Chu
- Modelo Psicopedagogico Dewey
- Modelo de ensino Montessori.

E em outras inúmeras áreas potenciais e transdisciplinares das ciências específicas, naturais e humanas.

Ao elaboramos uma mapeamento de um fenômeno qualquer, em um processo em que favorecemos o atingimento do Todo Holístico, temos grandes possibilidade de se atuar com os pensamentos puros de "imaginação, Inspiração, e Intuição" produzindo inusitados novos conhecimentos que, de outra forma, inerente e invisível dentro das instâncias e níveis energéticos invisíveis, é praticamente impossível perceber as "interconexões" que geram outros significações. A explicitação do mapeamento de tácitos que iniciam o mapeamento de fenômenos, de forma consistente e contínua, permite que se exiba em explícito a Realidade Aparente, como um Todo, que por sua vez permite que se atinjam mais conhecimentos oriundos pela cognição superior ou pura: Imaginação, Inspiração e intuição.

Esse mapeamento de tácitos criando uma dialética do confrontamento entre realidade-em-si com realidade-aparente, para chegar em uma versão estabilizada de tácitos expressos, permitindo achar novos conhecimentos, que em uma dimensão universal, em transdisciplinaridade, atingem grande impulso da cognição, gerando valores extraordinários de desenvolvimento da humanidade como um todo.

Essa é a **grande contribuição finalística desse MEC (Figura 28)**.

Um grande melhoramento da realidade-por-si pela realidade-em-si por meio da cognição pura ou superior, de forma também ao atingimento de comunicações entre os humanos diversos em forma e movimento e sabedoria, mas <u>com a percepçao da unidade (Humanidade) que reside na diversidade</u>. Essa percepção (local e não local) pode melhorar a significação da sua própria existência, da vida e consciência, e melhorando essa, <u>podemos melhorar o desenvolvimento mais humano da humanidade.</u>

A figura a seguir mostra outros conjuntos de conhecimentos trazendo por exemplo uma visão transdisciplinar baseado na Ontologia-Gnosiologia-Epistemologia, sem exaurir os conhecimentos possíveis nessa visualização.

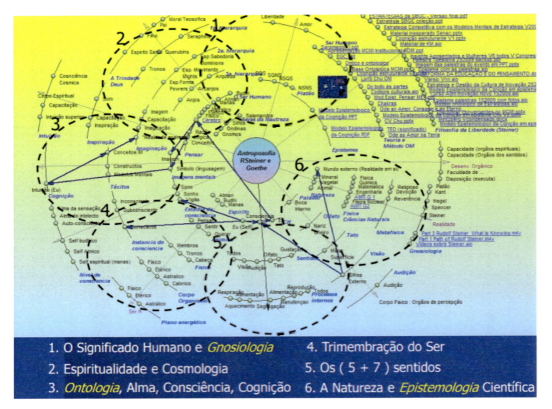

Figura 26

- ❖ **Tipologias do Pensar-Sentir-Querer**

Trazendo novamente a figura fundamental da consciência individual, podemos perceber que é um reducionismo concentrarmos a cognição em somente três elementos, havendo no entanto uma possibilidade de avançarmos de que não estamos falando de objetos com contornos bem delineados, como os objetos da realidade. Fica claro que temos que trabalhar com as seguintes variáveis, de premissas que condicionam as tipologias do Sentir-Pensar-Querer.

Sumarizando, as plataformas ou variáveis principais são determinadas pela vetorização da Consciência Individual, sob comando do Self-Egos, em específico na produção em manifestação do Pensar-Sentir-Querer no corpo humano:

- ❖ Cosmos e H. Celestial
- ❖ Registros Akásicos
- ❖ Mônada Universal seres humanos
- ❖ Eu Sou e seus constituintes hepta

> *Atma Budhi Manas*
> *Self e seus Egos Astrálico Etérico*
> *Físico*
- ❖ *A Consciência Individual*
  > *Estados da Consciência (Vigília, Sonho, Sono) Tipologia (Consciente, Subconsciente, Inconsciente)*
- ❖ *12 Sentidos.*

No mapeamento imagético a seguir surgem funcional e operacional as tipologias do Pensar-Sentir- Querer, dentro de sua plataforma de atuação. Fica bem clara a atuação de outras áreas funcionais do corpo-alma-espírito humano para daí entrarmos nas tipologias específicas e monofuncionais do Pensar Sentir e Querer.

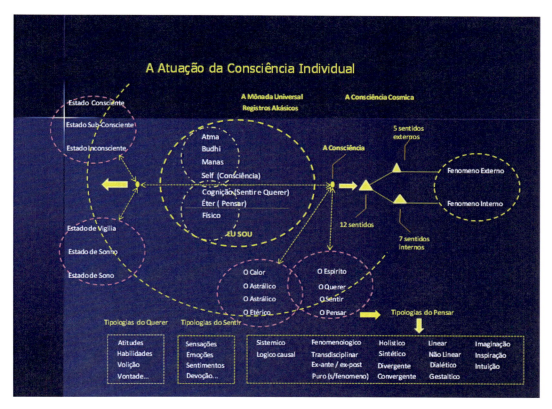

Figura 27

Assim, podemos destacar as seguintes plataformas em que estiver atuando a consciência em conjunto com o Self+Egos, também denominadas de Níveis de Consciência da Alma:

- ❖ *Plataforma do Estado de Consciência (Vigília, Sono, Sonhos)*
- ❖ *Plataforma da Tipologia da Consciência (Consciente, Subconsciente, Inconsciente)*
- ❖ *Plataforma funcional nos corpos específicos:*
  - *Calórico   Self-Egos + espírito*
  - *Cognição   Pensar-Sentir-Querer*
  - *Metabólico ....Querer*
  - *Astrálico   Pensar-Sentir*
  - *Etérico   Pensar-Memórias*
  - *Sensorial   12 sentidos (5+7).*

Assim que os sentidos detectam manifestações do ambiente, o sistema neurossensorial (vide Eccles) ativa locais ou órgãos apropriados, principalmente no cérebro, e a consciên-

cia procura interpretar as possíveis significações com as que estão na memória (também as de encarnações passadas), sintetizando uma significação final orientada pelo atual fenômeno focado pelos sentidos.

Considerando a passagem da cognição complexa aos seus elementos constituintes, surgem então na imagem a seguir, por categoria do Pensar Sentir e Querer, as tipologias particulares de cada categoria.

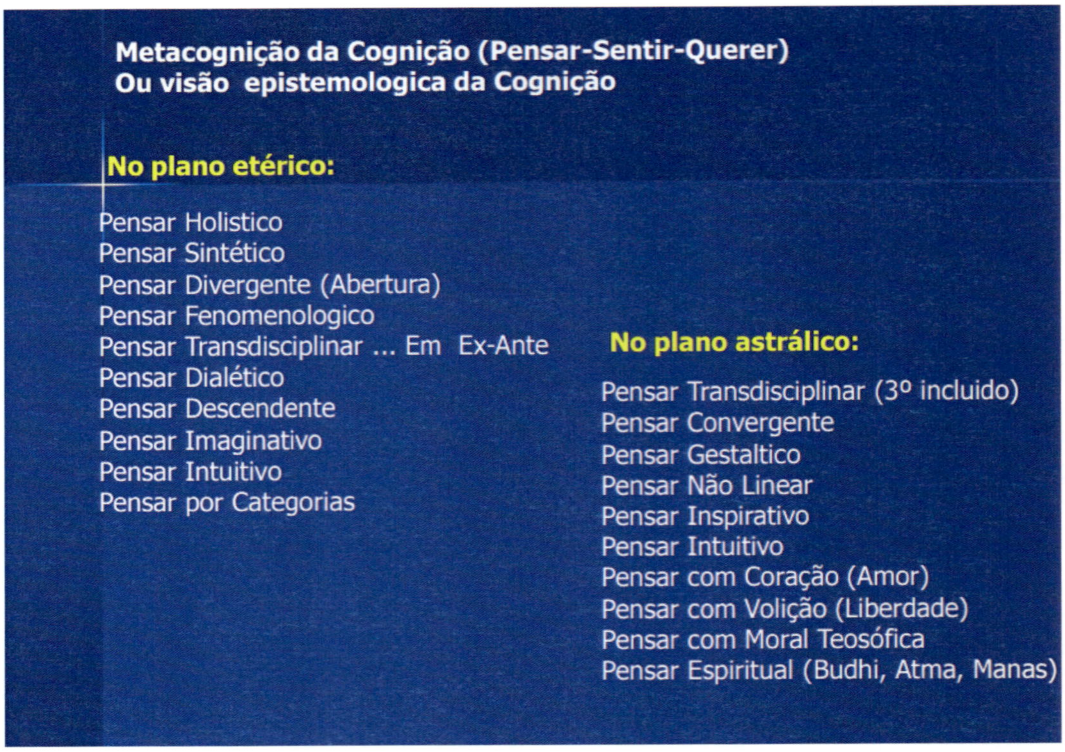

Metacognição da Cognição (Pensar-Sentir-Querer)
Ou visão epistemologica da Cognição

No plano etérico:

Pensar Holistico
Pensar Sintético
Pensar Divergente (Abertura)
Pensar Fenomenologico
Pensar Transdisciplinar ... Em Ex-Ante
Pensar Dialético
Pensar Descendente
Pensar Imaginativo
Pensar Intuitivo
Pensar por Categorias

No plano astrálico:

Pensar Transdisciplinar (3º incluido)
Pensar Convergente
Pensar Gestaltico
Pensar Não Linear
Pensar Inspirativo
Pensar Intuitivo
Pensar com Coração (Amor)
Pensar com Volição (Liberdade)
Pensar com Moral Teosófica
Pensar Espiritual (Budhi, Atma, Manas)

Figura 28

Como já introduzido pelas figuras e explicações anteriores, apresentamos a seguir uma figura sintética que mostra diversas plataformas, no caso, cinco, nas quais vemos uma hierarquia de plataformas contendo infinitas combinações de atributos de significação individual, atributos que podem ser acionados pela Consciência+Self+Egos, trazendo significações complexas em um processo de transdisciplinaridade entre as plataformas.

Essas plataformas são constituídas (podem ser atribuidas) por:

Elementos-eixos-categorias-atributos-e grupo de atributos, que podem se interligar entre si, de forma transdisciplinar, configurando significações expressas em imagens geométricas, também denominadas de modelos mentais....cujas significações dependem do ser humano em específico, traduzindo os conhecimentos tacitos em conhecimentos explicitos em figuras imagéticas com nominação específica e particular, seja fenomenológico ou pensamentos puros.

Nominações de caráter científico tais como: EGO, Mapas de Índices de Sustentabilidade Mercadológico, Modelos Mentais de Investimento em Startups no Centro-Oeste (Sebrae) etc. podem ser utilizados.

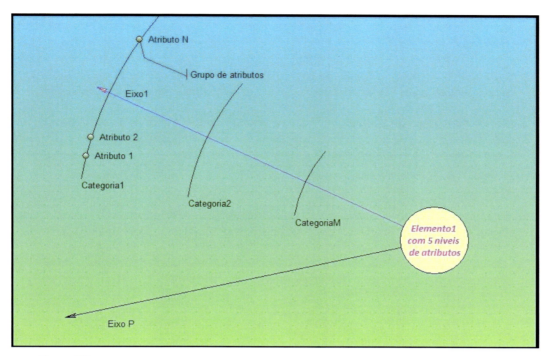

Figura 29

Plataformas (geométricas) genéricas de atributos de qualificação para construção de Conhecimentos e Significações Individuais via Complexidade e Transdisciplinaridade e Enfusionamentos Holográficos via Consciência Consciente e Inconsciente. Essa figura permite examinar a Metacognição de Si.
Hierarquia das cinco plataformas via formas geométricas:

1. *Elemento (círculo)*
2. *Eixo (flecha)*
3. *Categorias (aristotélicas, arcos)*
4. *Atributos (pontos)*
5. *Grupo de atributos (parâmetro de atributos a pendurar).*

A alocação das significações (exibidos como Imagens, símbolos, palavras, linguagens específicas) das sete camadas humanas pelas plataformas depende do construtor da episteme de conhecimentos explícitos (MCMI/OET).

Essa autopoiese das significações internas depende fortemente da evolução em Inteligência e Metacognitiva do ser humano em foco, na construção de seus conhecimentos pelas sete camadas do ser humano, seja pelo físico ou pelo corpo etérico e astrálico, Self+Egos, e nas qualificações do Manas, Buddhi, Atma, e também pelos enfusionamentos com a hierarquia celestial ou mesmo com outras mônadas espirituais. Essas fusões podem também ser denominadas de hierarquia transfusionais entre suas plataformas com os atributos de qualificação.

Segue o capítulo seguinte com algumas diversidades provenientes dessa fusão de significações pelas plataformas de atributos, daí chegando às denominações (conceitos) focado em tipologias modo monofuncionais ou específicas do Pensar-Sentir-Querer, individuais, mas agora com qualificantes da plataforma de atributos de qualificação, gerando constructos mais complexos.

Capítulo 20. Introdução às diversas formas de Pensar (*Modelo Epistemológico do Pensar*)

Este capítulo possui a finalidade de provocar na sua mente as diferentes sensações internas (referente aos 12 sentidos (5+7), devido às diferentes formas de pensar, sempre visualizando o fenômeno.

Esse exercício deve ser efetuado no trabalho final de campo, trabalhando sobre Gestão dos Conhecimentos de um determinado fenômeno da sua organização, incluindo o composto complexo da Configuração de Estratégias da Organização.

20.1 Pensamento linear

Atributo de qualificação: <u>linear</u>.

Essa questão refere-se ao condicionamento de sofremos desde tenra idade, quando aprendemos o alfabeto lendo e escrevendo letra a letra, formando sentenças e parágrafos.

Estudos sérios indicam que os nossos pensamentos são moldados pelo formato da linguagem em que crescemos e desenvolvemos o nosso pensar, em específico no terceiro setênio, conforme pensamento da Gnosiologia de R. Steiner.

Há também estudos que indicam diferenças de Pensar entre os povos orientais (idiomas simbólicos icônicos), em comparação com os povos ocidentais (idiomas lineares com alfabeto).

No exercício de Campo pede-se que narre o negócio da sua empresa em uma linguagem alfabética e sinta a linearidade do processo.

Nessa abordagem narrar o negócio da sua organização na forma de prosa normal, percebendo à medida que narra como flui o seu pensamento linear, principalmente a fluição na forma de sentenças e palavras de formas geométricas lineares. É preciso perceber a linealidade e a dificuldade de articulação, quando muitas vezes você precisa retomar a corrigir a escrita, seja com borracha ou riscando, ou atualizando em Word.

20.2 Pensamento com visão em figura geométrica (diamante)

Trata-se de uma aplicação do <u>Modelo Mental em Diamante de Porter</u>:
Atributo de qualificação, a seguir:

Figura 30

Nesse caso, colocar as explicações do negócio da sua organização na forma de losango (pensar, sentir, fazer) e perceber a diferença na sua própria forma de pensar, já mais aberto, sem a linearidade do item narrativo anterior. Identificar e perceber essa diferença no pensar e na articulação de ideias e sua colocação espacial. Atenção na diferença em conteúdos.

20.3 Pensamento sistêmico

Atributo de qualificação: <u>sistêmico.</u>
Nesse caso, refletir nos seguintes itens que qualificam mais detalhadamente o constructo sistêmico e seus conceitos componentes alinhados em uma linha horizontal. Evidentemente cada um dos seis conceitos podem hierarquicamente descer para mais componentes conceituais, mostrando a hierarquia dos constructos-conceitos em cinco níveis no método MCMI, podendo ser projetado para mais níveis.
Assim, quando se menciona uma abordagem sistêmica para um determinado projeto/processo, os itens a detalhar são os seguintes:

- ❖ *Objetivos*
- ❖ *Componentes (interação dos elementos, rendimentos, indicadores de controle etc.)*
- ❖ *Indicadores de eficiência, eficácia, efetividade, competitividade, sustentabilidade etc.*
- ❖ *Recursos (financeiros, economicos, humanos etc.)*
- ❖ *Ambiente (ou contexto)*
- ❖ *Administração.*

20.4 Pensamento fenomenológico (sensitivo/perceptivo)

Atributo qualificador: <u>fenomenologia.</u>
O pensamento fenomenológico do MCMI® é bastante influenciado pelo método cognitivo de Prokofief da Antroposofia, em conjunto com o Método de Observação Científica de Goethe.

Perceber que a melhor visão em relação à Complexidade Humana ou Organizacional é <u>via fenomenológica</u> em contraste com a visão conceitual temático. Perceber o elemento básico ou a essência de um fenômeno que envolve um ente humano com outro ou outrem, na dialética ou dialógica, em uma ação com geração de conhecimentos. Fenômeno básico triádico com uma díade de elementos atuantes em contraposição e um elemento constituinte do fenômeno ao qual normalmente se nomeia o fenômeno assim constituído.

Iniciar a percepção de autopoiese como derivativo de visão ou postura orgânica em relação à Complexidade.
Compreender a diferença entre junção de elementos/conceitos e visão com ação de organismo vivo.

20.5 Pensamento epistemológico: holístico, transdisciplinar, dialético

Atributo de qualificação: criação ou <u>geração de conhecimentos</u> (epistemologia) via métodos específicos como holístico (o todo), transdisciplinar (fusão de disciplinas), dialético (Hegel) etc.

Esse é o pensamento em que se derivam os mapas de conhecimentos (epistemes).
Os conhecimentos, na sua forma de eixos, categorias e itens de conhecimentos, crescem à medida e em concomitância com a evolução do fenômeno. O Mapa de Conhecimentos tende a se estabilizar formando um arquétipo próximo ao arquétipo de conhecimentos do setor. Temos assim o crescimento da episteme concomitante com o crescimento do fenômeno percebido pelo observador.
Acompanhar em aula a forma de crescimento complexo da episteme.

20.6 Pensamento de conjunto de ações como intencionalidade (trabalho da volição interna)

Atributo de qualificação: <u>intencionalidade</u> (constructo que significa planejamento mental de ações, a serem iniciadas no fenômeno em questão).

A Intencionalidade aqui no Método MCMI se refere a qualquer planejamento de ação ou conjunto de ações visando atingir uma meta (qualitativo/quantitativo), que se deriva de um objetivo, inserido dentro de um propósito ou missão (explicação da existência). Esse propósito, dentro do contexto humano ou grupo de humanos refere-se à missão ou ao significado do viver, substancialmente de origem interna do ser ou grupo de seres (coletivo).

20.7 Pensamento sobre modelos de comportamento (atitudes, posturas, perfis de liderança)

Atributo de qualificação: <u>modelos de comportamentos</u> (tipologias de volição).

Aplicação do MEP no âmbito da volição humana, trabalhando sempre fenomenologicamente, e observando os aspectos conscientes e inconscientes, pessoais ou coletivos. O inconsciente coletivo e cultural de uma organização pode ser observado e retido como conhecimentos organizativos.

20.8 Pensamentos (O Pensar) com diversos atributos de qualificação Atributos de qualificação: diversos abaixo

Cartesiano (lógico): *conceitos positivistas e de causalidade em conceitos (constructos)*
Holístico: *ver o todo do fenômeno (sensação e percepção)*
Epistemológico: *ver pelos conhecimentos* **(sintetizados)**. *Compreensão constitucional da episteme (discussão em sala de aula).*
Dialético: *confrontamento com outro elemento vivo (ou consigo próprio) de forma a retrabalhar o sentir-fazer e depois o repensar.*
Transdisciplinar: *visão e pensamento multidisciplinar (inclui a hierarquia entrelaçada) com base na fenomenologia.*
Transversalizar: *trabalhar a visão interdisciplinar em conjunto com a holística e fenomenológica.* ***Fenomenológico:*** *sensação perceptiva dos fenômenos exteriores (domínios da Natureza e Humana); inclui os fenômenos estudados em Administração de Empresas, Economia, Sociologia etc.*
Fenomenológico (Integrativo): *ato da sensação, percepção, reflexão, síntese com integração do observador (todo o ser humano) ao fenômeno e à geração de conhecimentos (método MCMI) para construção da episteme fenomenológica.*
Estruturante: *pensamentos em nível de metacognição que molda outras cognições, em particular, de outros pensamentos.*

20.9 Pensar(es) Puro(s) – sem fenomenologia

Introdução.
Os itens desde 25.1 até 25.8 referem-se basicamente a processos do Pensar tendo o sistema sensorial humano em confronto com fenômenos materiais do planeta Terra. A seguir mostraremos três outras tipologias do pensar denominados de **Pensares Puros**, *no sentido de que a mente humana pode executar processos do Pensar <u>sem a participação do sistema sensorial.</u>*
Esses pensares são Imaginação, Inspiração e Intuição.

Sugerimos ao leitor repassar a visão e os pensares aos itens exibidos pela Figura 39 e seguintes, em que as Significações (via linguagens específicas de cada ser humano, e genericamente alocadas na Grade –Granularidade da Epistemologia da Cognição Fenomeno-

lógica e Pura) e demais Representações Mentais em Figuras-Imagens, também gravadas temporalmente no nível astral e as gravadas em definitivo na memória etérica de cada ser humano, sendo trazidas pelas ações dessa consciência e monitoradas pela iniciativa do Self-Egos, quando em confronto com os fenômenos da Realidade-em-si.

As tratativas refletem os fenômenos ativados via corpo das sensações principalmente pelas cinco órgãos sensitivos externos e nisso as significações podem ser alocadas pelas 12 tipologias de consciência mencionadas pela grade <u>Granularidade da Epistemologia da Cognição Fenomenológica</u> exibida na Figura 39 elemento-foco do item 24.4 Modelo Epistemológico da Cognição. A busca do Significado na memória etérica para ir em confronto com as imagens do astrálico no momento fenômenologico podem trazer também significações imagéticas provenientes de encarnações passadas principalmente da última e as significações etéricas produzem contemplações que podem tornar mais complexas as imagens finais devido a outras junções ou enfusioinamentos cognitivas, principalmente quando são explicitados os conhecimentos tácitos vindas pelas significações, pelo Método MCMI/Software OET, produzindo mapas mais complexos.

Fica aqui evidenciada a superforte ajuda dessa explicitação de tácitos pelo método MCMI/ OET (Metacognição) na formação de <u>significados mais complexos e sintéticos ou novos significados</u> no desenvolvimento cognitivo do elemento humano envolvido.

Nesse item iniciamos uma breve descrição de Pensamentos Puros (sem participação dos sensórios) e também do aumento das mudanças na cognição e seus órgãos funcionais via fortalecimento do Heart- Thinking em conjunto, evocando maiores adesões via harmonia amorosa da humanidade, e contribuindo para diminuição gradativa do egoísmo egocentrado, característico da cultura capitalista nessa transição da quinta para sexta época cultural.

É superimportante denotar que os itens explicativos do Capítulo 25 focalizam fortemente o componente pensar da cognição crescente desde a época cultural da Grécia-Pérsia e coletados pelos pensares da Ciência, também focado no Pensar.

20.9.1 <u>Desenvolvimento da imaginação (etérico terceira hierarquia)</u>

A entrada da Cognição para Imaginação, Inspiração e Intuição significa a entrada do ser humano em um outro plano de vida, diferente do plano físico do planeta Terra, onde imperam os sentidos sensórios. Significa a entrada do ser humano no plano espiritual, em que atuam a alma e o espírito principalmente entre a morte e novo nascimento, no Devachan, junto às hierarquias celestiais e entidades superiores.

Nessa viagem no Devachan após o período da Kamaloca, há um deslocamentos da Alma/ espírito em uma vivência junto às hierarquias celestiais, pelos planetas e Sol, em um tratamento cármico e destinos da futura encarnação, e nisso se comenta que os contatos com as hierarquias também acontecem quando estamos vivendo na Terra, e em particular em processos cognitivos, como Imaginação-Inspiração-Intuição.

Na Imaginação, temos contatos enfusionados com a terceira hierarquia celestial, principalmente com os arcanjos. Aciono o leitor a experimentar a conexão e a obtenção de seus resultados.

Nessas tres tipologias, é fundamental a limpeza mental cerebral de pensamentos ocupando consciente ou inconsciente os processos mentais vigentes nos momentos de vida. Pensamentos como preocupações, angústias, planos de vida, planos operacionais pessoais e profissionais etc., que estão o tempo todo nas mentes da população, ocupadas pela cultura vigente e local, assim como pensamentos profissionais ou mesmo planos agressivos momentâneos ou permanentes.
A grande maioria da população humana não consegue eliminar os pensamentos que surgem e se misturam na massa mental, principalmente acionados pelos desejos e descontroles egocentrados das culturas para obter vantagens pessoais.

Assim, recomendamos aos leitores que querem trabalhar nessas três tipologias, seja para produzir bons resultados aqui na Terra, seja iniciar para penetrar e enfusionar com os elementos celestiais e preparar as próximas reencarnações, que procurem exercitar e efetuar a qualquer momento processos de meditação, já conhecidos desde os tempos da ideologia religiosa indiana. Também o desenvolvimento de novo processo pessoal consigo próprio de acalmamento meditativo, quando possui conhecimento e disposição para isso.

Há no mundo meditativo muitos gurus e ashrams que ensinam a meditação, inclusive no Brasil. Exemplos: Arthur Zajonc, R. Steiner, Marcelo Danucalov, Amit Goswami. Centro Shambala, MedTranscendental, Avalokitesvara, Om Mani Padme Hum etc.

Também podem estudar o assunto de forma ampla, horizontal e vertical, e por autopoiese buscar seus efeitos na própria alma-espírito. E daí ensinar os outros a meditar criando aulas especializadas na nossa cultura brasileira.

Como exemplo real:

Etapas:
1. Estudar e pôr em prática o Controle Autógeno de Schutz, em meses ou anos.
2. A seguir, estudar e praticar yogas Jnana e/ou BakthyYoga em semanas ou meses/anos.
3. Leituras e práticas de projeção astral, consciente (vigília) ou inconsciente (sono).
4. Leituras e práticas de enfusionamentos (holográficos) com os simpatizantes da Hierarquia Celestial, digamos: arcanjos, arqueus, krioritetes, thrones, querubins.
   Lembrando que nomes não importam, e sim as qualidades ou atributos considerados.
5. Estudos sobre o Inconsciente Humano conforme Jung e sua aderência e conformidades com a consciência ativa e o Self. Projeção imagética de figuras do inconsciente na busca de imagens de encarnações passadas, principalmente a última encarnação.
6. Percepção de respostas cósmicas pela via da Intuição (Inconsciente mobilizante).
7. Criação e percepção (in)consciente de manifestações de sincronicidades na realidade-em-si.

Assim o início da Imaginação pura começa com a mente bem vazia e o sistema sensório inoperante, digamos olhos fechados. O Self e a Consciência vão dirigir vetorialmente a busca de significação na memória etérica, trazendo no astrálico a forma e conteúdo da significação imaginada.

Essa significação depende da granularidade da epistemologia cognitiva específica desse ser humano, quer tentar aceitar ou mesmo modificar a significação imaginada. Dependendo do domínio do nível de consciência, a pessoa pode trazer por exemplo uma linguagem especificando um conceito, digamos uma flor e sua imagem já conhecida. Nesse momento a pessoa poderia tentar acrescentar a significação de um processo comercial, de uma loja etc., e assim procurar um consctructo transdisciplinar de diversos conceitos. À medida que imagina mais conceitos de significações, as iniciais ficam propensas a desaparecer e a busca do constructo (elemento superior) fica mais difícil, e a pessoa desiste na imaginação de progredir na busca de um conhecimento (via consciência) mais elevado.

É nesse momento que a Metacognição MCMI/OET pode ajudar muito viabilizando a busca transdisciplinar de elementos de conhecimento via consciência superiores e inferiores. Os conceitos e imagens que vão surgindo na mente astrálica são exibidos externamente em um mapa (episteme) e podem ser engolfados em um mesmo desenho, facilitando a percepção de todos os conceitos imaginados pela pessoa, e com isso facilita a busca de significações (Conhecimentos) superiores (em um nível superior ou diversos).

Para essa projeção ao sensorial em um mapa de conhecimentos dizemos a exibição do De-Si para sua própria visão Para-Si, integrando ao Em-Si já formado, ou especificado inicialmente ou durante a construção dinâmica dos conceitos.

A Imaginação depende da tipologia ou nível da granularidade de consciência atingida pela pessoa, na busca de conhecimentos a imaginar, conforme mostra a Figura 39. Assim,

as significações imaginadas, em formas e conteúdos, podem continuar no contexto da Terra, ou pertinentes ao mundo do Cosmos. Principalmente se a pessoa tem sua vida material conectado com bastante Idealismo, utilizando bem a linguagem do Pensar com palavras com forte ênfase aos aspectos do bom, belo e verdadeiro. E nisso, pelo esoterismo teosófico-antroposófico, dizemos que a pessoa se conecta fortemente com os arcanjos e consegue trabalhar bem seu carma e destino, nessa e em futuras encarnações.

Nesse direcionamento da imaginação, consciente e procurando ativações conjuntas de imagens e conteúdos das significações, na busca de novas significações e transdisciplinares estamos trabalhando com a Consciência na plataforma consciente acordado. Durante o sono, o Self e o corpo astrálico estão destacados do corpo físico e etérico, em uma região involuntária ou mesmo voluntária pela meditação, e temos também contato com a atuação dos arcanjos.
Recomendamos fortemente ao leitor a revisita e boa reflexão das figuras 39 e 48, reflexões mentais que também valerão aos itens seguintes.

20.9.2 Desenvolvimento da Inspiração (astrálico segunda hierarquia)

A Inspiração é baseada na calmaria mental, principalmente se o pesquisador consegue executar bem o processo inicial de meditação, tal e qual a Imaginação. Também executar bem a limpeza das figuras e sons autodrenados para o próprio processo de meditação. E nisso também conseguir alocar o Self e a própria Consciência em um local apaziguador e cósmica. Esse descanso mental e vibratório permite conexão e abrsorção de imagens e significações diversas, provenientes de:
a) pessoas amigas que estão pensando na sua pessoa.
b) pessoas falecidas recentes e ainda na fase da Lua.
c) maior adesão às sigificações das vidas passadas, e registradas no etérico-astrálico, no momento de nascimento dessa encarnação.
d) maior incidência de significações do Registro Akásico.
e) maior aderencia às gratitudes da primeira hierarquia celestial (querubins etc.) em relação aos seus bons sentimentos emitidos na sua linguagem sentimental (astrálica) nessa encarnação também detetados pelos arcanjos. Essa linguagem de amorosidades provoca a concessão conjunta dos arcanjos às hierarquias superiores para evolução da humanidade na maior evolução dos sentimentos humano- sociais em relações visíveis evoluções egocentradas dos imperialismos e capitalismos socioculturais existentes.

E isso acontece após a meditação, seja consciente ou inconsciente, durante o sono em seguida à meditação. No acordar, essa novas signifcações surgem como novas ideias, que poderão ser analisadas como criatividade no âmbito material terrestre.

20.9.3 Desenvolvimento da Intuição (Manas+Buddhi primeira hierarquia)

A Intuição trabalha fortemente interligado com a Inspiração.
As novas ideias da Inspiração chegam às cabeças e mentes humanas para serem testadas e realizadas pelos processos da Intuição, cujo foco dos temas é a realização física e vísivel nesse mundo material e visível

Na <u>Intuição</u> há acionamentos energéticos diretamente na volição (também linguagem associada ao arcanjo), gerando vontades de realização física terrestre na pessoa. Lembro ao leitor que o arcanjo é energia que otimiza pela linguagem a instalação e a utilização da linguagem dos <u>grupos humanos</u>, e como as energias da H. Celestial (assim denominado pelos terrestres interessados) são a rigor compartilhadas pelas diversas energias atuantes desse grupo no Cosmos e também na Terra. Há compartilhamento de necessidades a todas as tipologias desse Grupo. Assim, a linguagem dos arcanjo pode ser qualificada pelas diversas manifestações e suas tipologias para evolução desses povos específicos.

Linguagem via pensar, via sentimentos, e via volição são algumas tipologias qualificantes na composição da linguagem no compartilhar aos arcanjos, que acionam ou pedem ajuda específica aos mais qualificantes e específicos membros da H. Celestial. Assim, a linguagem utilizada aqui na Intuição se relaciona com a <u>execução</u> de ações (criativas originadas na Inspiração – sentimentos – e junto da <u>segunda H. Celestial – volição</u>) no campo terrestre, e orientadas conforme <u>os sentimentos amorosos</u> da Humanidade, com ajuda e compartilhamento com os seres energéticos da <u>Primeira H. Celestial (sentimentos).</u>

Nesses últimos 2.500 anos de civilização humana (e outros anos mais), o comando dos processos funcionais do corpo físico humano tem sido delegado ao cérebro humano, e principalmente pela adoção desse órgão pela ciência clássica. O desenvolvimento humano no seu sentido cultural e social tem sido dirigido ao bem-estar material e intelectual, principalmente os povos mais evoluídos nessas dimensões. No entanto, um percentual elevado dessa civilização, uns 80% ainda vive em condições de pobreza social alimentar e intelectual, e certas regiões ainda em função de muitas guerras raciais e interpovos, cópias da antiguidade imperial e medieval. Isso mostra necessidades preementes de evolução humana, cujas partes evoluídas materializantes desconsideram soluções para o crescimento humano e social do Todo Humano (100%), trabalhando sempre ao próprio bem-estar, de forma egocentrada, e isso demonstra erros dessa civilização na Terra.

20.10. Progresso espiritual para o desenvolvimento harmonioso da raça humana nessa próxima época cultural (sexta época cultural denominada Júpiter)

O desenvolvimento da Espiritualidade concomitante com o crescimento muito forte no materialismo é muito complicado e difícil, principalmente porque temos ações de energias no plano cósmico que trabalham para o desvanecimento ou estacionamento do desenvolvimento cultural social e humanitário da civilização humana na Terra. As últimas escolas e instituições para o desenvolvimento humano, digamos teosofia e antroposofia, citam as ações de energias negativas do ser humano, como Lúcifer (incentivar caráter com falsidades), e Arihman (materialismo, egoísmo, egocentrismo etc.) trabalham para a civilização humana estacionar e daí autodestruir, e nisso incentivam muito o capitalismo com aplicações pela via das tecnologias digitais. Com isso, a própria criatividade humana fica estacionada, visando sempre ao conforto e às facilidades de comunicação e manipulação de outrem.

Nesse cenário, as populações futuras e sem instruções intelectuais crescem supercondicionadas pelas manipulações da tecnologia e ideologias de ganhar dinheiro, conforto e empoderamento no social. Também são poucas as regiões-países que possuem bons programas educacionais e férteis ao crescimento cultural e espiritual nesse momento da humanidade, gerando também gerações encarnatórias mais fecundas para as próximas gerações. Nesse fluir, com bastante contraste entre o materialismo e pobrezas com os países mais humanos culturais-sociais, vemos o aceleramento dessas diferenças, induzindo maior possibilidade de chegar a fenômenos sísmicos, como a época da Atlantes, com uma reformulação de povos e de territórios habitáveis, chegando a nossa quinta época cultural pós- Atlantes.

Essa possibilidade é coerente com a próxima divisão de mônadas humanas, uma avançada espiritualidade na Terra, e outras atrasadas, cujas gerações precisarão de muitas reencarnações.

Essa seleção de humanos para a Terra evoluir ao ciclo chamado de Júpiter-Urano é coerente aos fenômenos evolutivos no presente tempo de século XXI. Uma outra forma de estimar nossa evolução humana seria uma reconstituição gradual do nosso sistema físico-cerebral, e permitir a criação de um novo órgão do pensar vinculado e coordenado pelo Coração (órgão focal dos sentimentos), que muitos esotéricos chamam de <u>Heart-Thinking</u>, ou seja, o pensar é coordenado pelos sentimentos (Sentir).

Uma forma de refletir nessa direção pode estar vinculada ao desenvolvimento reverso do desenvolvimento da rede neural e energética do Kundalini, já existente no Oriente com yogas e na antiga Grécia.
Evidentemente que o ckakra Crown (mil pétalas) acima da cabeça e o Chakra do Coração (12 pétalas) podem se comunicar em transfusão ou neurossensorial, criando pensares pelo órgão ou chakra do Coração, o qual acionaria os pensares. Dessa forma os sentimentos pelos humanos pela via do coração seria propagado muito mais facilmente do que os pensares pontuais, de base egocentrado.

Cumpré comentar que a reformulação dos diversos Chakras dentro do sistema neurossensorial seria muito mais simples para evolução do ser humano, permitindo o foco principal humano no Sentir (sentimentos) e depois os processos do Pensar. Um item interessante é referente à possibilidade de trabalhar o ser humano, das vibrações do Crown (Topo) até as vibrações da base Chakra de 4 pétalas, ligado com a Terra. Vibrações holográficas com as energias do Cosmos seriam muito mais fáceis de conexão.

Recomendo ao caro leitor a leitura de artigos e livros de Steiner, Lowndes, Leadbeater, Heart-Math Institute etc. sobre esse tema da Kundalini (Chakras) e Heart-Thinking, que geram Inspirações e Intuições para o <u>pensar com o Coração</u>.

Capítulo 21. Introdução ao Método Epistemologico do Pensar MCMI

O Método MCMI é a seguir descrito em seus detalhes, com base nas etapas A, B e C, de que é composto.

Etapa A – Observação Fenomenológica

Nessa etapa o pesquisador utiliza suas capacidades sensoriais, perceptivas conceituais, capacidades mentais como Imaginação, Inspiração e Intuição (como capacidades científicas e metafísicas) na busca da configução próxima ao arquétipo universal do fenômeno, que na sua forma visível é expressa em Mapa de Conhecimento. É resumidamente constituído pelas fases:

1. *Fase das sensações (sentidos)*
2. *Fase das percepções (cognição/pensar)*
3. *Fase de reconhecimento espacial e físico do fenômeno (cognição)*
4. *Fase temporal orgânica do fenômeno (pensar imaginativo).*
5. *Fase de contemplação (pensar/inspiração) procurando sentir o ambiente do fenômeno social ou pessoal.*
6. *Fase de integração global do observador com o fenômeno (Intuição/integração/unidade)*
7. *Fase da aquisição do conhecimento universal (arquétipo).*

Etapa B – Construção do Mapa de Conhecimentos

Nessa etapa procura-se colocar o arquétipo mental ou suas sucessivas imagens prévias e evolutivas nas diversas fases, na forma visível de desenho, nos seus elementos constituintes do Mapa de Conhecimento, que nominarão as fases correspondentes.

1. *Elementos de conhecimento ou temas*
2. *Eixos de conhecimento*
3. *Categorias de conhecimento*
4. *Itens de conhecimento*
5. *Atributos de conhecimento*
6. *Relações internas ao fenômeno*
7. *Relações externas ao fenômeno.*

Etapa C – Construção do Mapa de Intencionalidades

Nessa etapa procura-se colocar no Mapa de Conhecimentos (sete itens) marcações inter--itens que representem as intenções do pesquisador podendo representar no formato de desenho do Mapa de Conhecimento as ações planejadas para a consecução dos objetivos do pesquisador. As marcações são efetuadas por meio de formas correntes de desenho tais como setas (Item 8) interligadas, criando desenhos em formato linear, circulares, paralelas, retroalimentações, derivações, divergentes, convergentes, desenhos completos com setas convergentes e divergentes, figuras poligonais e platônicas.

Um determinado conjunto de setas (Item 8) configura uma intencionalidade e pode ser nomeada a fim de distinguir de uma outra intencionalidade.

1. *Dialéticas*
2. *Gestalts*
3. *Ética/Estética.*

As interações dialéticas significam que há uma dialética processual muito intensa entre as fases de uma mesma etapa e concomitantemente entre as fases de 2 etapas consecutivas à medida que se observa o fenômeno, procurando no fim da etapa B estabilizar os Mapas de Conhecimentos (sete itens).

Os Mapas de intencionalidades (Item 8), que representam fisicamente os modelos mentais de ações, são construídos durante a etapa C, passando também por intensas interações interfases e interetapas.

Essa interação intensa interfases interetapas permite nominar as fases em instâncias mentais, devido à autonomia operatoria e mental desse processo.

Detalhamento de cada fase, dentro de cada etapa:

Etapa A – Observação fenomenológica

Essa etapa é fundamental na preparação para a elaboração dos MCMI, com a criação dos conceitos e conhecimentos a partir do fenômeno observado e elaborado mentalmente com os pensamentos lógicos, analógicos, e também os pensamentos de imaginação, inspiração, ou intuição, a partir dos quais se pode preparar e elaborar os conhecimentos para a construção epistemológica do Mapa de Conhecimento referente ao fenômeno em estudo e que, no final do processo, seria uma construção cada vez mais próxima ao arquétipo epistemológico do fenômeno em observação.

A observação fenomenológica envolve desde o próprio observador, uma ou mais pessoas, constituindo um grupo social em interação. Deve-se procurar observar o fenômeno em estudo visando a uma aquisição completa epistemológica do fenômeno, objetivando a construção final dos mapas nas etapas e passos seguintes. Para a construção dos mapas com a exibição dos conceitos e conhecimentos subjacentes ao fenômeno podem ser utilizados métodos fenomenológicos diversos (como o de Paracelsus, Bretano, Husserl e Goethe), na aquisição dos conhecimentos e conceitos, de forma mais exata possível frente ao fenômeno. Quanto mais exato for o resultado desse passo, mais exatos serão os mapas obtidos. O método MCMI utiliza fortemente a seguinte sequência de fases.

1. **Fase das sensações (cognição)**

Utilizam-se os órgãos sensitivos, sem a participação cognitiva de conceitos já adquiridos pelo estudioso. A manifestação é essencialmente corpórea pelos sentidos, trazendo o popularmente "tenho a sensação de...".

2. **Fase das percepções (cognição/pensar)**

Fase em que, junto das sensações, são confrontados e selecionados os conceitos mentais já adquiridos com os provenientes da observação. Da mesma forma, por adquirir uma configuração mental de conceitos outros conhecimentos são elaborados, em particular, os provenientes de processos de Gestalt, sejam visuais, mentais, ou integrativos com os processos emocionais e de sentimentos como os derivados e provenientes da volição e inconsciente metabólico. Procura-se mental e dialeticamente analisar, ordenar, categorizar e sintetizar os conhecimentos adquiridos nessa fase e até essa fase segundo os procedimentos de construção dos mapas (etapas B e C).

3. **Fase de reconhecimento espacial e físico do fenômeno (cognição)**

Procura-se adquirir mais conhecimentos com o reconhecimento dos detalhes da materialidade reconhecida pelos conceitos e suas nominações, incluindo a dinâmica das interações (relacionamentos) sociais envolvidos e reconhecidos. Procura-se mental e dialeticamente analisar, ordenar, categorizar e sintetizar os conhecimentos adquiridos nessa fase e até essa fase segundo os procedimentos de construção dos mapas.

4. *Fase temporal orgânica do fenômeno (pensar imaginativo)*

Nessa fase tem-se a geração do histórico e conhecimentos associados, passados, presentes e futuros, cuidando-se da significação e significados e suas nominações na forma de símbolos significantes indicativos de conhecimentos. O importante é a percepção de como o organismo se originou, cresceu, tornou-se o que é, e como o fenômeno social pretende evoluir. Isso pode ser detectado, por exemplo, examinando-se documentos de missão, valores e diretrizes superiores organizativas possivelmente existentes do grupo social ou mesmo adquirindo informações e conhecimentos com base em entrevistas com seus representantes. Procura-se mental e dialeticamente analisar, ordenar, categorizar e sintetizar e estruturar os conhecimentos adquiridos nessa fase, e até essa fase, segundo os procedimentos de construção dos mapas.

5. *Fase de contemplação (pensar/inspiração) procurando sentir o ambiente do fenômeno social ou pessoal*

Nessa fase procura-se obter mais conhecimentos (oriundos dos sentimentos) do fenômeno com uma interação maior do observador com o grupo social representativo do fenômeno, permitindo ao observador adquirir sentimentos acerca do fenômeno, do clima organizacional ou social grupal. Os sentimentos adquiridos vão se integrar e fundir-se com os pensamentos dos passos anteriores, qualificando mais exatamente os conhecimentos já adquiridos. Um possível diagnóstico ou mapeamento organizacional social pode ser desenvolvido no final dessa fase. Procura-se mental e dialeticamente analisar, ordenar, categorizar, sintetizar, e estruturar os conhecimentos adquiridos nessa fase e até essa fase segundo os procedimentos de construção dos mapas.

6. *Fase de integração global do observador com o fenômeno*

Nessa fase o observador interage fortemente com o fenômeno social integrando-se com os pensamentos, sentimentos com as volições emergentes fundindo-se em um saber humano de forma global, adquirindo-se conhecimentos cada vez mais integrativos, tanto no sentido do observador como na fusão com o fenômeno social, no âmbito do pensar, sentir e fazer, gerando conhecimentos cada vez mais exatos frente ao fenômeno. Há, portanto, uma progressiva aquisição e ressignificação dos conhecimentos, que são progressivamente adquiridos à medida que o observador atua mais integrado ao fenômeno, envolvendo e construindo concomitante, progressiva e de forma acumulada e em metamorfose, um corpo de conhecimentos representativo do fenômeno em estudo. Procura-se mental e dialeticamente analisar, ordenar, categorizar, sintetizar e estruturar os conhecimentos adquiridos segundo os procedimentos de construção dos mapas. Nessa integração do pensar-sentir-fazer, os conhecimentos adquiridos e já metamorfoseados, podem ser expressos pela simbologia da linguagem preconizada pelo método MCMI, linguagem essa representada pelos mapas, cujos preceitos de construção vêm a seguir pelas etapas B e C.

7. *Fase da aquisição do conhecimento universal (arquétipo)*

O objetivo dessa fase é buscar uma visão (e sua expressão) epistemológica do fenômeno em especial ou em observação, inserido em um mapa de conhecimentos universal do setor e suas categorias subjacentes, onde está inserido o fenômeno organizacional visado. Esse processo pode ser complementado com abordagens psicológicas freudianas, lacanianas, gestálticas, analíticas, e transpessoais e outras considerações de ordem filosófica, sejam heideggerianas, habermasianas, merleau pontianas e outras. Inserem-se também os processos de pensamento divergente e convergente, da lemniscata universal, da fusão convergente dos opostos de micro e macrocosmos ou de polaridades opostas universais, da visão de metamorfose orgânica dos elementos vivos e da natureza, da fusão entre ontologias e hermenêuticas, do temporal com o atemporal, e das diversas instâncias energéticas do humano e da natureza.

Todas as abordagens objetivam a formação final do corpo de conhecimentos representativo do fenômeno em estudo. Esse corpo de conhecimentos pode ser encontrado na literatura acadêmica profissional de conhecimento tácito, que pode ser representado pelos MCMI. Há então a possibilidade de efetuar a dialética e a expressão dos conhecimentos

tácitos em conhecimentos explícitos, sempre em concordância com procedimentos de construção de MCMI, descritos a seguir nas etapas B e C.

Etapa B – Construção do Mapa de Conhecimentos

A etapa anterior preparou o terreno para a expressão visível do corpo de conhecimentos tácitos na forma estruturada dos conhecimentos denominada, acadêmica e profissionalmente, de conhecimentos explícitos. A elaboração mental e a construção física das epistemes podem ser efetuadas na etapa A, durante qualquer um dos passos descritos, podendo ser sequenciados e realimentados recursivamente na ordem dos passos que melhor se ajustar ao processo mental de aquisição de conhecimentos pelo observador/elaborador dos mapas de conhecimentos, sempre ressignificando a subjetividade produtiva de conhecimentos durante a progressiva aquisição do corpo de conhecimentos, podendo chegar aos arquétipos.

Para tanto são utilizados os seguintes elementos básicos, em conjunto com os procedimentos de construção dos mapas de conhecimentos e de mapas de intencionalidades, principais objetos desse método:

1. Elementos de conhecimento ou temas

Referem-se aos principais personagens na dialética grupal social ou dialógica produtora de conhecimentos. Dentro da fenomenologia adotada pode-se nomear os mapas com os representantes da dialética produtora de conhecimentos que melhor represente o fenômeno, podendo as nominações ser substituídas por outras nominações que melhor representem o fenômeno ou tema. Assim, fica também aberta a representatividade do fenômeno por um número adequado de elementos, adotado pelo elaborador do mapa. Uma boa representatividade é optar por uma tríade de elementos, duas delas em confronto, fenomenologicamente produzindo um terceiro elemento, que é a razão ontológica de existência do fenômeno. Vale citar também que a adição de outros representantes na tríade não invalida o processo epistemológico aplicado ao fenômeno, pois são significantes que produzem significações cuja observação fenomenológica contínua e progressiva pode levar a outros significantes. É da responsabilidade do projetista a nominação dos significantes que representam os elementos ontológicos essenciais do fenômeno em estudo. Isso significa que a tríade formadora inicial do fenômeno pode variar e evoluir conforme a significação e ressignificações desejadas e que represente exatamente o fenômeno. Na determinação dos elementos de conhecimento (1) procura-se sempre utilizar os resultados das fases ou instâncias mentais da etapa A. O método estabelece um círculo na sua representação básica, mas pode ser representado por outros símbolos.

2. Eixos de conhecimento

Uma vez estabelecidos os elementos básicos do fenômeno em observação que represente o epi-fenômeno (11,12,13) de origem ou os elementos básicos do fenômeno presente em observação, ou os elementos básicos do fenômeno em uma instância futura, procura-se estabelecer os eixos de conhecimento (item 2) representativos relacionados com os elementos básicos. Os eixos de conhecimento representam categorias de conhecimentos (item 3) mentais representativos dos conhecimentos que o fenômeno gera na realidade, à medida que o fenômeno humano e social cresce ao longo do tempo. Os diversos eixos de conhecimento de um mesmo Elemento de Conhecimento constituem e definem o elemento de conhecimento. Os eixos de conhecimento representam uma subcategoria de

conhecimentos dentro dos elementos de conhecimento e podem ser representados (entre outras representações simbólicas geométricas) por uma linha reta ou seta. Na determinação dos eixos de conhecimento procura-se sempre utilizar os resultados das fases ou instâncias mentais da etapa A.

3. Categorias de conhecimento

As categorias de conhecimento representam categorias de conhecimentos mentais representativos dos conhecimentos que o fenômeno gera na realidade à medida que o fenômeno humano e social cresce ao

longo do tempo. As categorias de conhecimento representam uma subcategoria de conhecimentos dentro dos eixos de conhecimento, e podem ser representados (entre outras representações simbólicas geométricas) por um arco de circunferência de tamanho variável, conforme representação possível dos seus Itens de conhecimento (item 4). As diversas categorias de conhecimento de um mesmo eixo de conhecimentos constituem e definem seu eixo de conhecimento. Na determinação das categorias de conhecimento procura-se sempre utilizar os resultados das fases ou instâncias mentais da etapa A.

4. Itens de conhecimento

Os itens de conhecimento representam categorias de conhecimento mentais representativos dos conhecimentos que o fenômeno gera na realidade à medida que o fenômeno humano e social cresce ao longo do tempo. Os Itens de conhecimento representam uma subcategoria de conhecimentos dentro das categorias de conhecimento, e podem ser representados (entre outras representações simbólicas geométricas) por um ponto geométrico. Os diversos itens de conhecimento de uma mesma categoria de conhecimentos constituem e definem a sua categoria de conhecimentos. Na determinação dos Itens de conhecimento procura-se sempre utilizar os resultados das fases ou instâncias mentais da etapa A.

5. Atributos de conhecimento

Os atributos de conhecimento representam categorias de conhecimentos mentais representativos dos conhecimentos que o fenômeno gera na realidade à medida que o fenômeno humano e social cresce ao longo do tempo. Os atributos de conhecimento representam uma subcategoria de conhecimentos dentro dos itens de conhecimento, e podem ser representados (entre outras representações simbólicas geométricas) por entradas de uma tabela de atributos. Os diversos atributos de conhecimento de um mesmo item de conhecimentos constituem e definem o item de conhecimentos. Na determinação dos atributos de conhecimento procura-se sempre utilizar os resultados das fases ou instâncias mentais da etapa A.

6. Relações internas ao fenômeno

As relações internas de conhecimentos representam categorias de conhecimentos mentais representativos dos conhecimentos que o fenômeno gera endogenamente no organismo do fenômeno da realidade à medida que o fenômeno humano e social cresce ao longo do tempo. As relações internas de conhecimentos representam uma subcategoria de conhecimentos gerados endogenamente aos Itens de conhecimentos e podem ser representados (entre outras representações simbólicas geométricas) por elementos de informações ou conhecimentos. As diversas relações internas de conhecimentos de um item de conhecimentos constituem, originam, relacionam, explicam, e definem o item de conhecimentos associado. Na determinação dos atributos de conhecimento procura-se sempre utilizar os resultados das fases ou instâncias mentais da etapa A.

7. Relações externas ao fenômeno

As relações externas de conhecimentos representam categorias de conhecimentos mentais representativos dos conhecimentos que o fenômeno gera <u>exogenamente</u> ao organismo do fenômeno da realidade à medida que o fenômeno humano e social cresce ao longo do tempo. As relações externas de conhecimentos representam uma subcategoria de conhecimentos a serem gerados exogenamente aos itens de conhecimentos e podem ser representados (entre outras representações simbólicas geométricas) por elementos de informações ou conhecimentos. As diversas relações externas de conhecimentos de um item de conhecimentos constituem, originam, relacionam, explicam, e definem o item de conhecimentos associado. Na determinação dos conhecimentos provenientes de relacionamentos externos procura-se sempre utilizar os resultados das fases ou instâncias mentais da etapa A.

Podem ser inseridos nos mapas de conhecimentos elementos da mídia analógica ou digital tais como sons, filmes, figuras, smartbots, links para Internet e outras mídias impressas e escritas.

Etapa C – Construção do Mapa de Intencionalidades

O mapa de intencionalidades reflete a imaterialidade do pensar ativo na construção e expressão das intenções (intencionalidade) do projetista com relação ao fenômeno em observação. Também representa o investimento energético mental – sentimental e volitivo – do projetista, em uma instância pré-ação na realidade fenomenológica, intra-fenômeno ou exo-fenômeno, assim como nas suas interfaces. As intenções podem ser exibidas ou não, loops recursivos ou não, realimentações e paralelismos, formando cadeias ou conjuntos de toda tipologia de conhecimentos científicos, acadêmicos e profissionais. Um conjunto de intencionalidades expressa por um mapa de intencionalidades pode ser nomeada a fim de diferenciar-se de um outro conjunto de intencionalidades. Todos os mapas de intencionalidades (etapa C) podem ser relacionados entre si, criando uma rede de mapas de intencionalidades, podendo ser exibidos um a um, ou coletivamente, parcial ou globalmente. Na realização dos mapas de intencionalidades, há possibilidade de atualizações e re-significações concernente aos conhecimentos já estruturados nos mapas de conhecimentos. Na determinação dos mapas de intencionalidades também se procura utilizar sempre os resultados das fases ou instâncias mentais da etapa A.

Capítulo 22. Mapas de Conhecimentos e Mapas de Intencionalidades (MCMI® e OET®) Manual de Projeto

Objetivo:
1. *Elaboração de MCMI Aplicados em INOVAÇÃO (Mapas de Inovação) e CONHECIMENTOS(Mapas de Conhecimentos)*

Introdução ao MCMI®, Método de Pensar Holístico

O Método MCMI situa-se ontologicamente na Epistemologia, ciência que estuda, examina e registra os conhecimentos criados pelos seres humanos ao longo do tempo e da história da humanidade. Mais recentemente, os conhecimentos humanos têm assumido papel de destaque no cenário econômico dos países, influindo diretamente nas condições de vida e prosperidade das nações.

Com a crescente indústria de informações, das tecnologias de comunicações associadas, e da Internet em específico, há uma demanda por métodos e técnicas que possam ajudar a enfrentar o volume de crescimento vertiginoso de informações, de toda tipologia de uso, evitando ou diminuindo fortemente à tendência de inserções de patologias às sociedades modernas e emergentes (Leia artigo Normose).

Uma das formas de atenuação do impacto informacional e da sua retomada do desenvolvimento salutar e de pujança socioeconômica das nações tem sido vislumbrada por autores famosos, na direção de maior domínio do ambiente e dos mercados através dos conhecimentos e do capital intelectual das organizações, sociedades e nações.

No sentido mais de stricto senso, na área da Administração de Empresas, tem sido crescente a demanda por métodos que possam efetuar concretamente a Gestão dos Conhecimentos das Organizações, por conta da criação dos Conhecimentos Estratégicos e de Gestão das organizações. Em particular, as organizações buscam o compartilhamento dos conhecimentos tácitos, por ser esse conhecimento tácito ser muito difícil de ser copiado. Certamente que uma cultura organizacional com ênfase em compartilhamento de conhecimentos e seus colaboradores serem incentivados ao olhar ou à visão holística dos fenômenos organizacionais, seja uma organização vencedora. Exemplo típico e atual pode ser apontado pela organização Toyota, que recentemente bateu a GM na liderança na produção de veículos automotivos. E nessa linha de análise, uma questão ainda insolúvel no mundo concentra-se na conversão dos conhecimentos tácitos em conhecimentos explícitos e do aumento sistemático e deliberado da Inteligência Coletiva das Organizações (por meio do Compartilhamento dos Conhecimentos Tácitos), e na sua extensão, das nações em competição no cenário atualmente globalizado.

O método MCMI é uma inovação disruptiva na área do pensamento humano, e possui foco na resolução definitiva da conversão e dialética tácitas, permitindo a Gestão dos Conhecimentos Tácitos (e certamente os explícitos) das organizações.

Esse Método deve influenciar forte e estruturalmente na inteligência e conhecimentos científicos, acadêmicos e profissionais em âmbito nacional e internacional. Assim, prevê-se o fortalecimentos das nossas instituições governamentais, das nossas universidades e das nossas organizações e empresas.

Em stricto sensu, na Administração de Empresas, em que esse Método Inovativo nasceu, é previsto uma alavancagem muito positiva da Inovação no fortalecimento da dinâmica financeira-econômica e social, nas seguintes áreas de conhecimentos:

- *Estratégia e Gestão das Organizações*
- *Estratégia e Gestão de Conhecimentos (também tácitos)*
- *Estratégia e Gestão da Inovação*
- *Inteligência Competitiva e Coletiva*
- *Ensino e aprendizagem (todas as instituições de ensino superior e médio, e profissionalizante)*
- *Transdisciplinaridade e transversalidade*
- *Operadores cognitivos de amplo espectro*
- *Gestão de pessoas e do conhecimento pessoal, grupal social, organizacional e institucional*
- *Competitividade da nação brasileira*
- *Gestão corrente (momento atual, no agora) de equipes interdisciplinares*
- *Estudos e pesquisas científicas.*

Concretamente o leitor poderá consultar a primeiro apêndice, parte N, e poderá verificar um curso MBA (544 horas-aula) proveniente dessa Teoria Metacognição, aplicada na Ciencia de Administração de Empresas, e operacional como curso de pós-graduação, no ambiente da divisão FGV Managment. Note-se que o Software Cognitivo é utilizado em todos os módulos do MBA. As disciplinas (das partes ao Todo) são conectadas entre-si de forma entrelaçada, espelho da forma transdisciplinar pela via da cognição. Isto é, pela cognição podemos sempre passar de um determinado conhecimento para um outro conhecimento desde que seja exercido pela cognição, conscientemente comandada via consciência pelo Self. Visto pelas disciplinas (das partes ao Todo) significa a ligação de um determinado item de uma disciplina para um outro item de outras disciplina, e isso pode ser efetuado na criação de novos conhecimentos pelos modelos mentais expressos pelos mapas de intencionalidades, expressando visivelmente, novas atitudes intencionais.

As disciplinas mencionadas no curso MBA são:

Módulo Básico: Teoria da Cognição Humana – Metacognição
EGO: Estratégia e Gestão das Organizações
EGC: Estratégia e Gestão de Conhecimentos
EGI: Estratégia e Gestão de Inovações
EGPC: Estratégia e Gestão de Pesquisa Científica
EGEA: Estratégia e Gestão de En sino-Aprendizagem
EGPCT: Estratégia e Gestão de Pessoas-Competências-Talentos
EGBA: Estratégia e Gestão de Business-Analytics.

Disciplinas que conferem com as áreas de conhecimentos previamente citadas.
Nesse curso estamos visando a algumas dessas áreas de conhecimentos de forma prioritária, mas o método e software podem ser aplicados em qualquer fenômeno em que a cognição humano esteja em atuação.
*Em lato senso e com visão transdisciplinar, podemos prever forte impacto também nas demais ciências humanas (**Pedagogia, Medicina, Odontologia, Farmácia, Psicologia etc.**) e sociais (**Economia, Direito, Política etc.**), e finalmente nas ciências naturais (**Biologia, Química, Física et.c**) transdisciplinares, Complexidade e Transcende com Hierarquias Entrelaçadas pelas diversas tipologias de Ciências.*

Finalmente, essa inovação e método possui como base metafórica o próprio conhecimento ontológico do ser humano (conforme figura a seguir), tratando nesse momento de somente duas camadas de conhecimentos subjacentes à natureza humana. Pela complexidade humana e das sociedades podemos prever outras descobertas inventivas derivadas ou provocadas por essa inovação e método, de caráter fundamental e ontológico.
A ontologia do ser humano (microcosmo) pelas suas camadas constituintes e considerando seu espelhamento com o Macrocosmos:

As diversas camadas de **CONHECIMENTO HUMANO**

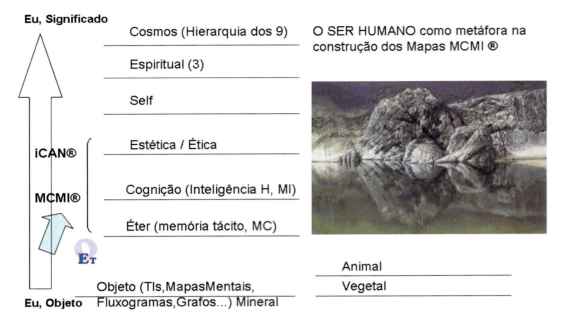

Figura 1

Em resumo, o Método MCMI é um método de pensar holístico e dialético que conjuntamente com o Software OET perfazem um Operador Cognitivo denominado de Sistema Operador Epistemológico Tácito, e cuja arquitetura funcional segue:

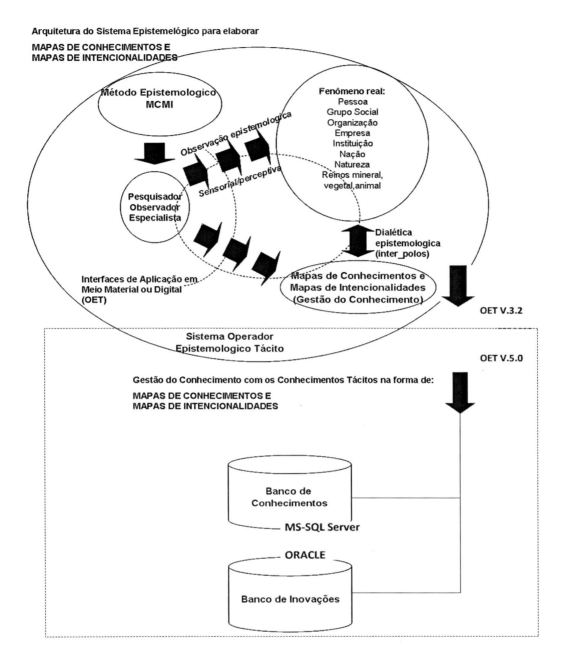

Figura 2 – Esquema para produção de epistemes ou MCMI®

O sistema epistemológico, elemento marco dessa inovação, mostra os principais constituintes envolvidos na produção de epistemes ou MCMI.

Os principais constituintes são:

MEP *(veja Capítulo 9)*

Método Epistemológico MCMI: *elemento marco dessa inovação, exibido pela Figura 2., é constituído pelas etapas:*
Etapa A: observação fenomenológica (sensação, percepção, imaginação etc.)
Etapa B: construção do Mapa de Conhecimento (pensamentos divergente, convergente, dialético) Etapa C: construção do Mapa de Intencionalidades (pensamentos inovador, heurístico).

Pesquisador, observador, especialista: que é o elemento humano que observa e/ou interage dialeticamente com o fenômeno da realidade e que, absorvido o Método Epistemológico, construirá evolutiva e dialeticamente os MCMI relativos ao fenômeno da realidade em foco.

Fenômeno da realidade: constituído por uma pessoa, e/ou por um grupo social, e/ou por uma ou mais organizações, e/ou por uma empresa ou grupo de empresas, e/ou por uma ou mais instituições, e/ou por uma ou mais nações, e/ou por elementos da natureza, e/ou por elementos dos reinos mineral, vegetal e animal. Esses fenômenos são os estudados pelas Ciências Naturais e Humanas.

MCMI (Inovações): constituído por expressões visíveis na forma de epistemes (unidade de conhecimento) ou MCMI (Inovações), de forma organizada e estruturada pelo Método Epistemológico, e em uma mídia de registro e comunicação possível de serem transmitidos e compartilhados.

Constituem elementos marco dessa inovação, cuja descrição detalhada está no Capítulo 26.

Interfaces de aplicação em meio material ou digital: na construção dos MCMI, o pesquisador poderá utilizar as habilidades humanas do Pensar e sua manifestação em meios materiais clássicos, incluindo ou não ferramentas tecnológicas para o desenho e a exibição visual dos mapas. Como meios materiais clássicos podemos citar os consagrados lápis e papel, elaborando-os à mão livre.

Como ferramentas tecnológicas podemos citar softwares conhecidos, tais como MS-Powerpoint®, softwares de CAD como Auto-Cad®, softwares especializados em Operadores Cognitivos, tais como OET® da AOM, e linguagens especializados em XML para exibição dos mapas em plataformas da internet, podendo assim serem também facilmente serem captados e exibidos em plataforma **Móbile** em que temos diversos dispositivos tecnológicos, tais como PALMs e smartfones e também da linha iPOD.
A maioria dos exemplos de MCMI desse documento foram efetuados pelo software OET da AOM.

Exibimos também a seguir uma aplicação real dos MCMI em plataforma Móbile sendo acessado pelo Palm Treo 650, podendo também serem transmitidos via e-mails, previamente catalogados ou a escolher.

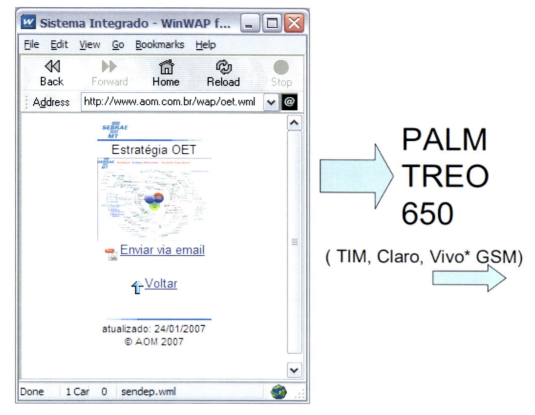

Figura 3

Sistema Operador Epistemológico Tácito (OET):

Da produção dos MCMI (ou epistemes) podemos utilizar o sistema OET para produção de bases de conhecimentos (tácitos). O Sistema OET é composto pelas diversas versões do OET, software especialmente desenhado para dar suporte ao método de pensar MCMI, de forma a poder concentrar e integrar as epistemes de uma organização.
Embora o OET concentra nas epistemes, como base inicial, constitutivo estruturalmente de informações agregadas em uma episteme, com o tempo, o autor das epistemes pode publicar em uma base organizada de conhecimentos tácitos, central tipo MS-SQL server, de forma a permitir o compartilhamento de conhecimentos. Isso é executado pela função fundamental de publicação do OET das epistemes visadas pela publicação em um repositório/diretório definido previamente para receber as epistemes.

Assim, essa função de publicação permite a possibilidade de compartilhamento de conhecimento (Tácito) de uma organização, do publicador (criador) de epistemes à comunidade da organização.

De forma organizativo-estrutural, recomenda-se que se crie a função de Administração de Bases de Conhecimentos (Tácitos).

- **Base TKBM V 3.2.08 (Funcional)**

*Essa versão **OET 3.2** produz e administra um conjunto de epistemes em uma rede computacional tipo Intranet ou mesmo em rede Client-server, de forma a permitir o registro em memória digital dos conhecimentos tácitos que se formam ao longo do tempo histórico de um grupo ou organização.*
Trata-se, portanto, da construção e administração da memória organizacional na forma de conhecimentos tácitos expressos na forma de conhecimentos explícitos. A dialética do

tácito-explícito pelos colaboradores de uma organização permite a evolução (digamos em espiral ou em Lemniscata) em conhecimentos dos conhecimentos de uma organização, configurando-se uma EGO com base em conhecimentos e na inteligência organizacional que também evolui concomitante ao stricto senso de conhecimento tácito.

A Base TKBM V3.2 é administrada pelas funções de acesso e segurança do próprio sistema operacional, digamos MS-Windows na gestão de diretórios.

- **Base TKBM V 5.0 (Funcional)**

Essa versão OET V5.0 produz e administra um conjunto de epistemes em uma rede computacional tipo Intranet ou mesmo em rede Client-server, de forma a permitir o registro em memória digital dos conhecimentos tácitos que se formam ao longo do tempo histórico de um grupo ou organização.

A Base TKBM V 5.0 é formado pelo sistema OET pela função de publicação das epistemes em MS-SQL server em uma primeira instância, podendo evoluir futuramente para Oracle e os seus assemelhados em RDBMS.

Com essa poderosa função de Publicação as epistemes podem ser acessados em uma base de dados na forma de DataBase ou Datawarehouse, constituindo portanto um banco de dados de conhecimentos da organização, com o importantíssimo controle de acesso e segurança imanente do próprio MS-SQL server, passível de ser administrado pela equipe e diretrizes de segurança da organização.

Capítulo 23. Modelo e Método Epistemológico do Pensar (Cognição): benefícios

Sem exaurir, seguem alguns benefícios na utilização do modelo e MEP, podendo ser trabalhado no Pensar-Sentir-Querer por meio do Software Cognitivo OET:

1. Aumenta a capacidade intuitiva nos negócios e relacionamentos com maior assertividade.
2. Aumenta a capacidade de enxergar mais.
3. Possibilita ver mais alternativas em construção de cenários.
4. Favorece a inovação sustentável da cultura organizacional em inovação.
5. Favorece o desenvolvimento da Inovação Aberta (Open Innovation).
6. Favorece a visão do Todo (inclusive em P&D).
7. Permite o mapeamento de todos os movimentos dos seus concorrentes.
8. Permite o mapeamento, planejamento e desenvolvimento do capital intelectual na organização.
9. Proporciona o desenvolvimento de Mapas de Criatividade.
10. Permite fazer diagnóstico e gestão da cultura organizacional em inovação.
11. Facilita o desenvolvimento de equipes de alto desempenho em Inovação.
12. Propicia a construção de Mapas de Processos de Inovação em tempo de crise.
13. Permite visão ampla e coletiva de novas oportunidades de negócios e mercados.
14. Favorece a coesão de trabalho entre grupos: executivo, gerencial e operacional.
15. Favorece o compartilhamento dos conhecimentos em inovação e outras tipologias de conhecimentos.
16. Desenvolve a capacidade cognitiva de síntese.
17. Aumenta a flexibilidade cognitiva.
18. Permite a percepção de alternativas em processos decisórios.
19. Torna visível o pensamento sem perder as ideias prévias.
20. Facilita o registro de pensamentos criativos no momento em que surgem, garantindo a melhoria do capital intelectual em inovação.
21. Permite fazer alinhamento da inovação aos objetivos estratégicos organizacionais.
22. Organiza e estrutura os processos mentais dos decisores.
23. Obtém conhecimentos (tácitos) mais rapidamente e com maior qualidade.
24. Torna explícito os conhecimentos (tácitos) mais rapidamente e com maior qualidade.
25. Expressa significado maior para estratégia e gestão via conhecimentos.
26. Permite compartilhamento explícito de conhecimentos nas organizações.
27. Potencializa e expressa a inteligência competitiva, colaborativa e associativa.
28. Permite a governança dos sistemas e organizações complexas.
29. Acelera a aprendizagem individual e coletiva nas organizações.
30. Aumenta a capacitação mental em criatividade e inovação.
31. Desenvolve maior flexibilidade nas atividades de cognição.
32. Aquisição da Inteligência arquetípica de EGO.
33. Visão fenomenológica mais aguçada e de maior prontidão e resposta.
34. Aumentos significativos na inteligência individual e coletiva das organizações e das nações.
35. Produz resultados concretos em gestão do conhecimento tácitos.
36. Produz resultados concretos em gestão da inovação.

37. Produz resultados concretos em modelos mentais de EGO.
38. Permite analisar e quebrar o paradigma Pensar-Sentir-Fazer conforme fenômenos.
39. Permite aumentar a Inteligência Coletiva.
40. Permite aumentar a aprendizagem e inovação coletiva.
41. Oferece sustentação no compartilhamento de Conhecimentos em redes sociais específicos.
42. Outros...

Em resultados empresariais podemos citar a formulação de estratégias e de gestão vencedoras, visando ao atingimento da missão das organizações e de seus colaboradores. Essa conquista é uma consequência natural do desenvolvimento da inteligência e genialidade coletiva da organização.

Capítulo 24. Comparações do MEP/Método MCMI com o estado de arte da técnica

A rigor, os exemplos colocados no item de Estado da Técnica foram mencionados no sentido de se exemplificar gráficos ou grafos que poderiam ser comparados com o método dos MCMI. No entanto, na sua ontologia, origem, campos de aplicação e áreas de conhecimentos mais adequadas de utilização, diferem-se enormemente.

Cumpre enfatizar que em stricto senso os exemplos mencionados e trazidos para comparação com MCMI possuem uma origem bastante distinto da origem do método advogado por MCMI, e que examinando bem a questão pertencem às áreas de conhecimento e de aplicabilidade diferentes. O método MCMI é inovador na sua origem e constituição e, portanto, não possui semelhança constitucional com as técnicas mencionadas na descrição do Estado da Técnica e trazidas neste instante para comparação, ainda que as comparemos a seguir.

Vejamos.
Importante citar que os exemplos colocados podem ser categorizados em três categorias:

1ª Categoria: fluxogramas
2ª Categoria: mapas visuais
3ª Categoria: mapas conceituais.

Vamos denominar, para efeitos de simplificação de nomes nas comparações com o método MCMI, que o conjunto das três categorias mencionadas, seja chamado de Métodos de Orientação para Desenho Gráfico (MODG). Qualquer comparação com cada categoria individualmente se fará pelos seus nomes específicos. As diferenciabilidades colocadas a seguir concentram-se na área ontológica, trazendo diferenças de concepção e profundidades em reflexão assim em decorrência, sem entrar em demasia nas diversas possíveis tipologias de aplicabilidades em áreas de conhecimentos derivados dos objetivos de pesquisa.

Nas citações de diferenciabilidade procura se denotar que as diferenças significam deficiências ou fraquezas constitucionais das categorias consideradas comparativas a do invento, e que por essa razão provocarão ou desdobrarão muito menos possibilidades de utilização prática nas ações e aplicativos derivativos, que, portanto, aumentam sobremaneira os benefícios comparativos ao método MCMI, com vantagens no âmbito de resultados materiais e também em bens intangíveis, como a inteligência pessoal e coletiva subjacente à sua utilização.

Diferenças ontológicas (essenciais, constitucionais):

1. MCMI possui duas camadas de trabalho, MODG possuem uma camada somente
A constatação de que MODG possuem uma camada significa que há uma mistura local e representativa entre os elementos passivos na forma de dados e informações com as intencionalidades que deveriam representar os elementos ativos da Inteligência, causando uma assimetria descontrolada na expressão do MODG, e com isso aumento da perda da sua expressividade e sentido ao leitor do MODG. Isso já limita muito fortemente a aplicação dos MODG em inúmeras áreas de aplicação. Por exemplo, em administração de empresas públicas ou privadas, no tópico de estratégia e gestão, e também na utilização efetiva ao desenvolvimento de políticas públicas ou diretrizes organizacionais, não há possibilidades de representação destacada e visível na expressão das inteligências subjacentes às estratégias e modelos de gestão, ou das políticas públicas em expressão ou na instância expressante.

Pretensamente seriam pífios os resultados se quisermos considerar a utilização dos MODG nas duas áreas fundamentais de Administração Pública: Gestão Pública e Políticas Públicas (Mapeamento e Desenvolvimento). No caso específico de Mapas Conceituais e nessa modalidade aplicativa, melhor seria utilizar um dicionário.

Enquanto que o método do invento nasceu dentro dessas questões de estratégia e gestão (empresas públicas ou privadas). A primeira camada das duas camadas do MCMI permite a expressão resultante da dialética do conhecimento tácito com o explícito de forma a tornar expresso e visível o pensamento condensado (ou reorientado, ou estabelecido em uma instância específica) proveniente da categoria complexa de conhecimento tácito. Acrescente-se a isso a utilização inicial e mandatória do pensamento divergente com relação ao pensamento convergente.

A segunda camada do método MCMI (que inexiste nos MODG) permite a expressão da inteligência dos gestores em estratégia e gestão a expressarem suas escolhas de caminhos ou conjunto de ações estratégicas ou de gestão, caracterizando as estratégias e gestões dentro das suas competências de momento, em função das suas capacitações empírica ou mesmo teóricas nessas duas áreas de conhecimento, que podem corresponder uma abrangência estimada de mais de 95% dos conhecimentos e modelos mentais em administração de empresas, de organizações e de instituições.

E dentro dessa possibilidade do método do invento de visibilizar as ações estratégicas e de gestão dentro de modelos mentais, oferecendo-os em uma configuração de compreensão, holística, dos conhecimentos em pauta, ou seja, das conexões interitens de conhecimentos, temos então muito maiores possibilidades ou probabilidades do acerto estratégico e de gestão, podendo efetuar o que se chama atualmente, no mercado profissional e acadêmico, de gestão das estratégias por meio de indicadores com ênfase em desempenho organizacional ou mesmo por indicadores visando avaliação organizacional com base em indicadores derivados da natureza sugestionada pelos objetivos da gestão da estratégia.

Essa diferença primordial a favor do método de invento traz fortes, profundos e largos efeitos e consequências nas possibilidades aplicativas de natureza prática no mundo das organizações que utilizam correntemente os conhecimentos em Administração de Empresas, independentemente da natureza e porte das organizações. Essa utilização adequa-se diretamente ao que se prega em estratégia e gestão do conhecimento ontologicamente conectadas com as teorias e práticas de EGO, de forma geral e universal.

2. MCMI é fenomenológico, MODG é somente conceitual

Os MODG trabalham somente com os conceitos, direta (Mapas de Conceitos) ou indiretamente (mapas visuais e fluxos), enquanto que os MCMI trabalham com a fenomenologia, isto é, parte-se de uma situação real fenomenologicamente, para em seguida articular outras instâncias da inteligência (veja as etapas e fases no esquema dinâmico de produção dos MCMI). Essa notável diferença impede que os MODG possam ser utilizados nas operações de trabalho na área da transdisciplinaridade, enquanto que o Método MCMI por nascença possui a característica ontológica em transdisciplinaridade, resolvendo naturalmente em decorrência também a interdisciplinaridade e multidisciplinaridade.

Não operacionalizar a transdisciplinaridade significa a carência e falência de recursos metodológicos e operacionais (dos MODG) na resolução de questões fundamentais como no desenvolvimento de estratégias e políticas públicas ou no ambiente privado, com as estratégias empresariais e organizacionais. Conseguir operacionalizar a transdisciplinaridade significa diminuição de custos (empresariais, organizacionais e institucionais) e aumento da Inteligência Pessoal (profissional) e Organizacional. Operar a transdisciplinaridade também significa permitir operações de transversalidade com determinadas disciplinas transversais, permitindo fortemente as ações Interdisciplinares no fortalecimento do interjogo dos conhecimentos conexos e portanto também da Inteligência Humana em contrapartida.

As mesmas considerações podem ser aplicadas às organizacionais das empresas e instituições, bastando substituir a palavra disciplina por departamento ou divisão ou grupo organizacional, que varia conforme a dinâmica do mercado e ambiente econômico.

3. MCMI é holístico, arquitetura em rede, e não linear, enquanto MODG é pontual, hierárquico e linear

A arquitetura dos métodos MODG é fundamentalmente pontual no sentido que é orientado ao problema, de forma que se procura a partir da questão do problema chegar-se logicamente à sua solução por meio da lógica, contido sempre em um pensamento estritamente convergente, logo de início. Com isso, muitas informações de contexto necessárias e que interferem na solução são esquecidas.

Em uma **arquitetura holística**, natural do método MCMI, parte-se sempre do pensamento divergente na construção do mapa de conhecimentos em que se procura colocar todos os dados, informações e conhecimentos que influem na questão, sem tentar a sua resolução por meio da lógica. Somente após esgotar todos os recursos mentais na disposição de forma categorizada de todos os dados, informações, e conhecimentos que possuem relação com a questão e os temas que os caracterizam, é que se procura determinar as soluções pertinentes à questão e aos temas, de forma que se obtém um conjunto de soluções expressos pelos Mapas de Intencionalidades.

Por ser holístico é possível induzir a chegada a resultados práticos de relacionamento entre itens de conhecimento (base das possibilidades reais de criação social de conhecimentos, no seu sentido prático e kantiano) na relação direta entre as visões e compreensão dos fenômenos visados, e na captação dos padrões de relacionamento entre os elementos, categorias e itens de conhecimentos. Essa forma de proceder à construção dos MCMI permite alcançar soluções inovadoras de elevado ganho financeiro-econômico, além de outros benefícios materiais e imateriais. É essa possibilidade holística de ver os fenômenos sociais que permite a emergência facilitada de criatividades e dos conhecimentos inovativos, base futura da competitividade mundial globalizado.

A **arquitetura em rede** da simbologia representativa do método MCMI representa um conjunto de fenômenos da realidade humana, e social-econômico, de amplitude muito maior do que a arquitetura em hierarquia, visto que essa proximidade representativa ao fenômeno permite soluções de maior aderência, amplitude e em profundidade do tema, podendo resultar em conseqüência em elevados ganhos e benefícios projetados pelo pesquisador.

A arquitetura em hierarquia efetua em grande maioria dos casos um reducionismo na representação simbólica, reduzindo enormes possibilidades de solucionamento com resultados significativos. Cumpre denotar que a arquitetura em rede permite desenhar as representações simbólicas em hierarquia, sendo impossível o seu inverso.

Quanto à questão dos MODG, na sua instância ou movimento mental em obter soluções, ter uma diretividade linear e evolução passo a passo, expresso diretamente na sua diagramação, em que são expressas as informações e as ações relativas às informações. Essa mistura na natureza das atividades e sua expressão linear em passos produzem um encadeamento de expressões simbólicas que retardam o desempenho mental do pesquisador de tal forma que essa atividade mental acompanha a linearidade da expressão gráfica.

O método MCMI propicia o desempenho das atividades de expressão gráfica nos Mapas de Conhecimentos (segundo o esquema dinâmico de produção dos MCMI) na **forma não-linear** acrescido dos movimentos de dialética que tornam o método estável na instância de resolução da questão ou da proposição colocada. Essa não linearidade mental é ontológica no ser humano, e expressa a inteligência dos grupos (e suas tipologias), e o método MCMI propicia essa disrupção na fertilidade, criatividade e inovação da mente do usuário do MCMI.

Se somarmos qualitativamente os três itens de diferenças, temos uma diferença global, entrópica e sinergética a favor do método MCMI e, conseqüentemente, ganhos e benefícios muito elevados aos usuários do MCMI. Na dimensão da prática, essa grande diferença permite ao método MCMI no desenvolvimento de formulações de estratégias e *diretrizes em políticas públicas ou privadas um equilíbrio e harmonia na dialética entre os pensamentos divergente e convergente, e ainda a dinâmica interpolos entre quaisquer conhecimentos de natureza radicalmente oposta, completando os benefícios de aumento de inteligência humana sob a égide do terceiro Incluído, conforme transdisciplinaridade e Teoria da Complexidade. Os métodos MODG não conseguem modelar adequadamente os modelos de estratégias e de gestão (públicas ou privadas), quanto mais na instância de implementação de estratégias, gestão, políticas e diretrizes.*

Por ser holístico é possível induzir a chegada a resultados práticos de relacionamento entre itens de conhecimento (base das possibilidades reais de criação social de Conhecimentos, no seu sentido prático e sob a égide de Kant) na relação direta entre as visões e compreensão dos fenômenos visados, e na captação dos padrões de relacionamento entre os elementos, categorias e itens de conhecimentos. É essa possibilidade holística de ver os fenômenos sociais que permite a emergência facilitada de criatividades e dos conhecimentos inovativos, atualmente base da competitividade mundial globalizado.

4. O método MCMI trabalha com os conhecimentos tácitos dos usuários MCMI com foco na dialética entre o objetivo e o subjetivo, enquanto que MODG trabalha somente com objetivo (funcionalista e cartesiano)

Com isso, os métodos MODG não atingem diretamente o desenvolvimento e a emergência da Inteligência Humana por serem objetivistas. O método MCMI trabalha diretamente no desenvolvimento mental e da inteligência humana, interligando fortemente os conhecimentos tácitos com os resultados visíveis nas expressões gráficas, nominalmente denominadas de conhecimentos explícitos. Com isso a criatividade e inovação são inerentes ao MCMI e isso afeta diretamente na qualidade das EGO e suas tipologias, incluindo fortemente as políticas públicas e de natureza privada.

Essa dialética (juntamente ao recursivismo) pode ser vista detalhadamente no esquema de produção dos MCMI – Figura 1.

5. MCMI possui como metáfora original o ser humano, enquanto que MODG não possuem base metafórica, como constituinte primário. Maior poder de expressão do método MCMI frente ao MODG

*Por não terem base criativa primária e constituinte em metáforas, os métodos MODG não conseguem ultrapassar o limite do **Pensar Humano**, e portanto é estático com os limites nessa esfera de capacidade de manifestação humana, enquanto que MCMI possui base constituinte metafórica e inspiratória no **ser humano**, permitindo e facilitando a evolução do método MCMI em direção a toda complexidade do ser, e nesse momento, na esfera do Sentir e na esfera do Fazer (volição). Essa possibilidade ampla da dinâmica do SER ser expressa nos MCMI retrata a capacidade dialética na instância de expressão em conhecimentos explícitos, ampliando essa tipologia, e que retrata com maior fidelidade a complexidade humana do construtor de conhecimentos.*

Com isso, os MCMI possuem maior poder de expressão da complexidade humana dos conhecimentos tácitos tanto em instância de formação e desenvolvimento, como em momentos de expressão correspondente, na forma de conhecimentos explícitos. Esse maior poder de expressividade dos componentes de formação dos conhecimentos tácitos impacta diretamente a qualidade dos mapas do Método MCMI, em comparação com os expressos pelos métodos MODG.

Essa diferença a favor do método MCMI reflete diretamente na qualidade dos resultados nas diversas aplicações em EGO, gestão das estratégias, atingindo diretamente nos MCMI, pois ambas são criadas por confronto ou oposição humana em atividades sociais grupais. Ora, quanto maior o poder de expressividade dos conhecimentos tácitos desenvolvidos e adquiridos na forma de conhecimentos explícitos, tanto melhor será o compartilhamento qualitativo dos conhecimentos tácitos, assim como na formação e armazenamento mais rica da própria história ou memória da organização, na sua forma de conhecimentos.

6. Os Mapas MCMI são organizados em categorias de conhecimentos com origem no fenômeno básico constituinte enquanto que os métodos MODG não possuem base inicial de formação. Maior poder estruturante do método MCMI

A possibilidade de enxergar o todo a partir do seu fenômeno básico constituinte, e dentro da metáfora do ser humano, permite que o crescimento dos MCMI cresça de forma organizada na medida do crescimento da organização. Essa forma de crescimento possui um equilíbrio harmonioso em coerência com o crescimento do fenômeno real, considerando sempre que o crescimento pode ser inverso.

O conjunto estrutural assim formado dos MCMI passa na dialética em confronto novamente com conhecimentos tácitos, e juntamente à aquisição e reflexão imaginativa/inspirativa e intuitiva, trabalha-se em uma reconstituição de um novo resultado em encontro dialético tácito/explícito.

Essa característica de poder (re-)estruturante do método MCMI significa que há possibilidades **sistemáticas** *de melhorias no exercício de Pensar/Sentir/Fazer e outras tipologias de capacidades humanas, de acordo com o aumento do movimento dialético na direção da produção dos MCMI.*

7. O método MCMI é coerente com o pensamento moderno da Física Quântica, enquanto que os métodos MODG não são mapas para percepção do Todo (Ondas de Possibilidades), e sim mapeamento de pontualidades

A possibilidade de perceber o Todo e depois as partes, assim como a possibilidade de efetuar conexões entre os diversos itens de conhecimentos em concomitância ao crescimento real (ou imaginariamente) do fenômeno em análise e percepção, permite que utilizemos os Mapas de Conhecimentos, segundo a metodologia dos físicos quânticos, como base nos mapas de possibilidades, no colapso em diversas categorias e itens de conhecimentos, e na adoção da causalidade descendente (menos em causalidade ascendente) na formação dos Mapas de Intencionalidades.

Nos métodos MODG o colapso das possibilidades na causalidade ascendente seria muito intermitente e assimétrico prejudicando as possíveis conclusões, com a formação de mapas distorcidos, e prejudiciais à formação de Gestalts. Assim, na adoção da metodologia dos físicos modernos e quânticos, o método MCMI produziria muitos trabalhos de alta qualidade, na mesma proporção do método cognitivo (Self+Consciência), pois o método quântico também possui uma base humana muito forte, principalmente baseada na consciência humana. Trata-se apenas de uma forma básica de considerar as potencialidades humanas, assim como o método MCMI considera a metáfora do ser humano.

Essa possibilidade no uso do método MCMI também como base de formação dos colapsos na formulação dos itens e categorias de conhecimentos também se aplica na dimensão externa ao observador e interna ao observador considerando todo o olhar do observador em objetos quânticos, tanto na elaboração dos MCMI, como o atuar dentro do fenômeno social observado, atuante e envolvido.

As vantagens do MCMI na esfera mental e atuante por observadores quânticos são evidenciadas pela riqueza e qualidade dos conhecimentos tácitos adquiridos e em decorrência nos conhecimentos explícitos decorrentes, e pela dialética estruturante, chegarmos à proximidade das possibilidades (potencial sempre existente para colapso) com a realidade organizacional (existência em função do tempo e espaço).

8. O método MCMI permite a formação de pensamentos arquetípicos e resultados universais, enquanto que os métodos MODG são de orientação a teor em especificidades

O método MCMI pelas suas características de holismo (ver o Todo), fenomenológico, dialético e estruturante permite a conquista ou aquisição de inteligência com características universais, ou pela Psicologia, de aquisição de arquétipos na área de conhecimento em questão. Do ponto de vista quântico, o real expresso pelos conhecimentos tácitos fica muito aderente (próximo) às ondas de possibilidades, potencial das realidades empresariais.

As técnicas MODG são objetivistas, e assim, de caráter específico ao tema em questão.

9. O método MCMI permite superior facilidade quanto à sua utilização como método didático em ensino/aprendizagem

Pelas características de holismo (ver o Todo), fenomenológico, dialético e estruturante, e pelas possibilidades de interconexão com itens de conhecimentos de ambientes externos (por exemplo, Internet) e internos ao MCMI (por exemplo, com planilhas eletrônicas, documentos, imagens e filmes), o método MCMI pode ser utilizado adequada e superiormente para as ações de didática em ensino e aprendizagem, oferecendo possibilidades completas em sessões de ensino e aprendizagem, tanto pelos Mapas de Conhecimentos relativos ao fenômeno ou tema pedagógico em questão, como pelos Mapas de Intencionalidades na estruturação das ações no formato em Syllabus (programação do conteúdo de cada aula).

As técnicas MODG são lineares, mais adequadas para apresentações tipo palestras (em um só sentido, do professor palestrante aos alunos), perdendo muito o caráter de dialética na construção dos conhecimentos (construtivismo) em classe de aula.

10. O método MCMI permite a transmigração dos conhecimentos criados pelo funcionalismo das ciências naturais e humanas (por exemplo, em administração de empresas) para o quadrante de pesquisas acadêmicas e profissionais em que predomina a hermenêutica, e as proposições inovadoras à evolução e transformação nas sociedades de conhecimento

O desenvolvimento das ciências naturais e humanas tem privilegiado o estudo, a pesquisa e a aplicação em temáticas em que há predomínio do pensamento redutor dos pensamentos lógicos, utilizados na criação de bens materiais e tecnológicos, em detrimento do desenvolvimento de bens imateriais e abstratos como os Conhecimentos e as Inteligências, de caracterização ontológica humana.

O método MCMI permite o desenvolvimento da Sociedade do Conhecimento, trazendo instrumento metodológico e sistêmico de tal forma a permitir o foco em produção dos Conhecimentos e Inteligências inerentes ao desenvolvimento dessa tipologia de Sociedade, encarado em uma instância de desenvolvimento antropológico da raça humana. O método MCMI **inclui na sua constituição** também o pensamento lógico, ainda predominante no cientificismo acadêmico, tecnológico e material (concreto), e bastante reconhecimento nas técnicas MODG.

Parte E. Estratégia e Gestão da Cognição Humana e da Organização (EGCHO)

Capítulo 25. Introdução à EGCHO e Modelos Epistemológicos de...

As partes A,B,C,D e seus capítulos, descritas até aqui, tiveram como forte objetivos explicar as bases ontológicas, gnosiológicas e epistemológicas dessa nova forma de presenciar e viver o mundo humano e o mundo cósmico, trazendo as tipologias do Pensar-Sentir-Querer em um só conglomerado transdisciplinar, denominado Cognição Humana. Essa fusão é transdisciplinar no mundo visível e invisível holográfico abrangendo o mundo cósmico ou espiritual, visto e acessado pelos humanos mais desenvolvidos e evoluídos até essa civilização, no século XXI ou quinta época cultural (época Júpiter) segundo a Teosofia-Antroposofia.

A cognição humana representa uma forte evolução em uma transição às epocas em que o mundo humano estará sob comando do anunciado <u>Heart-Thinking</u> ou o Pensar-Querer sob o comando do Coração, órgão que poderá evoluir muito mais o ser humano, dentro do social-cultural das futuras mônadas civilizatórias dos seres humanos no planeta Terra (e suas transmutações para as épocas de Júpiter-Vênus-Urano).

Uma das possíveis transformações funcionais e energéticas dessa transição do cérebro ao comando dos sentimentos do coração, pode ser efetuado pela incidencia de energias do Todo-Tudo às partes, ou das Energias Superiores (da HCelestial) para a Terra, ou das Chakras superiores (mil petalas) para o Chakra Basico (4 petalas) normalmente conectado com as energias do planeta Terra. Há uma reversão vertical entre os Chakras...conforme vimos nos capitulos anteriores, ou outros livros mais especializados com o Kundalini.

O Modelo Epistemológico da Cognição Humana está explicado bem detalhado na Parte D com seis capítulos e seus tópicos explicativos, <u>passando do Modelo Epistemológico da Cognição ao Método Epistemológico MCMI e Software OET</u>, que são instrumentos funcionais e operacionais para a exibição de esquemas denominadas de epistemes, ou mapas de conhecimentos trazidos pelo tácito mental (significações) e convertidos em conhecimentos explícitos (sob regras e esquemas geométricos, linguísticos e imagens) pelo Método MCMI com operacional do Software OET.

O Método MCMI é uma metodologia funcional no desenho (hierarquizado e rede) da episteme, e o Software OET representa os passos para a expressão final e articulado da episteme, que representa em conjunção os conhecimentos tácitos (realidade aparente e realidade em si, em transdisciplinaridade) e conhecimentos explícitos, em um mapeamento de inerência e significado dialético hegeliano.

O MEC possui sempre um foco em um assunto elaborado pela cognição e desenhado sempre pelo ardor transdisciplinar, multidisciplinar ou mesmo interdisciplinar. As cinco camadas categóricas para cada conceito, elaborado conforme o grau de consciência do modelador, permitem a conexão entre os diversos conceitos, trazendo uma rede de conexões interpontuais de forma geométrica, representando o surgimento também da vontade (volitiva) e os sentimentos expressos ou inerentes. Essa rede de intencionalidade pode ser linear, não linear, convergente, divergente, hierarquico, etc., representando a complexidade da Cognição via Sentir-Pensar-Querer.

Chamo a atenção de que essa tríade (Ontologia, Gsnosiologia, Epistemologia) é enfusionada, sob comando crescente e orgânico pelos sentimentos, nessa época denominada de Júpiter e seus inícios.
Assim, exibiremos a seguir capítulos com focos específicos em Administração de Empresas. Evidentemente se pode aplicar em todas as Ciências Humanas e Naturais.

O foco está no tema superimportante de Estrategia e Gestão, que envolve a formulação de Estratégias e tipicamente a Gestão Estratégica dessas estratégias.

Não pretendemos esgotar as teorias envolvidas e sim assumir algum conhecimento sobre o assunto foco, exibir a Cognição de Estrategia e Gestão expressa e visível em uma episteme, destacando a formulação das Estratégias e Intencionalidade de Ações para atingi-las.

A grande maioria das aplicações foram efetivamente elaboradas pelo autor, em um cenário real e verdadeiro, profissional ou acadêmico.

Os sete focos específicos são:

1. Modelo Epistemológico de Estratégia e Gestão Organizacional
2. Modelo Epistemológico de Estratégia e Gestão de Conhecimentos
3. Modelo Epistemológico de Estratégia e Gestão de Inovações
4. Modelo Epistemológico de Estratégia e Gestão do Ensino-Aprendizagem
5. Modelo Epistemológico de Estratégia e Gestão da Inteligência Humana e Organizacional
6. Modelo Epistemológico de Estratégia Gestão em Business Analytics
7. Modelo Epistemológico de Estratégia e Gestão da Espiritualidade.

Capítulo 26. Modelo Epistemológico de Estratégia e Gestão Organizacional

Nesses próximos sete capítulos, mostramos *exemplos práticos da cognição* da equipe Humana- Organizacional, responsável pelas formulações de estratégia e gestão em sete categorias de conhecimentos, iniciando pela categoria Organizacional ou Organização, como um Todo.

Evidentemente que assumimos que o leitor possua alguns conhecimentos e conceitos referente ao tema *Estratégia e Gestão de...*, que possuem muitas teorias também em evolução contínua e modernas, e sim, como a cognição opera no processo mental dialético, fenomenológico ou não, e dentro do modelo epistemológico dessa Teoria Metacognitiva, utilizando o Modelo MCMI e o Software OET.

Assim, essa Teoria Metacognitiva originária do Tudo-Espiritual-Cósmico também se mostra muita utilidade nessa época moderna contemporânea, em aplicações modernas organizacionais e empresariais, e dentro do desenvolvimento científico atual na produção mental de conhecimentos, substrato muito importante nessa época evolutiva espiritual também.

A proposição do Método MCMI em conjunto com o Software Cognitivo OET trabalha muito forte na Evolução do Tudo-Todo às partes, com relação aos valores humanos e sociais e culturais em jogo, aos acionistas e ao corpo executivo e conselho superior de gestão corporativa. Na medida da descida dos conhecimentos cognitivos, conforme a Estrutura Organizacional, podemos elaborar as devidas estratégias conforme a rede hierárquica ou network inerente à organização.

Assim, seguem alguns exemplos de EGO, na forma de epistemes e algumas explicações esclarecedoras.

Episteme sobre as dez tipologias de Estratégia Organizacional conforme Mintzberg:

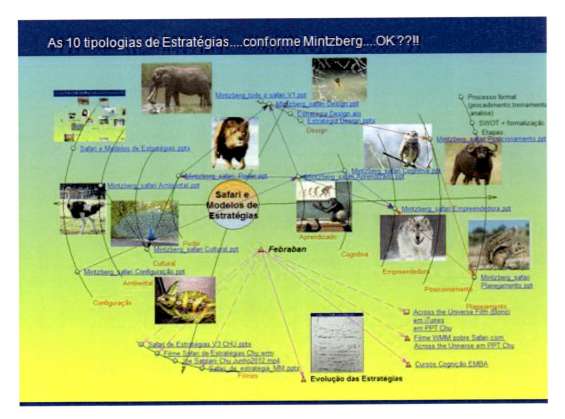

Figura 1 – As dez tipologias de estratégia conforme Mintzberg em uma episteme

Clicando na episteme via OET nas figuras e nas nomeações de estratégias, trazemos instantaneamente as explicações de cada tipologia. Também surge a episteme da estratégia específica considerada, como mostra a figura a seguir com a Estratégia Design, e daí podem também surgir mais clicagens, buscando mais conhecimentos, sempre do Todo da episteme aos seus detalhes.

As dez estratégias conforme Mintzberg são:

- ❖ Design
- ❖ Cognição
- ❖ Posicionamento
- ❖ Aprendizagem
- ❖ Empreendedorismo
- ❖ Planejamento
- ❖ Poder
- ❖ Cultural
- ❖ Ambiental
- ❖ Configuração.

Clicando no conceito Design, surge a episteme de conhecimentos relativo à Estratégia de Design e também explicações em Powerpoint relativos à Estratégia Design, que por sua vez exibe também outros conhecimentos na complexidade da estratégia, e também um exemplo

de Intencionalidade de Ações de Estratégia, e outras figurações e conhecimentos. E assim progride a cognição.

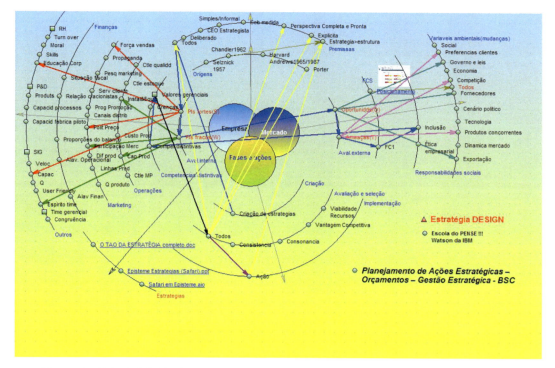

Figura 2 – Estratrégia Design

Esse episteme mostra claramente o planejamento de ações de estratégia confome as ideias de Design Strategic Thinking. Assim, seguem alguns conhecimentos que poderão ser exibidos quando preparados e inseridos na episteme relativo às partes de SWOT e BSC, na forma de indicadores qualitativos ou quantitativos, na fase de Gestão das Estratégias. SWOT: Pontos forte e fracos, oportunidades e ameaças (Strong, Weak, Opportunities, Threats). BSC: Operacionalizar com indicadores, além das tradicionais financeiras (Balanced Score Card).

Figura 3

Outro exemplo escolhido seria a **Estratégia de Oceano Azul**, famoso pela sua utilidade, inclusive pelo desenvolvimento atual da Indústria 4.0, com bastante inovações pela inteligência

Artificial (AI) e robotização. Basta incluir a Nova Indústria 4.0 e universidades e educação na categoria Tipologia de Mercado, ajustar a P&D como essencial, e incluir a AI e Robotização na intencionalidade de apoio pelo Ministério da Ciência e Tecnologia (MCT) e/ou parceiros. Evidentemente as Estratégias Oceano Azul devem inundar o novo sistema político (Econômico- social etc.) do Brasil em 2019 em diante.

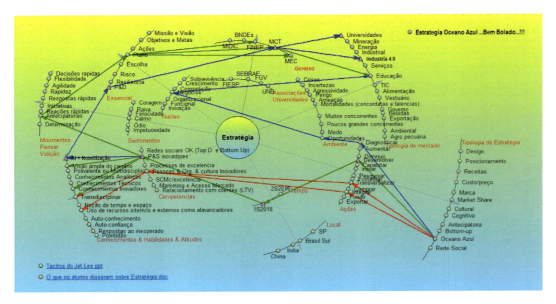

Figura 4 – Estratégia Oceano Azul

Seguem outros exemplos e finalmente uma episteme de Estratégia Competitiva da EAESP FGV.

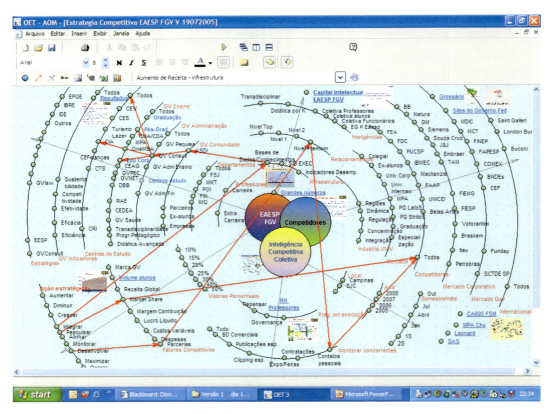

Figura 5 – Estratégia Competitiva da EAESP FGV

Parte F. Estratégia e Gestão de Conhecimentos Organizacionais (EGCO)

Capítulo 27. Ensaio introdutório: afinal das contas, o que é do Conhecimento Tácito (GCT)?

O que é Gestão do Conhecimento Tácito (GCT)?

Autor: Prof. Dr. Chu Shao Yong (CEO- AOM)

Objetivo:

*O presente ensaio metodológico tem por finalidade básica explicar aos gestores das organizações, em específico **aos compradores (institucionais e organizacionais) de Produtos & serviços em Gestão do Conhecimento e Inovação**, de alguma explicações sobre a natureza da Gestão do Conhecimento e Inovações, suas ontologias e características básicas. E mostrar os caminhos de implementação mais utilizados pela AOM nessa jornada em Gestão de Conhecimentos Tácitos, Gestão de Inovações, e Modelos de Estratégia e Gestão.*

*Ensaio: **afinal das contas, o que é Gestão do Conhecimento (GC)?***

Essa é uma pergunta que não quer calar, principalmente aos pesquisadores e profissionais sérios, e que querem produzir algo de suma importancia às organizações brasileiras, e não alinhar com os profissionais que querem utilizar esse lema mundial denominado Gestão do Conhecimento para auferir lucro, independentemente de resultados.

Para responder com seriedade a essa pergunta é fundamental analisarmos historicamente nos últimos 15 anos (de Nonaka, cerca de 10 anos) a evolução dos seguintes temas:

- *Evolução da globalização e da economia mundial.*
- *Evolução dos modelos de estratégia e gestão (organizacional).*
- *Evolução da TI como fator de vantagem competitiva, níveis organizacional, setorial e mundial das nações.*
- *Evolução da Internet e seus negócios nessa plataforma.*
- *Evolução do método científico e suas alternativas ou extensões*
- *Diferenças culturais entre o Oriente e Ocidente (as Ideias de Nonaka na cultura brasileira devem ser analisados culturalmente em comportamentos, códigos culturais)*

E outros...

Isso significa que é sempre necessário refletir de forma holística (ver Capítulo 4, sobre os 12 sentidos de Steiner, a função da visão humana), principalmente que conhecimentos estão intimamente ligados com o Pensar/Inteligência e essa capacidade é tipicamente humana.

*Vamos fazer uma análise pelo modelo de Burrel/Morgan (Ref.), e com isso em mente, em uma abordagem objetivista, conhecimentos é um objeto visível pelos sentidos humanos, por exemplo, um livro, um artigo, uma dissertação de mestrado, um estudo etc. **Numa abordagem subjetivista, conhecimentos estão intimamente ligados com o conhecimento tácito**, isto é, um complexo de atuação humana com uso da inteligência (digamos), e que é muito difícil de se exprimir verbalmente. A atenção está nessa palavra **verbalmente**, porque na aquisição de Conhecimento Tácito, portanto humano, entram em jogo todos os atributos e qualidades de um ser humano, incluindo os sentidos (12 sentidos, Steiner), os sentimentos, as qualificações da vontade ou do elemento volição, e aí podemos citar muito mais qualidade humanas que entram nesse jogo de aquisição de conhecimentos.*

*Por isso dedicamos um capítulo inteiro (Capítulo 3) que explica os atributos humanos que transversalizam ou sejam subjacentes às questões mais relevantes de uma Gestão do Conhecimento, cuja fundamentação implícita seja tácita. Falar em Gestão do Conhecimento orientado para o explícito **somente** é cair nas tentações de trabalhar com a Tecnologia de Informação, dentro da abordagem positivista e cartesiana. Daí a necessidade de pensarmos inteligentemente com a capacidade excepcionalmente humana da dialética ou na sua amplitude maior, na dialógica.*

Como a expressão exteriorizada do que foi adquirido (conhecimento tácito), considerando as qualidades humanas anteriores, é efetuado pelo órgão mais expressiva que é a linguagem humana, essa expressão só pode ser efetuada com reducionismo na expressão (ou externalização), ou seja, a nossa maior e melhor forma de comunicação entre humanos ainda é a expressão do pensar combinado com a forma expressiva da linguagem humana, cerne da simbolização possível do homem, e que o diferencia muito dos animais e vegetais.

No entanto, o Conhecimento Tácito é possível de se expressar (ao contrário de muitos autores famosos como), caso contrário os autores de romances que tanto fazem chorar o público leitor, não seriam obras de arte. De forma que claramente os bons autores de romances são aqueles que conseguem pelo pensar (linguagem) atingir o coração (sentimentos) de seus leitores.

Assim, Conhecimento Tácito que é adquirido pelo autor envolvendo todas as emoções, e sentidas pelo autor, como pode transmitir (externalizar) aos outros por meio da linguagem, que modela e é modelada pelo pensar (em uma dialética pessoal na vida do autor)? Certamente é externalizado com reducionismo.

É absolutamente correto dizer:

Falar (com linguagem natural) para alguém que gosta (dele) é muito diferente de manifestar esse gostar com um abraço, e outras atitudes e comportamentos pertinentes. Aqui, penso claramente que o reducionismo da linguagem deve a sua origem à complexidade do ser humano na aquisição do conhecimento (tácito), portanto realmente sabemos (internamente, subjetivamente, sub e inconscientemente) muito mais do que podemos expressar ou mesmo ter consciência disso (dessa abrangência!).

Tudo isso para dizer que Gestão do Conhecimento, na linha do meu pensamento, está intimamente ligada com a complexidade do ser humano, na sua ação (comportamento) do dia a dia, na dialética social, e portanto exercendo a aquisição do conhecimento, que muitas vezes deve ser classificado de tácito.

A ligação da aquisição do conhecimento (tácito) devido a complexidade do ser humano deverá ser melhor explicada em capítulo posterior, após as explicações sobre ele vivo.

Certamente que o contexto colocado serve para melhor entender as colocações diretas ou ontológicas com relação ao termo Gestão do Conhecimento, que segue:

Gestão do Conhecimento possui um significado inerente ou subjacente aos processos de EGO, é um processo que está embutido dentro desses processos, daí o grande obstáculo de entendimento por muitos, principalmente aos que nunca vivenciaram em uma organização ou não possuem firmeza de entendimento do que seja Estratégia e Gestão (de Organizações).

Assim, nas organizações pós-modernas e contemporâneas, em que a Gestão do Conhecimento é considerada processo Estratégico Organizacional pela importância que o conhecimento adquire cada vez mais no jogo competitivo entre organizações e nações, uma vez que a sociedade caminha para a Sociedade do Conhecimento, é mister entendermos:

1. *O conceito e aplicabilidade da palavra Gestão*
2. *O conceito e aplicabilidade da palavra Conhecimentos.*

A palavra Estratégia (enquanto processo) também é muito importante, mas podemos entendê-lo posteriormente por analogia comparativa com Gestão.

A grosso modo podemos entender neste capitulo que Gestão seja um processo que envolva Planejamento e Controle, principalmente essa última. Gestão seria então controlar resultados atingidos pelas equipes perante as metas (variáveis escolhidas para o exercicio de controle) estimadas para serem atingidas.

Assim, o processo de Gestão Organizacional (em uma certa tipologia), digamos, possue metas a atingir, provenientes do processo de Estratégia, e que serão planejadas e controladas para verificação de atingimento. As ações realizadas dentro do processo podem gerar conhecimentos tácitos nas pessoas envolvidas, e que portanto são colhidas pelo processo interno de Gestão do Conhecimento Tácito, portanto subjacente às ações do processo de Gestão Organizacional, e de preferência em uma caracterização ontológica. Veja figura a seguir.

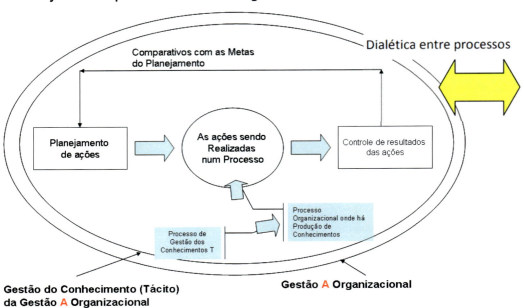

Figura 1 – Gestão do Conhecimento Tácito e Gestão Organizacional: uma dialética ontológica

Se a Gestão do Conhecimento Tácito não for subjacente nem ontológica relativa ao processo de Gestão Organizacional, há necessidade de se criar um alinhamento metodológico dos processos de Gestão do Conhecimento Tácito com os processos de Gestão Organizacional, pois os dois processos ficaram assíncronos no tempo, portanto podem haver perdas de Conhecimentos sejam ontológicos (a pessoa esquece) como contextuais (não lembra, pois o fenômeno já passou) do fenômeno de realização das ações preconizadas pela Gestão.

Gestão Organizacional e Gestão do Conhecimento
Dupla Perspectiva

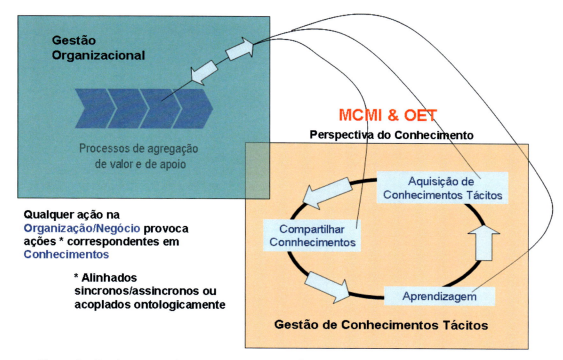

Figura 2 – Dupla perspectiva entre Gestão Organizacional e Gestão do Conhecimento

*Em resumo, para se **implementar a Gestão do Conhecimento (Tácito)**, o proponente precisa ter aprendido o que seja:*

1. *Gestão Organizacional*
2. *Conhecimento (concisamente diferenciado de informação)*
3. *Estratégia Organizacional*
4. *Gestão da Estratégia Organizacional.*

Estratégia Organizacional difere fundamentalmente da Gestão Organizacional pelas seguintes dimensões (sem exaurir):

***Estratégia** requer visão do **Todo** da organizacão e do **Contexto** que a envolve.*

***Gestão** possui visão normalmente mais localizado, de **menor amplitude** de atuação organizacional, podendo certamente em atingir a Organização como um Todo, quando então temos a **Gestão da Estratégia** Organizacional.*

*Formular uma estratégia traz ontológica e subjacentemente um **risco** de que as metas estratégicas derivadas das ações de estratégicas não se realizem ainda que os processos de Gestão das Estratégias estejam em ativa. Certamente que o Risco assumido pelas Estratégias é muito maior do que as Gestões Organizacionais derivadas das mesmas Estratégias, principalmente porque Estratégia trabalha com diversas equipes multidisciplinares (divisões, departamentos, unidades de negócios etc.) envolvidas, e consequentemente dificuldades e resistências movidas pela diversidade disciplinar, político, interesses, cultural e comportamental de todas as pessoas envolvidas.*

Por exemplo, gestão de equipe comercial requer habilidades muito diferentes da gestão de equipe de produção fabril, e muito diferentes de gestão de uma equipe de marketing ou de engenharia. Para a implementação da Gestão do Conhecimentos Tácitos dessas tipologias de equipes, necessita-se de uma solução (Método e Software) universal que seja independente da diversidade em processos, conteúdos, comportamentos, e cultura das equipes.

(Observação sobre Estratégias) É absolutamente incrível que as organizações estejam efetuando ou formulando Estratégias sem ter a visão do todo (ou de forma improvisada sem ter o todo), de todos os fenômenos expressos por uma visão do todo. Incríveis serão também nos riscos e equívocos que podem acontecer. Efetuar Estratégias sem uma metodologia clara do todo e das escolhas possíveis é arriscar-se a resultados com grandes equívocos, específicos ou coletivos. Os Mapas de Conhecimentos Holísticos da AOM permitem a formulação de Estratégias de forma mais inequivoca possível etc.

A explicação do exemplo anterior refere-se à implementação de **Gestão do Conhecimento Tácito,** *que é efetuada pela AOM por meio da captura de conhecimentos tácitos, a expressão do tácito de forma visível para a formação de epistemes (unidades de conhecimento, também sendo denominadas de MCMI), que serão também colocadas em repositórios digitais com Datawarehouses gerenciadas por RDBMS, tais como SQL-server e Oracle.*

A figura ilustrativa (Figura 3) a seguir detalha o esquema de produção de Conhecimentos Tácitos pelo Método MCMI® e do Software OET®, produtos e serviços da AOM em **Gestão do Conhecimento Tácito.**

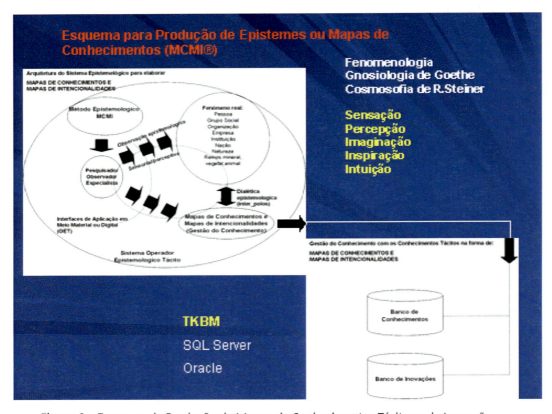

Figura 3 – Esquema de Produção de Mapas de Conhecimentos Tácitos e de Inovação

Outro serviço da AOM que é diretamente derivado dessa tipologia de Gestão do Conhecimento Tácito é a **Gestão da Inovação** *da AOM, cuja episteme exemplifica o processo instrumental de desenvolvimento da criatividade que segue:*

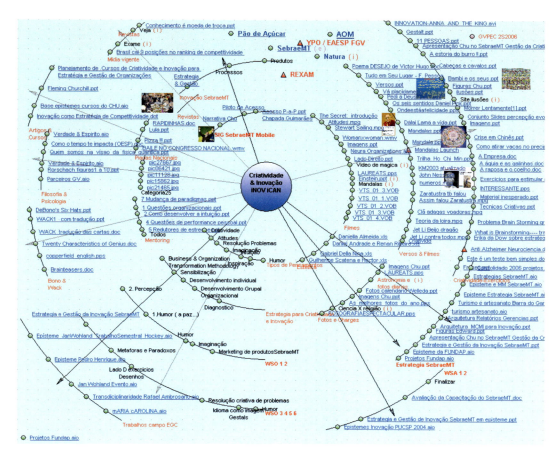

Figura 4 – Operador Cognitivo para desenvolvimento da Criatividade

Isso significa que o Operador Cognitivo OET e o Método MCMI servem como ferramentas metodológicos para ambas as categorias de desenvolvimento de Estratégia e Gestão do Conhecimento Tácito e Inovações.

Os dois métodos (narrados conhecimento tácito e inovação) até aqui podem ser considerados de Métodos Diretos AOM em GCT e produzem resultados concretos em três a seis meses de trabalho intenso com os colaboradores portadores de tácitos e para aqueles que querem aumento da capacidade criativa e, portanto, também dos processos inovativos.

Esses métodos diretos podem também ser facilmente multiplicados para as organizações corporativas, instituições do governo e universidades que possuem uma dispersão geográfica com amplitude estadual ou nacional. Cumpre, no entanto, formular uma estratégia de multiplicação juntamente aos Estrategístas da AOM nessa direção.

Podemos então considerar **outros métodos (indiretos) de implementação em Gestão do Conhecimento** *em conjunto com os orientados por Conhecimento Tácito da AOM:*

Figura 5 – Métodos AOM em Gestão do Conhecimento

Pela figura anteiror, podemos perceber os outros métodos de implementação em GC, de natureza mais indireta:

Método de Pesquisa e Diagnostico em GC (Método AOM)

Esse método pode ser utilizado para pesquisar os grupos que adicionam maior valor agregado de conhecimentos, identificando os principais stakeholders ou high potencials para que possam responder sobre as possibilidades de GC na organização. Essa pesquisa é de teor quantitativo utilizando-se de pesquisa de cunho estatistico multivariada, por exemplo, com a análise de resultados por Análise Fatorial, Componentes Principais, e Método Structured Equation Modeling, para questões de pesquisa exploratória e causal.

Método de análise cultural por códigos culturais (Método AOM)

Esse método inédito utiliza métodos e técnicas desenvolvidos pela AOM para a identificação das características culturais e grupais das organizações para a implementação com sucesso de comunidades de prática. São análises etnográficas e narrativas para identificação dos códigos culturais, sejam conscientes, in(sub)conscientes e que permitem ações para o compatilhamento de conhecimentos. Esses códigos permitem entender o tremendo cuidado que se deve ter para se adotar paradigmas de origem oriental (digamos Nonaka) para formação cultural em países de origem latina (Brasil) ou anglo-saxão (Estados Unidos).

Método de Gestão do Conhecimento considerando redes sociais com valor agregado

Esse método bastante conhecido pode ser facilmente implementado pelo Método MCMI e pelo Software OET, trabalhando tanto com valores tangíveis como intangíveis, explorando a interação entre grupos (organizações) sociais nos diversos aspectos históricos, culturais, tecnológicos, e financeiro-econômicos. Cumpre dizer que o Método MCMI possui um alicerce operatório em fenômenos sociais e, assim, processa e mapeia naturalmente a interação social entre grupos na produção e compartilhamento de conhecimentos.

Considerações especiais:

a) Física Quântica:

Como a metáfora constitucional do Método MCMI é centrada no complexo do ser humano e seus processos ontológicos, as epistemes podem agregar e trabalhar os aspectos da Física Quantica moderna, tanto na abordagem ascendente como descendente, em uma dialética do consciente para o colapso das ondas de possibilidades. Recomendamos fortemente o autor Amit Goswami nessa área inédita ainda para os profissionais brasileiros.

b) Universalidade do Método MCMI:

Pelos aspectos de universalidade (ou arquetipicos) do Método MCMI, podemos minimamente citar as suas possibilidade de aplicação:

- *Estratégia e Gestão de Organizações*
- *Estratégia e Gestão de Inovações*
- *Estratégia e Gestão do Conhecimento Tácito (e seus Datawarehouses em redes internas)*
- *Inteligência Organizacional*
- *Inteligência Competitiva*
- *Gestão de Competências*
- *Gestão e Mapeamento de Processos*
- *Gestão Corrente de Processos de Gestão e Estratégia*
- *Gestão por Indicadores de Desempenho (e seus tipos)*
- *Gestão de Estratégias*
- *Gestão da Qualidade*
- *Gestão da Pessoas (RH, Engenharia, Comercial, Marketing, Produção, Chão de Fábrica, SCM etc.)*
- *Gestão do Ensino e da Aprendizagem Organizacional*
- *Gestão e Desenho de Portais.*

c) Visão de Mercado pela AOM:

Temos poucas notícias de publicações que deem uma visão clara do mercado brasileiro, de como estão as implementações de Gestão do Conhecimento.

Temos tido contato pessoal com empresas corporações em que é explicitado de que Gestão do Conhecimento não tem dado resultados empresariais. E principalmente notado que há ações no mercado por empresas de consultoria que efetuam Diagnósticos sobre Gestão do Conhecimento, mas que não oferecem soluções concretas, em continuação ao Diagnóstico.

Outras empresas de consultoria utilizam o lema-logo de Gestão do Conhecimento para vender soluções de:

- *Gestão e Recuperação de Informações*
- *Gestão de Conteúdo*
- *Gestãode competências*

- *Gestão de processos*
- *Gestão de mudanças*
- *Gestão da Liderança*
- *Transferência de conhecimentos*
- *Redes de Colaboração*
- *Business Intelligence*
- *Inteligência Competitiva*
- *Construção de Portais (Corporativos, Ativos etc.)*
- *Desenvolvimento de Comunidades de Prática.*

Há outras poucas empresas que trabalham na área de Construção de Comunidades de Prática, na linha de Etienne Wenger, autor conhecido nessa especialidade. E informações atualizadas de que essa prática não tem evoluído consistentemente.

E que também há os que trabalham com o produto Share-Point da Microsoft, com relativo sucesso.

Assim, parece-nos que o mercado de forma geral ainda não possui uma visão clara do tema Gestão do Conhecimento, visto que empresas de consultoria claramente utilizam o tema-lema GC mas aplica soluções que claramente são de outra finalidade, de outra natureza-fim.

Ora, como em todos os processos que envolvem o ser humano (incluindo aqui os sistemas socio- tecnológicos) sempre estão envolvidas informações, e atualmente focando em conhecimentos, devido à chamada final da Sociedade do Conhecimento.

*No entanto, como a grande maioria dos profissionais e empresas brasileiras ainda **não diferencia Informação de Conhecimento com delimitantes precisos, metodológicos**, e sem essa diferença, penso que não há possibilidades de efetuar uma boa Gestão do Conhecimento (Tácito), continuaremos presenciando uma Gestão do Conhecimento no mercado sem resultados, tangíveis ou intangíveis.*

Essa é a grande contribuição da AOM com a Suite Inovadora de Soluções Concretas (Método MCMI® e Software OET®) em Gestão do Conhecimento Tácito, Gestão da Inovação, Modelos de Estratégia e Gestão, e outras soluções quantitativas e qualitativas com foco em Redes Sociais e Culturais e que também se utilizam do Método MCMI e Software OET.

Capítulo 28. Modelo Epistemológico de Estratégia e Gestão de Conhecimentos

Definição de Gestão de Conhecimentos

Segue provisoriamente uma definição que pensei recentemente:
*Gestão do Conhecimento é um conjunto de **processos organizacionais e sociais** que permitem a criação, compartilhamento e difusão de conhecimentos e inteligências, de forma **subjacente e integrada** aos modelos e práticas de EGO, agregando valores humanos e sociais ao indivíduo, e valores financeiros, econômicos, sociais e políticos às organizações, às redes sociais e à sociedade como um todo.*
As palavras subjacente e integrada são o fator-chave na compreensão do que seja Gestão do Conhecimento, senão qualquer coisa serve para dizer que é Gestão do Conhecimento. Outro ponto importantíssimo é que Gestão do Conhecimento não pode funcionar sem os modelos e práticas de EGO.

Essa é uma definição provisória utilizada pelo autor (por enquanto) nos meus cursos e projetos de consultoria em Gestão do Conhecimento e Inovação.
Mais do que a definição, penso que as Estratégias de Implementação de Gestão do Conhecimento sejam de muita importância, pois mostra o tácito de quem trabalha nessa área profissional e é o tácito sobre Gestão do Conhecimento, isto é, a prática em Gestão do Conhecimento que deve consolidar uma definição.
*Com isso, quero dizer que a **prática é quem define a Gestão do Conhecimento**, visto que a definição de Gestão do Conhecimento sem a prática é somente um conjunto de palavras. Ou seja o Pensar e as definições devem ser efetuadas por quem realmente possue pratica em Gestão do Conhecimento porque senão as pessoas tendem a utilizar o logo-lema de Gestão do Conhecimento para **vender outras coisas de natureza diferente** (consultoria e projetos em Tecnologia de Informação, portais, liderança, equipes de alto desempenho, enfim, **diversidades** de temas em Administração de Empresas) à da Gestão do **Conhecimento. E a Gestão do Conhecimento não pode ser Gestão da Diversidade!***

Outra forma mais elevada de entender os conhecimentos criados pelo ser uumano e operacionalizados pelo Método MCMI/OET reside nos estudos originais pela tríade Ontologia e Gnosiologia e Epistemologia (Ciência Clássica) proposto pelo autor nessa nova Teoria Metacognitivo. Também na dialética hegeliana entre o Pensar Aparente e o Pensar sobre a Realidade-em-si na geração dos conhecimentos em um formato específico e arquetípico, sendo expressas as significações (conhecimentos tácitos) em conjunto dialético com as expressões na forma de conhecimentos explícitos.
As explicidades Intencionais representam as futuras linhas de ações derivadas dos pensamentos estratégicos, e que devem ser gestionadas à medida que são executadas. Evidentemente que o Software OET integra também a formação dos indicadores associados tais como SWOT, BSC etc. no âmbito da Gestão Organizacional.

Como o Método MCMI/OET traduz esse olhar arquetípico (universalidade) do Todo às Partes, todas as aplicações nesse contexto, são mostradas como conhecimentos dentro das EGO (tipologias) colocadas na Cognição do pensador-ativador também das Intencionalidades. Ou seja, por meio das epistemes (Modelos Epistemológicos) mostra-se o Todo-de-Conhecimentos elaborado mentalmente pelo Tácito-Explícito via evolução da Cognição (Individual ou coletiva) dos pensantes profissionais-organizacionais-acadêmicos etc. em jogo.

Assim, por meio da Rede de Conhecimentos colocada na episteme é explicitada a tipologia específica da EGO no seu planejamento e controle organizacional.

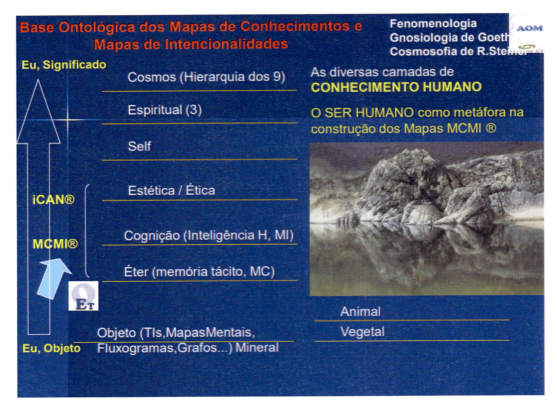

Figura 1 – Base Ontológicas estruturante do MCMI/OET

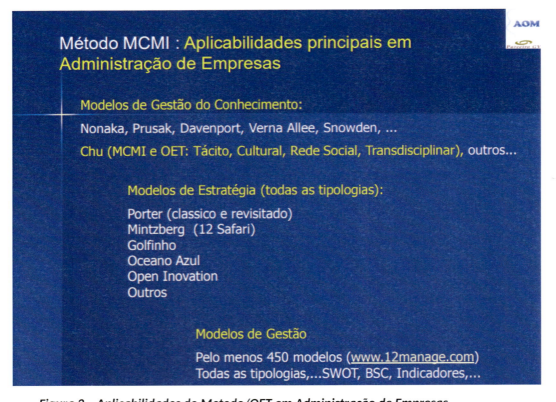

Figura 2 – Aplicabilidades do Metodo/OET em Administração de Empresas
Seguem alguns exemplos de aplicações EGO, pela visão epistemológica da Rede de Conhecimentos (epistemes), podendo utilizar muitas imagens, palavras sintéticas e encadeamentos geométricos entre os Conceitos (Conhecimentos):

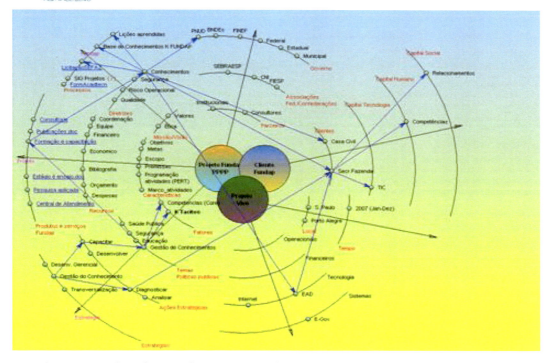

Figura 3 – Projeto de Capacitação Gerencial na FUNDAP

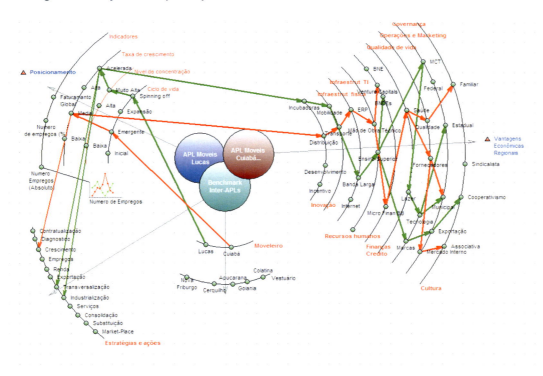

Figura 4 – Benchmark inter-APLs (Móveis) de Lucas e Cuiabá (Sebrae-MT)

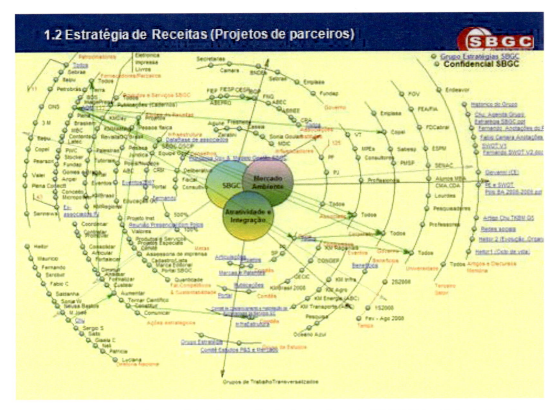

Figura 5 – Sociedade Brasileira de Gestão do Conhecimento (SBGC) Estratégia de Receitas via projetos de Parceiros

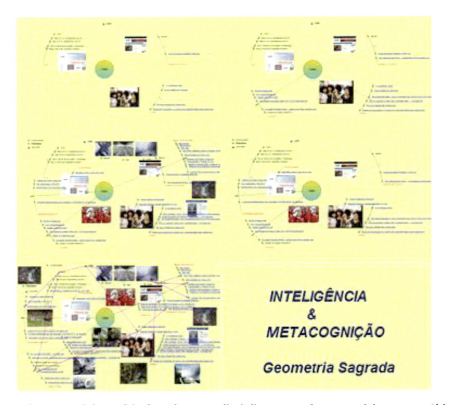

Figura 6 – estratégia multicultural e transdisciplinar para fazer negócios com a China. Modelo Evolutivo de Estratégia e Conhecimentos

Parte G. Estratégia e Gestão da Inovação Organizacional (EGIO)

Capítulo 29. Introdutório: exemplo de disciplina acadêmica Capítulo 30. Modelo Epistemológico da Inovação e Criatividade
Capítulo 31. Modelo Epistemológico do Desenvolvimento de Cultura Organizacional Inovativa Ensaio 1: A Inovação da Cultura e a Cultura da Inovação
Ensaio 2: A Inovação e a Cultura do "Copy&Paste"

Capítulo 29. Introdutório: exemplo de disciplina acadêmica orientada para Estratégia e Gestão de Inovação e Conhecimentos com base em conteúdos deste livro.

Disciplina: Estratégia e Gestão da Inovação e Conhecimentos de Organizações Ementa:
Palavras-chave:
Programa:
1. *Introdução ao tema*
2. *Modelo epistemológico global e universal (MCMI)*
   - *Ontologia, gnosiologia e epistemologia*
   - *O ser humano e sua "realidade" circundante*
   - *A construção das realidades "em si" e "aparente"*
   - *O visível e o invisível*
3. *Visões e Causalidades Descendentes e Ascendentes*
4. *Desenvolvimento Ontológico (Modelos e os modelos quadri e trimembrado do ser)*
5. *Desenvolvimento Gnosiológico (Platão, Kant e Hegel)*
6. *Desenvolvimento Epistemológico (o pensar científico)*
7. *Tipos de pensamento*
   - *Linear, Analítico e Sistêmico*
   - *Holístico, Epistemológico, Sintético, Divergente, Convergente, Fenomenológico, Transdisciplinar e Não linear*
   - *Imaginativo, Inspirativo, Intuitivo e Futuro no Presente*
8. *Inovação, Cultura e Gestão das Inovações (conceitos e modelo de implementação)*
9. *Conhecimentos e Gestão de Conhecimentos (conceitos e modelo de implementação)*
10. *Modelos Mentais e Implementação de Estratégias Gerenciais*
    - *Tipologias de Estratégia e Gestão*
    - *Modelos de Implementação*
    - *Uso de Modelo Epistemológico do Pensar (Cognição)*
    - *Uso de Software Cognitivo OET (breve introdução)*
    - *Exemplos e casos*
11. *Aplicação do Modelo MCMI (Software OET) na Organização escolhida pelos participantes como trabalho de conclusão da disciplina (TCD)*
    - *Modelo Epistemológico das Estratégias da Organização*
12. *Conclusão*

Método Psicopedagógico utilizado
Critério de avaliação:
*O trabalho de conclusão da disciplina (TCD) com a utilização do Método MCMI (modelado pelo Software Cognitivo OET) na **Produção de Conhecimentos de Estratégia ou Gestão** evidenciará o aprendizado dos participantes.*

Bibliografia:
A bibliografia consta nos próprios artigos acadêmicos inseridos neste documento (veja Índice/resumo)

Casos, aplicações e exemplos
Estão endereçados no Índice/resumo.

CARGA HORÁRIA: *a combinar*

Capítulo 30. Modelo Epistemológico da Inovação e Criatividade

Neste capítulo iremos mostrar algumas tipologias de criatividade e inovação, e algumas exemplos provenientes da prática.

Por criatividade estamos focando mais na ontologia humana, na cognição humana e suas qualidades, na produção de novas ideias, na combinação entre o Sentir-Pensar-Querer, e essas novas ideias podem ser registradas e também combinadas entre si, produzindo mais ideias complexas e sintetizaveis.

Por inovação pretendemos signifcar a possível transformação das ideias no campo das realizações em Administração de Empresas, de algumas destacadas organizações. Essas realizações estão realizadas na forma dos Modelos Epistemológicos do Método MCMI/OET. Assim, seguem alguns exemplos típicos na criação de novas ideias (criatividade):

- Por Associação
- Por Fusão de Tácitos
- Por Oposição Mental e Polar
- Por Intersecção de Significações Transdisciplinar, Transcultural etc.
- Por Tipologias do Pensar fenômeno: linear, não linear, divergente, convergente etc.
- Por Pensares puros de Imaginação, Inspiração e Intuição
- Por acessos ao inconsciente e explicitações etc. (psicanálise etc.)
- Por aspectos ontológicos do ser humano e combinações
- Por analogias, metáforas e paradoxos
- Por disrupção
- Por percepção de padrões universais
- Por relações universais metafóricas
- Por Dialética por opostos
- Pelo terceiro incluído
- Pela consciência quântica.

Essas novas significações criadas podem ser registradas por meio dos modelos epistemológicos do método MCMI/OET, sem aguardar a gravação das novas ideias no corpo etérico humano. Como o Modelo MCMI é baseado no Todo Cognitivo, essas incrementações de significações (por associação por exemplo) conduz e elevação do Todo para Todo + Novos Conhecimentos, e assim pode também elevar a Consciência Humana em ação no momento.

Esse aumento de conhecimentos pode traduzir a incersão da cognição em aplicabilidades diversas nas Ciencias Humanas e Naturais, digamos em Administração de Empresas, Medicina, Psicopedagogia etc. As tipologias em Administração podem incidir forte em processos e resultados:

- Inovação incremental
- Inovação disruptiva
- Inovação por plataforma
- Inovação de material
- Inovação por tecnologia
- Inovação de produto
- Inovação de serviços
- Inovação de processos
- Inovação de gestão e estratégia
- Inovação na cultura organizacional.

Evidentemente as tipologias citadas não são exaustivas, cabe ao leitor buscar novas criatividades e suas aplicações inovativas, certo? Recomendo fortemente a leitura e entendimentos dos livros: "Mais Platão e menos Prozac", de Lou Marinof, e "Espere o Inesperado", de Roger Von Oech, ambos trazendo muitos insights do repensar à criatividade

e inovação. Uma das grandes possibilidades de Inovação reside no desenvolvimento da complexidade dos negócios e suas Estratégias e Gestão com base em arquétipos, que são as bases unibversais dos fenômenos, em uma evolução Top-Down ou do Tudo-Todo aos detalhes. Assim, quanto mais elevado e sintético for o arquétipo universal ou cósmico, mais fácil é a evolução continuada dos conhecimentos possíveis de ampliar nos detalhes.

A figura a seguir representa um **_arquétipo simples de negócios_**:

Figura 1 – Arquétipo de Negócios

Figura 2 – Arquétipo de Negócios no Varejo

A Intencionalidade em cor preta trata-se de vender produtos de beleza para alguns segmentos do mercado e também contactando alguns possíveis donos. Por meio de Congressos, efetuar apresentações de consultores e professores e oferecer consultoria em Life Coaching a todos os donos e alta direção, principalmente às empresas já clientes dos produtos de beleza. Trata-se da junção prévia de venda de produtos e também de serviços de assessoria aos donos dessas empresas-clientes.

Essa é uma das maiores benefícios desse modelo-método metacognitivo efetuado de forma coletiva e desde o início das operações de uma empresa pequena ou mesmo start-ups. A Estratégia do Tudo-Todo aos detalhes das operações, ao longo dos anos de crescimento da empresa, é muito útil e adequado à situação política-econômica-cultural-social do Brasil, com o crescimento acelerado de start-ups e econômia estagnada.
Seguem aplicações com duas empresas de grande porte no Brasil:

Banco Itaú Unibanco e Odebrecht *(bem antes da forte crise política).*

Uma pequena introdução a mapas de inteligência e mapas de criatividade utilizados:
Os mapas desenvolvidos a seguir foram construídos segundo a nova Teoria sobre o Pensamento Humano (cognição) e sua expressão visível na forma de conhecimentos tácitos/explícitos, de autoria de Prof. Dr. Chu S. Yong da EAESP FGV.
Essa teoria repousa sobre um Modelo Epistemológico do Pensar Humano que permite o mapeamento dos processos mentais constitutivos da cognição humana e de outras instâncias energéticas internas do homem e produz como resultado dos processos do Pensar os conhecimentos tácitos em explícitos, de forma inovativa.
Como o modelo básico, ontológico e metafórico desse mapeamento de conhecimentos é o próprio ser humano com suas camadas internas constituintes, a utilização do modelo pelos pesquisadores e profissionais representa a própria dialética do profissional consigo próprio, na dinâmica com as suas camadas energéticas e expressa toda a potencialidade e inteligência em ação, permitindo o surgimento facilitado de instâncias de Gestalt, produzindo Insights em processos criativos deliberados.
O MEP é constituido pelo método de desenho inconsciente/consciente de MCMI® e possui como apoio operacional o Software Cognitivo OET®, ambos produtos da empresa AOM® onde o Professor Chu é sócio-fundador e atua como CEO de suas operações empresariais. Assim, o Método MCMI® e Software OET® associado são produtos de fronteira no desenvolvimento do Pensar Criativo e são adotados e utilizados pela direção e profissionais envolvidos, nas operações em que a criatividade, a geração de valor aos clientes e a produção de resultados em produtos inovadores aos clientes sejam fatores essenciais na entrega de resultados.

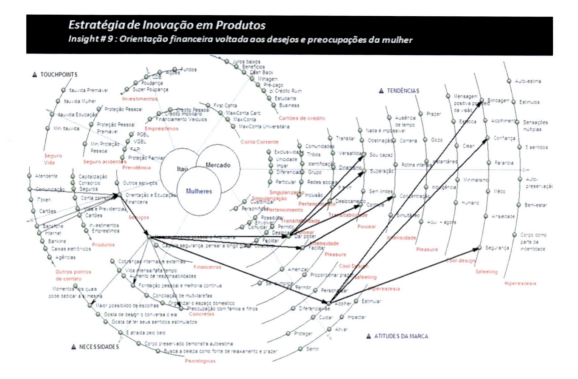

Figura 3 – Banco Itaú Unibanco: Estratégia de Inovação em Produtos

Nesse projeto, tivemos ao todo 9+9=18 insights oferecendo ações estratégicas como inovações de produtos/serviços do banco para aposentados e mulheres.

Seguem <u>estratégias da Odebrecht</u> efetuadas por profissionais internacionais da empresa em um curso MBA Gestão do Conhecimento EAESP FGV em 2010.

Figura 4 – Grupo Odebrecht Intenacional: Estratéigas de Negócios Odebrecht-Internacional Turma 3 - Grupos 1 e 3

*A elaboração das estratégias foi realizada de forma **coletiva** pelos componentes de cada grupo de profissionais e depois foi apresentada por cada grupo a todos da Turma 3, presentes na sala de aula. Seguiu-se normalmente uma forte discussão pelos presentes para melhor entendimento das estratégias internacionais do grupo Odebrecht.*

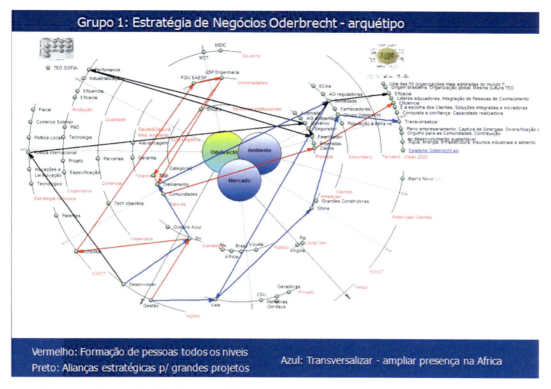

Figura 5 – Tipologias (3) de Estratégias = Grupo 1

Para facilitar o entendimento seguem também as explicações verbais das estratégias de cada grupo, pois são documentadas como realizações do trabalho final da disciplina.

Estratégias:

	Objetivos	Ações
Linha vermelha	1. Formação de Pessoas em todos os níveis. ❑ Eficiência	❖ Identificação e seleção. ❖ Capacitação interna. ❖ Aculturamento c/ a TEO. ❖ Eficiência Linha sucessória planejada.
Linha preta	2. Estabelecimento de alianças estratégicas p/ grandes contratos ❑ Eficácia	❖ Capacidade de influenciar nos governos. ❖ Performance (indução). ❖ Desenvolvimento e alavancagem (Developer). ❖ Comunidades e sociedades.
Linha azul	3. Ampliar a presença na África ❑ Transversalidade	❖ Developer (amplitude escopo) ❖ Financiamento (Brasil, exterior). ❖ Formação de MDO (Sociedade). ❖ Comunidade. ❖ Vale (acompanhar). ❖ China (aproximar). ❖ OLEX (apoio logístico). ❖ Comercio exterior (supply chain). ❖ Empresas grupo Odebrecht.

Figura 6 – Objetivos e ações das três estratégias

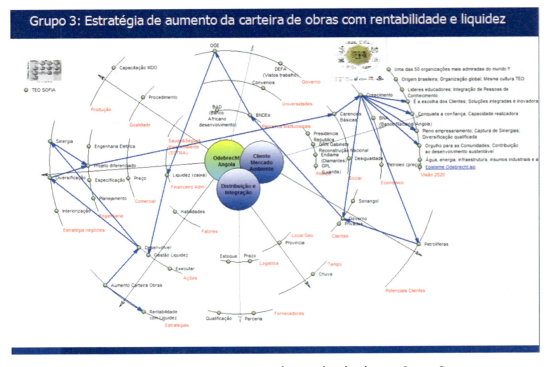

*Figura 7 – **Estratégias e ações em aumento da carteira de obras – Grupo 3***

> **Grupo 3 : Estratégia de aumento da carteira de obras com rentabilidade e liquidez**
>
> **Ações:**
>
> ➢ Os processos irão gerar projetos diferenciados.
> ➢ Deverão ser definidos preços compatíveis com a estratégia da empresa e aderentes à demanda de mercado.
> ➢ Estes projetos serão direcionados para atender carências básicas e crescimento do país.
> ➢ Os projetos são voltados para dois principais clientes: Governo e Petrolíferas.
> ➢ A equação financeira do projeto deverá ser definida "a priori" e deverá passar por financiamento externo a ser concedido à OGE (Orçamento Geral do Estado).
> ➢ Os recursos provenientes do OGE serão transformados em caixa que deverá ser adequadamente gerido.

*Figura 8 – **Estratégias e ações em aumento da carteira de obras – Grupo 3***

Algumas conclusões finais desse episódio de formulação de estratégias: a episteme a seguir é o arquétipo de conhecimentos que desenvolvi e passei aos profissionais da Odebrecht com a finalidade de formulação de estratégia de projetos internacionais da empresa. As estratégias são provenientes da experiência, criatividade e inovações dos profissionais. Certamente que assistiram às aulas de Estratégia de Negócios e Inovações sob criatividades pessoais, tipo Imaginação, Inspiração e Intuições etc., também baseadas nas experiências fenomenológicas de cada vivência profissional. E nisso o método MCMI permite as conexões metacognitivas junto aos tipos de estratégias provenientes das Teorias de Estratégias, também mencionadas neste livro. A realização da junção dos tácitos em explícitos também foi realizada na forma coletiva, ou seja, a conexão e colaboração interpessoal também é fator muito importante.

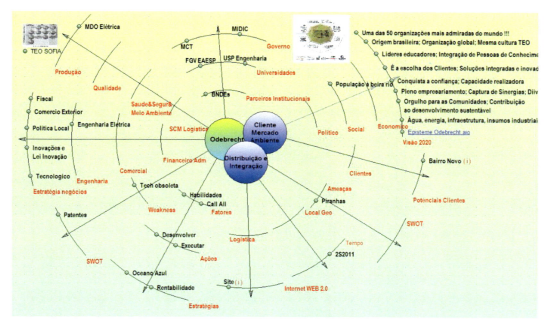

Figura 9 – Arquétipo das estratégias Odebrecht com formulação inovadora e criativa

Lembramos a seguir um exemplo de <u>inovação por disrupção metafórica em conhecimentos citado</u> <u>na página 247</u> de inovações muito importantes baseadas na metáfora mental entre fenômenos

observáveis (fluxo de ar em formigueiros) e a transformações dessa ideia da Natureza para projetos e colocações de ar condicionados em shoppping centers em Zimbauwe na África. Essa forma de Inovação trabalha mentalmente com a <u>Método Interseccional de Conhecimentos</u>, denominada pela ciência de <u>Biomimética,</u> ciência que estuda os estruturantes, em materiais e processos, trazendo para a realidade humana, imitando a natureza animal, os insetos e o vegetal. Essa criatividade atual é muito utilizada nas regiões da natureza da África.
Em resumo, trata-se da criatividade disruptiva em inovações com base no biomimetismo. Seguem exemplos de arquiteturas e fluxos de ar condicionado

Figura 10 – Biomimetismo com a natureza

Figura 11 – Biomimetismo pela arquitetura visando ao fluxo de ar

Isso significa que o estudo da natureza e da biologia podem gerar Inspirações nas realizações humanas em engenharia, arquitetura, confortabilidade, custos, belezas artísticas etc.

Capítulo 31. Modelo Epistemológico do Desenvolvimento de Cultura Organizacional Inovativa

Seguem a colocação de arquétipo e a consequente elaboração da Estratégia para o Desenvolvimento de Cultura Inovadora Organizacional, também derivado de reais aplicações de consultoria do autor.

Figura 1 – Inovação e seus aspectos (atributos) organizacionais (Cultura e Inteligência Organizacional)

Evidentemente essa visão do Todo dos atributos de Inovação Organizacional, e para maior entendimento (aprendizagem) dos alunos ouvintes, é explicado conforme as ações delimitadas pelos círculos enumerados e acionados pelo professor-autor e suas explicações e discussões na sala mediados pela dinamica do software Powerpoint (com Psicopedagogia previamente estudada principalmente via **Auzubel e Piaget**).

Novamente, é sempre a partir da visão do Todo para as partes, começando pela exibição do arquétipo para inovações organizacionais, formado pelos elementos eixos e as categorias, escritas em letras vermelhas e seus itens de conhecimentos específicos.

Ensaio 1: a inovação da cultura e a cultura da inovação

Centro de Empreendedorismo e Novos Negócios FGV
Prof. Dr. Chu S. Yong (EAESP FGV)

Ensaio 1:
A Inovação da Cultura e a Cultura da Inovação, ou Inovação do Pensar... e o Pensar da Inovação (produzindo Conhecimentos e Novos Negócios)

A **Inovação** é sem dúvida alguma um dos principais instrumentos, senão o mais importante, da inteligência e estratégia competitiva das organizações, no curso da sobrevivência e crescimento organizacional no nosso mundo moderno, cada vez mais global, competitivo, agressivo, incerto e volátil.

A **Inovação** pode ser abordada pelos seus produtos finais, em categorias como: inovação de produtos e serviços, em design, em processos organizacionais, em pesquisa e desenvolvimento, na estrutura e cultura organizacionais, e digamos finalmente, nos modelos de estratégia e gestão.

Pouco se fala e se faz no relativo à **Inovação do Pensar**, na forma e conteúdos do Pensar, base da geração de novos conhecimentos e empreendimentos, certamente desde os estritos modelos mentais de estratégia e gestão até os pensamentos de significação mais ampla, aconchegando à promoção da paz, prosperidade e harmonia entre as nações. Ora, estamos mirando na **Inovação** da arte do Pensar, que está no bojo, inerente e subjacente à base da criação de inovações. O Pensar também trafega no seu caminho de libertação gradativa, pelo ser humano, dos modelos mentais de grupos sociais de interesses mais estritos, até a conquista do puro **Pensar com Liberdade e Fraternidade**, conectado diretamente com o Divino ou Consciência Cósmica ou O Universo.

Certamente que é muito difícil inovar algo **invisível** que são as nossas ideias em dinâmica juntamente à forma de captação e/ou produção delas. Seria inovar a base mental da produção de inovações, ou dito de outra forma, inovar a forma ou jeitão de pensar do pretenso **Inovador**.
Como seria então a inovação da metacognição de inovações?

Sugiro leitura cuidadosa dos itens a seguir e a adoção do clima de aprendizagem sobre a criação de novos conhecimentos (Pensar), sempre potencializando a emergência agradável de sentimentos mediadores entre o Pensar e o Fazer, desde as emoções mais arrebatadoras até os sentimentos mais devocionais e universais, e finalmente o Fazer no seu tempo, a substancialização das instâncias mencionadas no mundo da realidade empresarial, conduzido pela Liderança de fato na forma de empreendimentos inovadores. Assim, temos o movimento descendente e dialético entre o suprassensível e o sensível, também apoiado pela Física Quântica. O pretenso Inovador precisaria minimamente saber ou aprender a:

- ❖ **Aprender a pensar holisticamente**, isto é, a perceber o mundo na sua forma global, saindo do "ponto de vista ser vista por um ponto" para ser "vista por múltiplos outros pontos".
- ❖ **Aprender a pensar simultaneamente** em diversos assuntos de forma a aumentar suas chances de "insight" em Gestalt (o conhecido e popular "cair fichas" ou "ahá"). Alguns entendidos também falam em transdisciplinaridade em ação. Outros mais entendidos ainda mencionam Intuição, passando pela Imaginação (energia Ki) e Inspiração (Meditação).
- ❖ **Aprender a pensar de forma não linear** encostando (sem abandonar) o enferrujado pensar racional e cartesiano (ugh!), bastante utilizado em searas de "erudição".

Nada impede, certamente, e graças ao bondoso Divino, que o leitor seja um mestre ou guru do **Pensar Inovativo**, e já domina os "Aprender..." mencionados anteriormente. E muito mais que esses. Mas, e se não formos assim tão inovativos de nascença, temos chance?

Sugiro fortemente que o caro leitor adquira novos **Métodos de Pensar Inovativo**, assim como tome conhecimento sobre Softwares Cognitivos para Inovações (vide produção em figura a seguir) que lhe ajudará a Pensar (Sentir e Fazer) diferente, e assim consecutivamente e em qualquer ordem, até ser **O Inovador**, por dentro, por fora e no contexto.

*Coloco a seguir um exemplo do **Pensar Holístico** aplicado na própria Cultura Organizacional, e assim, desenvolver Estratégias e Modelos de Gestão para novos Empreendimentos, novos estilos de Liderança, e certamente muitas Inovações. E assim, recursivamente, modo direto ou inverso, sempre em dialética.*

*Figura 2 – **Inovação em Cultura e Cultura de Inovação***

Conhecimentos de Inovação, Liderança e Ousadia. Produção pelo Software Cognitivo OET (www.aom.com.br).

Boa caminhada!
Prof. Dr. Chu S. Yong FGV EAESP
Chu@aom.com.br (11) 9.8123-1501

Ensaio 2: a inovação e a cultura do "copy&paste"

Inovação tem sido proclamado como sendo o dínamo da sustentabilidade das organizações na competitividade local e global das nações, e principalmente necessária devido à aceleração das comunicações e disponibilidade de informações na Internet, na afetação da natureza e operação dos negócios.

Analisando friamente os números de patentes e sua taxa de crescimento no Brasil, percebe-se que estamos perdendo terreno competitivo nessa questão. Ainda que seja uma questão complexa, de natureza multivariada e multidisciplinar, vamos efetuar um reducionismo esclarecedor, analisando a nossa cultura de Copy&Paste dos nossos estudantes e profissionais, também os de inovação.

Em contato com o público estudantil universitária, podemos denotar que o pensar reflexivo não tem sido privilegiado pelos nossos e maioria de estudantes. A pressão por resultados (trabalhos semestrais, seminários, levantamentos de dados em campo, participação de congressos etc.) os tem pressionado a produzir trabalhos que eles facilmente encomendam à Internet. Com algumas pequenas correções, passando ao largo dos pensamentos de reflexão, e pronto. Os alunos entregam galhardamente os trabalhos encomendados aos professores. É a **cultura do Copy& Paste.** *Da Internet aos documentos no Notebook, e daqui Copy&Paste para a memória e aos discursos de interpretação simplista e nebulosa. Como fica o desenvolvimento mental na busca de novas soluções? Como fica o desenvolvimento de tácitos, incluindo de Inovação?*

Justiça seja feita, temos também o privilégio de ter conhecido alunos brilhantes, de muito empenho e inteligência criativa. E percebo muitas diferenças que se alinham como pensar-sentir-fazer integrado, indagante, curiosidade pelo novo, atitudes e comportamentos positivos, facilidade em comunicação, e estética destacável e moral firme.

Em contato também frequente com a comunidade de professores, intelectuais e profissionais, e também os de inovação, temos presenciado também uma tendência de repetir o que outros profissionais repetem, tudo em nome do marketing e venda de ideias. Há os que repetem (e divulgam, ugh!) trabalhos de profissionais de outros países na expectativa de ganhos imediatos de curto prazo, para ganhar respeitabilidade e atenção das nossas comunidades consumidoras de novas "teorias". Nada ou pouco em ideias originais ou mesmo complementares, há mais adesão à busca do fácil, de busca de soluções em países ditos desenvolvidos, e procura-se colocar como sendo o "guru" importador de ideias alheias, propagando-as no nosso país, e aderindo-se à marca do idealizador na venda das idéias e produtos "alheios". Essa questão, já analisada por diversos autores, pertence também à seara de discussão sobre a cultura do país "subdesenvolvido", de pais colonizado no passado.

Um parênteses: reforço que esse comportamento é cultural, âmbito estudantil e profissional, apesar dos esforços colossais do governo em incentivar inovações por meio de subvenções econômicas (FINEP), programas de incentivo às inovações (SEBRAE), e o desenvolvimento do mercado de Equity & Venture Capitais.

E assim caminha a nossa cultura de inovação com forte dose de Copy&Paste, pois é mais rápido e traz a marca dos gurus originais. Vende imagem pessoal mais fácil, e outras vantagens mais. E não pretendemos ampliar a discussão aqui das consequências na ética e operações organizacionais, nem o atingimento a outras camadas sociais, e tipologias profissionais.

Como quebrar esse paradigma de Copy&Paste, que contrapõe culturalmente e diminui a produção brasileira genuína de inovações?
Alinhado com os esforços governamentais, sugiro fortemente que a classe estudantil e profissional, principalmente os de inovação, que busquem pensamentos de reflexão (tam-

bém os de base filosófica) mais profundos, e que quebrem paradigmas sobre si próprio, muitas vezes provenientes de uma educação fortemente centrado no pensar lógico e racional, e resistam à tentação por resultados imediatos com base em muito marketing, e colagem de marcas de "gurus" (inovadores ou não) de países mais desenvolvidos em Inovações e produção de Patentes.

*Recomendamos os seguintes encaminhamentos (sem exaurir) **visando aumentar os índices de Inovação e diminuindo a cultura do Copy&Paste:***

- *Adotar pensamentos mais reflexivos (digamos, terceiridade de Pierce).*
- *Adotar o pensar sobre o próprio pensar. Metodologicamente, repensar sobre o que já pensou.*
- *Adquirir maior conhecimento sobre si próprio, aprofundando no subjetivismo no seu dia a dia.*
- *Indagações sobre o "porquê", e não somente o "como". Conhecer a ontologia do ser humano.*
- *Complementar a postura científica atual (dedutivo-hipotético) e aceitar abertamente novas formas de pensar, que não seja só o cunhado pelo método científico, ou totalmente protegido pelas leis científicas mais ortodoxas.*
- *Viver e alinhar a trimembração Pensar-Sentir-Fazer (R. Steiner).*
- *Adotar o **Fazer, Pensar e o Sentir** em uma dialética de equilíbrio em relação aos fenômenos mais complexos.*
- ***Adotar métodos de inovação incremental.***
- ***Adotar métodos de inovação disruptiva** (segue exemplo-figura, no final desse ensaio). Com isso, também surgem muitas outras inovações incrementais.*
- *Adotar métodos de intervenção organizacional para Inovação. Evitar discursos de improviso.*
- *Adotar métodos de desenvolvimento de cultura organizacional para Inovação.*
- *Adotar processos coletivos de geração de Inovações. Unir a genialidade grupal com a individual.*
- *Examinar cuidadosamente as receitas dos "gurus" que fazem Copy&Paste, para ganhos pessoais de imagem (e financeira) e sem contribuição intelectual adicional ou inovadora sobre as ideias originais. Descobrir as metacognições e inove.*
- *Adotar novas técnicas de pensar além do intelectualismo e racionalismo, tais como o pensar imaginativo, inspirativo e intuitivo (fenomenológico ou sob contemplação), na análise e síntese de fenômenos, e na identificação de conhecimentos tácitos inovativos. Conheça o nosso método MCMI e suas metacognições.*
- *Embaralhar esses itens anteriores pela fusão de tácitos elicitados; criar e desenvolver os seus próprios itens mágicos e inovadores.*

*E finalmente, **ou antes de tudo,** pense sobre você mesmo e tente estabelecer seus próprios conhecimentos em reflexão em relação às perguntas a seguir, enunciadas por Platão:*

- *Sei o que sei*
- *Sei o que não sei*
- *Não sei o que sei*
- *Não sei o que não sei.*

*Você verá que a quarta categoria é a mais misteriosa e onde podemos inovar fortemente. E também em Inovação Disruptiva. **Mas como?** Boa sorte!*
Cordialmente,

Prof. Dr. Chu S. Yong (FGV AOM)

Raissa Alves Chu (Consultora e Psicóloga CRP)
Graduada e Mestre Psicologia pela PUC-SP, pós-graduada pelo CEAG da EAESP FGV. Experiência em Change Management, Recursos Humanos e Projetos na área de Novos Negócios em clientes de diferentes segmentos. Churaissa@gmail.com Telefone: (11) 9.9345-2621

Veja a seguir exemplo de inovação por disrupção com intersecção de conhecimentos tácitos projetados em mapas de inteligência, pelos produtos de Inovação MCMI® e Software OET® da AOM.

Figura 1 – Inovação por Disrupção

*Essa figura faz parte do **Método MCMI® e Software OET® (Produtos de Inovação da AOM)** aplicados na geração de inovação por disrupção com a intersecção de conhecimentos tácitos. Em específico, temos intersecção com fusão em tácitos das disciplinas de enxames, de construção de prédios (Arquitetura, Engenharia e Construção), das Tecnologias de Comunicação, na Inovação de Produtos de Refrigeração e Construção de Prédios. As imagens e categorias de tácitos são pertinentes e processados pelo Software de Inovação OET®.*

As figuras foram capturadas na Internet e as imagens de produtos podem constituir propriedade intelectual de seus fabricantes.

Parte H. Estratégia e Gestão do Ensino e Aprendizagem (EGEA)

Capítulo 32. Visão Epistemológica do Ensino e Aprendizagem

O Ensino e Aprendizagem é abordado cientificamente pela disciplina multidisciplinar denominada de Psicopedagogia. Essa disciplina é superimportante quando estamos alocados nas escolas de educação: universitárias, ensino médio, primário e também quando estamos no período infantil nos primeiros sete anos de vida.
Nesses quatro períodos de setênios certamente temos o crescimento cognitivo e amadurecimento do ser humano, e nisso certamente entram os aspectos da Ontologia, Gnosiologia e Epistemologiacientífica, de estudiosos e autores que estudaram e praticaram essa nobreza educativa na cultura social do país.

É uma das áreas básicas dos países que conseguiram configurar uma sociedade orientada para os estruturantes sociais-culturais e humanas para as qualidade de Liberdade-Igualdade-Fraternidade, sempre sob a bandeira da espiritualidade. Infelzmente muitos países ainda não conseguiram construir uma sociedade cultural (século XXI) baseada na boa educação. Nisso, sem entrar ou discutir outras áreas de conhecimentos (política, economia, sociologia etc.), incide neste país, Brasil.

Como bons autores podemos citar: Montessori, Vygotsky, Piaget, Alszubel, Dewey, Alícia Fernandes etc. para lembrar de seus feitos. Outros mais modernistas podem ser encontrados na Internet. Infelizmente é uma disciplina científica superimportante, mas é pouco praticada nas universidades e escolas de forma geral. Muitos professores nas universidades não conseguem dar aulas que permitem um bom aprendizado pelos alunos, e muitos gestores e mesmo reitores não destacam essa função no seu corpo docente, são mais envolvidos nos processos mais banais e pessoais de comando organizacional, principalmente a própria ascenção na imagem de gestora, e não na sua real competência e utilidade funcional no meio didático.

Baseado na própria vivência e no acesso aos resultados didáticos das universidade, muitos professores não sabem como ensinar, trabalham mais pela remuneração pelas aulas, não possuem amor pela possibilidade de ajudar aos alunos a compreender e assimilar tudo aquilo que estão vendo pela primeira vez, trabalham somente na linha de divulgar seus itens em telas de Powerpoint, se julgam missão cumprida, continuam sérios, poderosos e antipáticos relativos aos alunos. Não compreendem a nobreza dessa atividade de ensinar aos alunos a compreensão do que são os temas novos e complexos e outras vezes fatais à carreira futura dos alunos.

Assim, muitas vezes dão aulas com a mente já equacionada ou preparada, decorada, e na hora praticamente recitam o que está escrito nos textos delineados no Powerpoint. Não percebem que os textos são somente lembretes sintéticos para que sejam explicados e intuídos pelo pensar no momento, utilizando palavras que tenham mais conexão às mentes dos alunos. Isso significa maior possibilidade de compreensão cognitiva dos termos sintéticos e complexos.
Falar lendo textos não indica ensinar a compreensão, se está matando o tempo para ganhar o proposto financeiro com a organização educacional.

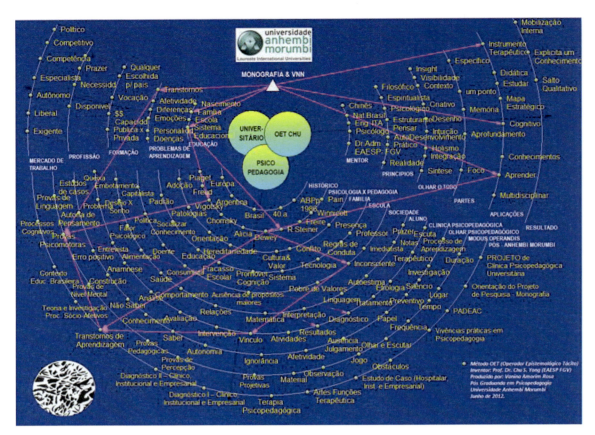

Figura 1 – TCC final da pós-graduada Vnn em Psicopedagogia (Universidade Anhembi Morumbi)

A autora dessa episteme (Conhecimentos Tácitos e Explicitos, no TCC de curso) procurou mostrar em um Todo e quase Tudo de Psicopedagogia que estudou e conheceu nesse curso de pós-graduação sobre Psicopedagogia, ainda mostrou o fato científico de ter atuado em uma terapia psicopedagógica de um aluno com problemas de aprendizagem. Certamente que esse modelo epistemológico é uma parte do TCC, pois esse possui também a parte textual explicando o Modelo Cognitivo e o Processo Terapêutico psicopedagógico aplicado ao aluno no alívio de transtornos que impedem o aprendizado normal do aluno. Esse modelo epistemológico a aluna procurou mostrar o Todo-Tudo de psicopedagógico aprendido pela pós-graduada, e a intencionalidade pode expressar qualquer tipologia de estratégia e gestão do ensino- aprendizagem.

Essa é a grande vantagem do arquétipo.

Parte I. Estratégia e Gestão da Inteligência Humana e Organizacional (EGIHO)

Capítulo 33. Introdução à Inteligência Humana (via arquétipo e singularidades)

A Inteligência Humana básica que protocolamos aqui pode ser reconhecida nas respostas às seguintes perguntas sem hesitações:

*1ª pergunta: quem sou Eu (Self)? Por que existo e estou vivo? Eu Sou o quê? Personalidade e Caráter (tipologia). Por que sou assim? Qual seria meu **Significado de Vida?** As respostas devem ser apoiados por conhecimentos da ontologia humana aplicadas de-si para-si.*
Autopercepção de suas próprias qualidades, metacognição, ontologia.

*2ª pergunta: como devo buscar avaliações e respostas para poder contemplar o meu próprio significado de vida atual e buscar meus caminhos para melhorar o meu **Destino de Vida?** Eu sei?*
O quê? Para conseguir mais certeza do planejamento de vida em relação ao Significado De-Si para-Si no Em-Si social-circundante-ambiental? Tenho nível de consciência e conhecimentos adequados?
Apesar das muitas incidencias de marketing enganosa da cultura capitalista?

*3ª Pergunta: **como e por onde** vou buscar melhores soluções? Tenho boas e confiáveis indicações para vivências? Aumento teórico e prático da Epistemologia?*

Essas perguntas constituem as bases de um modelo arquetípico já visto, que será mostrado com alguma mudança nas expressões qualificantes, e visão mais qualificante em uma episteme. Mobilizações mentais da Metacognição muitas vezes efetuados pela psicopedagogia nos cursos deste autor.

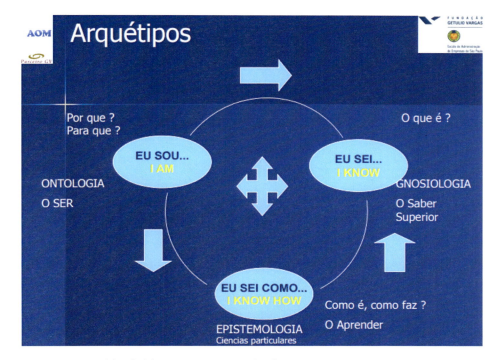

Figura 1 – Arquétipo básico para o autoconhecimento

Figura 2 – Metacognição De-Si Para-Si no Em-Si – Inteligência

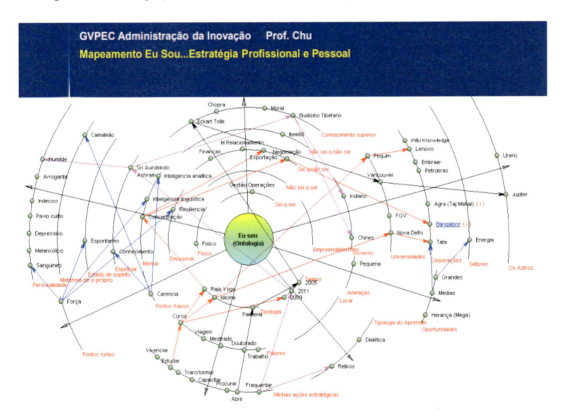

Figura 3 – Exemplos de respostas para a tríade de perguntas essenciais para metacognição e vida

As duas figuras anteriores mostram o seguimento por mapas de conhecimentos tácito e explícitos procurando responder às três perguntas arquetípicas sobre si próprio, utilizando a Ontologia, Gnosiologia e Epistemologia na construção das respostas, sejam no mundo material ou bem mais elevado no Plano Espiritual e Cósmico, na busca de carmas

e formação de destinos, na Terra encarnações, e no Cosmos Devachanico, aqui buscando novas oportunidades de vida nas próximas reencarnações. Essa busca e reflexões cármicas nas diversas encarnações podem ser pesquisadas em uma dialética quando em Terra com as vivências no Devachan.

A **Parte J** exibirá isso, com mais detalhes, em um forte insight deste autor.

As trÇes figuras pertencem a diversos cursos profissionalizantes de Inovação que ministrei na EAESP-FGV-GVPEC, e o aprendizado é reflexo da psicopedagogia metacognitiva de cada aluno tentar elaborar (fazer etc.) esse mapa dos conhecimentos **de-si em percepção para--si, em junção com o em-si**, inerentes a cada um (**singularidade de cada ser humano**).

Observação: nesse espaço gostaríamos de mencionar outro artigo relativo à inteligência, dessa vez Inteligência Coletiva das Organizações.

Refere-se ao Artigo Acadêmico número 5: "A Inteligência Coletiva das Organizações e a Metacognição".

Trata-se de um artigo acadêmico aceito pelo evento universitário e institucional público na cidade do Rio de Janeiro em 2016 e coordenado principalmente pelo UFF (e outras instituições públicas e privadas – Firjan) em um evento anual conhecido como (XII) Congresso Nacional de Excelencia em Gestão e (III) Inovarse, em 29/30 de setembro de 2016.

Esse artigo explica os principais atributos da **Inteligência Coletiva das Organizações** e está na página 119, bem explicado ao leitor.

Parte J. Estratégia e Gestão da Espiritualidade Humana e Cósmica (EGEHC)

> Capítulo 34. Proposição de Pesquisa para Evolução Ontológica-Gnosiológica-Epistemológica da Ciência, pesquisas do Universo e Cósmico, nesse caso via dialética hegeliana, com sucesso comprovatório – A Epistemologia da Fenomenologia do espírito via metacognição espiritual (Devachan)
> Capítulo 35. Proposição de um curso super especial sobre essa Inteligencia Espiritual com a dialética entre os dois mundos: fusão dialética entre a vida na Terra com a vida no Cosmos ou Epistemologia do Fenomenológico, via Metacognição Espiritual
> Capítulo 36. Curso Especial efetuado na instituição cultural Sociedade Antroposofica do Brasil em fins de 2014/2015
> Capítulo 37. Estratégia de Relacionamento Brasil-China

Capítulo 34. Proposição de Pesquisa para Evolução Ontológica-Gnosiológica-Epistemológica da Ciência, pesquisas do Universo e Cósmico, nesse caso via dialética hegeliana, com sucesso comprovatório – A Epistemologia da Fenomenologia do espírito via metacognição espiritual (Devachan)

> Essa proposição é baseada em um super insight acontecido recente com este autor do livro depois de 30 anos de academia como professor, orientador-consultor profissional, e fortes práticas de esoterismo existencial (varias escolas orientais e ocidentais) e seu estudo científico e acadêmico para divulgação e futuras discussões e debates com amigos e colegas de academia e pesquisadores nessa área de aplicação da ciência no plano espiritual e proposição de inúmeras formas de comprovação Fenomenológica do Espírito, daí o título refletido com o nome de Epistemologia da Fenomenologia do Espírito (Hegel), sob forte atuação da Metacognição.
>
> Trata-se de aplicação de estudos de pesquisa científica (artigos publicados e explicados explicitamente) juntamente a método-técnicas do autor nessa comprovação. E nisso o insight inicial e oficial de informar aos colegas e amigos dessa possível ampliação horizontal dos modelos e métodos da Ciência Clássica e Moderna, com fusão holográfica com as energias Superiores do Cosmos.
>
> Trata-se de um assunto que denominei como:
> A Dialética (hegeliana) das visões humanas na vida na Terra com as visões de vida no Cosmos (Suprassensíveis)
> As visões humanas na Terra são os 12 arquétipos de vida humana na realidade Em-Si (sensorial ou não) e provocam a escolha por cada ser humano de como cada ser humano está percebendo de si a sua própria vida acontecendo na realidade (Em-Si) que o circunda. Essa escolha é possibilitada pela "mente aparente" que dinamiza o mundo real (sua Realidade de-Si no em-Si). Com as possibilidades do suprassensorial (imaginação, inspiração, intuição) em conjunto com meditações específicas, pode-se captar (pela Consciência Cósmica) as propagações holográficas dos seres superiores no Cosmos, e assim comprová-las fenomenologicamente pelo inconsciente jungueano, também sensorialmente denominadas de sincronicidades. E assim, a dialética vai progredindo na medida das transformações pessoais da Metacognição no seu progresso cármico perante o planejado nas reencarnações passadas e as doações no destino de cada ser humano.
>
> A seguir há uma episteme metacognitivo (inclui as figuras 75 e 76) com exemplo de autorreflexão na busca de melhor percepção de como melhorar a Vida no Planeta, e em uma plataforma superior, espiritual e cósmica, para completar seu Carma e Destino dessa

encarnação, com enfusionamento quântico junto às Energias Superiores. Muitas caracterizações de caráter já foram integradas por ocasião do nascimento com o histórico cármico das encarnações passadas. Assim, nesse enfusionamento com as Energias Superiores, e pela via do Inconsciente (junguiano), surgem sinais manifestas do Cosmos, e nisso reside a super beleza desse método integrativo e dialético dos dois mundos. Certamente que junto à dialética o leitor tenha integrado processos meditativos, digamos por exemplo via Controle Autógeno de Schutz, e a seguir os processos de Djnana Bhaktiyoga e finalmente processos de enfusionamento holográfico qualificativo com Energias Superiores escolhidos no Todo dessas meditações. Há manifestações de resultados provenientes do Cosmos, nesse enfusionamento, principalmente via Inconsciente. Fico à disposição de conversa com os leitores, sobre as incidências fenomenológicas ao ser humano, com os leitores que praticarem essa dialética meditativa e possíveis divulgações científico-esotéricas-espirituais à sociedade brasileira, no atual e futuros desenvolvimentos humanistas globais no Planeta.

Trata-se, portanto, de formação de uma nova Teoria de Comunicação Meditativa Dialético com as Energias Superiores, incluindo a Epistemologia Científica do Consciente e Inconsciente. Completando assim a Teoria Metacognitiva Espiritual, base deste livro.

As duas figuras a seguir procuram explicar o mencionado anteriomente.
É superimportante a aquisição autopoiética (consciente e inconsciente) pelo leitor dessa fenomenologia dialética entre as Energias Humanas na vida no planeta Terra com as Energias Espirituais no Devacan, recompondo os estruturantes energéticos nas encarnações com as vivências energéticas no Cosmos Devachan.

Essa conquista energética permitirá a escolha merecida do autor à vivência espiritual em outros planetas, sem a encarnação em plataformas físicas da Terra.

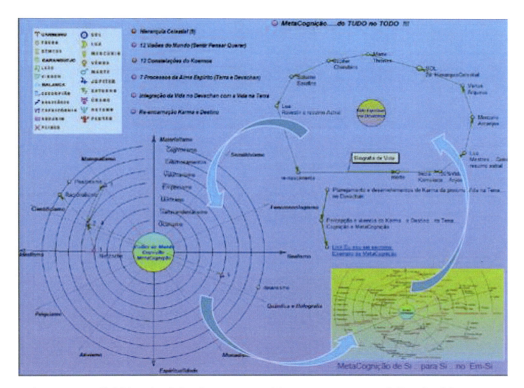

Figura 1 – A dialética de visões humanas – vida na terra com as visões de vida no cosmos (Suprassensíveis)

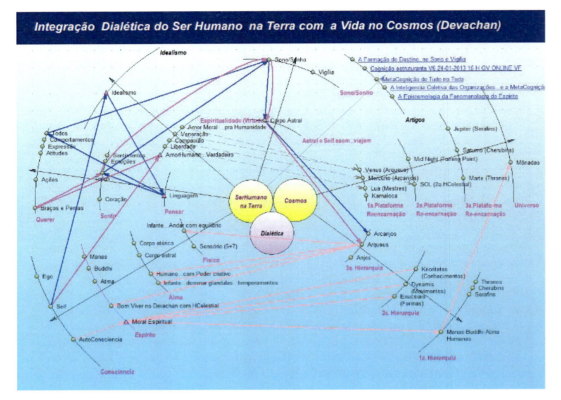

Figura 2 – Integração meditativa e dialética com as Energias Superiores do Cosmos e suas ativações

Conclusões desta pesquisa dialética abrangendo o mundo espiritual-cósmico com o mundo no planeta Terra:

Obtenção do enfusionamento quântico entre as Ciências Humanas e Naturais com a Ciência do Espírito. Comprovações via fenomenologia do Consciente e Inconsciente Humanos.

Proponho aos diletos leitores a autopoiese (sempre com as devidas meditações) desses conhecimentos para que possamos no futuro efetuarmos conversas e discussões em relação aos atingimentos pessoais de cada um, para formarmos gradualmente os conhecimentos coletivos e nisso capturarmos os fatores estruturantes metacognitivos e os passos de escolha das mônadas futuras e as adesões de cada alma-espírito, com a criação da nova civilização (socio)espiritual do humano. E nisso mais perto trabalharmos no crescimento econômico-social-cultural-espiritual e político da nação brasileira e da humanidade!

Capítulo 35. Proposição de um curso super especial sobre essa Inteligência Espiritual com a dialética entre os 2 mundos: fusão dialética entre a vida na Terra com a vida no Cosmos ou Epistemologia da Fenomenologia do espírito via Metacognição espiritual

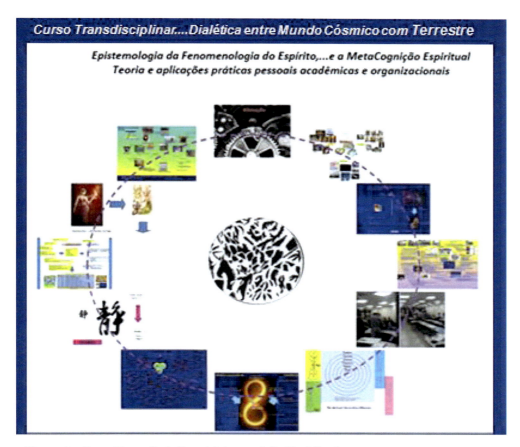

Figura 1 – Curso Transdisciplinar Metacognição Espiritual

Descrição do curso: o curso objetiva introduzir, desenvolver e aprimorar aplicações da Ciência da espírito EM FUSÃO com as Ciências Humanas e Naturais, por meoio da Epistemologia da Metacognição Espiritual. Essa Epistemologia é expressa mediante a Metacognição Espiritual (Antroposofia) na dialética pessoal e coletiva dos conhecimentos tácitos com os conhecimentos explícitos (de-si, em-si, para-si) pela via da Epistemologia da Fenomenologia do espírito (Hegel), em aplicações práticas na realidade-em-si com a formulação de EGO-Instituições e Empreendimentos. E nisso a dialética envolve também o desenvolvimento da Metacognição-Conhecimentos-Inovações e da Psicopedagogia. Sempre via Epistemologia da Metacognição da Ciência do espírito e de exercícios pessoais e coletivos com o grupo de participantes na sala do curso.

Após o curso, o participante terá assimilado-acomodado os seguintes pontos temáticos:
1. A fusão possível da Ciência do espírito com as Ciências Clássicas.
2. Teoria do Todo e de Tudo.
3. Formulação de Estratégias e Gestão de Organizações, de Conhecimentos e Inovações, da Psicopedagogia, pela Metacognição Espiritual Coletiva (Cocriação).
4. Tipologias (>20) do Pensar Metacognitivo Espiritual.

5. Meditação, Infusionamentos e Fisica Quântica.
6. Significado de Vida com forte vinculação à Hierarquia Celestial Cósmica.
7. Conteúdo completo de EMBA Metacognição Espiritual para Universidade Espiritual.

Conteúdo-Programa:

1. Introdução. Dialética grupal
2. Teoria do TODO e de TUDO. Cognição do Todo às Partes.
3. Novo modelo à Ciência (Ontologia-Gnosiologia-Epistemologia). Metacognição Espiritual e Teosofia-Antroposofia. A Epistemologia da Fenomenologia do espírito (Hegel).
4. Modelo Holístico da Teosofia-Antroposofia Estruturante -Consciência -Cognição -Cosmosofia- H. celestial.
5. Geometria Sagrada aplicada. Meditações e acesso ao Inconsciente.
6. Inteligência Espiritual e Inconsciente Coletivo.
7. Metacognição Avançada e Significado de Vida. Cosmos e a Hierarquia Celestial.
8. Métodos-Técnicas-Metacognitivo–Espiritual OET.
9. Aplicações no mundo Empresarial-Organizacional. Aplicações da Metacognição Coletiva em Estratégia e Gestão de Organizações. Casos reais.
10. Aplicações de Inteligência Coletiva em Inovação, Conhecimentos e Psicopedagogia. Casos reais.
11. ExecutiveMBA e a Universidade Espiritual e Conclusões.
12. Bibliografia.

Didática: transdisciplinar e metacognição, construtivista, cognitivo, metacognitivo, da ciência da espiritualidade. LDC, OET, Método Pensar Sintético, Pensar-com-Coração.
Material: artigos acadêmicos e ensaios. Exercícios. Edição prévia do livro do Prof. Dr. Chu: Nova Teoria da Metacognição Espiritual e Aplicações Pessoais, Acadêmicas e Organizacionais.

Público-alvo: é de interesse daquele que quer conhecer, desenvolver e aprimorar a inteligência (Bio- Psico-Social-Espiritual) coletiva das organizações. Pela Ontologia-Gnosiologia e Epistemologia da Metacognição Espiritual.

Docente: Prof. Dr. Chu S. Yong (EAESP FGV) Formação: Engenheiro-Eletrônica ITA, Psicólogo UNIFMU, Mestre-Doutor FGV EAESP. Professor há 27 anos na FGV EAESP (Administração): Leciona na Graduação, MPA, CEAG, GVPEC, Doutorado e para Executivos na FGV Mgmt e Corporate. Foi também professor na PUCSP, Belas Artes, Unicid. Psicoterapeuta Espiritual - Pesquisador Antroposofia-Teosofia-Rosacruz (35 anos). Consultor e CEO da AOM Estratégia-Gestão da Educação (27 anos). Pai de 4 filhos formados pela Escola Waldorf.
E professores palestrantes convidados
Cursos explicações e biografias no site: www.aom.com.br

Capítulo 36. Curso especial efetuado na Instituição Cultural Sociedade Antroposofica do Brasil (SAB) em fins de 2014/2015

A Inteligência Coletiva das Organizações,... e a Metacognição

Quintas-feiras das 20h às 22h
4, 11, 18, 25 de Setembro

O curso objetiva introduzir, desenvolver e aprimorar aplicações da Ciência do Espirito junto às Ciências Humanas e Naturais, através da Inteligência Coletiva das organizações. Essa Inteligência é expressa através da MetaCognição Espiritual (Antroposofia) na dialética pessoal e coletiva dos Conhecimentos Tácitos com os Conhecimentos explícitos (de-si, em-si, para-si) na formulação de Estratégias e Gestão de Organizações-Instituições-Empreendimentos. E nisso a dialética envolve também o desenvolvimento de Conhecimentos-Inovações, e da PsicoPedagogia. Sempre via Epistemologia da MetaCognição da Ciência do Espirito. ...E pela via de exercícios pessoais e coletivos com o grupo de participantes na sala do curso.

Didática:

Transdisciplinar, Construtivista, Cognitivo, MetaCognitivo, LDC, OET, MétodoPensarSintético, Pensar-com-Coração. Material: Artigos acadêmicos e ensaios. Exercícios.

Público Alvo:

É de interesse daquele que quer conhecer, desenvolver e aprimorar a Inteligência (Bio-Psico-Social-Espiritual) Coletiva das Organizações. Pela Ontologia-Gnosiologia e Epistemologia da MetaCognição Espiritual.

 PROF. DR. CHU S. YONG (FGV EAESP)

Engenheiro-Eletrônica ITA, Psicólogo UNIFMU, Mestre-Doutor FGV EAESP. Professor há 27 anos na FGV EAESP (Administração): Leciona na Graduação, MPA, CEAG, GVPEC, Doutorado. E para Executivos na FGV Mgmt e Corporate. Foi também professor na PUCSP, Belas Artes, Unicid. Psicoterapeuta Espiritual - Pesquisador Antroposofia-Teosofia-Rosacruz (35 anos). Consultor e CEO da AOM Estratégia-Gestão da Educação (27 anos). Pai de 4 filhos formados pela Escola Waldorf RSteiner.

SAB - ESPAÇO CULTURAL RUDOLF STEINER - RUA DA FRATERNIDADE, 156 - ALTO DA BOA VISTA - SÃO PAULO/SP

FIGURA 1

ANTROPOSOFIA   SAB   EVENTOS   CURSOS   ESPETÁCULOS   EDITORA   CONTATO

Inicial ▸ Cursos ▸ A Inteligência Coletiva das Organizações,... e a Metacognição

| JAN | FEV | MAR | ABR | MAI | JUN | JUL | AGO | SET | OUT | NOV | DEZ |

A Inteligência Coletiva das Organizações,... e a Metacognição

com Prof. Dr. Chu S. Yong

Voltar para Página Inicial de Eventos

Faça uma pergunta sobre este evento

Descrição

ESTE CURSO FOI REALIZADO EM SETEMBRO DE 2014. SERÁ REALIZADO NOVAMENTE EM 2015.

O curso objetiva introduzir, desenvolver e aprimorar aplicações da Ciência do Espírito junto às Ciências Humanas e Naturais, através da Inteligência Coletiva das organizações. Essa Inteligência é expressa através da MetaCognição Espiritual (Antroposofia) na dialética pessoal e coletiva dos Conhecimentos Tácitos com os Conhecimentos explícitos (de-si, em-si, para-si) na formulação de Estratégias e Gestão de Organizações-Instituições-Empreendimentos. E nisso a dialética envolve também o desenvolvimento de Conhecimentos-Inovações, e da PsicoPedagogia. Sempre via Epistemologia da MetaCognição da Ciência do Espírito. ...E pela via de exercícios pessoais e coletivos com o grupo de participantes na sala do curso.

Após o curso o participante terá assimilado-acomodado os seguintes pontos temáticos:

1. A fusão possível da Ciência do Espírito com as Ciências Clássicas.

2. Formulação de Estratégias e Gestão de Organizações, de Conhecimentos e Inovações, da Psicopedagogia, pela MetaCognição Coletiva (Co-criação).

3. Tipologias do Pensar MetaCognitivo Espiritual.

FIGURA 2

Programa:

1. Introdução. Dialética grupal.
2. Épocas da civilização. A Contemporânea.
3. Novo modelo à Ciência (Ontologia-Gnosiologia-Epistemologia) Cognição do Todo às Partes. MetaCognição e Antroposofia
4. A Epistemologia da Fenomenologia... do Espírito (Hegel ...)
5. Modelo Holístico da Antroposofia (Estruturante-Consciência-Cognição-Cosmosofia-HCelestial- Devachan-Reencarnação...) Imagético-Linguístico, e Geometria Sagrada (Steiner)
6. Da MetaCognição Antroposófica para a Inteligência Coletiva. Inconsciente Coletivo
7. A Dinâmica de >20 tipologias do Pensar MetaCognitivo (Fenomenológico e Puros)
8. Plataforma Operacional (PensarVolição): Métodos-Técnicas-MetaCognitivo OET.
9. Aplicações de Inteligência Coletiva em Estratégia e Gestão de Organizações.
10. Aplicações de Inteligência Coletiva em Inovação e Conhecimentos
11. Aplicações de Inteligência Coletiva em PsicoPedagogia
12. A Universidade Espiritual e Conclusões Bibliografia.

Didática:

Transdisciplinar, Construtivista, Cognitivo, MetaCognitivo, LDC, OET, MétodoPensarSintético, Pensar-com-Coração
Material. Artigos acadêmicos e ensaios. Exercícios

Público Alvo:

É de interesse daquele que quer conhecer, desenvolver e aprimorar a Inteligência (Bio-Psico-Social-Espiritual) Coletiva das Organizações Pela Ontologia-Gnosiologia e Epistemologia da MetaCognição Espiritual

Datas

Quintas-feiras das 20h às 22h

4, 11, 18, 25 de Setembro

PROF. DR. CHU S. YONG (FGV EAESP)

Engenheiro-Eletrônica ITA, Psicólogo UNIFMU, Mestre-Doutor FGV EAESP. Professor há 27 anos na FGV EAESP (Administração) Leciona na Graduação, MPA, CEAG,GVPEC, Doutorado E para Executivos na FGV Mgmt e Corporate Foi também professor na PUCSP, Belas Artes, Unicid Psicoterapeuta Espiritual - Pesquisador Antroposofia-Teosofia-Rosacruz (35 anos) Consultor e CEO da AOM Estratégia-Gestão da Educação (27 anos) Pai de 4 filhos formados pela Escola Waldorf RSteiner

FIGURA 3

FIGURA 4 – Foto coletivo dos ouvintes desse curso apresentado pelo Prof. Dr. Chu na sala da SAB.

Capítulo 37. Estratégia de relacionamento Brasil-China

Neste capítulo procuro mostrar o crescimento de epistemes cuja colocação dos conhecimentos é gradativo, conforme aparece na mente do estrategista, e, nesse caso, construir os relacionamentos com os investidores e organizações chinesas, buscando contato com as instituições chinesas de intermediação, como as câmaras de comércio chinesas (CBCDE), instaladas no Brasil, e integrando também os congressos chineses, digamos de Hong Kong, Kwangtung etc. Também colocar visíveis os sites que podem mostrar as diferenças culturas entre Brasil e China e as oportunidades de comércio, de representação e de mercados inerentes correspondentes.

Etapas

Etapa inicial

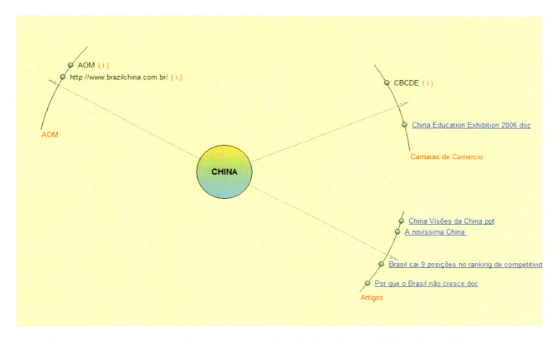

Figura 1 – Etapas em crescimento na complexidade e links verbais e imagéticos

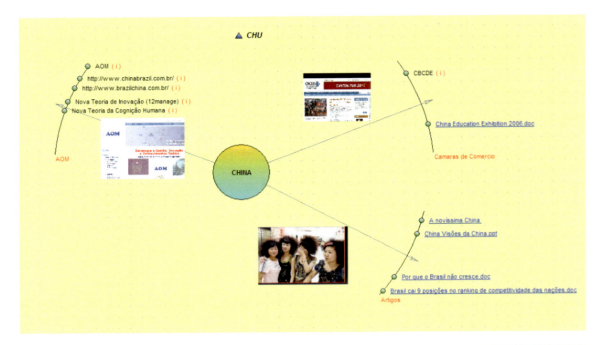
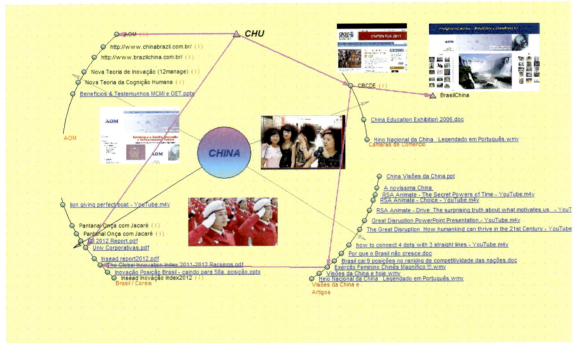

Figura 2 – Muitos links e começo da elaboração de intencionalidades (estratégias e notabilidades)

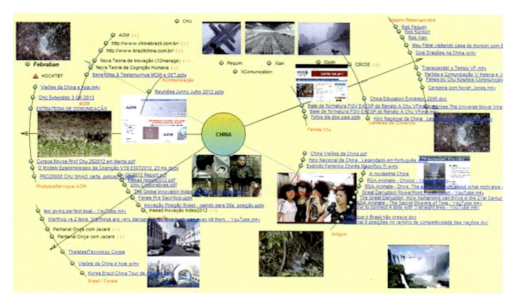

Figura 3 – Complexidade gerando estratégia de comunicação Brasil-China, com inserção também da Coreia do Sul e seu forte desenvolvimento urbano e do país, principalmente devido aos esforços do governo na área da Educação, acadêmica educacional e inovações

Figura 4 – Figura que mostra o Todo-Tudo crescente sobre a China e Coreia e elaboração de cestratégias de comunicação e futuramente de business e parcerias

Proposições de outros cursos relacionados, basta combinarmos. Ok?!

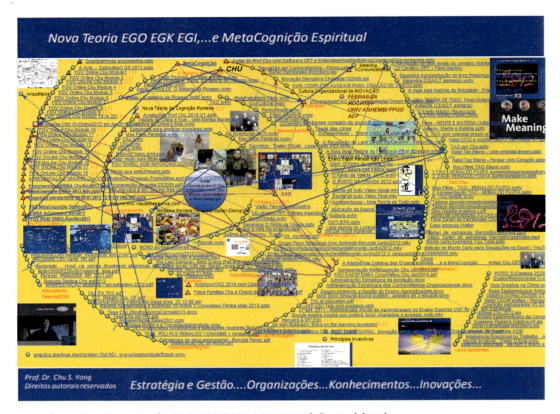

Figura 5 – Nova Teoria EGO EGK EGI e Metacognição espiritual

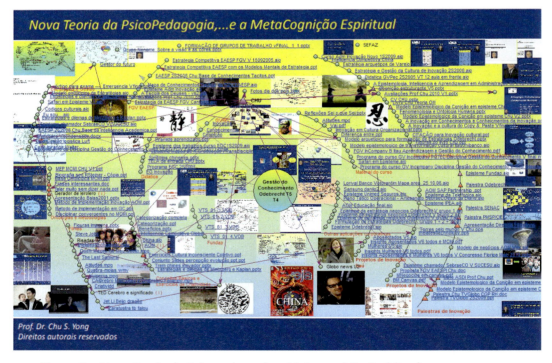

Figura 6 – Nova Teoria da Psicopedagogia e Metacognição Espiritual

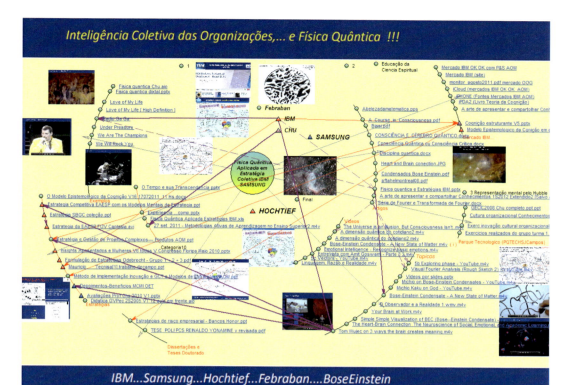

Figura 7 – Inteligência Coletiva das Organizações e Física Quântica (Metacognição Espiritual), incluindo filmes mostrando as conexões vibratórias via Bose-Einstein dos grupos musicais atuantes nas palestras e shows

É preciso denotar que essas epistemes (tácitos-explícitos e links) com as devidas Intencionalidades de estratégias preparadas e já codificadas podem ser construídas em dias, semanas, meses e anos.

Parte K. Aplicações reais da Metacognição na realidade empresarial-organizacional- institucional

K1. Como criar uma cultura organizacional de inovação (Educação)
K2. Formulação Estratégica da Sociedade Brasileira de Gestão do Conhecimento – SBGC (Institutos)
K3. Formulação de Estratégias Competitivas da EAESP FGV (Universidade)
K4. Formulação de Estratégias integradas com o Balanced Score Card – BSC – (Educação)
K5. Administração da Inovação – FGV GVPEC – (Educação)
K6. Projeto de Formulação de Estratégia FUNDAP de eGOV-iGOV (Electronic/Inovation Gov.) (GOV)
K7. Estratégia de Pesquisa e Exportação de Produtos Sebrae Centro-Oeste (MCT, MIDIC, Fomento)
K8. Projeto e Implementação de Base de Conhecimentos em Congresso Internacional (Congresso)
K9. Conhecimentos Holísticos e Sintéticos do livro "Escola de Deuses" (Educação)
K10. Aplicação do MEP na resolução de problemas de Gestão com Excel (Educação)
K11. Estratégias de Corporações diversas (bancária, eletrônica, consumo, Telecom, serviços etc.)
K12. Curso MBA-Metacognição e Estratégia Transdisciplinar de Inteligência-Inovação Organizacional

São conhecimentos tácitos provenientes de Metacognição e expressos em epistemes derivadas de projetos de gestão do conhecimento e inovação:

K1. Como criar uma Cultura Organizacional de Inovação Educação

Como criar uma cultura organizacional de inovação

Figura 1 –
Explicações: essa episteme veio da prática de diversos projetos de inovação e com isso se aproximou muito de categorias de conhecimentos provenientes de dialética entre os conhecimentos tácitos e explícitos dos times envolvidos nesses projetos e, sem dúvida alguma, temos uma aproximação muito forte da elaboração de um arquétipo de criação de cultura de inovação para culturas organizacionais e sócio-culturais de países fortemente desenvolvidos e inovadores no planeta Terra. Muito útil essa episteme, esse arquétipo.

K2. Formulação de Estratégias da Sociedade Brasileira de Gestão do Conhecimento (SBGC) Instituto de Desenvolvimento de Conhecimentos

Sociedade Brasileira de Gestão do Conhecimento Estratégia de Receitas (Associados)

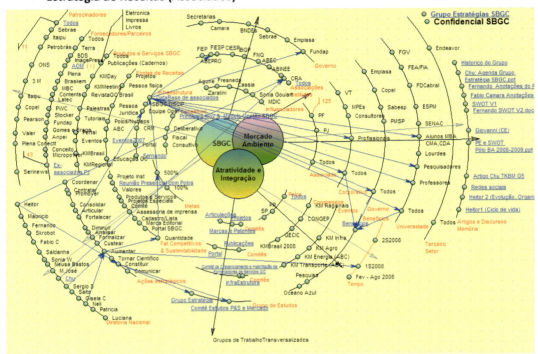

Figura 2

Explicações:

A SBGC é uma instituição privada fundada há diversos anos pelo amigo Heitor, cuja persistência ainda continua exercendo influência da instituição nas corporações do Brasil sobre a transformação nas organizações e a utilização evolutiva de conhecimentos para as EGO de sua própria instituição e o desenvolvimento de Projetos de Sistemas de Conhecimentos para grandes e médias corporações e também de Startups. Esse movimento de formação cultural-organizacional de inovações com base em conhecimentos é de complexidade devido à própria dificuldade inerente ao tema inovador sobre conhecimentos produzidos pelos conscientes e inconscientes da Cognição Humana.

O Mapa de Estratégia de Receitas anterior foi elaborado por este autor quando fazia parte da Diretoria da SBGC. Com algumas reuniões com a diretoria pude elaborar um conjunto de estratégia da SBGC, incluindo a tipologia Estratégia de Receitas.

Evidentemente que a tipologia de Estratégia de Crescimento e Influência Cultural-Organizacional da SBGC às corporações brasileiras depende da qualidade de seus Gestores SBGC e da Inteligência Coletiva
seja da SBGC ou dos simpatizantes organizações seguidores, é um dos grandes atingimentos nas proposições de ambos na dialética operacional sobre Conhecimentos.

Evidentemente que o mercado de organizações públicas e a situação psicopedagógica da cultura brasileira é atualmente estagnatizante, podendo ser ainda regressiva.

K3. Formulação de Estratégias Competitivas da FGV EAESP Universidade

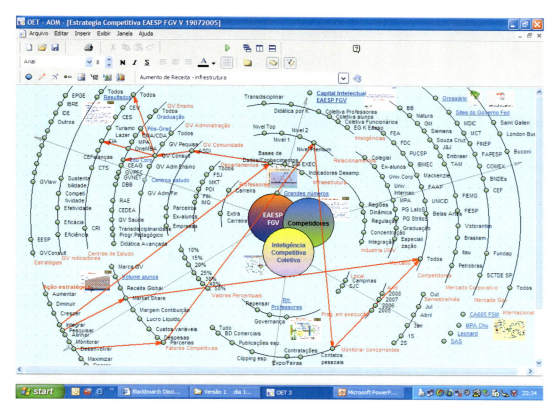

Figura 3

Explicações:

Essa Estratégia Competitiva da EAESP FGV foi elaborada pelo autor para a direção acadêmica e organizacional da EAESP FGV, nos anos iniciais em que o software OET começou a ser utilzado em corporações externas, e que muitos se interessaram nessse tema de mapeamento dos conhecimentos inerentes e internos de um modelo cognitivo (metacognitivo) sob direcionamento das significações coletivas em Gestão Estratégica das Operações da EAESP FGV, em um mercado bastante competitivo entre universidades e faculdades brasileiras. Também pode ser mapeado as Universidades- Parceiras nacionais e estrangeiras.

Importante notar no mapeamento da Estratégia Competitiva as principais categorias de conhecimentos envolvidas nessa tipologia de Estratégia, em específico as universidades que competem entre si, na assimilação dos pretendentes a estudar no nivel superior das universidades e suas categorias. <u>*Mercado, Competidores, Mercado Corporativo, Mercado do Governo e Mercado Internacional*</u> *caracterizam a hermenêutica competitiva na escolha direcional desses mercados para atuação operacional e acadêmica.*

Depois procura-se entender as outras categorias do mapeamento cognitivo e daí a elaboração de Estratégias Competitivas sob a visão coletiva dos gestores da EAESP FGV e outras significações utilizando as categorias e pontuações exibidas no mapeamento.

K4. Formulação de Estratégias integradas com o Balanced Score Card (BSC) Educação

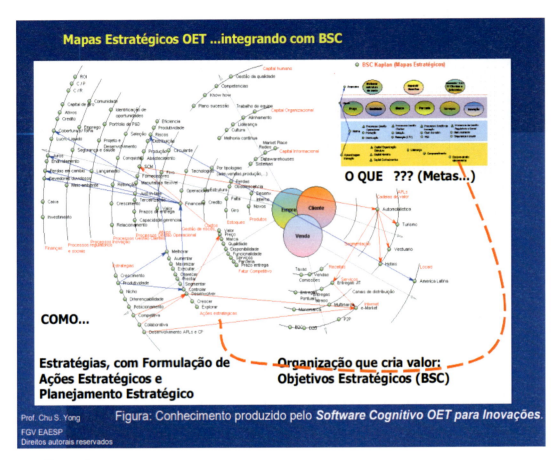

Figura 4

Explicações:

Na formulação de Estratégias da Organização fica proposta a conjunção visual com os quatro tipos de indicadores do método BSC, proposto na década de 1990, por Norton e Kaplan (professores da Harvard Business School). As quatro tipologias de indicadores propõem a ampliação da gestão estratégica da organização integrando mais indicadores do que simplesmente os indicadores financeiros.

Assim, uma visão mais integral sobre o desempenho da organização pode ser melhor analisado, não somente os resultados financeiros de curto prazo, incluindo avaliação de longo prazo sobre a <u>qualidade situacional e subjetiva dos clientes</u> sob o próprio sentimento e emoção dos clientes, sobre a <u>qualidade situacional dos processos internos</u> devido às perspectivas dos clientes, e finalmente as perspectivas de <u>aprendizado e medidas para o crescimento da organização.</u>

Evidentemente que os indicadores BSC não precisam ser mostrados em uma matriz gráfica diferente, podem ser expandidas dentro do próprio mapa de Estratégias, e ainda incluir mais tipologias de indicadores, e serem conectados pelas intencionalidade de ações estratégicas.

Perspectivas BSC: Financeira, Visões Subjetivas dos Clientes, Processos Internos, Aprendizagem Organizacional e Crescimento. Ao caro leitor, sugerimos a busca por mais tipologias de avaliação e controle no BSCBSC.

K5. Administração da Inovação (FGV GVPEC)... Educação

Curso FGV GVPEC Administração da Inovação 2S2009 Coordenação: Prof. Chu (FGV EAESP)

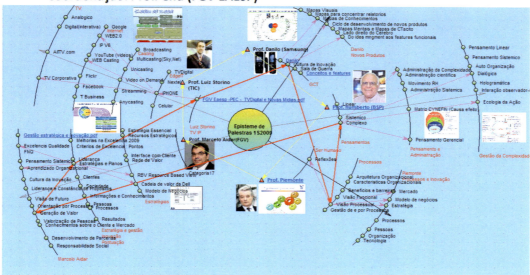

Figura 5

Explicações:

Essa episteme registra os conteúdos das aulas-palestras de cinco professores convidados a um curso da FGV GVPEC Administração da Inovação em diversos anos atrás. Como professor titular desse curso pude convidar os professores especialistas em Inovação profs.: Luiz Storino (TIC), Marcelo Aidar (FGV-SP), Piemonte (FGV-RJ), Humberto (BSP) e Danilo (SAMSUNG).

Com esse mapeamento de Conhecimentos Tácitos em Explícitos pôde ser contemplada pelos alunos a hermenêutica completa e global do curso, podendo assim contemplar as possíveis significações que seriam transmitidas e elaboradas pelos alunos pela cognição individual.

Os professores também desse modo podem contemplar o conteúdo global dos conhecimentos planejados ao curso, gerando possíveis discussões de enfusionamento possível entre os diversos temas, em direção ao Todo-Tudo sobre Adminstração da Inovação.

K6. Projeto Formulação de Estratégia FUNDAP GOV-iGOV (Electr/Inovation Gov.)(GOV)

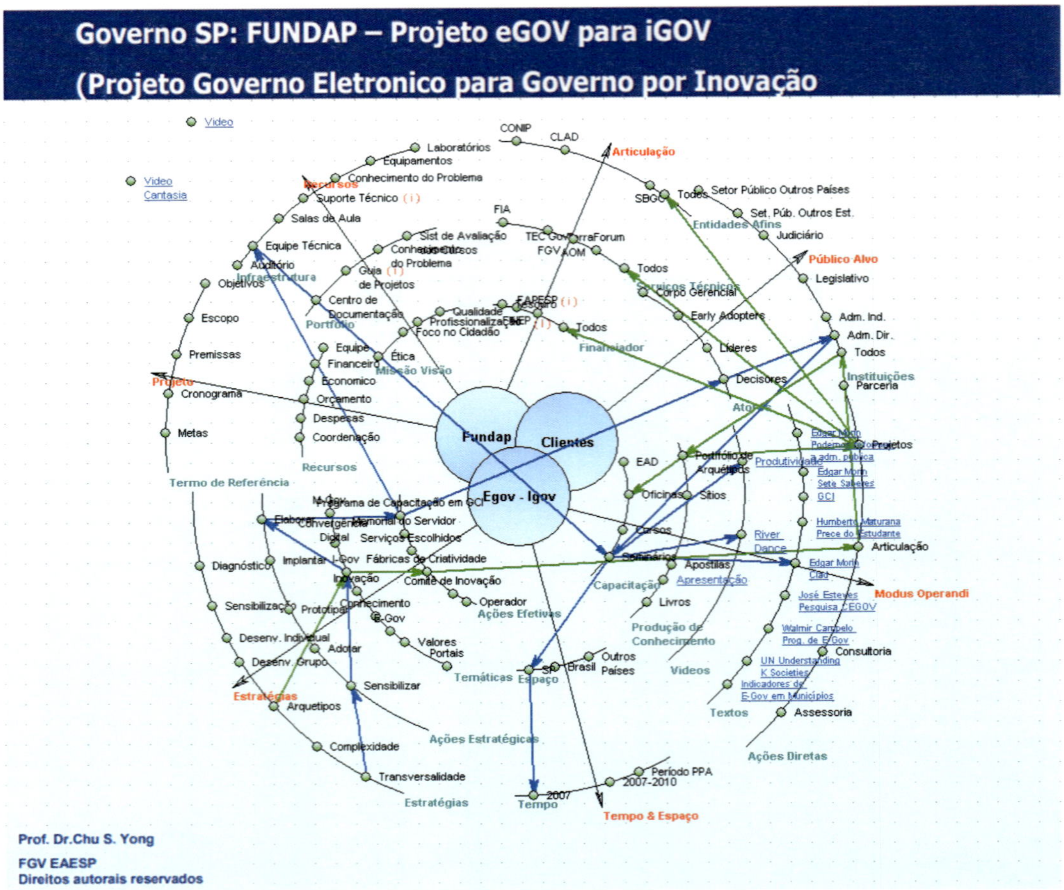

Figura 6

Explicações:

Essa episteme é pertinente a um projeto interno da Fundap expressa por modelos mentais inovadores orientados por políticas internas organizacionais da própria Fundap. Projeto orientado pelo vice-presidente da Fundap naquela época, Dr. Maximiano.

Trata-se do Projeto de Governo Eletrônico para Governo por Inovação.
Significa elaborar uma episteme com o maior número possível de itens (pontos geométricos) de conhecimentos, dando maiores amplitudes na formação proposicional de ações de passagens (ações estratégicas) das características de governo eletrônico (Fundap) para governo por Inovação. Os três elementos fenomenológicos de conhecimentos funcionando em dialética são:
Fundap (organização) com 3 atributos-eixos: Projeto (tipologias), Recursos e Articulação.
Clientes (a mobilizar) com 1 atributo-eixo: Público-alvo.
Estratégias (tipologias – eixos) transformadoras com 3 atributos: Estratégias (Ações estratégicas), Modus Operandi e Tempo e Espaço (Locais).

Chamo atenção da integração de livros, apostilas e vídeos (links) no Modus Operandi, a fim propiciar a leitura e a visão de temas informacionais para aqueles que pleiteiam a leitura de autores sobre o tema, tais como Edgar Morin, Humberto Maturana, José Esteves etc.

As retas em sequências representam as intencionalidades de ações estratégicas envolvendo em transversalidade (transdisciplinar) os conhecimentos dos três elementos principais em dialética (Hegel).

K7. Estratégia de Pesquisa e Exportação de Produtos Sebrae Centro Oeste (MCT, MIDIC)

Figura 7

Explicações:

Essa episteme foi produto (parcial) de trabalho de consultoria deste autor, a convite do Sistema Sebrae Centro-Oeste (envolvendo Sebrae Mato Grosso e Sebrae Goiás) sempre nas estratégias regionais de desenvolvimento dos Startups regionais. O convite foi efetuado pela Dra. Eliane Ribeiro Chaves, diretora do Sebrae MT.

Nesse projeto em específico procurou medidas (ações estratégicas) para aumentar as exportações do Artesanato do Centro-Oeste para a Colômbia. Assim, a tríade de elementos básicos da dialética hegeliana na construção dos conhecimentos via método MCMI e software OET é composta por:

1. *Artesanato Centro-Oeste: (base de quatro Eixos de Conhecimentos), com suas devidas expansões em categorias (em arcos e pontos geométricos).*
2. *Mercado: com seus conhecimentos qualificantes aos Clientes (incluindo os concorrentes) que compram Artesanato do Centro-Oeste, e focando ainda somente a Colômbia. Outras regiões clientes podem ser adicionados em momentos posteriores.*
3. *Canais de Venda: com conhecimentos que envolvem a dialética entre os produtos de Artesanato com os Clientes, com foco de exportação à Colômbia.*

Evidente que, dada a flexibilidade do metodo MCMI (MetaCoghnitivo), outras categorias e pontos de Conhecimentos podem ser incluídos em etapas seguintes, via transdisciplinaridade/transversalidade, e sob o olhar arquetípico do fenômeno expresso em Conhecimentos Tácitos/Explícitos.

K8. Projeto e Implementação de Base de Conhecimentos em Congresso Internacional (Congresso)

Modelo Epistemológico do Pensar e Software OET do Prof. Chu S Yong da FGV EAESP Brasil . Ambos fazem parte da Nova Teoria do Conhecimento do Prof. Chu em livro a ser lançado breve.

Figura 8 – Base de Conhecimentos Singular OET V3.2 e OET V5.0 em MS-SQL server: Aplicação com os documentos e palestras efetuadas no evento V Reunión Internacional de Gestión de Investigación y Desarrollo (Florianópolis, maio 2010) Parques Científicos e Tecnológicos e Inovação

<u>Explicações:</u>

Essa episteme registra os documentos enviados nos anúncios da chegada do evento em um Congresso Internacional em Florianópolis (SC), promovido pela AIGID AVEGID, principal instituto de pesquisa do governo da Venezuela. Trata-se de Congresso multitemas sobre Gestão de Pesquisas e Desenvolvimento, tais como: Responsabilidade Social, Empreendedorismo, Conhecimentos, Inovação, Ciência e TI, Estratégia e Gestão, Parques Tecnológicos, Cidadania.

O Congresso foi coordenado pela presidenta da AIGID AVEGID Dra. Migdalia C. P. Bracho, e no lado brasileiro foi a coordenação do Prof. Dr. Manoel Agrasso Neto.

A palestra do Prof. Dr. Chu foi com o tema: Teoria da Inovação: uma Abordagem Antropocêntrica, seguindo o subtema 3 do AVEGID sobre Parques Científicos Tecnologicos, Innovation, Gestion Y Tecnologia de la Information. Fui também relator de palestras indicadas, entregando análises sobre as palestras à coordenação do Congresso.

Devido à grande diversidade e quantidade de temas e palestras, foi utilizado a versão OET V5.0 com DatawareHouse sob MS-SQL-server.

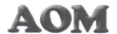

K9. Conhecimentos Holisticos e Sintéticos do livro "Escola de Deuses" (Educação)

Visão Epistemológica da "Escola dos Deuses"

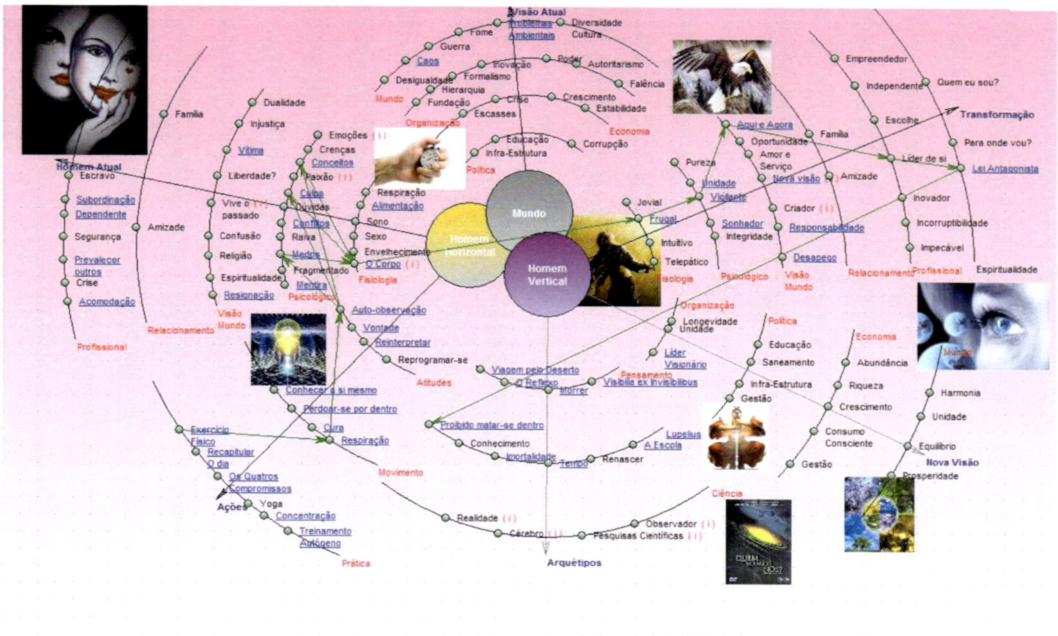

Acadêmica Pós-graduada pela EAESP FGV: Graziele Mendes
Trabalho de Conclusão de Disciplina : Gestão do Conhecimento CEAG 1S2010 FGV EAESP Prof. Chu

Figura 9

Explicações:

Trata-se de uma expressão de conhecimentos Tácitos em explícitos dando visibilidade das significações adquiridas pela pós-graduada Graziele Mendes, no trabalho de conclusão do CEAG em Gestão do Conhecimento analisando o livro "Escola de Deuses" de Stefano Elio D´Anna, bastante lido na época.

A dialética hegeliana permitiu a Grazielle Mendes o confrontamento entre o Homem Horizontal com o Homem Vertical, melhorando a visão atual humana para uma nova visão civilizatória grupal com a inclusão dos conhecimentos espirituais. Por exemplo, a transformação profissional de subordinação e dependente em profissional independente e empreendedor, incorruptivel e inovador. Nisso, o profissional sente as atratividades sociais e culturais e aos poucos sente as demandas espirituais e civilizatórias.

Essa ascensão é certamente gradativa e pode demandar anos e diversas gerações. Superimportante o fator educacional humano e habilidades técnicas (ênfases e combinacionais) devem caracterizar Carmas e Destinos de cada indíviduo e grupos coletivos, na evolução do físico- alma-espírito desses grupos, filtrando a evolução do Homem no planeta Terra (com Local e Tempo).

K10. Aplicação do MEP na resolução de problemas de Gestão com Excel (Educação)

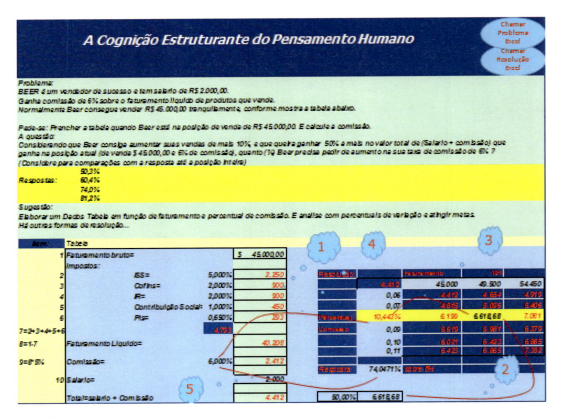

Figura 10

Explicações:

O exemplo anterior, de utilização do Data Table (integrado com Atingir metas), é o elemento básico na Formulação de "What if" em processos decisórios.

Utilizo aqui dessa forma as metacognições em:

1. Pensamento Lógico (Fórmulas Excel em cadeia)
2. Pensamento Convergente (Atingir metas)
3. Pensamento Divergente (Data Table)
4. Pensamento Holístico (Visão Global Dinâmica).

Em um processo decisório tipo EIS/DSS em Gestão Organizacional, ligando o Exercício Excel com Sistemas TI de Gestão (L&L e outros) aprendidos em sala de aula, pelo formato teórico.
Utilizo muito o Data Table em Processos Decisórios e Análise de Sensibilidade, para que tenhamos Modelos Mentais concomitantes com os cálculos de Excel. Assim, ensino junto às "formuletas Excel" o como "Pensar (Modelos Mentais) com Excel" aplicados em "Sistemas de Informação e Gestão".

K11. Estratégias de Inovação de produtos e serviços Corporações como Itaú Unibanco

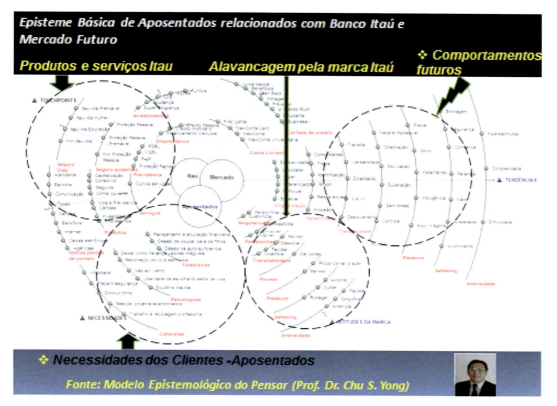

Figura 11

Explicações:

Trata-se de uma episteme com conhecimentos para elaborar as Estratégias de Ações para atrair mais aposentados para serem clientes do Banco Itaú. Esse projeto foi feito em parceria com a empresa Voltage, bastante dirigido ao cliente Itaú enquanto que AOM mais contemplou no direcionamento mais com o método MCMI e SoftwareOET.

Pelo Método MCMI temos o confrontamento dialético entre os elementos (produtos e serviços disponíveis pelo Itaú) Banco Itaú e Mercado com a caracterização dos anseios e necessidades dos aposentados e das mulheres (outra parte do projeto com o Banco Itaú) com outras intencionalidades estratégicas e seus insights.

Importante citar um quarto composto na luta dialética que muito contribui na hermenêutica dessa dialética: alavancagem dos comportamentos futuros dos aposentados no mercado com o potencial mobilizante pela marca Itaú.

Assim, os Insights que originaram as Intencionalidades Estratégicas são provenientes da interação metacognitiva dialética entre o corpo diretivo de projeto do Banco com amostras de clientes, confirmando as estratégias de ação futura no desenvolvimento do mercado específico na formação e fortalecimentos adicionais da clientela do banco: os aposentados.

Pesquisas mundiais preveem o aumento populacional (percentual) dos aposentados em relação à população global mundial nesses próximos 30 anos (2050).
Seguem dois exemplos de estratégia: a) para favorecer os idosos aposentados e b) favorecer as mulheres.

Exemplo a) Aposentados: Insight #6

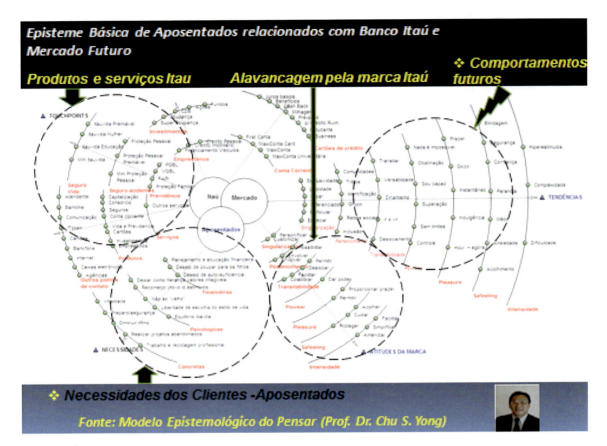

Figura 12

Explicações:
As Intencionalidades Estratégicas ficam definidas na conjunção geométrica e semântica dos conceitos:

Touchpoints: Comunicação, e Internet.

Necessidades: Liberdade de Escolha do Estilo de Vida (Psicologica) e Desejo de Autossuficiência (Financeira).

Atitudes da Marca: 1. Dar Poder e 2. Dar Acolhimento (Safeeling).

Tendências (Mercado): 1.1. Gera "Sou Capaz" (Poder) e 2.1. Gera Confiança e Segurança (Safeeling).

Exemplo b) Mulheres : Episteme básica

Figura 13

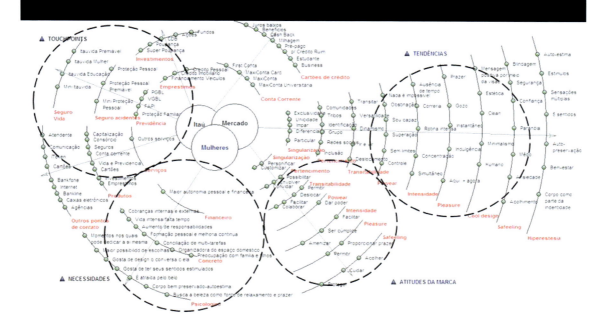

Insight # 9

Estratégia de Inovação em Produtos
Insight # 9 : Orientação financeira voltada aos desejos e preocupações da mulher

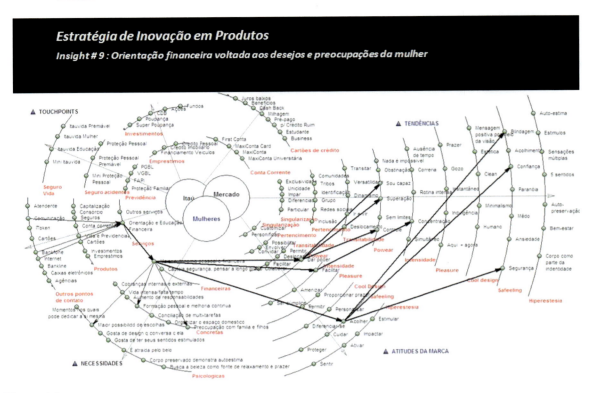

Figura 14

K12. Curso MBA para Universidades e Univ. Corporativas Educação

MBA: "Metacognição e Estratégia Transdisciplinar de Inteligência-*Inovação* Organizacional" *(veja detalhes na parte P)*

Segue a proposição de **Curso MBA (544 Horas-aula)** *que lancei recentemente na* **EAESP FGV, e também FGV Rio de Janeiro.**
O curso é fundamentado por 25 anos de trabalho acadêmico do Prof. Dr. Chu Shao Yong, professor concursado da EAESP FGV, em estreita colaboração em cursos na EAESP FGV, na graduação, pós- graduação lato e stricto senso (MPA, Mestrado e Doutorado), e também em cursos para Executivos empresariais (GVPEC, GV Incompany, FGV Management). Também fundamentado por 25 anos de prática em Projetos de Consultoria e Palestras pela via empresarial da AOM (Empresa do Prof. Chu), **Parceiro-Ouro** da EAESP FGV, em últimos oito anos. Esse Curso MBA é também expressão dos Conhecimentos inerentes-subjacentes ao livro-no-prelo de autoria do Prof. Chu, com o título de "**Metacognição e Aplicações Acadêmico-Profissionais**", e de outras apostilas-artigos acadêmico- profissionais elaboradas pelo Prof. Chu, ao longo desses anos pela EAESP FGV.

Algumas referências em sites:
Sites empresariais no Brasil:
www.aom.com.br
www.brazilchina.com.br
www.chinabrazil.com.br

*Nesse instante, fora outras atividades acadêmico-profissionais aqui no Brasil, pode-se examinar minha "**Metacognição e Aplicações Acadêmico-Profissionais**" em divulgação mundial no site do www.12manage.com, com os links:*

http://www.12manage.com/myview.asp?KN=3242
http://www.12manage.com/myview.asp?KN=3239
http://www.12manage.com/myview.asp?KN=3288
http://www.12manage.com/myview.asp?KN=888
http://www.12manage.com/profile.asp?PP=Chu@aom.com.br (pagina pessoal)
http://www.12manage.com/profile.asp?m=chusyong (pagina pessoal)

Também divulgado no Fórum de Inovação da EAESP FGV:
http://4inov2u.ning.com/profiles/blog/list

*Adicionalmente aos cursos presenciais FGV EAESP a seguir (dois cursos práticos de Pós-Graduação em Inovação e Conhecimentos, e um curso MBA Transdisciplinar 544 horas-aula com sete disciplinas: MBA-1, MBA-2, MBA-7, fica também disponível **24 horas de curso Web-Casting GV Online**, também operacional em plataforma baixa em redes organizacionais. (Palestras do Prof. Chu sobre a Nova Teoria da Cognição).* **O caráter Transdisciplinar das disciplinas apresentadas a seguir permite operar os itens- conhecimentos citados nos programas em uma rede-hierarquia-entrelaçada.**

Segue a composição detalhada (dois exemplos) de disciplina-componente desse MBA, que possui ao todo sete disciplinas totalizando 544 Horas-aula, tendo como componente básico itens transdisciplinares da Metacognição (Veja detalhes MBA na parte P).

Nome do Curso:
*MBA -1: MetaCognição e **Estratégia Transdisciplinar de Inteligência-Inovação Organizacional** Transdisciplinaridade, Conhecimentos, Inovação, Ensino-Aprendizagem, Estratégias e Gestão Organizacional , B. Analytics e G. Pessoas.*

PÚBLICO-ALVO
Profissionais, estrategistas, gestores, acadêmicos, psicopedagogos e analistas que possuem interesse ou trabalham na área de desenvolvimento de novos negócios e da inovação pessoal, empresarial, e organizacional. Também de interesse a profissionais e administradores responsáveis pela criação e desenvolvimento da Inovação, Estratégia e Gestão da Inovação, de Conhecimentos e Cultura Inovadores das organizações. E aos interessados em cocriação de Modelos de EGO, em diversas tipologias.

OBJETIVOS
Aumentar o potencial de inovação dos participantes com a vivência de modelos, métodos e técnicas de criatividade e inovação individual e em grupo, em sala de aula, assim como a aquisição de conhecimentos profissionais e acadêmicos relativos aos processos e modelos de Administração Estratégia de Inovações, permitindo o desenvolvimento e implementação de Programas de Inovação nas Organizações. Inclui o desenvolvimento de Centros de Inovação e da Inteligência Organizacional para o futuro imediato, e da transformação da cultura das organizações em cultura organizacional inovadora, considerada como o fator mais importante da competitividade sustentável. Desenvolvimento Inovador da Cognição orientada para EGO. Utilização de Software Cognitivo OET.

METODOLOGIA
O curso é fundamentado no construtivismo pessoal e em grupo. Operadores cognitivos e software de inovação transdisciplinar mapearão todos os conhecimentos inovadores emergentes em sala, assim como dos trabalhos e exercícios de inovação desenhados pelos participantes. A interação em grupo e com palestrantes convidados produzirá fortes efeitos sinergéticos na construção de programas de inovação de natureza e setor específicos. A aquisição do MEC Inovadora encaminha os participantes ao acesso às diversas tipologias de inovações pessoais e das culturas organizacionais. Exercícios específicos em criatividade, imaginação, inspiração e intuição consolidarão as novas formas da Cognição Criativa capacitando o participante a inovar "por dentro" e "por fora" no contexto organizacional.
1. *Apostila do curso: baseada no livro do Prof. Chu: "Nova Teoria da Cognição: Desenvolvimento Pessoal e Aplicações Acadêmico-Empresariais"*

2. Curso-palestras virtuais (EAD) do Prof. Chu (24 horas) complementa as aulas presenciais ao grupo.
3. Extensa bibliografia acadêmico-profissional.

PROGRAMA
1. A importância da inovação no mundo empresarial.
2. Transdisciplinaridade em: Cognição; Conhecimentos, Inovação, Ensino- aprendizagem; Analytics; Gestão-Pessoas.
3. Inovação em conhecimentos e conhecimentos de inovação; Estratégia e Gestão do Conhecimento e Inovação.
4. A ontologia, gnosiologia e epistemologia da inovação ("como" se faz inovação,- Transdisciplinar).
5. Tipologias do pensamento criativo inovador (Tipologias de Cognição).
6. Modelos, métodos e técnicas de desenvolvimento da criatividade e inovação; Aplicações.
7. Tipologias de inovação (incremental, disruptivas, cultural etc.); exemplos.
8. O Pensamento Quântico aplicado à inovação. Exemplos.
9. Modelos de Estratégia e Gestão Organizacional e Desenhos (Design) de intencionalidades.
10. Desenvolvimento de Centros de Ensino-Aprendizagem, e Bases de Conhecimentos de Inovação.
11. Inovação em Produtos e serviços (P&S).
12. Inovação em Estratégia e Gestão Organizacional; Cocriação de Estratégias; Gestão Estratégica.
13. Inovação em Cultura Organizacional; O Inconsciente Coletivo.
14. Inovação em Gestão de Pessoas e do Aprender Pessoal e Organizacional.
15. Estratégia e Gestão da Inovação. 15.1.Programas de Inovação.
    15.1. Trabalho prático de Inovação (TCC). Uso de Software Cognitivo OET: Laboratório Computação.
16. Conclusão.

HORÁRIO: a combinar
CARGA-HORÁRIA: 24, 32, 48, 64 e 256 horas/aula (a combinar)

Nome do Curso
MBA-2: Metacognição e Cognição Estruturante da Estratégia e Gestão das Organizações

PÚBLICO-ALVO
Profissionais, administradores, estrategistas, gestores, acadêmicos e analistas que possuem interesse na natureza e estrutura ontológica da Cognição do ser humano, com aplicações em Estratégia e Gestão Organizacional, em uma realidade organizacional e ambiente circundante. Também de muito interesse a profissionais responsáveis pela criação, desenvolvimento e gestão estratégica da inovação e de conhecimentos das organizações, e gestão de pessoas, sempre visando resultados sociais e financeiro-econômicos à organização.

OBJETIVOS
Aumentar fortemente o potencial de inteligência pessoal e coletiva dos participantes com a compreensão e vivência da cognição humana, estruturante na criação inteligente de soluções em EGO. Inclui o "Co-Creation" de Estratégias, e Gestão das Estratégias. A acomodação da Ontologia e Gnosiologia humanas aumenta o autoconhecimento propiciando liberdade do Pensar (Steiner) e redirecionamento da visão e confiança em si e no mundo. A autocompreensão e aplicação da metacognição estruturante permite o atingimento da dialética entre "ser feliz" e "ter sucesso" empresarial com a fusão tácita entre as significações em um só significado. Aplicações reais empresariais e exemplos serão integrados ao curso.

METODOLOGIA

O curso é fundamentado no construtivismo pessoal e em grupo (Steiner, Piaget, Maiêutica, Goethe etc.), propiciando dialética, assimilação e acomodação dos conhecimentos em dinâmicas de construção, sempre com Pensamentos Vivos (Steiner). Profissionais e professores especializados em inteligência e cognição aplicadas às organizações serão convidados para ilustrar e discutir exemplos e casos reais. A interação em grupo e com os palestrantes produzirá fortes efeitos sinergéticos na construção inovadora de inteligência pessoal e organizacional. A grande tipologia de pensamentos a ser apreendida pelos participantes abrirá uma enorme janela para a cognição pessoal e coletiva do grupo. A ampliação pessoal da cognição é uma grande conquista individual e é permanente para si.

1. *Apostila baseada no livro do Prof. Chu: "Metacognição e Aplicações Acadêmico--Empresariais".*
2. *Curso-palestras virtuais (EAD) do Prof. Chu (24 horas) complementa as aulas presenciais ao grupo.*
3. *Extensa bibliografia acadêmico-profissional.*

PROGRAMA

1. *Introdução ao tema.*
2. *A evolução do Pensamento Científico (Quântico).*
3. *Os modelos mentais em Estratégia e Gestão Organizacional.*
4. *Os modelos monista e dualista "de ver o mundo" e seus Conhecimentos.*
5. *Modelo epistemológico global e universal do ser humano via Cognição Transdisciplinar A Realidade Organizacional-em-si" e a "Realidade Aparente" (Hegel e Steiner) Causalidade descendente e ascendente.*
6. *Tipos de Pensamento e suas aplicações em Estratégias e Gestão das organizações Linear, Analítico, e Sistêmico (Gestão Organizacional).*
   Fenomenológico, Holístico, Sintético, Divergente, Convergente, Dialético, Transdisciplinar e Não- linear (Estratégias Organizacionais).
   Imaginativo, Inspirativo, Intuitivo, e Futuro no Presente (Disrupções Organizacionais). Casos reais, exemplos e exercícios de cada tipologia.
7. *Modelos Mentais e Implementação de Estratégias e Gestão de Organizações, em tipologias como: Inovação, Conhecimentos, Pessoas, Ensino-aprendizagem, Cultura organizacional, Modelo negócios, Vendas, Finanças, Logística etc.*
8. *Modelos Mentais e Epistemologia das ciências específicas, em tipologias como: Sociologia, Pedagogia, Economia, Medicina, Administração de Empresas, Filosofia etc.*
9. *A Epistemologia de "Uma Teoria de Tudo".*
10. *A Epistemologia da Física Quântica e o Modelo Morfogenético.*
11. *Aplicação do Software Cognitivo OET na Organização escolhida pelos participantes como TCC. Utilização do Modelo Epistemológico de Estratégia-Gestão das Organizações (Prof. Chu) em Laboratório Computacional.*
12. *Conclusão.*

HORÁRIO: *a combinar*
CARGA-HORÁRIA: *24, 32, 48 e 64 horas/aula (a combinar)*

Parte L. Exercícios (Pensamento Holístico, Sintético, Transdisciplinar, Não Linear, Dialético etc.) de síntese (utilização de conceitos sintéticos) na leitura de artigos

Artigos:

- ❖ 1. Gestor do Futuro (Gutemberg B. de Macedo)
- ❖ 2. Primeiro Pense, Primeiro Veja, Primeiro Faça (Mintzberg)
- ❖ 3. Os 3 pilares da Gestão do Conhecimento
- ❖ 4. A Inteligência.

Artigo 1. Exercício de Síntese (Pensamento holístico e sintético)
<u>Artigo: Gestor do Futuro – Ele terá que somar as capacidades de homem de negócios, gerente e técnico em informática. (Com adaptação do Prof. Chu, para ensino/aprendizagem).</u>

A sociedade contemporânea vive uma das suas mais poderosas revoluções, a revolução da mente. Essa transformação questiona indistintamente, interna e externamente as grandes empresas, coloca em xeque a competência das nossas elites gerenciais, especialmente, da área de informática: desafia as mais arraigadas teorias e sistemas administrativos e, por fim, nos coloca diante de um ponto em nossa história, a partir do qual, avançaremos para a construção de uma nova organização empresarial ou mergulharemos num período de absoluta obsolescência.

A empresa que visualizamos não terá qualquer semelhança com a dos nossos dias. Ela será sim pelo poder da mente. Como disse Winston Churchill, "Os impérios do futuro são os impérios da mente". Nesse ambiente, o perfil e o papel do profissional de informática são inteiramente diferentes dos seus antecessores os conhecidos gerentes/diretores de processamento de dados das ultimas três décadas.

As distinções entre esses períodos são marcantes e indicam o advento de um profissional, que também não guardará qualquer semelhança com seus antecessores. A metamorfose é global. Nesse caso, de nada vale a mera substituicão de títulos ou rótulos funcionais, pois estes servirão apenas de bloqueio ao avanço de uma gerência técnica para uma gerência de negócios; de uma gerência de processamento de dados, a uma gerência de recursos de informação; e, por último, de um CPD centralizado, para um outro descentralizado, em que os administradores das organizações terão acesso direto às informações por meio de terminais ou mesmo de microcomputadores e iPhones.

O avanço tecnológico, que transforma a informática em poderosa arma das organizações verdadeiramente competitivas, requer um novo profissional. Este deverá ser um misto de homem de negócios, gerente e técnico. Como homem de negócios ele deverá conhecer com profundidade o business da empresa a qual serve: possuir uma visão estratégica a fim de analisar as várias tendências (mesmo aquelas que ainda não estão claras) que poderiam influenciar positiva ou negativamente sua empresa. Para exercer seu novo e, talvez mais importante papel, ele precisa ter conhecimentos profundos sobre: planejamento estratégico, desenvolvimento organizacional, marketing, produção, processos industriais, planejamento financeiro, ética, políticas governamentais, notadamente aquelas de natureza econômico- financeira.

Como gerente suas responsabilidades englobam aquelas atividades tradicionalmente associadas ao gerenciamento científico: planejamento, organização, staffing, direção e controle. Destaque-se que algumas organizações têm sido generosas no treinamento desses skills. Todavia observamos um despreparo gerencial generalizado. Assim parece ser inteiramente impossível gerenciar na era da informática quando muitos ainda não aprenderam sequer os fundamentos da arte gerencial. Sem o completo domínio gerencial destas atividades funcionais é impossível o exercício do papel do "homem de negócios". Afinal, não se gerenciam empresas em um vacum e, muito menos, com base apenas em sentimentos.

Como técnico, ele tem que ser um especialista na arte de gerenciar com excelência a tecnologia de informação. Consequentemente, é exigida dele não apenas compreensão apurada sobre as diversas tecnologias e como elas se interagem entre si, mas também a capacidade para analisar as várias tendências e transformá-las em instrumentos positivos para o desenvolvimento dos negócios, enriquecimento do talento gerencial, satisfação dos clientes, aceleração e acuidade das informações no processo de tomada de decisões. Esse homem é inegavelmente novo ou desconhecido para muitas organizações. Isto significa dizer que as empresas deverão investir competentemente na seleção, formação e desenvolvimento daqueles que eventualmente serão seus mais importantes escudeiros da tecnologia. Essa nova consciência, por outro lado, abre portas gigantescas e oportunidades fecundas aqueles que aspiram ser algo mais do que meros gerentes de informática. O perfil aqui delineado coloca o executivo de informática em posição tão previligeado quanto a dos estratégicos da empresa e dos resultados a serem obtidos. As empresas necessitam pensar sobre esse novo profissional. A sua chegada marcará o início de um novo período, no qual a informática se contituirá em centro de lucro e arma de ataque a concorrência. Dessa nova visão e do papel a ser exercido por esse homem nas organizações dependerá o novo futuro na luta pelo mercado global.

Autor: Gutemberg B. de Macedo (Administração e Análise - O Estado de S. Paulo)

Artigo 2. Exercício de Pensamento Holístico e Sintético.
10 DEZEMBRO 2010 EAESP FGV GV INCOMPANY PROF. DR CHU
Artigo: Mintzberg: Primeiro pense, Primeiro veja, Primeiro faça

Como devemos tomar decisões? Fácil, já descobrimos isso há muito tempo: em primeiro lugar, defina o problema; depois, diagnostique suas causas; em seguida, formule as soluções possíveis; e, finalmente, decida-se pela melhor delas e, obviamente, coloque--a em prática. será, porém, que sempre conseguimos tomar decisões dessa maneira? Propomos que, ao modelo lógico-racional, que chamaremos neste artigo de "Primeiro pense", juntem-se outros dois, muito diferentes o "Primeiro veja" e o "Primeiro faça". Organizações saudáveis, assim como pessoas saudáveis, são capazes de adotar os três modelos e, quando os executivos passam a usá-los, conseguem melhorar a qualidade de suas decisões.

O modelo "Primeiro pense":

Há alguns anos, um membro de nosso grupo examinou uma infinidade de decisões de negócios, delineando os passos e então ordenando-os. O processo de decisão para a construção de uma nova fábrica era típico: um círculo vicioso, interrompido por acontecimentos novos, desviado por oportunidades diferentes e assim por diante, até que surgisse alguma solução. A ação final era tão clara quanto uma onda arrebentando na praia, mas explicar como se havia chegado a ela era tão difícil quanto localizar a origem daquela onda no meio do oceano.

Frequentemente, as decisões não exatamente surgem, mas "irrompem". Eis como o grande mestre de xadrez Alexander Kotov descreve um estalo repentino que teve, depois de uma longa análise: "Então, eu não posso mover o cavalo. Vou tentar o movimento da torre, novamente... Nesse momento, você dá uma olhada no relógio. 'Minha nossa! Já faz meia hora que você está pensando se move a torre ou o cavalo. Se continuar assim, terá um problema sério com o tempo.' E aí, de repente, você é atingido pela feliz ideia - por que mover a torre ou o cavalo? Que tal um B1CD (bispo 1 cavalo dama)? E sem maiores explicações, sem nenhuma análise, você move o bispo. Sem mais nem menos". Assim, pode ser que decidir signifique andar às cegas por algum tempo e depois ter lampejos repentinos que conduzirão a uma concretização, ou talvez seja uma forma de "anarquia organizada", como escreveram o professor James Marche, de Stanford, e seus colegas. Eles caracterizam a tomada de decisão como "séries de soluções à procura de problemas, questões e impressões à procura de situações decisivas nas quais possam se manifestar, soluções à procura de questões às quais possam ser uma resposta e tomadores de decisão à procura

de trabalho". Contudo, a confusão descrita por esses autores estaria no processo ou nos observadores? É provável que as decisões atrapalhadas que tomamos na vida real sejam mais sensatas do que imaginamos, exatamente porque grande parte delas está além de nosso nível consciente.

O modelo "Primeiro veja":

Palavra que significa "ver internamente", intuição sugere que as decisões (ou, pelo menos, as ações) podem ser motivadas tanto pelo que vemos como pelo que pensamos. Segundo Mozart, a melhor parte de compor uma sinfonia era a habilidade de "vê-la completamente pronta, em um simples relance, em minha mente". Portanto, a compreensão pode ser tanto visual como conceitual.

Nas famosas experiências de W. Koehler, na década de 1920, um macaco se esforçava para alcançar uma banana colocada em um lugar alto de sua jaula, quando viu uma caixa no canto (não só a notou, como percebeu o que poderia fazer com ela), e seu problema estava resolvido. Do mesmo modo, depois que Alexander Fleming realmente viu o fungo que matara as bactérias de algumas das amostras de seu experimento (ou seja, quando ele entendeu como aquele fungo poderia ser utilizado), ele e seu colega conseguiram nos dar a penicilina. Isso também pode ser aplicado à visão estratégica. Ter visão exige coragem de ver o que os outros não vêem e isso significa ter tanto confiança como experiência suficientes para reconhecer o valor de um estalo repentino.

Uma teoria da psicologia da Gestalt identifica quatro passos na descoberta criativa: preparação, incubação, iluminação e verificação. A preparação deve vir em primeiro lugar. De acordo com o cientista Louis Pasteur, "a sorte só favorece a mente preparada". O conhecimento profundo, normalmente adquirido ao longo dos anos, é seguido pela incubação, durante a qual a mente inconsciente trata o assunto. Em seguida, se tiver sorte, ocorre aquele lampejo "eureca", em geral após uma noite de sono porque quando dormimos o pensamento racional é desligado e o inconsciente ganha maior liberdade. Depois disso, a mente consciente volta a usar a argumentação lógica, mas a verificação (pensar em tudo de forma linear para demonstrar em detalhe e com provas) leva tempo. Grandes ideias repentinas talvez sejam raras, mas que setor de atividade não deve suas origens a uma ou mais delas? Ademais, pequenas inspirações nos ocorrem toda hora. Ninguém deve aceitar nenhuma teoria sobre tomada de decisão que as ignore.

O modelo "Primeiro faça":

Mas o que acontece quando você não consegue ver nem imaginar a coisa? Simplesmente, faça. É assim que pessoas pragmáticas funcionam quando tolhidas: continuam fazendo e acreditando que, se fizerem alguma coisa, o pensamento necessário virá em seguida. Isso é experimentação ...tentar algo para poder aprender.

Uma teoria sobre o "Primeiro faça", popularizada por Karl Weick, professor de comportamento organizacional, resume-se a "realização, seleção e retenção". Significa fazer várias coisas, descobrir quais funcionam, entender a razão, repetir os comportamentos mais eficientes e descartar o restante. As pessoas bem-sucedidas sabem que, quando estão entaladas, devem experimentar. O pensamento pode levar à ação, mas esta, certamente, também pode direcioná-lo. Simplesmente, não pensamos para agir; agimos para pensar. Cite quase qualquer empresa que tenha passado por um processo de diversificação bem-sucedido e nós lhe mostraremos uma que aprendeu fazendo, cuja estratégia se revelou por meio da experiência. No início, essa empresa pode ter planejado uma estratégia minuciosa baseada na avaliação de seus pontos fracos e fortes (ou, depois da década de 1990, suas "competências básicas"). Mas, convenhamos, como se pode distinguir um ponto forte de um fraco quando se está entrando em um novo campo de atuação? Não há escolha, a não ser tentar fazer as coisas para identificar suas competências realmente básicas. Agir é importante nesse momento; se você insistir em "pensar primeiro" e, por exemplo, elaborar um planejamento estratégico, pode, na verdade, estar desestimulando o aprendizado.

Um workshop comparativo

Por muitos anos ministramos workshops para gestores sobre essas três abordagens de tomada de decisão. Normalmente, começávamos com uma conversa sobre essa relação entre análise, idéias e ação. Então, pedíamos que se dividissem em pequenos grupos para debater alguma questão desafiante por cerca de uma hora (por exemplo, "como administrar uma central de atendimento ao cliente sem ver o cliente" ou "como se organizar sem estrutura") e, depois, apresentar ao restante da sala um quadro com suas conclusões, no modelo "Primeiro pense". Em seguida, distribuíamos papel colorido, canetas, tesouras e cola, para que cada grupo criasse uma colagem sobre o tema discutido, segundo o parâmetro "Primeiro veja". Aí os grupos comparavam os dois trabalhos - tanto em termos de processo como de resultados. No final, cada grupo tinha alguns minutos para apresentar um esquete (improvisado) sobre seu tema.

Os participantes percebiam que, no trabalho "Primeiro pense", as discussões iniciais começavam tranqüilas, independentemente de diferenças de nacionalidade ou de bagagem profissional. Listavam os comentários em tópicos -ocasionalmente com gráficos- e convergiam logo para um dos muitos modelos analíticos convencionais -causa e efeito-, problema e solução, prós e contras etc. Muitos notavam que a qualidade e profundidade da discussão podiam ser sacrificadas em nome da eficácia do processo. De fato, era comum o resultado ser uma lista de desejos, com divergências ocultas, o que os fazia notar que talvez haja menos disciplina do que cremos existir no modelo "Primeiro pense". Já quando os grupos tinham de fazer a colagem, seus membros precisavam chegar a um consenso, o que exigia uma integração de idéias mais profunda. "Tivemos de pensar mais para fazer isso", relatavam os participantes. As pessoas faziam mais perguntas no exercício "Primeiro veja"; tornavam-se mais brincalhonas e, principalmente, mais criativas. Um dos grupos, que acreditava ter chegado a um acordo sobre o tema no exercício "Primeiro pense", descobriu a superficialidade disso somente quando fez o exercício de criar a imagem, o que obrigou seus membros a saber um pouco mais sobre as capacidades de cada um e a colaborar mais. Uma gestora assim resumiu a comparação: "No 'Primeiro pense', nós nos concentramos no problema e, no 'Primeiro veja', nas soluções". "Senti que aquilo se tornou um projeto do grupo no 'Primeiro veja', em vez de um projeto meu", disse um participante que havia escolhido o tópico de seu grupo. O exercício "Primeiro veja" também extraiu mais emoções; houve mais risadas e um nível de energia mais elevado, o que sugere que a possibilidade de vislumbrar uma trajetória revigora as pessoas e as estimula a agir. Comparando o exercício "Primeiro veja" com os debates "Primeiro pense", um participante notou: "Nós nos sentimos mais livres no 'Primeiro veja'".

Os esquetes improvisados do final respondiam pela sessão "Primeiro faça" do workshop. Os participantes interagiam intuitiva e visceralmente, externando problemas ocultos nos debates "Primeiro pense" e até mesmo no trabalho de arte "Primeiro veja". Por exemplo, os conflitos se tornavam evidentes nos esquetes, na maneira como as pessoas se posicionavam e conversavam. Humor, poder, medo e raiva vinham à tona. Na verdade, esses esquetes revelam aquilo que palavras e números não dizem, ou seja, que problemas causam. "Nem tudo é indizível em palavras", argumentava o dramaturgo Eugène Ionesco, "somente a pura verdade." Ou, como afirmava categoricamente Isadora Duncan, a pioneira da dança moderna: "Se eu pudesse dizê-lo, não teria de dançá-lo". Assim, o "Primeiro faça" propicia a dança que tanto anda faltando às organizações de negócios de hoje.

Chega de pensar?

Cada abordagem tem pontos fortes e fracos: "Primeiro pense" funciona melhor quando temos uma questão clara, dados confiáveis, o mundo estruturado, quando nossos pensamentos podem ser controlados e a disciplina aplicada, como em um sólido processo de produção.

"Primeiro veja" é necessário quando muitos elementos têm de ser combinados para chegar a soluções criativas e o comprometimento com elas é fundamental, como no lançamento de um novo produto. A organização deve fugir do convencional, estimular a comunicação através das fronteiras, furar bloqueios cerebrais e empenhar tanto o coração como a mente. "Primeiro faça" é preferível em situações inusitadas e confusas, em que as coisas precisam ser resolvidas. Normalmente, é o caso de um novo setor ou de um

artigo que tenha sido lançado no caos por uma nova tecnologia. Em tais circunstâncias, especificações complicadas atravancam o progresso e algumas regras simples de relacionamento podem ajudar as pessoas a seguir em frente, de forma coordenada e, ao mesmo tempo, espontânea, o que sugere as vantagens de combinar as três abordagens. Com o objetivo de aprender, um grupo pode tentar lidar com uma questão inicialmente usando a habilidade de fazer; depois, para imaginar, empregará a arte, vinculada a ver, e, finalmente, para programar, usará a ciência, ligada a pensar. A arte proporciona o panorama geral ou a visão; a ciência especifica a estrutura ou o plano; e a expressão corporal produz a ação ou a energia. Em outras palavras, a ciência o mantém na linha, a arte o mantém interessado e a habilidade o mantém seguindo em frente. **FIM**

Artigo 3. Exercício de Pensamento Holístico e Sintético
10 DEZEMBRO 2010 EAESP FGV GV INCOMPANY PROF. DR CHU S. YONG
<u>Artigo: Os Três Pilares da Gestão do Conhecimento</u>
Autor: Eduardo Jorge Lapa Lima

As empresas vêm há muitos anos fazendo aquisição de novas tecnologias, implantando novos sistemas, investindo em conectividade e integrando sistemas de informação sempre com a preocupação de ter a tecnologia como suporte para o negócio. Não muito recente, foi imensa a quantidade de empresas que redesenharam seus processos de negócio, muitas que nem tinham seus processos estruturados, definidos e documentados partiram para tal e muitas até gastaram bastante dinheiro, ou investiram bastante dinheiro, em consultorias e ferramentas para modelagem dos processo, ao mesmo tempo nossa sociedade esteve, ou está, imersa em uma transição de Era. Estamos passando à sociedade do conhecimento, era da informação, pós-capitalismo, enfim, chamamos do nome que acharmos melhor, mas o fato é a transição de uma Era para outra e junto com a transição, as mudanças culturais. Aí entra o recurso humano. Como está o trabalhador dessa nova Era? Como deverá ser o trabalhador dessa nova Era?

Não querendo discutir conceitos, mas apoiado no conceito de gestão do conhecimento de Davenport e Prusak, em que a Gestão do conhecimento pode ser vista como uma coleção de processos que governa a criação, disseminação e utilização do conhecimento para atingir plenamente os objetivos da organização, sempre acreditamos que os **projetos ou iniciativas de gestão do conhecimento estão apoiadas em uma tríade formada por pessoas, tecnologia e processos de negócio.** *Para tratar desse alinhamento, podemos fazer um paralelo com a definição dada por Davenport e Prusak, em que dizem que a gestão do conhecimento é uma "coleção de processos" e citam "atender aos objetivos da organização" podemos rapidamente relacionar com os processos de negócio, ou seja, a coleção de processos dita pode ser vista como uma incorporação de processos de gestão do conhecimento (explicitação, socialização entre outros) aos processos de negócio das organizações (processo de vendas, processo de produção, processo de desenvolvimento de sistemas entre outros). Em que os autores falam "criação, disseminação e utilização de conhecimentos" não falam de mais nada a não ser das pessoas, pois conhecimento está nas pessoas, é criado pelas pessoas, é utilizado pelas pessoas, então fica confortável fazer essa relação. E aí nos dá margens a pensar: onde entra a tecnologia de informação? Reflexivamente, conseguimos enxergar essa relação, pois o que mantém, ou ajuda a manter os processos de negócios bem estruturados é a tecnologia de informação. O que ajuda, e muito, na disseminação de conhecimento é a tecnologia de informação. O que pode fazer a união mais frequente de pessoas geograficamente distribuídas é a tecnologia. Dessa maneira, temos tranquilidade em falar que essa tríade está formada. Para não ficarmos na superfície desses três sustentadores dos projetos de gestão do conhecimento, podemos ver cada um com um pouco mais de cuidado.*

A gestão de pessoas na era do conhecimento: *constantemente estamos ouvindo alguém falar que estamos na sociedade do conhecimento, que o conhecimento é que gera riquezas para uma nação, que os homens mais ricos do mundo "vendem conhecimento" entre outras similaridades. Já existem alguns que chamam de sociedade pós-capitalista, de Era do Conhecimento, sociedade da informação e por aí adiante. O fato é que, como dito ini-*

cialmente, estamos vivendo uma nova era, se já não estamos nela, certamente estamos passando por um período de transição. Seja como for que queiram chamar, é preciso pensar na gestão das pessoas à luz dos novos anseios e desafios para os profissionais do conhecimento. Vejamos agora algumas evidências que merecem atenção de pessoas que estarão envolvidas em projetos de gestão do conhecimento. O fator que tem impressionado bastante a todos é o aumento significativo de mão de obra autônoma ou se preferirem mão de obra autoconfiante. Segundo pesquisa da US Dept of Labor, da Epic/MR, até o ano de 1900, 50% da mão de obra era autônoma, entre 1900 e 1977 somente 7% da mão de obra era autônoma, provavelmente pelo movimento da revolução industrial e crescimento do número de indústrias em todo o mundo. Já em 1996 este percentual cresceu para 16% e vem aumentando significativamente. E como isso afeta os projetos de gestão do conhecimento? Bem, imaginemos a situação de uma empresa qualquer, que pretende terceirizar ou contratar por período determinado, serviços de processamento de dados ou serviços de desenvolvimento de sistemas de informação. Os profissionais contratados logo que terminem o projeto vão sair da organização, ou um dia acabará o contrato do terceirizado e a pergunta é: como reter conhecimento de uma pessoa que trabalha para minha organização e não é meu funcionário? Analisando rapidamente, podemos pensar que colocar uma cláusula no contrato dizendo que "o contratado é obrigado a me contar tudo que sabe" resolveria esse problema, mas na prática as coisas não são tão simples assim e as organizações que terceirizaram serviços ou já tiveram a experiência de contratarem temporariamente, sabem disso....

A diminuição do comprometimento na relação empresa vs. funcionário é algo evidente, não precisaríamos de nenhuma pesquisa mais profunda para detectar esse ponto, mas segundo a McKinsey&Co, em 1971 somente 20% das pessoas tinham demissão antes de dois anos de trabalho nas empresas, entre 97 e 98 este percentual já está em 48. Nos dias de hoje não vimos mais a preocupação no jovem de ingressar em uma empresa e manter-se nela durante muito tempo, a rotatividade já é uma estratégia de carreira dos mais jovens. As pessoas estão querendo crescer profissionalmente, novas experiências, novas oportunidades e viver o clima de outras organizações.

Essa estrutura organizacional e seus sistemas de informação não mais atendem às demandas do mercado. Precisam ser reorganizados. Mas realizar essa transformação não é tarefa das mais fáceis.

Essa questão da falta de comprometimento, tem alguns possíveis motivos, como a abertura e expansão de novos canais de informação sobre empregos/empresas, anteriormente fechados, como rede de relacionamentos, internet e contratação por indicação. Os profissionais de hoje estão melhor educados que as gerações anteriores, ou seja, possuem melhores formações. A AON Workforce Commitent Study afirma até que pode estar até acontecendo a vingança dos que passaram por um downsizing! O talento está escasso e controla o mercado de trabalho, a tecnologia a baixo custo liberou os profissionais para trabalhos sob demanda entre outros aspectos que podem ter influenciado na questão da estabilidade. Nessas questões que a gestão do conhecimento pode ajudar, deixando definido e estruturado o processo de negócio contendo etapas de processos de gestão do conhecimento. No exemplo citado, pode estar dentro do processo de desenvolvimento de sistemas uma etapa em que, ao desenvolver e entregar um módulo de um sistema de informação, o profissional deve entregar a documentação daquele módulo de sistema, deve documentar quem foram as pessoas envolvidas nas definições, deve documentar as atas das reuniões de levantamento, deve documentar e disponibilizar manual técnico e assim por diante. Deixemos um pouco a questão dos processos para serem tratadas a frente e pensemos no recurso humano própriamente dito. Tendo todo esse cenário como pano de fundo, como fica a estruturação profissional? Quais as habilidades vitais que as pessoas tevem ter para enfrentar esse cenário? O que almejam os profissionais do conhecimento? Veremos agora.

O trabalhador na era do conhecimento precisa de algumas habilidades extra funcionais para encarar o novo cenário profissional, como por exemplo, preferência por ris-

cos, compulsão por velocidade, para poder acompanhar a evolução tecnológica que, muita das vezes, nos são impostas, desconsideração por tradição e falta de medo de falhas. Esses são alguns aspectos fundamentais para jovens trabalhadores. E por falar em jovens trabalhadores, o que estes pensam sobre o trabalho? Segundo relatório do Corporate Leadership Council (CLC), os jovens trabalhadores preferem uma carreira formada por uma série de pulos, e não de passos. Preferem uma carreira construída em mercados à carreira construída hierarquicamente. Para os jovens, o enporwerment é adquirido com habilidade e não com posições nos organogramas, ao mesmo tempo que a escolha profissional não está mais entre as empresas e sim entre a especialização ou a generalização da profissão escolhida. Por último, o que já foi citado anteriormente, mas merece reforço é a questão da rotatividade. A rotatividade é uma estratégia de carreira esperada e aceita pelas organizações e profissionais.Com base no relatório do CLC, podemos verificar ainda o que os profissionais almejam. Entre os jovens profissionais há a necessidade de ótima liderança, de grandes mentores e não de chefias. Deve haver equiparação externa, ou seja, as mesmas oportunidades no mercado para o trabalho que é exercido dentro da empresa atual. O salário deve ser equivalente ao do mercado. Jovens profissionais querem apoio com aprendizado e feedback compreensivo e proveitoso, em substituição a punições e represálias.

- Sem a pretensão de ter esgotado o assunto "Pessoas", mas tendo que falar também de outros aspectos, podemos refletir sobre questões como:
  - O que faz a força de trabalho hoje ser tão diferente?
  - Porque os processos antigos de RH não funcionam mais hoje?
  - Onde deve-se priorizar: recrutamento? Seleção? Os dois?
  - O que os colaboradores realmente desejam das organizações?
  - Qual a melhor maneira de manter os funcionários engajados e motivados?

A tecnologia de informação para Gestão do Conhecimento: depois de falarmos de pessoas, pensemos um pouco agora a questão da tecnologia de informação. Diversas vezes já ouvi o questionamento da relação entre tecnologia e gestão do conhecimento. As dúvidas pairam sobre a seguinte questão: Existe projeto de gestão do conhecimento sem tecnologia? Eu diria que dependendo do porte de sua empresa e a abrangência do projeto de gestão do conhecimento, talvez a tecnologia possa ser dispensada, mas na maioria dos casos, a tecnologia de informação ajuda e bastante aos projetos de gestão do conhecimento.

"Existe uma relação sinergética poderosa entre gestão do conhecimento e tecnologia; esta relação leva a retornos crescentes e sofisticação crescente em ambas as frentes. À medida que a tecnologia de informação se torna nossa ferramenta pessoal e nossa conexão com os outros, aumenta nossa cobiça em acessar ainda mais informação e conhecimento de outras pessoas, e então demandamos ferramentas de TI ainda melhores e mais eficientes, que se tornam parte da forma como trabalhamos." (O'dell & Grayson Jr, 1998).
A tecnologia pode ajudar no mapeamento de competências, por meio de sistemas de colaboração. Pode ajudar no processo disseminação de informações por meio de um website na internet ou intranet. A tecnologia pode ajudar bastante no mapeamento e modelagem de processos. Até a criação de um mapa de competências de uma organização pode se valer da tecnologia para que haja eficiente gestão e desenvolvimento das competências dos colaboradores. O conceito de memória organizacional, não seria viabilizado sem o auxílio de uma intranet, ou aplicação similar. Dessa maneira vimos a importância da tecnologia de informação. O que muito inquieta as pessoas que trabalham com gestão do conhecimento é a importância em demasia que se dá a tecnologia. Davenport e Prusak têm uma passagem que mostra bem isso ao dizerem: "A tecnologia da informação pode ajudar na construção de mapas de conhecimento (Lotus Notes e web browsers), entretanto ela sozinha não garante que o mapa de conhecimento seja efetivamente utilizado: Se mais de um terço do total de dinheiro e recursos de um projeto é gasto em tecnologia, ele se torna um projeto de TI, não um projeto de conhecimento".
Por isso pensamos na tríade formada por TI, Pessoas e Processos. Acreditamos e temos comprovado isso elaborando projetos de gestão do conhecimento que qualquer um des-

ses itens isolados pode produzir menos do que a combinação eficiente dos três fatores. Ao mesmo tempo que a tecnologia por si só não resolve nada, a grande maioria dos projetos de gestão do conhecimento que conhecemos surgiram da área de TI, ou não? Uma empresa lança um website e começa a crescer agregando um aplicativo de CRM, ou seja, conhecimentos sobre o cliente. Muitas lançam uma intranet simples e essa começa a evoluir. Empresas disponibilizam servidores de email que acabam se tornando ferramentas de colaboração. Empresas criam grupos de funcionários em suas redes de computadores e isso acaba se tornando uma comunidade de prática e assim por diante. Então é bom olharmos essa questão com bons olhos.

Processos de negócio na gestão do conhecimento: por último e não menos importante falaremos nos processos de negócio. Bem, antes de falarmos da relação dos processos de negócio com a gestão do conhecimento, seria bom fazermos uma revisão sobre o que são os processos nas empresas. Todo trabalho importante realizado nas empresas faz parte de algum processo (Graham & LeBaron, 1994). Teoricamente, não existe um produto ou um serviço oferecido por uma empresa sem um processo empresarial por trás. Da mesma forma, não faz sentido existir um processo empresarial que não ofereça um produto ou um serviço como saída. Na concepção mais frequente, processo pode ser encarado como qualquer atividade ou conjunto de atividades que toma um input, adiciona valor a ele e fornece um output a um cliente específico. Os processos utilizam os recursos da organização para oferecer resultados objetivos aos seus clientes (Harrington, 1991). Mais formalmente, um processo é um grupo de atividades realizadas numa sequência lógica com o objetivo de produzir um bem ou um serviço que tem valor para um grupo específico de clientes (Hammer & Champy, 1994). Essa ideia de processo como um fluxo de trabalho com inputs e outputs claramente definidos e tarefas discretas que seguem uma sequência e que dependem umas das outras numa sucessão clara vem da engenharia e não da reengenharia, como alguns autores já pregaram. O que gostaria de focar nesse momento é a questão da relação da estruturação dos processos de negócio com projetos de gestão do conhecimento. Uma empresa que não tenha uma orientação mínima para processos, dificilmente conseguirá ter sucesso num projeto onde se tenha necessidade de compartilhamento de conhecimento tácito, o que está na cabeça das pessoas. Por exemplo, como documentar e registrar conhecimentos sobre o processo se o mesmo não está minimamente estruturado? Como fazer uma otimização de fluxos de informações se o processo não está adequado? Realmente fica difícil.

A gestão do conhecimento por si só já deve trazer alguns processos específicos também, como: compartilhar o conhecimento internamente, atualizar o conhecimento, processar e aplicar o conhecimento nas atividades, encontrar o conhecimento internamente, adquirir conhecimento externamente, reutilizar conhecimento, criar novos conhecimentos e compartilhar o conhecimento com a comunidade, registrar conhecimento entre outros. Esses processos devem estar de alguma maneira incorporados aos processos de negócio, pois senão fica complicadíssimo fazer com que um projeto de gestão do conhecimento obtenha sucesso. Indo mais longe, é preciso fazer essa mesclagem, pois senão os colaboradores podem ver os processos de gestão do conhecimento como um trabalho a mais. Um exemplo de incorporação de processos de gestão do conhecimento aos processos de negócio seria a empresa incluir no seu processo de suporte a cliente, tempo para o atendente documentar o problema exposto pelo cliente e a solução dada ao mesmo, criando um repositório de conhecimento sobre produtos ou serviços. **FIM.**

* Eduardo Jorge Lapa Lima é consultor em gestão do conhecimento pela Informal Informática Consultoria.

Artigo 4. Exercício de Pensamento Holistico e Sintético
10 DEZEMBRO 2010 FGV EAESP GV INCOMPANY PROF. DR CHU S. YONG
<u>Artigo: A Inteligência</u>
Autor: *Vide a seguir*

Este artigo foi originalmente publicado na edição de Maio de 2000 da revista "Pais & Filhos" e a sua reprodução neste livro foi autorizada pelo autor e pela referida publicação. "A inteligência é como um pára-quedas: só funciona se estiver aberta." R. Dewar. O fato de usarmos a palavra inteligência tão frequentemente leva-nos a acreditar na sua existência como uma entidade concreta, estável e mensurável. Mas será mesmo assim? por VITOR CRUZ (ver ref. bibliográfica no final)

É hoje consensual entre os investigadores que as crianças não vem ao mundo como autómatos geneticamente programados, colocando a ênfase na importância da natureza, nem como uma tábua rasa à mercê do ambiente, o que coloca a ênfase na importância da cultura. Por outras palavras, o antigo debate que motivou gerações de filósofos, e que levantava a questão se é a natureza ou a cultura que comanda o processo de desenvolvimento e crescimento, já não interessa à maioria dos cientistas. Actualmente, a questão é: Como é que a natureza e a educação interagem para produzir mudanças no desenvolvimento? Greespan sugere que a interacção entre as duas grandes forças geradoras do desenvolvimento em geral, e da inteligência em particular, a natureza e a cultura, "Não é uma competição, é uma dança". Para além da independência da polaridade entre natureza e cultura, ou hereditariedade e educação, é fundamental realçar que o facto de usarmos a palavra inteligência tão frequentemente nos leva a acreditar na sua existência como uma entidade concreta, estável e mensurável. No entanto, a palavra inteligência é, na verdade, uma forma conveniente de nomearmos alguns fenómenos que podem ou não existir e que nós nunca observamos directamente como um poder, apenas o fazemos através das suas varias realizações ou manifestações. Sendo, como é, um conceito tão pouco consensual e com tantas e diversificadas abordagens, não é nossa intenção apresentar nenhuma definição de inteligência. Iremos apenas partir de alguns aspectos da sua natureza para tentar perceber o que ela é. Deste modo, partiremos da sugestão de Feuerstein e Kozulin de que a inteligência é complexa, multidimensional e modificável, para, com a ajuda de alguns autores, contribuirmos para o entendimento do que é a inteligência.

A Complexidade da Inteligência

Para tentar perceber a complexidade da inteligência, o contributo da Teoria Triárquica da Inteligência (TTI) de Sternberg é fundamental, pois compreende três subteorias, Componencial, Experiencial e Contextual, cada uma das quais lidando com diferentes aspectos da inteligência. Começando com a subteoria componencial, esta relaciona o conceito de inteligência com o mundo interno da criança, ou seja, está orientada para a abordagem dos mecanismos mentais que suportam o comportamento inteligente. E chama-se a atenção para a importância de considerarmos as competências e os estilos cognitivos próprios de cada criança, bem como de os respeitarmos durante todo o processo educativo.

Assim, para além de perceber o que a criança consegue fazer, trata-se de perceber e respeitar o que ela prefere fazer, capitalizando, deste modo, as competências que tem e o modo como prefere utilizá-las. Ao contrário da subteoria componencial que, como vimos, relaciona o conceito de inteligência com o mundo interno da criança, a subteoria contextual procura relacionar a inteligência com o mundo exterior da criança, ou seja, preocupa-se com a actividade mental que permite alcançar um ajustamento ao contexto e não com a actividade física ou com as influências externas que podem facilitar ou impedir a actividade no contexto. Dá-se, assim, preferencialmente ênfase à actividade mental da criança que tenta adaptar-se e não existe uma preocupação em verificar se a criança conseguiu ou não a adaptação a uma determinada situação. Deste modo, esta subteoria tem por trás de si uma orientação e preocupação com o processo e não com o produto, pois é mais importante perceber como a criança aprende e aplica o que aprende em dife-

rentes situações, do que medir em termos absolutos o resultado obtido. Passando agora à subteoria experiencial, esta defende que as tarefas são diferencialmente boas como reflexos da inteligência, não apenas em função dos componentes envolvidos, mas também em função da existência ou não de familiaridade com as tarefas por parte da criança que as realiza. Deste modo, podem existir pelo menos dois pontos específicos do contínuo de experiências vividas pela criança, que são:

- Quando as tarefas são relativamente novas ou inéditas na experiência da pessoa, ou, pelo contrário;
- Quando as tarefas são tão habituais que o seu desempenho se está a tornar automático e, portanto, essencialmente inconsciente.

Com base nessa posição, torna-se evidente que devemos perspectivar cada criança de um modo isolado, comparando-a com ela própria (avaliação a critério) e não fazendo a comparação com médias gerais (avaliação à norma). Tal afirmação leva-nos à noção de que seria uma profunda injustiça avaliar, do mesmo modo, uma criança que conhece um determinado assunto e uma outra que nunca ouviu falar dele, pois se, por um lado, as tarefas complexas podem ser efectuadas com facilidade apenas porque muitas das operações implicadas na sua realização já foram automatizadas, por outro, as tarefas ou situações que estão fora da experiência cotidiana individual, e que são diferentes de outras tarefas que a criança já realizou, exigem uma participação intensa e voluntária das componentes da inteligência. Em síntese, a TTI sugere que o comportamento inteligente ocorre quando as componentes intelectuais de cada criança são aplicadas às suas experiências para que aquela se organize e organize o contexto actual com o objectivo de melhorar a compatibilidade entre, as necessidades e as potencialidades de cada um – criança e contexto.

A Multidimensionalidade da Inteligência

Para a multidimensionalidade da inteligência, a Teoria das Inteligências Múltiplas (TIM), de Gardner, parece-nos ser elucidativa quanto ao facto de a inteligência não poder ser vista como algo unidimensional e singular. Assim, partindo da definição de inteligência como habilidade de resolver problemas, ou criar produtos que sejam valorizados num ou mais envolvimentos culturais, a TIM vem pluralizar o conceito tradicional de inteligência, pois mesmo sendo um conceito válido para descrever algumas capacidades de certas crianças, ele parece ignorar muitos outros talentos individuais notáveis. Por exemplo, os testes que proporcionam a evidencia de um factor geral de inteligência são, quase exclusivamente, testes que envolvem a linguagem e a lógica, deixando de fora outras habilidades da criança, como o domínio das relações interpessoais, espaciais ou corporais etc.. Nos seus trabalhos, Gardner afirma que todos os seres humanos são capazes de, pelo menos, oito diferentes modos de conhecer o mundo, ou seja, todos os seres humanos normais desenvolvem, pelo menos, oito inteligências. O mesmo autor refere que, de acordo com esta formulação, todos nós estamos aptos a conhecer o mundo através da linguagem, da análise lógico-matemática, da representação espacial, do pensamento musical, do uso do corpo ou de partes dele para resolver problemas ou para fazer coisas, de uma compreensão de outros indivíduos e de uma compreensão de nós mesmos, bem como de uma compreensão da natureza ou da nossa existência como seres conscientes. Gardner refere ainda que quase todas as situações culturais utilizam mais do que uma inteligência e, ao mesmo tempo, nenhuma prestação pode ser realizada simplesmente através do exercício de uma única inteligência. Uma vez que, como afirma o autor, todas as inteligências são parte da herança genética humana, todas elas se manifestam em todas as crianças em algum nível básico, independentemente da educação ou do apoio cultural. Assim, na sua opinião, todos os seres humanos possuem certas capacidades essenciais em cada uma das inteligências. Em termos de desenvolvimento, cada uma destas inteligências segue uma determinada trajectória natural e, partindo desta evolução, é natural que o papel da instrução em relação à manifestação de uma inteligência mude ao longo da sua trajectória desenvolvimental, pois a intervenção deve ser feita à luz das trajectórias desenvolvimentais das inteligências. Assim, as crianças beneficiam de uma instrução explicita somente se a informação ou o treino estiver ajustado ao seu estádio específico

na progressão desenvolvimental. Ou, pelo contrário, não tem qualquer benefício se um determinado tipo de instrução for precoce ou tardia demais em relação a essa progressão, ou se não se preocupar com a sua competência/inteligência.

Para Gardner, as crianças possuem quantidades variadas destas inteligências, combinam- -nas e usam- nas de modos pessoais e idiossincráticos, pois, do mesmo modo que todos nós parecemos diferentes e exibimos personalidades diferentes, também todos possuímos tipos de mentes diferentes. Gardner acrescenta ainda que pode acontecer que uma criança não seja especialmente bem dotada em nenhuma das inteligências e, contudo, em virtude de uma determinada combinação ou mistura das suas capacidades, talvez consiga realizar singularmente bem certas tarefas. Por outro lado, refere que existe uma independência entre as inteligências, o que se traduz na possibilidade de um alto nível de capacidade numa inteligência não requerer um nível igualmente alto em outra inteligência. Assim, segundo Gardner, a diferença entre as crianças surge a dois níveis principais:

a. *no vigor dessas inteligências – o perfil de inteligências de cada criança, e*
b. *na forma como cada criança invoca e combina tais inteligências para realizar tarefas, resolver problemas e progredir em varias áreas.*

O que atrás vem sendo dito acerca da TIM pode ter implicações decisivas a vários níveis, particularmente no que se refere à forma como executamos as nossas intenções educativas. fácil perceber que, até agora, a instrução formal da maioria das escolas, na maioria das culturas, enfatizou exclusivamente uma certa combinação das inteligências linguistica e lógico-matemática, com eventuais prejuízos para aquelas crianças com capacidades em outras inteligências. Não obstante aquela ser considerada uma combinação indubitavelmente importante para dominar as tarefas da escola, Gardner refere que fomos muito longe ao ignorar as outras inteligências, pois, ao minimizarmos a importância dessas outras inteligências dentro e fora da escola, levamos muitas crianças à crença de que são tolas, apenas porque fracassam em exibir a combinação "adequada", e não tiramos vantagens dos modos pelos quais as múltiplas inteligências podem ser exploradas para atingir, de um modo mais amplo, as metas da escola e da cultura. Procurando dar resposta a esta situação, Gardner propõe que a organização da escola ideal do futuro se deve basear em duas suposições:

1. *Primeira, nem todas as crianças têm os mesmos interesses e habilidades e nem todas aprendem da mesma maneira;*
2. *Segunda, atualmente, ninguém pode aprender tudo o que há para ser aprendido. Esta escola, centrada na criança, teria de ser rica na avaliação das capacidades e tendências individuais para procurar adequar às crianças tanto as áreas curriculares, como as maneiras particulares de ensinar esses assuntos.*

O referido autor acrescenta ainda que, mesmo depois dos primeiros anos, a escola também deveria procurar adequar às crianças os vários tipos de vida e de opções de trabalho existentes na sua cultura. Deste modo, uma educação construída sobre as múltiplas inteligências poderia ser mais efectiva do que uma construída apenas sobre duas inteligências, pois permitiria desenvolver uma gama mais ampla de talentos e tornar o currículo-padrão acessível a um maior número de crianças.

A Modificabilidade da Inteligência

Tal como o seu nome indica, a Teoria da Modificabilidade Cognitiva (TMC), de Feuerstein, é o modelo escolhido por nós para explicar a modificabilidade da inteligência, pois é um modelo que, para além de nos permitir entender o funcionamento das componentes da inteligência (funções cognitivas), permite- nos também avaliar e melhorar os processos da inteligência. Como o próprio autor refere, a TMC representa o começo de um novo paradigma que pretende rever diferentes teorias da psicologia e da educação, pois a filosofia em que se fundamenta envolve a necessidade de se saber como utilizar as diferentes modalidades de pensamento humano. Os seus efeitos, no campo da educação e da psicologia, passam, segundo Feuerstein, pela necessidade de considerar a inteligência como algo

que se pode aprender e não como algo fixo. Desse modo, a resposta à questão "é possível aprender a ser inteligente?" é, evidentemente, "Sim". Mas, para que esta seja a resposta, é necessário considerar a modificabilidade como uma característica da inteligência humana, sendo igualmente importante ensinar o ser humano a ser inteligente pelo aproveitamento da sua flexibilidade e autoplasticidade. Em termos mais gerais, Feuerstein refere mesmo que, embora parecendo um paradoxo, a modificabilidade é a característica das características, a única permanente, não havendo nada mais estável do que ela própria. Por outras palavras, o que o ser humano tem de estável é a sua capacidade para mudar e de estar sempre aberto às modificações. Segundo o mesmo autor, um outro aspecto digno de relevo é o facto de a modificabilidade negar absolutamente a possibilidade de predizer o desenvolvimento humano ou a classificação dos seres humanos, pois podem ocorrer modificações inesperadas, tanto de sentido positivo como negativo, resultantes de um acto da vontade. Assim, Feuerstein define a modificabilidade de uma criança como "a capacidade de partir de um ponto do seu desenvolvimento, num sentido mais ou menos diferente do previsível até agora, segundo um desenvolvimento mental, sendo esta capacidade para seguir uma direcção não prevista uma característica humana". O mesmo autor avança mesmo que, tanto do ponto de vista teórico como prático, todas as crianças são modificáveis, ou seja, as crianças são sempre capazes de se modificar, inclusivamente tendo em conta a sua etiologia, a sua idade e a sua condição – três aspectos geralmente considerados como criadores de dificuldades insuperáveis. Pensando agora nas implicações educativas desta teoria, Feuerstein diz-nos que, se o sistema escolar desenvolve os seus programas e currículos de acordo com objectivos específicos estabelecidos para a população que servem, então é essencial, antes de estabelecerem os objectivos, organizarem os alunos, planejarem os currículos, escolherem o material didáctico e seleccionarem os educadores, os quais deveriam responder a três questões básicas:

*1ª – A Modificabilidade Cognitiva é uma função crucial e legítima da educação?
2ª – A Modificabilidade Cognitiva é possível?
3ª – Se a Modificabilidade Cognitiva é tanto essencial como possível, como pode ela ser levada a cabo de modo eficiente e económico ?*

Para responder à primeira questão, Feuerstein refere que a atual ênfase no desenvolvimento das habilidades do pensamento crítico reflecte o reconhecimento de que as crianças têm que ser capazes de lidar com as novas e rápidas mudanças envolvimentais. No entanto, o mesmo autor refere que, apesar de importante, a aquisição do pensamento crítico não é suficiente para a adaptação a situações novas e complexas, pois esta adaptação requer uma flexibilidade interna. Assim, adianta que é a presença das funções cognitivas adequadas e o controle dessas funções que permitem à criança viver numa sociedade tecnológica, na qual os avanços são tão rápidos que muita informação que foi adquirida na escola se torna obsoleta antes de poder ser aplicada. No que se refere à segunda questão, Feuerstein apresenta- nos resultados de pesquisas, em que são utilizados diversos programas de intervenção ao nível da inteligência, que suportam a hipótese de que a modificabilidade cognitiva não é apenas possível, mas também quase dramaticamente fácil de levar a termo. Desse modo, para este autor, a visão de que o ser humano é um sistema aberto que pode ser modificado deve ser motivo de reflexão na prática educativa. Por fim, para que a modificabilidade cognitiva seja levada a cabo com sucesso e as crianças aprendam a aprender, os educadores, ocupando um papel chave na tentativa de modificar a estrutura cognitiva, têm que desenvolver e investir em programas de intervenção que afectem o ensino dos seus educandos.

Algumas reflexões finais
Procurando fazer agora uma breve reflexão, gostaríamos de começar por deixar claro que pensamos que essas três teorias da Inteligência têm uma importância fundamental para que possam ser criadas estratégias complexas, multidimensionais e modificáveis de criação de melhores condições de ensino, de educação e de aceitação dos outros. Pensando no papel de educadores e dos pais, gostaria de reforçar algumas ideias que considero fulcrais:

1. *É fundamental perceber quais são os estilos cognitivos dos nossos filhos, ou seja, para além de perceber o que é que os nossos filhos gostam de fazer, é importante entender o que é que eles conseguem fazer e quais são as competências envolvidas.*
2. *Devemos preocupar-nos mais com o modo como os nossos filhos aprendem e resolvem os problemas do que com o produto dessa aprendizagem e resolução, pois enquanto os processos permanecem e são generalizáveis, o produto esgota-se nele próprio.*
3. *É aconselhável não comparar os nossos filhos com médias frias e impessoais. Pelo contrário, devemos procurar perceber quais são as suas características particulares e intrínsecas, de modo a podermos perspectivar, de um modo afectivo e personalizado, a sua evolução, tendo-os como referências de si próprios.*
4. *Existem vários momentos no desenvolvimento, bem como diferentes domínios em desenvolvimento, pelo que se torna fundamental perceber qual é o momento de desenvolvimento e que domínios estão envolvidos em determinado período da vida dos nossos filhos, para podermos organizar as exigências, as solicitações e as expectativas em função das suas competências, necessidades e interesses variados.*
5. *As competências intelectuais dos nossos filhos são modificáveis. Portanto, é necessário ser otimista em relação a essa modificabilidade e estimulá-la, procurando sempre afastar qualquer ideia preconcebida que limite a nossa crença optimista na riqueza intelectual dos nossos filhos. A atividade intelectual dos nossos filhos pode, pois, ser comparada ao fluxo de água de um rio que é capaz de se adaptar às características do terreno, moldando o seu correr de acordo com o solo e não tendo uma forma constante, o que lhe permite ser modificável e adaptável de acordo com cada forma específica de terreno. No entanto, o que se verifica na maioria das vezes é que esse fluxo de água (actividade intelectual) é dificultado, pois é desviado do seu percurso natural e é orientado por forças exteriores que, de um modo deliberado, se organizam contra o fluxo natural e decidem quando, para onde e como ele há-de correr, sem terem em consideração a riqueza e a idiossincrasia particular do fluxo inicial. O rio deixa de seguir o seu percurso natural e passa a seguir um percurso que lhe é imposto, tal como a actividade intelectual dos nossos filhos deixa de seguir o seu desenvolvimento normal, mais rico e enriquecedor, para ser orientado por forças que contrariam essa riqueza pessoal, se esquecem dela e se organizam para metas que nada tem a ver com as particularidades das nossas crianças.*

Para saber mais sobre inteligência:
Feuerstein, R. (1980). Instrumental Enrichment – An Intervention Program for Cognitive Modificability. Baltimore: University Park Press.
Gardner, H. (1983). Frames of Mind – The Theory of Multiple Intelligences. United States of America: BasicBooks.
Sternberg, R. J. (1990). Mas Alla del Cociente Intelectual. Bilbao: Editorial Desclee de Brouwer, S. A..

Vitor Cruz: licenciado em Educação Especial e Reabilitação e mestre em Educação Especial, é actualmente Assistente do Departamento de Educação Especial e Reabilitação da Faculdade de Motricidade Humana, Universidade Técnica de Lisboa, onde lecciona a disciplina de Perturbações do Desenvolvimento. É autor da dissertação de mestrado com o título "Dificuldades de Aprendizagem e Treino Cognitivo", do livro "Dificuldades de Aprendizagem: Fundamentos" e de vários artigos relacionados com temas como: Inteligência, Aprendizagem, Cognição, Dificuldades de Aprendizagem, Treino Cognitivo, e outros da especialidade. Os seus interesses centram-se nas questões das Dificuldades de Aprendizagem, Reeducação Cognitiva, Inteligência e Psicologia Cognitiva.

Parte M. Introdução ao Software Cognitivo Operador Epistemológico Tácito (OET)

Introdução ao OET ®, software que elabora:
Mapas de Conhecimentos e Mapas de Intencionalidades

Introdução.
O participante deverá identificar no Windows na área de trabalho (Workspace) o ícone do OET, atualmente trabalhando na versão 3.2, bastante estável, e operando em clientes da AOM.

A sigla OET significa Operador Epistemológico Tácito no sentido de que opera as mentes humanas durante a construção e dialética nos modos tácito e explícito. Pelo seu fator estruturante da figura obtida por meio da percepção dos fenômenos e sua consequente projeção (consciente e subconsciente) e re-trabalhos reflexivos na tela de trabalho do OET, há uma continua ressignificação e ressintetização dos símbolos idiomáticos colocados, em uma ação de dialógica entre o elaborador e seu produto epistemológico: Mapas de Conhecimentos e Mapas de Intencionalidades.

O participante deverá clicar no item aludido anteriormente, que deverá resultar na apresentação da tela de trabalho do OET.

1. Elementos de conhecimento ou Temas de Conhecimentos (Círculo)
Refere-se à representação em Conhecimentos do tema principal ou dos principais atores na dialética grupal social ou dialógica produtora de conhecimentos. Uma boa representatividade é optar por uma tríade de elementos, duas delas em confrontamento fenômenologico produzindo um terceiro elemento, que é a razão ontológica e dialética de existência do fenômeno.

Operação: Clique na figura círculo Funcionalidades:
1. Arrasto do círculo:
Operação: com o mouse posicionado na figura Círculo, clique com o botão da esquerda, em seguida solte o botão acionado, surgirá uma cruz, que poderá ser utilizado para arrastar o círculo, para posicioná-lo melhor na área de trabalho.

2. Propriedades
Operação: com o mouse posicionado na figura Círculo, clique com o botão da direita e selecione Propriedades. Nessa opção você poderá optar:
- Colocar o nome do Elemento (em cima do elemento1).
- Escolher a fonte, estilo, tamanho, negrito e cor.
- Cor (uma) ou cores (duas) do fundo da area de trabalho do mapa.
- Sentido do degradê das cores.
- Dimensão do Elemento (Círculo) em largura e altura.

3. Exclusão do elemento
Operação: Selecione o elemento e com o botão da direita clique a exclusão.

2. Eixos de conhecimento
Uma vez estabelecidos os elementos básicos do fenômeno em observação procura-se estabelecer Eixos de Conhecimentos representativos de conhecimentos relacionados com os elementos básicos. Os diversos Eixos de conhecimento de um mesmo Elemento de Conhecimentos constituem e definem globalmente o Elemento de Conhecimentos, ou inversamente, os Eixos de conhecimento representam uma subcategoria de Conhecimentos dentro dos Elementos de conhecimento e são representados por uma linha reta ou seta.

Operação: posicione o mouse no Elemento, clique o botão da direita, e selecione o Eixo e arraste ao ponto desejado da área de trabalho do mapa, e clique duas vezes, estabilizando a posição da seta do eixo.

Funcionalidades:
1. Movimento do eixo

Operação: Clique na linha do eixo, e apresentará sensibilizado em vermelho. Nessas condições podemos:
1. Arrastar o eixo por meio da sua extremidade (quadrado verde) em qualquer direção desejada.
2. Com o botão da direita colocar Categorias de Conhecimentos.
3. Com o botão da direita acionar as propriedades do eixo.
4. Com o botão da direita acionar a exclusão do eixo.

3. Categorias de conhecimento
As Categorias de conhecimento representam categorias de conhecimentos mentais representativos dos conhecimentos que o fenômeno gera na realidade à medida que o fenômeno humano e social cresce ao longo do tempo.

As Categorias de conhecimento representam uma subcategoria de conhecimentos dentro dos Eixos de conhecimento, e podem ser representados (entre outras representações simbólicas geométricas) por um arco de circunferência, de tamanho variável conforme representação possível dos seus Itens de conhecimento, a seguir.

As diversas Categorias de conhecimento de um mesmo Eixo de Conhecimentos constituem e definem seu Eixo de conhecimento.

Operação:
Clique no Eixo de Conhecimentos (já postado), que ficará em vermelho, sensibilizado. Acione o botão da direita e você verá surgir as escolhas:
1. Propriedades do Eixo, com nome da categoria e seus atributos.
2. Excluir o Eixo.
3. Adicionar Categorias de Conhecimentos.

Em seguida clique na Categoria, e acionado o botão da direita, surgirá as escolhas:
1. Propriedades.
2. Excluir Categoria.
3. Adicionar grupos de atributos.
4. Adicionar atributos da Categoria.
5. Adicionar Item de Conhecimento (um por vez).
6. Adicionar Grupos de Itens de Conhecimento (Browsing de até dez itens simultâneos).
7. Adicionar comentários sobre a Categoria.
8. Adicionar Indicador.
9. Editar a ordem das Categorias relativas ao centro do fenômeno.

4. Itens de conhecimento
Os Itens de conhecimento representam categorias de conhecimento mentais representativos dos conhecimentos que o fenômeno gera na realidade à medida que o fenômeno humano e social cresce ao longo do tempo.

Os Itens de conhecimento representam uma subcategoria de conhecimentos dentro das Categorias de conhecimento, e podem ser representados (entre outras representações simbólicas geométricas) por um ponto geométrico (há opções).

Os diversos Itens de conhecimento de uma mesma Catagoria de Conhecimentos constituem e definem a sua Categoria de Conhecimentos.

Operação:
Clicando o Item de Conhecimento para sensibilizar, surgirá as escolhas:
- ❖ *Adicionar grupos de atributos.*
- ❖ *Propriedades do item (nome, fonte, tamanhos etc.).*
- ❖ *Link interno (Browse de qualquer documento .doc, ppt, xls e figuras).*
- ❖ *Link externo (indicar o endereço completo na Web).*
- ❖ *Item semântico (início da Tecnologia em Semântica).*
- ❖ *Launch (lançamento para execução de programas).*
- ❖ *Desconectar o item.*
- ❖ *Excluir o item.*
- ❖ *Excluir grupo de itens.*
- ❖ *Adicionar comentário.*
- ❖ *Adicionar Indicador (potencializado).*
- ❖ *Relacionar itens do Modelo Mental (Mapa de Intencionalidades).*

Os atributos de conhecimento representam categorias de conhecimentos mentais representativos dos conhecimentos que o fenômeno gera na realidade à medida que o fenômeno humano e social cresce ao longo do tempo.

Os Atributos de conhecimento representam uma sub-categoria de conhecimentos dentro dos Itens de conhecimento, e podem ser representados (entre outras representações simbólicas geométricas) por entradas de uma tabela de atributos.

Os diversos Atributos de conhecimento de um mesmo Item de Conhecimentos constituem e definem o Item de Conhecimentos.

1. Funcionalidades de agregação de Conhecimentos
   - ❖ *Relações Internas ao fenômeno (Links internos)*

As Relações Internas (Links) de Conhecimentos representam categorias de conhecimentos mentais representativos dos conhecimentos que o fenômeno gera endogenamente no organismo interno do fenômeno da reaidade à medida que o fenômeno humano e social cresce ao longo do tempo.

As Relações Internas de Conhecimentos representam uma subcategoria de conhecimentos gerados endogenamente aos Itens de Conhecimentos e podem ser representados (entre outras representações simbólicas geométricas) por elementos de informações ou conhecimentos.

As diversas Relações Internas de Conhecimentos de um Item de Conhecimentos constituem, originam, relacionam, explicam, e definem o Item de Conhecimentos associado.

   - ❖ *Relações Externas ao fenômeno (Links externos)*

As Relações Externas de Conhecimentos representam categorias de conhecimentos mentais representativos dos conhecimentos que o fenômeno gera exogenamente ao organismo interno do fenômeno da realidade à medida que o fenômeno humano e social cresce ao longo do tempo.

As Relações Extenas de Conhecimentos representam uma subcategoria de conhecimentos a serem gerados exogenamente aos Itens de Conhecimentos e podem ser representados (entre outras representações simbólicas geométricas) por elementos de informações ou conhecimentos.

As diversas Relações Externas de Conhecimentos de um Item de Conhecimentos constituem, originam, relacionam, explicam, e definem o Item de Conhecimentos associado.

Podem ser inseridos nos Mapas de Conhecimentos elementos da mídia analógica ou digital, tais como sons, filmes, figuras, smartbots, links para Internet, e outras mídias impressas e escritas.

5. Funcionalidades Especiais
   - ❖ *Função de Linearização*

Essa função permite que os Mapas de Conhecimentos na sua forma holística fenomenológica seja convertida para um formato linear, trazendo para o formato hierarquizado

em quatro níveis, respectivamente Elemento de Conhecimento, Eixo de Conhecimento, Categorias de Conhecimento e Itens de Conhecimentos.

Junto à disponibilidade linear dos Conhecimentos traz as respectivas relações internas, na forma de paths (caminhos) relativos ao diretorio final onde se localizam os conteúdos dos Itens de Conhecimentos. Importante dizer que pela dinâmica das agregações dos conteúdos dos itens de Conhecimentos que os conteúdos normalmente se situam em diretorios normalmente dispersos, e que muitas vezes também mudam de lugar. Com isso, no mapa linear temos indicações de que os links não possuem conteúdo pois esse poderá ter sido movido para algum outro lugar. Isso significa que há necessidade de controlar bem essa dispersão dos conteúdos.

Operação: *ver detalhes na sala de aula com Prof. Chu*

Figura 1

Clicando na função de linearização, obtemos uma visão (mapa) linear equivalente ao mapa de Conhecimentos. E nesse mapa linear podemos visualizar itens faltantes em links, a fim de efetuar novamente as ligações.
Podemos também nesse instante efetuar exportações dos Itens de Conhecimentos para Excel e para Access.

❖ **Função de Publicação (TKBM 3.2)**
Um Mapa de Conhecimentos é também um agregado (por meio dos links) de informações e dados que estão espalhados nos diversos diretorios do usuário, por exemplo no drive C. A função Publicação permite que o pesquisador publique os Mapas de Conhecimentos e de Intencionalidades para um outro local de gravação previamente assinalado, levando conjuntamente todos os conteúdos ligados aos Mapas pelos Links internos.
Dessa forma é possível executar os Mapas em outro ambiente computacional (digamos em um outro Notebook), facilitando a mobilidade na execução dos Mapas em outros ambientes/computadores.

Operação: *essa operação inicia clicando Arquivo e em seguida na escolha de Publicar Episteme. Pela complexidade dessa função veremos os detalhes no Laboratório.*
A publicação das epistemes pelo OET V 3.2 origina um diretório composto pelas diversas epistemes em conjunto com os membros lincados originalmente, e que serão administrados em acesso pelo Windows.

❖ **Função de Publicação (TKBM 5.0)**
A função da publicação é a mesma da descrito anteriormente, resguardado de que é exercida pelo OET V5.0, que permite a publicação das epistemes em uma Base de Dados gerenciado por RDBMS, nessa etapa pelo MS- SQL server.

Essa função TKBM V5.0 é superimportante porque as epistemes estão armazenadas e administradas pelas funções do RDBMS considerado, nessa etapa pelo SQL server, sendo então regido pela função de Administração de Bases de Conhecimentos em SQL-server. Tanto o acesso e segurança dos Conhecimentos ficam bem mais protegidos, assim como o link com outras Bases de Informações ou mesmo outras Bases de Conhecimentos, estabelecendo uma ligação direta com os Bancos de Dados Corporativos.

A programação (software) dessa função está na fase final e possui as seguintes funções básicas:

1. Caracterização do Módulo KBAOM
Segue combinado e caracterização do Módulo KBAOM, na construção da base do processo de criação e administração da Base de Conhecimentos KBAOM.:

Os principais termos (novos) são: KBAOM: Base de Conhecimentos da AOM

Owner *da episteme é aquele que publica a episteme (o Conhecimento) no SQL do servidor, colocando em compartilhamento aos usuários, tanto a episteme como de seus elementos-linkados e conexões.*
Usuário *é quem se beneficia do compartilhamento de conhecimentos. Acessa e consegue ler as epistemes em conjunto com os acessos aos elementos-linkados.*
KBA : *Knowledge Base Administrator*
KB : *Knowledge Base*
KBO: *Um Ownner da Knowledge Base*
KBU: *Um User da Knowledge Base*
KBN: *Nome da KB*
KBFP: *Ferramenta de Publicação para KB*
ENS: *Nome semântico da Episteme (publicado)*
ENF: *Nome físico da Episteme*
EMC: *Mapa de Conhecimentos da Episteme*
EMI: *Mapa de Intencionalidades da Episteme*
MC: *Mapas de Conhecimentos*
MI: *Mapas de Intencionalidades*
ML: *Máquina local*
MS: *Maquina do servidor da rede.*

(KBA) *Processo de Criação e Atualização e Deleção (ambos com confirmações) do Schema da Base em SQL server, manualmente e direto em ambiente SQL (pelo administrador Knowledge Base Administrator KBA). É rotina independente em Delphi para facilitar o processo.*

(Ownner) *Concomitante, devem ser criados botões na barra de ferramenta especial ou localizado em um espaço do menu principal do OET (Ferramenta Publicação KB) para poder efetuar link do Usuário Owner que vai publicar as epistemes, até dizer que esgotou a publicação, publicando epistemes na Base que KBA já definiu. Essa função deve ser destacável (embundling no OET), por ocasião da geração da versão do produto OET. É uma função tanto do Administrador SQL Base de Conhecimentos como ações na episteme do Usuário Publicador ao fazer o link entre a episteme em foco e a Base de Conhecimentos. Incluir opção para publicar no Local ou no servidor.*

(Owner) *Na publicação, lembrar das chamadas recursivas de outras epistemes que devem trazer juntamente com os seus links. Deve ser considerada uma variável de nível da episteme, que será exibida nas exibições/crosses.*

(KBU) *A Base de Conhecimentos KB é nesse momento não atualizável pelos Usuários das publicações. A função da Base KB é de compartilhar as epistemes, sendo possível de ser lido pelos usuários compartilhados, e os documentos são acessíveis (vivos) pelas epistemes lidos pelos compartilhados. Nesse momento, os níveis de segurança são:*

1. *Atualização das epistemes na KB: só os owners.*
2. *Acesso da KB pelos KBU: KBU devem ser cadastrados previamente, incluindo as máquinas dos Users e suas licenças do OET. Esses dados são checados on-line tão logo o KBU entra no Sistema para acessar. KBU então fica em Browsing com a Episteme.*
3. *Permissão para Download: O KBU quer baixar a Episteme e todos os Links para a máquina local.*

(KBO) A atualização da Episteme pelo Owner da episteme e de seus documentos (como um conjunto) só é atualizada na práxima publicação identificável (código da episteme sendo a mesma, mudando data e hora) da mesma episteme, e com índice sequencial NN.

(Todos) Incluir Função de exibição/cross dos membros atachados (incluir o item semantico, e Internet) linearizando. Classificação hierarquizável. Idem aos modelos mentais (MI) pelos seus nomes assinalados.

(KBA) Função de legitimidade de acesso (impedir acessos de versões ou máquinas não regsitradas). Com Cross exibindo as máquinas (e versões de OET) que estão acessando a base.

(Owner) Função Comentário itemizável, detetável via Hint e Flip Flop para exibição e esconder.

(Owner) Nos MI, incluir função Item de Decisão (uma entrada, duas saídas: sim, não) nos trechos de intencionalidade. Preparação para futuramente incluir graduações com cinco possibilidades.

Função Desenho de Processos com a episteme:

O Software OET possui uma versão especial em que possui um elemento especial de decisão própria para desenho de processos. Esse elemento é representado pela figura geométrica do losango, com possibilidades de receber uma entrada e duas de saída, constituindo uma decisão negativa e outra de decisão positiva.

Segue exemplo de desenho de processo de Recrutamento e Seleção de uma grande organização:

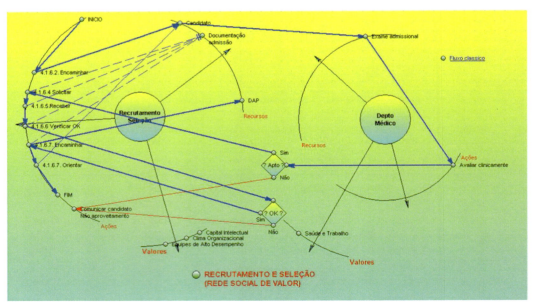

Figura 2

(Todos) Exibir os MI com os relacionamentos-intencionalidades (atuais e de decisão), com os itens de saída e de chegada.
Documentação dentro da Módulo KBAOM.
As funcionalidades requisitados poderão evoluir ou modificarem-se na medida do avanço com os testes intermediários e testes alfa, sempre de comum acordo dentro de escopo dinâmico acertado.

Mapas de Intencionalidades

Construção do Mapa de Intencionalidades
O Mapa de Intencionalidade reflete a imaterialidade do pensar ativo na construção e expressão das **intenções** (intencionalidade) do projetista com relação ao fenômeno em observação. Também representa o investimento energético mental-sentimental e volitiva do projetista em uma instância pré- ação na realidade feoômenológica, intrafenômeno ou exofenômeno, assim como nas suas interfaces.

As intenções podem ser exibidas ou não, loops recursivos ou não, realimentações e paralelismos, formando cadeias ou conjuntos de toda tipologia de conhecimentos científicos, acadêmicos e profissionais.
Um conjunto de intencionalidades expressa por um mapa de intencionalidades pode ser nomeado a fim de diferenciar-se de um outro conjunto de intencionalidades.
Todos os Mapas de intencionalidades podem ser relacionadas entre si, criando uma rede de Mapas de intencionalidades, podendo ser exibidas um a um ou coletivamente, parcial ou global.
Na realização dos Mapas de intencionalidades há possibilidades de atualizações e ressignificações concernente aos conhecimentos já estruturados nos Mapas de Conhecimentos.

Operação: ver também na classe de aula os detalhes.
Essa operação exige que seja definido em primeiro lugar o nome da Intencionalidade. Isso é efetuado clicando pelo menu:
Exibir menu > desenho > editar modelos > adicionar (clicar para adicionar diversos modelos mentais > escolher um específico modelo mental> clicar em alterar > inserir o nome do modelo mental) > OK.

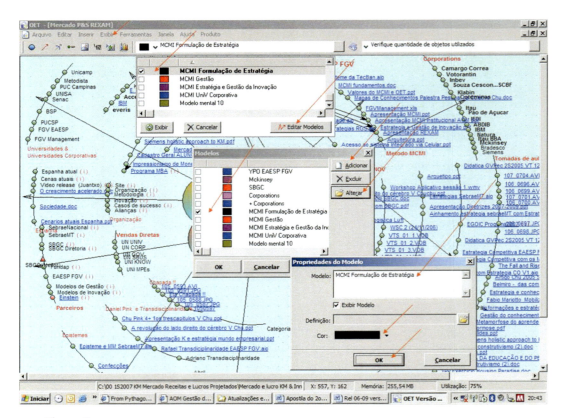

Figura 3

Para cada modelo mental escolhido há uma cor específica correspondente. Assim, diversos modelos mentais podem ser exibidos simultaneamente, para exibir a concentração dos modelos mentais sobre uma episteme.

Para desenhar as intencionalidades por meio de setas: clicar em um item para sensibilização, e acionar o botão da direita escolher a opção Relacionar itens do modelo mental. Surge na ponta da seta as letras MM que deverão ser depositadas/apontadas no item que se deseja relacionar. Para largar a seta MM em um item, deve-se clicar duas vezes no Item considerado. As linhas de setas aparecerão na cor ditada pela intencionalidade especificada.

Parte N. Poema: Vai...

FGV InCompany – Curso de "Gestão Estratégica da Inovação e Conhecimentos"
Disciplina: Gestão do Conhecimento
Prof. Dr. Chu S Yong Poema de Paulo Geraldo

Para sonhar o que poucos ousaram sonhar.
Para realizar aquilo que já te disseram que não podia ser feito. Para alcançar a estrela inalcançável.

Essa será a tua tarefa: alcançar essa estrela.
Sem quereres saber quão longe ela se encontra; nem de quanta esperança necessitarás; nem se poderás ser maior do que o teu medo.
Apenas nisso vale a pena gastares a tua vida.

Para carregar sobre os ombros o peso do mundo. Para lutar pelo bem sem descanso e sem cansaço.
Para enxugar todas as lágrimas ou para lhes dar um sentido luminoso.
Levarás a tua juventude a lugares onde se pode morrer, porque precisam lá de ti. Pisarás terrenos que muitos valentes não se atreveriam a pisar.
Partirás para longe, talvez sem saíres do mesmo lugar.

Para amar com pureza e castidade.
Para devolver à palavra "amigo" o seu sabor a vento e rocha.
Para ter muitos filhos nascidos também do teu corpo e - ou - muitos mais nascidos apenas do teu coração.
Para dar de novo todo o valor às palavras dos homens. Para descobrir os caminhos que há no ventre da noite. Para vencer o medo.

Não medirás as tuas forças.
O anjo do bem te levará consigo, sem permitir que os teus pés se magoem nas pedras.
Ele, que vigia o sono das crianças e coloca nos seus olhos uma luz pura que apetece beijar, é também guerreiro forte.
Verás a tua mão tocar rochedos grandes e fazer brotar deles água verdadeira. Olharás para tudo com espanto.
Saberás que, sendo tu nada, és capaz de uma flor no esterco e de um archote no escuro.

Para sofrer aquilo que não sabias ser capaz de sofrer. Para viver daquilo que mata.
Para saber as cores que existem por dentro do silêncio. Continuarás quando os teus braços estiverem fatigados. Olharás para as tuas cicatrizes sem tristeza.
Tu saberás que um homem pode seguir em frente apesar de tudo o que dói, e que só assim é homem.

Para gritar, mesmo calado, os verdadeiros nomes de tudo. Para tratar como lixo as bugigangas que outros acariciam.
Para mostrar que se pode viver de luar quando se vai por um caminho que é principalmente de cor e espuma.
Levantarás do chão cada pedra das ruínas em que transformaram tudo isto. Uma força que não é tua nos teus braços.
Beijá-las-ás e voltarás a pô-las nos seus lugares. Para ir mais além.

Para passar cantando perto daqueles que viveram poucos anos e já envelheceram.
Para puxar por um braço, com carinho, esses que passam a tarde sentados em frente de uma cerveja. Dirás até ao último momento: "ainda não é suficiente".
Disposto a ir às portas do abismo salvar uma flor que resvalava. Disposto a dar tudo pelo que parece ser nada.
Disposto a ter contigo dores que são semente de alegrias talvez longe.

Para tocar o intocável.
Para haver em ti um sorriso que a morte não te possa arrancar. Para encontrar a luz de cuja existência sempre suspeitaste.
Para alcançar a estrela inalcançável.

Parte O. Mini Curriculum Vitae: Prof. Dr. Chu Shao Yong

- ❖ Engenheiro de Eletrônica pelo ITA
- ❖ Psicólogo pela UNIFMU
- ❖ Mestre e Doutor em Administração pela EAESP FGV.
- ❖ Autor intelectual do inédito Modelo Epistemológico do Pensar Holístico MCMI.

É professor de carreira da EAESP FGV (28 anos), especializado em temas e disciplinas tais como estratégia e gestão organizacional, inovação empresarial, conhecimentos tácitos, inteligência coletiva, operadores cognitivos, ensino e aprendizagem. É também diretor--presidente e fundador da AOM, empresa especializada em inovações, conhecimentos, e ensino/aprendizagem.
Atualmente, participa do Fórum de Inovação FGV EAESP. É palestrante internacional.
Joga tênis.

Produção acadêmico-profissional:
Cursos semestrais na FGV EAESP (Graduação, Pós-graduação, Mestrado/Doutorado):
Modelos de Estratégia e Gestão, em Excel, em EIS, BI, BSC, SAD, DSS (28). Estratégia e Gestão do Conhecimento (4).
Inteligência Competitiva e Criatividade (3). Estratégia e Gestão da Inovação (2).

Cursos semestrais na FGV EAESP para Executivos:
Estratégia e Gestão Organizacional com base Conhecimentos (GVPEC) (6). Administração da Inovação (GVPEC) (3).

Cursos pela FGV InCompany e FGV Management (Inovação e Conhecimentos)
MBA Odebrecht Banco ItauUnibanco
PQTEC São José dos Campos MBA Logistica
MBA Seminário para Presidentes.

Produção Profissional:
Livro sobre "Banco de Dados: Organização, Sistemas e Administração" (Ed. Atlas, 1985).
Patente depositada (Modelo Epistemológico do Pensar) no INPI (2008). Método de Mapeamento de Tácitos MCMI® (2008).
Software Cognitivo OET® (7 Workshops, Públicos e In company)(2005-2010...) V3.2 e V SQL-server. Livro em análise no prelo: "A Cognição Estruturante do Pensar: Teoria e PrÁticas". Nova Teoria do Conhecimento e Inovação.
Palestras profissionais sobre Inovação e Gestão do Conhecimento (Senac, Sebrae MT, Sebrae Na, Sebrae CO, Sucesu, Rexam, TV Globo, SMSP, GECIC etc.)
Palestras de abertura de Congressos de Inovação e Conhecimentos (UFSC, U.Venezuela etc.)
Artigos acadêmicos e ensaios profissionais (Congressos nacionais e internacionais). Softwares profissionais (Georeferenciamento, CRM, Gestão Integrada em ASP etc.). Consultorias em Estratégia e Gestão Organizacional (diversos)

Prof. Dr. Chu S. Yong www.aom.com.br Chu@aom.com.br *(11) 9.8123-1501*

Apêndices

Parte P.

Curso MBA produzido por esse Novo Modelo e Teoria da Cognição:

<u>Metacognição e Aplicações Acadêmicas e Empresariais-Organizacionais (544 HA)</u> podendo ser utilizado pelas universidades em Administração de Empresas e Negócios

MBA MetaCognição e Aplicações Acadêmicas e Empresariais

: Nova Teoria da Cognição Humana
: Aplicações em todas as Ciências Específicas Humanas e Naturais
: Método Cognitivo MCMI ® e SoftwareCognitivo OET ®...

Em destaque:
Nova Teoria da Cognição Humana
Nova Teoria da Inovação e Criatividade
Nova Teoria do Conhecimento Humano
Nova Teoria da Inteligencia Humana e Organizacional
Nova Teoria da Espiritualidade Humana (Pessoas)
Nova Teoria de Ensino-Aprendizagem
Nova Teoria da Epistemologia Cientifica

E suas Aplicações Acadêmicas e Profissionais

MBA Metacognição e Ícones

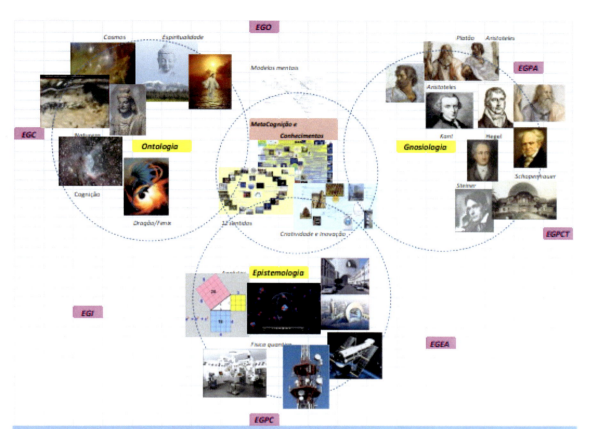

EGO:	Estratégia e Gestão das Organizações
EGI:	Estratégia e Gestão de Inovações
EGC:	Estratégia e Gestão de Conhecimentos
EGPC:	Estratégia e Gestão de Pesquisa Científica
EGEA:	Estratégia e gestão do Ensino-Aprendizagem
EGPCT:	Estratégia e Gestão de Pessoas-Competencias-Talentos
EGBA:	Estratégia e Gestão de Business-Analytics

Público

Profissionais, estrategistas, gestores, acadêmicos, consultores e analistas que possuem interesse ou trabalham na área de desenvolvimento de Novos Negócios e da Inovação Pessoal e Organizacional, sempre em conjunto com o desenvolvimento da Inteligência e Cultura Organizacional Inovador.

Também de interesse a profissionais e administradores responsáveis pela criação e desenvolvimento de Centros de Inovação e de Conhecimentos, passando pelos inerentes modelos de Estratégia e Gestão da Inovação e de Conhecimentos, em Cocriação Transdisciplinar com sete principais disciplinas de Administração de Empresas, citadas nos objetivos, descritas a seguir.

De forte a interesse a profissionais responsáveis na aquisição de Conhecimentos de Inovação e Conhecimentos de Gestão Estratégicas, transformando-os em resultados sociais e financeiro-econômicos da organização.

Os Conhecimentos inerentes são ampliados pelo caráter de Transdisciplinaridade do curso MBA.

Objetivos

Aumentar o potencial de inovação dos participantes com a vivência de modelos, métodos e técnicas de criatividade e inovação individual e em grupo, em sala de aula, assim como a aquisição dos conhecimentos profissionais e acadêmicos relativos aos processos e modelos de Administração Estratégica de Inovações, incidindo em sete disciplinas fundamentais em Administração de Empresas: 1. Inovação; 2. Conhecimentos; 3. Estratégia e Gestão de Organizações; 4. Ensino/Aprendizagem;

5. Gestão de Pessoas; 6. Business Analytics; 7. Pesquisa Científica.

As sete disciplinas possuem assuntos específicos de cada disciplina e o curso apresentará a cognição comum (Módulo1) a todas as disciplinas, sendo aplicada em cada especificidade da disciplina.

Permitindo o desenvolvimento e implementação de Programas Inovação e Conhecimentos nas Organizações. Inclui o desenvolvimento de Centros de Inovação e de Inteligência Organizacional para o futuro imediato e médio prazo, e da transformação da cultura das organizações em cultura organizacional inovadora, considerada como o fator mais importante da competitividade sustentável. Desenvolvimento Inovador da Cognição orientada para Estratégias e Gestão Organizacional com a utilização de Software Cognitivo OET.

Aumentar fortemente o potencial de inteligência pessoal e coletiva dos participantes com a compreensão e vivência da Cognição humana, estruturante na criação inteligente de soluções em Estratégia e Gestão Organizacional. Inclui o "Co-Creation" de Estratégias, e Gestão das Estratégias. A acomodação da Ontologia e Gnosiologia humanas aumenta o autoconhecimento propiciando liberdade do Pensar (Steiner) e redirecionamento da visão e confiança em si e no mundo.

A autocompreensão e aplicação da metacognição estruturante permite o atingimento da dialética entre "ser feliz" e "ter sucesso" empresarial com a fusão tácita entre as significações num só significado. Aplicações reais empresariais e exemplos serão integrados ao curso.

Didática

O curso é fundamentado no Construtivismo Pessoal e em Grupo. Operadores cognitivos e software de inovação transdisciplinar mapearão todos os Conhecimentos Inovadores emergentes em sala, assim como dos trabalhos e exercícios de inovação desenhados pelos participantes. Profissionais e professores especializados em suas disciplinas e suas Inovação serão convidados para ilustrar e discutir exemplos e casos reais.

A interação em grupo e com os palestrantes produzirá fortes efeitos sinergéticos na construção de Programas de Inovação e Conhecimentos de natureza e setor específicos. A aquisição do Modelo Epistemológico da Cognição Inovadora encaminha os participantes ao acesso às diversas tipologias de inovações, pessoais e de culturas organizacionais. Exercícios específicos em criatividade, imaginação, inspiração e intuição consolidarão as novas formas da Cognição Criativa capacitando o participante a inovar "por dentro" e "por fora" do contexto organizacional. O curso é fundamentado no construtivismo pessoal e em grupo (Steiner, Piaget, Vgotzky,Alicia, Maiêutica, Goethe etc.),

A interação em grupo e com os palestrantes produzirá fortes efeitos sinergéticos na construção inovadora de inteligência pessoal e organizacional. A grande tipologia de pensamentos a ser apreendida pelos participantes abrirá uma enorme janela para a cognição pessoal e coletiva do grupo. O estudo e prática por meio da Metacognição permitirá aprender e apreender "os meios" de construção de Novos Conhecimentos, utilizando-se da própria Cognição do participante para isso. A ampliação pessoal da Cognição é uma grande conquista individual e é permanente para si.

Extensa e moderna bibliografia e sites, de base e avançados relacionados às disciplinas

Programa	
Módulo Básico 1: Teoria da Cognição Humana - Metacognição	
1. Visão Global: Curso – Programa – Módulos – Transdisciplinaridade – Metacognição	32
2. Novo Modelo Ontológico-Gnosiológico-Epistemológico do ser humano	32
3. Metacognição e Aplicações Acadêmicas e Empresariais	24
4. Metacognição: Utilização de Modelos – Métodos – Sotware Cognitivo – Tecnologias	24
5. Workshop: Aplicações Acadêmicas e Casos Reais	16
6. Metodologia de Pesquisa Científica	24
7. Workshop: Proposição do TCC	8
Total Módulo:	**160**
Módulo 2: Estratégia e Gestão de Organizações (EGO) e Metacognição	
1. Base Epistemológica da Estrtégia e Gestão de Organizações (EGO)	24
2. Aplicações Metacognição em EGO	24
3. Workshop: Desenvolvimento e Apresentação do Projeto grupal TCM EGO	16
Total Módulo:	**64**
Módulo 3: Estratégia e Gestão de Conhecimentos(EGC) e Metacognição	
1. Base Epistemológica da Estratégia e Gestão de Conhecimentos (EGC)	24
2. Aplicações Metacognição em EGC	24
3. Workshop: Desenvolvimento e Apresentação do Projeto grupal TCM EGC	16
Total Modulo:	**64**
Módulo 4: Estratégia e Gestão da Inovação(EGI) e Metacognição	
1. Base Epistemológica da Estratégia e Gestão da Inovação (EGI)	24
2. Aplicações Metacognição em EGI	24
3. Workshop: Desenvolvimento e Apresentação do Projeto grupal TCM EGI	16
Total Módulo:	**64**
Módulo 5: Estratégia e Gestão do Ensino-Aprendizagem (EGEA) e Metacognição	
1. Base Epistemológica da Estratégia e Gestão do Ensino-Aprendizagem (EGEA)	24
2. Aplicações Metacognição em EGEA	24
3. Workshop: Desenvolvimento e Apresentação do Projeto grupal TCM EGI	16
Total Módulo:	**64**
Módulo 6: Estratégia e Gestão de Pessoas-Competências-Talentos (EGPCT) e Metacognição	
1. Base Epistemológica da Estratégia e Gestão de Pessoas (EGPCT)	24
2. Aplicações Metacognição em EGPCT	24
3. Workshop: Desenvolvimento e Apresentação do Projeto grupal TCM EGI	16
Total Módulo:	**64**
Módulo7: Estratégia e Gestão em Business Analytics e Metacognição (EGBA)	
1. Base Epistemológica da Estratégia e Gestão em Business Analytics (EGBA)	24
2. Aplicações Metacognição em EGBA	24
3. Workshop: Desenvolvimento e Apresentação do Projeto grupal TCM EGBA	16
Total Módulo:	**64**
Significados: Total Curso MBA:	**544**
Workshop: Trabalhos em Laboratório FGV MGM TCM: Trabalho de Conclusão do Módulo TCC: Trabalho de Conclusão do Curso	
GV On-line:	

24 horas de palestras do Prof. Chu no GVOnline ou em plataforma baixada de rede local FGV MGM
São aulas complementares à disposição do MBA.

Módulo Básico 1: Teoria da Cognição Humana - Metacognição

1. Visão Global: Curso - Programa - Módulos	32

A Cognição Humana é o elemento constituinte de maior importância e influência na percepção e compreensão do meio ambiente que circunda cada indivíduo, o ser humano, no seu dia a dia de suas atividades e comportamentos na realidade-em-si.

Para a completa compreensão da Cognição Humana, e sua utilização no cotidiano organizacional, institucional e empresarial, trazemos nesse curso as bases constituintes inerentes às manifestações conscientes da Cognição, principalmente a Metacognição, que é a Cognição da própria Cognição de cada indivíduo.

Para fenômenos empresariais que envolvem seres humanos, é proposta a utilização da tríade:

** Ontologia Humana
** Gnosiologia Antropocêntrica
** Epistemologia Científica.

Essa abordagem científica incluindo a Ontologia Humana e a Gnosiologia na Epistemologia permite aos participantes a compreensão de sua própria manifestação como ser com Vida, propiciando nova visão sobre si e outros seres envolvidos em fenômenos empresariais.

Durante o curso teremos módulos diretamente ligado com a utilização de Modelos-Métodos- Softwares Cognitivos especialmente produzidos para a captação dos Conhecimentos Tácitos produzidos pela Cognição Humana, e sua conversão em Conhecimentos explícitos, de entendimento simbólico linguístico-imagético-sonoro, dentro do nosso sistema sensorial.

Cumpre dizer que os sete submódulos são fundamentais e básicos para o bom aproveitamento do curso MBA. O esforço dos alunos nesse módulo básico será fortemente recompensado no exercício desse MBA, e será conquista pessoal que os participantes levarão consigo por longo período, influindo não só no profissional mas também nos aspectos pessoais, na compreensão da sua própria existência de vida.

Os temas associados no Módulo 1 são:

Glossário
Ontologia-Gnosiologia-Epistemologia-Conhecimentos
Disciplinaridade e Transdisciplinaridade
Ensino-Aprendizagem-Causalidade Ascendente e Descendente
Abstrações-Generalizações-Sínteses-Categorizações-Classificações
Linguagem-Semântica-Hermenêutica
Antropologia de Steiner e outros autores notáveis
Vida-Consciência-Cognição-Metacognição
Monismo-Dualismo
Método de Pensamento Sintético (MPS)
Modelos de "Teoria de Tudo"
Método Cognitivo-Metacognitivo MCMI
Software Cognitivo OET (Operador Epistemológico Tácito).

Exemplos-Exercícios-Casos-Aplicações

Bibliografia e sites

TCM:

	Total submódulo 1.1	32

Módulo Básico 1: Teoria da Cognição Humana - Metacognição
2.   Novo Modelo Ontológico-Gnosiológico-Epistemológico do ser humano   32

A visão ampliada da epistemologia do ser humano pela Ontologia e Gnosiologia é decisiva para a compreensão holística e transdisciplinar de qualquer fenômeno organizacional, facilitando fortemente aos participantes o aprendizado esperado aos módulos seguintes do curso MBA, orientados a especialidades temáticos e funcionais da Administração de Empresas. A tipologia de Ensino-Aprendizagem desse MBA é efetuado pela Cognição, especialmente pela Metacognição, deverá ser surpreendente aos participantes, pela inclusão de Conhecimentos Ontológicos e Gnosiológicos referentes ao ser humano.

Essa forma de aprendizagem dizemos que é efetuado "por dentro" do participante, que perceberá o diferencial do aprender "por fora", por meio (usual) de modelagens skinnerianos nos comportamentos e políticas empresariais. Inclui a modelagem por meio da linguística.

A autopercepção do participante da própria aquisição de conhecimentos provenientes da metodologia de ensino-aprendizagem por Metacognição e seus inerentes instrumentos pedagógicos e didáticos, reforçará a confiança e alegria do participante como ser e do seu Existir. Do ponto de vista do curso-módulo, este submódulo permitirá aos participantes compreender melhor os modelos-métodos e softwares cognitivos do módulo seguinte 1.3.

Os temas associados no módulo 1.2 são:

Antropologia das civilizações (linha de tempo)
A Gnosiologia de Kant-Hegel-Schopenhauer
A Ontologia de Goethe-Steiner-Prokofieff
A Realidade Aparente e a Realidade-em-si
Sócrates-Platão-Aristóteles-Descartes
Fenomenologia e Pensamentos Puros
Modelo Epistemológico do Ser Humano
A Complexidade de Morin e Basarab
Introdução à Fisica Quântica
Introdução aos Métodos Cognitivos MCMI e OET e demais produtos.

Exemplos-Exercícios-Casos-Aplicações

Bibliografia e sites

TCM:

Total submódulo 1.2   32

Módulo Básico 1: Teoria da Cognição Humana - Metacognição
3. Metacognição e Aplicações Acadêmicas e Empresariais — 24

Esse fundamental submódulo explica as bases epistemológicas dos instrumentos pedagógicos e didáticos do curso MBA, emergentes na utilização de Modelos-Métodos e Softwares Cognitivos, e Aplicados em fenômenos acadêmicos e empresariais em uma dinâmica estruturante da Metacognição em ação e seus resultados. Aos participantes serão apresentadas diversas aplicações, exemplos e casos reais, familiarizando os participantes na visão e entendimento dos modelos epistemológicos e mapeamentos cognitivos dos fenômenos organizacionais. Assim, o entendimento das aplicabilidades da Metacognição na realidade organizacional, e dos resultados empresariais visados. Pelos resultados atingidos pode-se entender a utilidade do Método Cognitivo e o processo de geração de Conhecimentos e sua Conversão em Conhecimentos Explícitos.
Assim, pelas emoções e sentimentos serão acionados o Pensar, para o entendimento das aplicações empresariais, e a Volição na execução de complementaridades às
Aplicações. As Aplicações estão categorizadas em: Acadêmia-Universidades-Instituições Especializadas em Conhecimentos-Consultorias-Governo e Corporações.

A Base Epistemológica será composta pelos temas:

A Cognição da Cognição - Metacognição O Modelo Estruturante da Cognição
A composição da Cognição: Pensar-Sentir-Querer A interação entre Pensar-Sentir-Querer
Tipologias do Pensar:
    Linear-Analítico-Sintético
    Fenomenológico-Holístico-Divergente-Convergente-Dialético-Não Linear Puros: Imaginação-Inspiração-Intuição-Transdisciplinar
Conhecimentos: representações mentais e representações simbólicas Representações simbólicas: linguagem-Geometria-Imagem-sons-Filmes Processo de Conversão de Conhecimentos Tácitos em Explícitos
MCMI: Modelo e Método Epistemológico
OET Operador Epistemológico Tácito: bases antropológicas de construção.

<u>Exemplos-Exercícios-Casos-Aplicações</u>

<u>Bibliografia e sites</u>

<u>TCM:</u>

Total submódulo 1.3 — 24

Módulo Básico 1: Teoria da Cognição Humana - Metacognição

| 4. | Metacognição: Utilização de Modelos – Métodos – Sotware Cognitivo – Tecnologias | 24 |

Neste módulo os participantes perceberão a transformação gradual da Metacognição (abstração) em elementos e instrumentos concretos, aplicáveis em Metodologia e Tecnologias relacionadas com Conhecimentos gerados nos ambientes acadêmicos e empresariais.

Os Modelos são apoiados em Métodos e Softwares operacionais, cujos resultados refletem os Conhecimentos produzidos pela Cognição-Consciência-Self dos participantes, tanto na vertente pessoal, como coletivo-cultural.

Os participantes exercitarão as funcionalidades metodológicas e tecnologicas em Softywares, por meio de exercícios inerentes ao aprendizados, em uma complexidade crescente, visualizando possibilidades
de aplicações em TCMs e TCCs.

<u>A Base Epistemológica e as Tecnologias serão compostas pelos temas:</u>

<u>Modelos</u>:

    Modelo Cognitivo pela Ontologia-Gnosiologia-Epistemologia Fenomenologia (Goethe, Steiner, Hegel etc.)
    Pensamentos "puros" (Steiner)
    Estratégia e Gestão de Projeções da Consciência.

<u>Métodos</u>:

    Representação de Conhecimentos Tácitos e expressão em Conhecimentos Explícitos
    MCMI: Patente Chu no INPI (Aristóteles, Hegel, Steiner, Chu etc.)
    OET (Operador Epistemológico Tácito): Categorização, Semiótica, hermenêutica, geometria dimensional, objetos platônicos,
    MPS - Método do Pensamento Sintético: Chu.

<u>Software Cognitivo</u>:   OET V3.2   Chu
                        OET V TKGDBMS 5.0   Chu
                        OET Tablet Android 4.0 Em desenvolvimento

<u>Apresentação</u>:   PPT + MPS + Músicas+ Filmes.
<u>Filmes</u>:   MovieMaker
                     Camtasia (ou equivalente) YouTube.
<u>Pedagogia-Didática</u>:   Blackboard.

Os trabalhos (práticas) serão executados nos laboratórios da FGV Management.

<u>Exemplos-Exercícios-Casos-Aplicações</u>

<u>Bibliografia e sites</u>

<u>**TCM:**</u>

| | **Total submódulo 1.4** | 24 |

Módulo Básico 1: Teoria da Cognição Humana - Metacognição	
5. Workshop: Aplicações Acadêmicas e Casos Reais	16

Neste módulo teremos uma *consolidação da Metacognição como princípio teórico com base no próprio ser humano dos participantes, e manifesto na forma de Modulo-Métodos-Software Cognitivos-Softwares de Apresentação e Filmes, com a apresentação de casos de aplicações no mundo da realidade-em-si.*
Com base no aprendizado em Teorias e Práticas dos módulos anteriores, e exercícios pessoais de experiementação volitiva e de forma crescente, os participantes poderão realizar sugestões metodológicas e tecnologicas aos casos reais apresentados, consolidando aprendizagem da Metacognição.

<u>Casos e aplicações de complexidade serão apresentados aos participantes para discussão:</u>

<u>Categoria</u>	<u>Caso</u>
Academia:	FGV EAESP Estratégias
	Univ. Anhembi-Morumbi Pedagogia-Terapêutica.
Instituições KM:	Estratégias da Sociedade Brasileira de Gestão do Conhecimento (SBGC)
Governo:	Fundap
	Sebrae MT.
Corporações:	Itaú VW
	Odebrecht Telefônica Outros.
Congressos:	Congresso Colômbia em Florianópolis.

<u>**Exemplos-Exercícios-Casos-Aplicações**</u>

<u>**Bibliografia e sites**</u>

<u>**TCM:**</u>

Total submódulo 1.5	**16**

Módulo Básico 1: Teoria da Cognição Humana - Metacognição
6. Metodologia de Pesquisa Científica — 24

Os participantes obterão conhecimentos relativos à Metodologia Científica de forma geral, aplicada em Administração de Empresas, orientada aos temas do MBA, e suas aplicações. Essa metodologia permitirá por meio do estudo e pesquisa do TCM de cada participante, a percepção dos benefícios e também das limitações da metodologia científica.

A Base Epistemológica será composta pelos temas:

** Introdução à Pesquisa Científica orientada ao MBA
** Tipologias
Quantitativo e qualitativo
Exploratória, descritiva, causal
Outros tipos e combinações
** Passos da pesquisa (Justificar a escolha da tipologia)
Estratégia da pesquisa
Desenvolvimento do modelo de constructos, entrevistas, perguntas e sua operacionalização
Desenvolvimento da rede de constructos; escalas, e estratégia de desenvolvimento de hipóteses
Estratégia de amostragem, plano operacional e coleta de dados
Análise dos dados coletados e de entrevistas
Validade de conteúdo, de convergência e discriminante
Modelagem do relacionamento dos constructos e entrevistados
Confirmação de hipóteses
Análise de resultados e conclusões finais.

__Exemplos-Exercícios-Casos-Aplicações__

__Bibliografia e sites__

__TCM:__

Total submódulo 1.6 — 24

Módulo Básico 1: Teoria da Cognição Humana - Metacognição
7. Workshop: Proposição do TCC — 8

Neste modulo será efetuado uma revisão e discussão de tudo e todos os módulos realizados até o momento, e os participantes apresentarão e discutirão os trabalhos TCC propostos por cada participante.
Espera-se que as críticas construtivas e considerações de cada participante às proposições dos colegas enriqueçam os TCCs propostos.

__Exemplos-Exercícios-Casos-Aplicações__

__Bibliografia e sites__

__TCC M Proposto:__

Total submódulo 1.7 — 8

Módulo 2: Estratégia e Gestão de Organizações (EGO) e Metacognição

Esse módulo objetiva apresentar para aprendizado dos participantes os conceitos fundamentais de Estratégia e Gestão Organizacional, via artigos e ensaios de autores notáveis nessa área.
Nesse aprendizado informacional vai-se acrescentando os Métodos Metacognitivos do Prof. Chu, permitindo aos participantes a autocriação dos Conhecimentos relativos à Estratégia e Gestão em Administração de Empresas. Exercícios também permitirão à Cocriação (coletiva) de modelos de estratégias e gestão, permitindo e preparando os participantes a aplicações de Estratégia e Gestão em todas as ciências específicas, naturais e humanas.
Nessa dialética grupal na sala, cada participante assimilará e acomodará as aplicabilidades dentro de sua própria área de formação e especialização, e acrescentando novas possibilidades.

1. Base Epistemológica da Estratégia e Gestão de Organizações (EGO)	24

Introdução ao tema do módulo
Conceitos de Estratégia e Gestão Organizacional (Institucional)
Formulação de Estratégias - Planejamento Estratégico - Ações Estratégicas
Modelos de Estratégia - Mintzberg - RBV - OceanoAzul
Os Modelos Mentais (Metacognição) em Estratégia e Gestão Organizacional
Metacognição Estratégica Transdisciplinar por tipologias:
**Conhecimentos-Inovação-Negócios-Pessoas-Ensino Aprendizagem-Cultura Org.–Vendas etc.
**Administração-Psicopedagogia-Medicina-Economia-Direito-Sociologia etc.
Cocriação de Estratégias e Gestão Estratégica
O Inconsciente Coletivo e Estratégia Organizacional
Modelos de Estratégia em Novos Negócios
Estratégia de Negócios em Patentes
Gestão Estratégica-Funcional-Operacional-Processos etc.

2. Aplicações Metacognição em EGO	24

Recaptulando Modelo-Método MCMI e Software Cognitivo OET
Recaptulando Método do Pensamento Sintético (MPS)
Exercícios de Esquentamento
Exercícios sobre Cocriação de Estratégias
Exercícios de Cogestão da Cultura Organizacional
Caracterização do artigo: "Bottom-up" pela Metacognição
Caracterização pelo YouTube e outros filmes dos Confrontamentos recentes no Brasil e Mundo.

Exemplos-Exercícios-Casos-Aplicações

Bibliografia e sites

TCM Workshop: Desenvolvimento e Apresentação do Projeto Grupal EGO	16

Escolha de empresas.
Preparação-proposição e apresentação do ProjetoEGO no formato TCM, em MetaCognição MétodoMCMI e SoftwareCognitivo.
Laboratório FGV MGM.

	Total Módulo:	64

Módulo 3: Estratégia e Gestão de Conhecimentos(EGC) e Metacognição

Este modulo objetiva aumentar o potencial de inteligência pessoal e coletiva dos participantes com a vivência de métodos e técnicas de inteligência competitiva, criativa e inovadora, individual e em grupo, em sala de aula, assim como a aquisição de conhecimentos profissionais e acadêmicos relativos aos processos e modelos de <u>Estratégia e de Gestão de Conhecimentos</u>
<u>Pessoal e Organizacional</u> permitindo o desenvolvimento e implementação de <u>Programas de Gestão do Conhecimento e Inteligência das Organizações.</u>
Inclui o desenvolvimento de Centros de Inteligência Organizacional com Base em Conhecimentos, para o futuro imediato, e da transformação da cultura das organizações em cultura organizacional competitiva e inovadora em Conhecimentos, considerada como o fator mais importante da competitividade sustentável.

1. Base Epistemológica da Estratégia e Gestão de Conhecimentos (EGC)	24

Da importância do Conhecimento no mundo pós-moderno Antropologia das civilizações e o Conhecimento (Grecia-Cristã-Roma-Pérsia-Egípcio-Iluminismo-Moderno-Contemporâneo)
Histórico da Gestão do Conhecimento (Nonaka, Davenport etc.) e seus pontos fortes
Dados e Informações e a forte influência da Tecnologia de Informação (Operações e Gestão Executiva)
Conhecimentos como produto da Cognição Humana. Sabedoria. O desvendar do Mito Sequencial.
Conhecimentos como produto da Ontologia-Gnosiologia-Epistemologia
Modelo Epistemológico de Nonaka (Ba, Tácito-Explícito etc.)
Modelo Epistemológico de E. Morin (Complexidade-Níveis de Realidade-Transdisciplinaridade)
Modelo Epistemológico de Maturana Varela
Modelo Epistemológico da Metacognição Chu (Principais elementos à Gestão do Conhecimento)
Abstrações, generalizações, conceitos, linguística, hermenêutica, categorizações e mapas-conceituais
Glossário sobre EGC
Geração de Cultura Organizacional Inovadora e Patentes como Estratégia Organizacional
Estratégia e Gestão de Conhecimentos (EGC).

2. Aplicações de EGC e Metacognição	24

Exemplos e casos reais de EGC (FGV EAESP-SBGC-Fundap-SebraeMT-Odebrecht)
Comparações entre Abstrações-Generalizações-Mapas Conceituais e Metacognição
Sistema Cognitivo MCMI e SoftwareOET - Arquitetura, Versões e Operacionalidade A
Ontologia Gnosiológica da passagem do Tácito ao Explícito
Análise Epistemológica de Tese de Doutorado em GC (Trabalho 1) Análise
Epistemológica de Aplicações de GC no Governo (Trabalho 2)
Análise Epistemológica de Aplicações de GC em Universidades(Trabalho 3)
Análise Epistemológica GC em outras Ciências Humanas (Pedagogia, Medicina etc.).

<u>Exemplos-Exercícios-Casos-Aplicações</u>

<u>Bibliografia e sites</u>

3. Workshop: Desenvolvimento e Apresentação do Projeto grupal TCM EGC	16

Proposição, elaboração e apresentação de Projeto EGC em Organização a escolher.

	Total Módulo:	64

Módulo 4. Estratégia e Gestão da Inovação(EGI) Pessoal-Grupal-Organizacional e Metacognição

Aumentar o potencial de inovação dos participantes com a vivência de métodos e técnicas de criatividade e inovação individual e em grupo, em sala de aula, assim como a aquisição de conhecimentos profissionais e acadêmicos relativos aos processos e modelos de Administração Estratégica de Inovações, permitindo o desenvolvimento e implementação de Programas de Inovação nas Organizações. Inclui o desenvolvimento de Centros de Inovação e da Inteligência Organizacional para o futuro imediato, e da transformação da cultura das organizações em cultura organizacional inovadora, considerada como o fator mais importante da competitividade sustentável.
Utilização do Método MCMI e Software Cognitivo OET.

1. Base Epistemológica da Estratégia e Gestão da Inovação (EGI)	24

A superimportância da Inovação no mundo contemporâneo (acadêmico-empresarial-social)
A importância da inovação no mundo empresarial
Inteligência, criatividade e inovação
Inovação em conhecimentos e conhecimentos de inovação
A ontologia, gnosiologia e epistemologia da inovação (<u>o como se faz inovação</u>)
Tipologias do pensamento criativo inovador
Tipologias de inovação (incremental, disruptivas, cultural etc.)
Modelos, métodos e técnicas de desenvolvimento da criatividade e inovação; Aplicações.
    Pela Metacognição(P-S-Q)
    Por analogia e metáforas (Material Chu) Por intersecção de Conhecimentos
    Por Imaginação-Inspiração-Intuição (Chu- Métodos de...)
O pensamento quântico aplicado à inovação. Exemplos.
Tipologias de inovação (incremental, disruptivas, cultural etc.)
Desenvolvimento de Centros de Inteligência com Bases de Conhecimentos de Inovação (Coletivo ITKDBMS)
Estratégia e Gestão da Inovação.

2. Aplicações em EGI e Metacognição	24

Casos reais, exemplos e exercícios de criatividade e inovação;
101 tipos de criatividade em solução de problemas;
Métodos para percepção do holismo e não linearidade simbólica;
Inovação em Produtos e serviços (P&S);
Inovação em Estratégia e Gestão Organizacional;
Inovação em Cultura Organizacional;
Inovação em Gestão de Pessoas e Processos.

<u>Exemplos-Exercícios-Casos-Aplicações</u>

<u>Bibliografia e sites</u>

3. Workshop: Desenvolvimento e Apresentação do Projeto grupal TCM EGI	16

Proposição, desenvolvimento e apresentação de Projeto de EGI de uma organização a escolher.

	Total Módulo:	64

Módulo 5: Estratégia e Gestão do Ensino-Aprendizagem (EGEA) e Metacognição

Aumentar o potencial de inteligência dos participantes com a vivência de métodos e técnicas de Ensino-aprendizagem, individual e em grupo, em sala de aula, assim como a aquisição de conhecimentos profissionais e acadêmicos relativos aos processos e modelos de Estratégia e de Gestão do Ensino- Aprendizagem, permitindo o desenvolvimento e implementação de Programas de Ensino-Aprendizagem com incidência imediata na Inteligência das Organizações e Universidades.

Inclui o desenvolvimento de Centros de Aprendizagem e Inteligência Organizacional para para o futuro imediato, e da transformação da cultura das organizações em cultura organizacional de aprendizagem competitiva e inovadora, como o fator mais importante da competitividade sustentável. O curso é fundamentado no construtivismo pessoal e em grupo (Piaget, Steiner, Maiêutica, Alicia Fernandez etc.), propiciando dialética, assimilação e acomodação dos conhecimentos em dinâmica de construção. Profissionais e professores especializados em Inteligência Inovativo Organizacional em Ensino-Aprendizagem serão convidados para ilustrar e discutir exemplos e casos reais.

A grande tipologia de pensamentos a ser apreendida pelos participantes poderá abrir uma enorme janela para a cognição e aprendizagem pessoal e coletiva do grupo.

A ampliação pessoal da Cognição é uma grande conquista individual e é permanente para si.

1. Base Epistemológica da Estratégia e Gestão do Ensino-Aprendizagem (EGEA)   24

Introdução ao tema do módulo
Aprender "por fora" e aprender "por dentro" (Metacognição)
O comportamento das gerações Y e Z no Aprender, nessa época de intensiva Tecn. de Informação
Evolução do "Aprender" ao longo da História (Steiner, Piaget, Vigostky, Alicia etc.)
Educação e Ensino-Aprendizagem.
A Biografia Humana de Steiner.
A Pedagogia Waldorf
Modelo epistemológico global e universal do Aprender, via Cognição Transdisciplinar
A Psicopedagogia nas Escolas e Universidades
Desenvolvimento do Aprender Pessoal, Coletivo e Organizacional (via Modelo Transdisciplinar)
A evolução dos Métodos de Ensino-Aprendizagem
** Centrado na diversidade humana aprendente
** Centrado no aluno e grupos de alunos
** Centrado em resolução de problemas; Aprendizagem Coletiva em grupos
** Centrado na MetaCognição Transdisciplinar
Tipos de Pensamento (aplicados às organizações) e seus Conhecimentos
** Imaginativo, Inspirativo, Intuitivo, e Futuro no Presente (A Êxtase e Disrupção Organizacional)
** Fenomenológico, Transdisciplinar e Não linear (A Competição e a Colaboração)
** Casos reais, exemplos e exercícios de cada tipologia
Centros de Desenvolvimento e Gestão do Ensinar-Aprender
Aquisição de Conhecimentos (Ensino-Aprendizagem) pela "Co-Criation" no espaço de Aprendizagem
Tecnologias de Educação (Blackboard, Moodle).
Tipologia e Modalidades (Presencial, EAD etc.)
Estratégia e Gestão do Ensino-Aprendizagem.

2. Aplicações em EGEA e Metacognição   24

Ensino-Aprendizagem no Método MCMI e SoftwareCognitivo OET-iCAN e outras Tecnologias
Aplicações do MCMI e OET (MetaCognição) na Psicopedagogia-Terapêutico
O Ensino/Aprender com Metacognição Humana e Aplicações em Ciências Humanas (ADM, MEDICINA etc.)
Ensino-Aprendizagem da TI-em-si com Metacognição
Ensino-Aprendizagem pela Transdisciplinaridade Cognitiva e Cognição Transdisciplinar
Como desenvolver PPTs com músicas-Filmes-YouTube-MovieMaker-Camtasia.

<u>Exemplos-Exercícios-Casos-Aplicações</u>

<u>Bibliografia e sites</u>

| 3. | Workshop: Desenvolvimento e Apresentação do Projeto grupal TCM EGEA | 16 |

Projeto, desenvolvimento, e apresentação de EGEA numa Organização a escolher.

| | Total Módulo: | 64 |

Módulo 6: Estratégia e Gestão de Pessoas-Competências-Talentos (EGPCT) e Metacognição

Aumentar o potencial e a realização da inteligência pessoal e coletiva dos participantes com a vivência de Modelos de Estratégias e Gestão de Pessoas. Trabalhar no desenvolvimento dos participantes quanto à conquista fundamental dos significados da vida humana na Terra, permitindo atingimentos-alinhamentos pessoais-profissionais quanto às visões de Vida na-e-pela Organização, assim como de empreendimentos de iniciativa própria.

Trabalhar fortemente na distinção entre conhecimentos simbólicos e conhecimentos-em-realização para a Organização, e portanto favorecendo a transformação-dinâmica das Organizações frente à volatilidade do contexto-mercado. Reposicionamento do «ter sucesso» com «ser feliz, aqui e agora» criando uma cultura e comunidade colaborativa sem perder as polaridades naturais e necessárias.

| 1. | Base Epistemológica da Estratégia e Gestão de Pessoas (EGPCT) | 24 |

Introdução ao tema do Módulo EG Pessoas-Competências-Talentos
Modelo epistemológico universal do ser humano, via Cognição Transdisciplinar
A Dinâmica da Cognição Descendente-Ascendente
Visão Antropológica do ser humano
O Significado do ser-Vida-Humana
Biografia Humana
Desenvolvimento da Consciência Humana (Teoria de Tudo - via Cognição Transdisciplinar)
A Linguagem, Hermenêutica, Comunicação e a Ética nas Organizações
Missão-Valores-Visão-Estratégias-políticas-Diretrizes-Processos
Estratégia e Gestão da Cultura Organizacional - Inovação e Hibridização
O Inconsciente Pessoal e Coletivo (exemplos, exercícios e casos)
Como identificar, desenvolver e reter Talentos (Caracterização)
Gestão de Pessoas por Condicionamentos e Aprendizagens Organizacionais
Tipos de Pensamento (aplicados à Gestão de Pessoas) e seus Conhecimentos e Métodos
O Pensar com o Coração - Arquitetura e funcionamento
Centros de Desenvolvimento de Pessoas. Universidades Corporativas
Epistemologia da Estratégia e Gestão de Pessoas-Competências-Talentos (Modelos Cognitivos)

| 2. | Aplicações Metacognição em EGPCT | 24 |

Estudo de artigos e livros sobre Biografia Humana (Steiner)
Exercícios sobre autoconsciência de si proprio
Modelos Epistemológicos sobre EG Cultura de Inovação e Hibridização
Exercícios sobre Inconsciente Pessoal e Coletivo
Estratégia e Gestão de Pessoas – Culturas – Universidades Corporativas
Artigos sobre Capital Intangível – Estratégia e Gestão.

<u>Exemplos-Exercícios-Casos-Aplicações</u>

<u>Bibliografia e sites</u>

| 3. | Workshop: Desenvolvimento e Apresentação do Projeto grupal TCM EGI | 16 |

Escolha, desenvolvimento e apresentação de Projeto EGPCT de uma Organização-Universidade Corp.

| | **Total Módulo:** | **64** |

Módulo 7: Estratégia e Gestão em Business Analytics e Metacognição
Aumentar o potencial e a realização de inteligência pessoal e coletiva dos participantes com a vivência de Modelos, Métodos e Técnicas de aplicativos de Business Analytics visando ao atingimento otimizado de resultados das organizações. Inclui o estudo de Tecnologias-Métodos mais modernos disponíveis e da Realidade Ampliada, e seus efeitos na comunidade e cultura das Organizações. Inclui o desenvolvimento de Centros de Business Analytics na sua forma equilibrada e Transdisciplinar entre Automação e Humanização. Integrar o pensamento analítico no contexto global da Cognição e Significado Humano. O curso é fundamentado nas capacidades humanas analíticas e seus pensamentos conexos com a Cognição Humana sempre frente à complexidade inerente-subjacente aos instrumentos tecnológico-metodológicos e funcionalidades de produtos e aplicações de Business Analytics. Profissionais e professores especializados em Business Analytics serão convidados para ilustrar e discutir exemplos e casos reais. A grande tipologia de pensamentos analíticos a ser apreendida pelos participantes poderá abrir uma enorme janela para a cognição e aprendizagem coletiva do grupo frente ao tema. A ampliação pessoal da vivência em Business Analytics é uma grande conquista individual e profissional.

1. **Base Epistemológica da Estratégia e Gestão em Business Analytics (EGBA)**	24
Introdução ao tema do Módulo Histórico do Business Analytics e sua evolução Modelo epistemológico global e universal do Business Analytics, via Cognição Transdisciplinar Estratégia-Gestão-Desenvolvimento-Humano Tipologias do Business Analytics e sua relação com Resultados Organizacionais e dos Negócios. ** Na Estratégia e Gestão de Negócios ** Arquitetura dos Sistemas de Apoio a Executivos (Schema,DD,TKMDBMS) ** Na Estratégia e Gestão Global: ERP, KM, EIS, ESS, DSS e GDSS ** No Mercado e Distribuição: MIS, MSS e CRM ** No SCM e Logística (ECR, +GeoReferenciamento, Arquétipos) ** Na Gestão de Pessoas-Talentos-Competências-Conhecimentos ** Na Inovação (Pelas Tipologias de Inovação) ** Modelos Avançados em PesquisaOperacional (DataMining, BigData,PL, PNL etc.) Trans-Humanismo versus Humanismo-original. Realidade Ampliada e seus efeitos no ser humano Ensino-Aprendizagem do Business Analytics para Alta e Media Gerência MetaCognição aplicada às tipologias de Business Analytics e seus Conhecimentos inerentes Centros de Desenvolvimento e Gestão do Business Analytics Aquisição de Conhecimentos pela "Co-Criation" no espaço de Aprendizagem e Desenv.BAnalytics. Tipologias de Tecnologias BA: Hardware, Software, Internet, Mobile, Realidade Ampliada......). Estratégia e Gestão do Business Analytics.	

2. **Aplicações Metacognição em EGBA**	24
Casos reais de EIS, DSS, CRM etc. Utilização de Software no Laboratório ERP com MIS Demonstração de ERPs mais notáveis (fornecedores) Utilização do Software Cognitivo OET versão Pessoal e versão Organizacional.	

Exemplos-Exercícios-Casos-Aplicações

Bibliografia e sites

3. **Workshop: Desenvolvimento e Apresentação do Projeto grupal TCM EGBA**	16
Escolha, desenvolvimento e apresentação de Projeto em EG Business Analytics numa Organização.	
Total Módulo:	**64**

Parte Q. Exemplos de disciplinas universitárias elaboradas e vivenciadas pelo autor compelindo para consolidação de Novas Teorias e Novas Culturas

<u>NOME DO CURSO : Estratégia em Gestão de Conhecimentos e Inovação Organizacional</u>
<u>Especialização e Nível de Pós-Graduação Lato ou Stricto Senso</u>

PÚBLICO-ALVO
Profissionais, estrategistas, gestores, acadêmicos, consultores, e Pessoal e Organizacional. Também de interesse a profissionais, e administradores responsáveis pela criação analistas que possuem interesse ou trabalham na área de desenvolvimento de Novos Negócios e da Inovação e desenvolvimento de Centros de Inovação e de Conhecimentos, passando pelos inerentes modelos de Estratégia e Gestão da Inovação e de Conhecimentos, em Cocriação Transdisciplinar, juntamente ao desenvolvimento de Cultura Organizacional Inovador. Os Conhecimentos inerentes são ampliados pelo caráter de Transdisciplinaridade do curso.

OBJETIVOS
Aumentar o potencial de inovação dos participantes com a vivência de modelos, métodos e técnicas de criatividade e inovação individual e em grupo, em sala de aula, assim como a aquisição dos Conhecimentos profissionais e acadêmicos relativos aos processos e modelos de Administração Estratégica de Inovações, permitindo o desenvolvimento e implementação de Programas de Inovação e Conhecimentos nas Organizações. Inclui o desenvolvimento de Centros de Inovação e de Inteligência Organizacional para o futuro imediato, e da transformação da cultura das organizações em cultura organizacional inovadora, considerada como o fator mais importante da competitividade sustentável. Desenvolvimento Inovador da Cognição orientada para Estratégias e Gestão Organizacional com a utilização de Software Cognitivo OET.

METODOLOGIA
O curso é fundamentado no Construtivismo Pessoal e em Grupo. Operadores cognitivos e software de inovação transdisciplinar mapearão todos os Conhecimentos Inovadores emergentes em sala, assim como dos trabalhos e exercícios de inovação desenhados pelos participantes. A interação em grupo e com palestrantes convidados, produzirá fortes efeitos sinergéticos na construção de Programas de Inovação e Conhecimentos de natureza e setor específicos. A aquisição do Modelo Epistemológico da Cognição Inovadora encaminha os participantes ao acesso às diversas tipologias de inovações, pessoais e de culturas organizacionais. Exercícios específicos em criatividade, imaginação, inspiração e intuição consolidarão as novas formas da Cognição Criativa capacitando o participante a inovar "por dentro" e "por fora" do contexto organizacional.

1. Apostila do curso: baseada no livro do Prof. Chu: "Metacognição Aplicações Acadêmico-Empresariais"
2. Curso-palestras virtuais (EAD) do Prof. Chu (24 horas) complementa as aulas presenciais ao grupo.
3. Extensa bibliografia acadêmico-profissional.

PROGRAMA
1. A importância da inovação no mundo empresarial
1. Transdisciplinaridade, Inteligência-Cognição, Conhecimentos, Criatividade-inovação
2. Inovação em conhecimentos e conhecimentos de inovação
3. A ontologia, gnosiologia e epistemologia da inovação (o "como" se faz inovação, via Transdisciplinar)
4. Tipologias do pensamento criativo inovador
5. Modelos, métodos e técnicas de desenvolvimento da criatividade e inovação; Exemplos e Aplicações
6. Tipologias de inovação (incremental, disruptivas, cultural etc.); Exemplos
7. O pensamento quântico aplicado à Inovação e aos Conhecimentos. Exemplos
8. Modelos de Estratégia e Gestão Organizacional e Desenhos (design) de intencionalidades

9. Desenvolvimento de Centros de Conhecimentos e de Inovação (em SQL-TKRDBMS)
10. Inovação em Produtos e serviços (P&S)
11. Inovação em Estratégia e Gestão Organizacional; Co-criação de Estratégias; Gestão Estratégica
12. Inovação em Cultura Organizacional; O Inconsciente Coletivo
13. Inovação em Gestão de Pessoas e do Aprender Pessoal e Organizacional
14. Estratégia e Gestão da Inovação e Conhecimentos 15.1.Programas de Inovação; Conhecimentos de Inovação
15. 15.2.Trabalho prático de Inovação (Trabalho de Conclusão do Curso, Uso de Software Cognitivo OET em Laboratório LEPI-FGV EAESP.

15.1 **HORÁRIO:** a combinar; **CARGA-HORÁRIA:** 32 e 64 horas-aula; **Professor: Prof. Dr. Chu S. Yong.**

Parte R. Bibliografia conjunta dos artigos científicos e complementos relativos a outros temas do livro

Albrecht, Karl. *Inteligência Prática: Arte e Ciência do Bom Senso*. São Paulo: Ed. M.Books do Brasil, 2008.

Almeida,M. da Conceição e Carvalho,E.de Assis e Castro,Gustavo de (Organizadores). *Ensaios de Complexidade*. Porto Alegre: Editora Sulina,1997.

Argyris, Chris. Double-loop learning in organizations. Harvard Business Review, Boston, v. 55, n. 5, p. 115, Sept./Oct. 1977.

Arthur, Len. Managing in organizations that learn / organizational learning: the competitive advantage of the future. Management Learning, Thousand Oaks: Jun. 1999.

Baiwa, Deepinder Singh. An empirical investigation of the antecedents of executive information system success. Carbondale, Il., Southern Illinois University at Carbondale, 1993. (DBA Dissertation).

Barua, Anitesh, **Chellapa**, Ramnath, **Whinston**, Andrew B. *The design and development of internet and intranet-based collaboratories*. International Journal of Electronic Commerce, v. 1, n. 2, p. 32-58, Winter 1996-97.

Basarab, Nicolescu. *O Manifesto da Transdisciplinaridade*. São Paulo: Ed.Triom, 2001.

Bazarian, Jacob. *O Problema da Verdade*. São Paulo: Ed. Alfa-Ômega, 1994.

Benbasat, Izak, **Moore**, Gary C. Development of measures for studying emerging technologies. IEEE, p. 315-324, 1992.

Bollen, Kenneth A. *Structural equations with latent variable*. New York: John Wiley & Sons, 1989.

Burrel, Gibson; **Morgan**, Garreth. *Sociological paradigms and organizational analysis*. London: Heineman, 1979.

Caldas, Miguel P.. *Paradigmas em estudos organizacionais: uma introdução a serie*. Revista de Administração de Empresas. São Paulo, v. 49, n.°, p. 53-57, 2005.

Caron-Fasan, M-L; **Janissek-Muniz**, R. Análise de informações de inteligência estratégica antecipativa: proposição de um método, caso aplicado e experiências, RAUSP. RAUSP, v.39, n. 3, p.205-219, 2004.

Chu, Rebeca A. *Modelo Contemporâneo da Gestão à Brasileira*, São Paulo: CengageLearningEdições, 2011.

Cleland, Scott. *Busque e Destrua - Porque você não pode conno Google*. São Paulo: Ed. Matrix, 2012.

Conway, Susan and **Sligar**, Char. *Unlocking Knowledge Assets*. Redmond, Washington: Microsoft Press, 2002.

Critelli, Dulce Mára. *Analítica do Sentido: Uma aproximação e interpretação do real de orientação fenomenológica*. São Paulo, EDUC Editora Brasiliense, 1996.

Eccles, John C. *Cérebro e Consciência: O Self e o Cérebro*. Lisboa: Springer-Verlag, 1994.

Elliott, Dorothy Gillilan. Executive information systems: their impact on decision making. Austin, The University of Texas at Austin, 1992. (Ph.D. Dissertation).

Ferry, Luc. *Aprender a Viver: Filosofia para os Novos Tempos*. Rio de Janeiro: Editora Objetiva, 2006. **FLECK**, James. Contingent knowledge and technology development. Technology Analysis & Strategic Management, Abingdon, Dec. 1997.

Fleury, Maria Tereza Leme e **Oliveira Jr**, Moacir de Miranda. Gestão estratégica do conhecimento: Integrando Aprendizagem, Conhecimento e Competências (organizadores). São Paulo: Ed. Atlas,2001.

Foley, Michael. A Era da Loucura. São Paulo: Alaúde Editorial, 2011.

Frolick, Mark Nelson. Determining information requirements for an executive information system. Athens, The University of Georgia,1991. (Ph.D. Dissertation).

Fullmer, Robert M. A model for changing the way organizations learn. Planning Review, Oxford, May/Jun 1994.

Gladwell, Malcolm. Fora de serie. Rio de Janeiro: GMT Editores, 2008.

Gladwell, Malcolm. O Ponto de Virada. Rio Janeiro: GMT Editores, 2009.

Glasl, Friedrich. Auto-ajuda em Conflitos. S. Paulo: Ed. Antroposófica,2002.

Glover, Oscar H. Executive support systems - organizational spread: an integrative study. Athens, University of Georgia, 1993. (Ph.D. Dissertation).

Go, Ping-Gam . What Character is That?: An Easy-Access Dictionary of 5.000 Chinese Characters. Larkspur,CA: Smplex Publications,1995.

Goethe, J.W. von. A metamorfose das plantas. São Paulo, Edições Religião & Cultura, 1985.

Gomes, Elisabeth e **Braga**, Fabiane. Inteligência competitiva: como transformar informação em um negócio lucrativo.Rio de janeiro: Ed. Campus, 2001.

Goswami, Amit. Deus não está Morto. São Paulo: Aleph, 2008.

Greenfield, Susan. O Lado sombrio da Tecnologia. In: R. Veja Ed. 2303 Janeiro 2013 Editora Abril - SP 2013.

Greuel, Marcelo da Veiga. A Obra de Rudolf Steiner. São Paulo: Ed. Antroposófica, 1994.

Guelman,R. Fenomenologia de Goethe aplicada em Agricultura Biodinâmica: a dissociação entre homem e natureza:Reflexos no Desenvolvimento Humano. In:Conferência B. Agric.Biodinâmica,4a,2000, SP.AnaisSP.

Hair, Joseph F. et al. Multivariate data analysis. New Jersey: Prentice Hall, 1998.

Harvey, David. Condição Pós-Moderna. São Paulo SP: Edições Loyola, 23 Ed. 2012.

Hegel, Georg W.F. Fenomenologia do espírito. Petrópolis, RJ, Editora Vozes, 2002.

Higgins, James M. 101 Creative Problem Solving Techniques: The Handbook of New Ideas for Business. New Management Publishing Company Inc, 1994.

Higgins, James M. Innovate or Evaporate. New Management Publ. Company Inc, 1995.

Hoppen,N.,Audy,J.L.N,Zanela,A.I.L., et alli.S. Informação no Brasil: Uma análise dos artigos científicos dos anos 90. In: Encontro Anual da A.N. P.Pós-Graduação em ADM.1998,-Foz do Iguaçú. Anais...Foz de Iguaçú:Anpad,1998.ADM.

Jöreskog, Karl, **Sörbom**, Dag. Prelis 2: user reference guide. Chicago: Scientific Software International, 1996B.

Jöreskog, Karl, **Sörbom**, Dag. Lisrel 8: structural equation modeling with the SIMPLIS command language. Chicago: Scientific Software International, 1993.

Jöreskog, Karl, **Sörbom**, Dag. Lisrel 8: user´s reference guide. Chicago: Scientific Software International, 1996A.

Jullien, François. Tratado da Eficácia. São Paulo: Editora 34, Ltda, 1998.

Junqueira, Marco, **Mosqueira**, Juan, **Baqueiro**, Rute et al. Aprendizagem: perspectivas teóricas, Editora da Universidade, 1985.

Kaplan, Robert S. e **Norton,** David P.. Putting the balanced scorecard to work. Harvard Business Review, September - October 1993: 134 -147.

Kaplan, Robert S. e **Norton,** David P. The balanced scorecard. Boston: Harvard Business School Press, 1996.

Kaplan, Robert S. e **Norton,** David P. Mapas Estratégicos BSC. Rio de Janeiro: Elsevier Editora, 2004.

Kaplan, Robert S. e **Norton,** David P. The balanced scorecard - measures that drive performance. Harvard Business Review, January - February 1992: 71 - 79.

Kaplan, Robert S. e Norton, David P. Using the balanced scorecard as a strategic management system. Harvard Business Review, September - October 1993: 75 - 85.

Keenqueiran, Peter G. W. Competing in time. Harper Business, 1988.

Kline, Rex B. Principles and practice of structural equation modeling. New York: The Guiolford Press, 1998.

Kluge, Jurgen and, Stein, Wolfran, and Licht, Thomas. Knowledge Unpluged: the Mckinsey & Company Global survey on knowledge management. New York: Palgrave, 2001.

Kluyver, Cornelis A. e Pearce II, John A. Estratégia: Uma Visão Executiva. São Paulo: Pearson Education do Brasil, 2006.

Krogt, Ferd J. Van der. Learning network theory: the tension between learning systems and work systems in organizations, Human Resource Development Quartely, Summer 1998.

Lewis, Marianne W.; Grimes, Andrew J. Metatriangulação: a construção de teorias a partir de múltiplos paradigmas. Revista de Administração de Empresas, v. 45, n. 1, p. 72-91, 2005.

Malhotra, Naresh K. Marketing research: an applied orientation, Prentice Hall, New Jersey, 1996.

Meirelles, Fernando ... Informática: novas aplicações com microcomputadores. SP: Makron Books, 1994.

Miklós, Andreas A. de Wolinsk. A terra e o homem. In: Conferência Brasileira de Agricultura Biodinâmica, 4a, Anais...SP 2000.

Miller, Jerry P. O Milênio da Inteligência Competitiva. Porto Alegre: Bookman, 2002.

Mintzberg, Henry et alli. Safari de Estratégia. Porto Alegre RS: Artmed Editora, 2009.

Mintzberg, Henry. The fall and rise of strategic planning. Harvard Business Review, Jan / Feb 1994.

Morgan, Gareth. Imagens da organização. Ed. Atlas. S. Paulo.1996.

Morgan, Garreth. Paradigmas, metáforas e resolução de quebra-cabeças na teoria das organizações. Revista de Administração de Empresas, v. 45, n. 1, p. 58 - 71, 2005.

Morin, Edgar. A cabeça bem feita: repensar a reforma reformar o pensamento.Rio de Janeiro: Ed. Bertrand Brasil Ltda, 1999.

Morin, Edgar. Os sete saberes necessários à educação do futuro.São Paulo: Ed. Cortez, 2001.

Morin, Edgar.A re-ligação dos saberes: o desafio do século XXI. RJ: Ed. Bertran Brasil Ltda, 2002.

Morin, Edgar. A cabeça bem feita: repensar a reforma reformar o pensamento.RJ: Ed. Bertrand Ltda, 1999.

Morin, Edgar. Os sete saberes necessários à educação do futuro.São Paulo: Ed. Cortez, 2001.

Nonaka, I. and Takeuchi, H. The Knowledge-Creating Company. New York: Oxford Press,1995.

Nonaka, Ikujiro e Takeuchi, Hirotaka. Gestão do Conhecimento. São Paulo: Artmed Editora, 2009.

Nonaka, Ikujiro, A Dynamic Theory of Organizational Knowledge Creation. Organizational Science, Vol 5, No.1, February 1994

Nonaka, Ikujiro; Ichijo, Kazuo; Krogh, Georg Von. Facilitando a criação de conhecimento: reinventando a empresa com o poder da inovação contínua. Rio de Janeiro: Ed. Campus, 2001.

Nonaka, Ikujiro, A Dynamic Theory of Organizational Knowledge Creation. Organizational Science, Vol 5, No.1, February 1994.

Oliveira, J. B. Araujo, Chadwick, Clifton B. Tecnologia educacional: teorias da instrução. Ed. Vozes, 1982.

Pascal, Georges. Comprender Kant. Petrópolis RJ: Ed. Vozes, 2005.

Pearce, J. Chilton. O fim da evolução: reivindicando a nossa inteligência em todo o seu potencial. São Paulo: Editora Cultrix, 1992.

Perls, Frederick S. Gestalt-terapia explicada. São Paulo: Summus, 1977.

Piaget, Jean. A epistmologia genética: sabedoria e ilusões da filosofia; problemas de psicologia genética. São Paulo: Victor Civita. 1978.

Porter, Michael E. e Montgomery, Cynthia A. (Organizadores). Estratégia: A Busca da Vantagem Competitiva. Rio de janeiro: Ed. Campus, 1998.

Porter, Michel E. Competitive strategy: techniques for analysing industries and competitors, New York; The Free Press, 1980.

Porter, Michel E. The competitive advantage of nations. Harvard Business Review, Mar./Apr. 1990.

Prahalad, C. K. Growth strategies. Executive excellence, Provo, Jan. 1998.

Prahalad, C. K., Hamel, Gary. Competindo pelo futuro. Campus, 1995.

Probst, Gilbert, and Raub, Steffen, and Romhardt, Kai. Gestão do Conhecimento: os elementos construtivos do sucesso. Porto Alegre: ArtMed Editora, 2000.

Prokofieff, O. sergei. The Occult Significance of Forgiveness. London:Temple LodgePublishing, 1991.

Rainer Jr., Rex Kelly,. Successful executive information systems: a multiple constituency approach. Athens, The University of Georgia, 1989 (Ph.D. Dissetation).

Ramarapu, Narender K. The impact of linear versus nonlinear information presentation on problem solving: an experimental investigation in an EIS environment. Memphis State University,1993. (PH.D. Dissertation).

Rockart, John F., Delong. Executive support systems: the emergence of top management computer use. Down Jones Irving, 1988.

RUMBAUGH, James, Blaha, Michael, Premerlani, William, et al. Modelagem e projetos baseados em objetos. Campos, 1994.

Schopenhauer, Arthur. O Mundo como Vontade e como Representação. SP: Fundação Ed. Da UNESP, 2005.

Schuler, Maria. Análise multivariada de segunda geração. Tudo o que eu queria saber sobre Lisrel e que os matemáticos foram herméticos demais para me explicar. 19º ENANPAD, 1995.

Senge, Peter M. A quinta disciplina. Best Seller, 1990.

Senge, Peter M. *A quinta disciplina: estratégias e ferramentas para construir uma organização que aprende.* RJ, 1999A.

Senge, Peter M. *Creative tension.* Executive excellence, Provo, Jan. 1999B.

Senge, Peter M. *O novo trabalho do lider: construindo organizações que aprendem.* In STARKEY, Ken. Como as organizações aprendem. São Paulo: Futura, 1997.

Simha, André. *A Consciência. Do Corpo ao Sujeito.* Petropolis RJ: Ed. Vozes, 2009.

Smith, J. M., **Smith,** D. C. P. *Database abstraction: agregation and generalization ",* ACM Transaction on Database Systems, v. 2, n. 2, p. 105-133, Jun. 1977.

Steiner, Rudolf . *A educação pratica do pensamento : aprender a pensar a partir da realidade.* SP. Ed.Antroposófica,1970.

Steiner, Rudolf. *A formação de conceitos e a doutrina de categorias de Hegel,* Berlim 1908.

Steiner, Rudolf. *A obra científica de Goethe.* S. Paulo: Associação Pedagógica Rudolf Steiner,1980.

Steiner, Rudolf. *O conhecimento iniciático : As vivências supra-sensíveis nas diversas etapas da iniciação.* S. P.Ed. Antroposófica,1985.

Steiner, Rudolf. *A Antroposofia como Cosmosofia.* São Paulo: Ed.João de Barro, 2005.

Steiner, Rudolf. *A Filosofia da Liberdade.* São Paulo: Editora Antroposofica, 2008.

Steiner, Rudolf. *The Fourth Dimension - Sacred Geometry.* Massachussetts USA: Antroposophic Press, 2001.

Stewart, Thomas A. *Capital Intelectual: A Nova Vantagem Competitiva das Empresas.* RJ: Ed. Campus, 1998.

Tissen, René and **Andriessen,** et alli... *Creating the 21th Century Company: Knowledge intensive, people rich value-based knowledge management.* Nederland BV: Addison Wesley Longman,1998.

Tonelli, M. José et. al. *Produção acadêmica em recursos humanos no Brasil: 1991-2000, Revista de administração de Empresas.* São Paulo,v.43, n. 1, jan/fev/mar,2003.p. 105-122.

Vandenbosch, Betty Mary. *Executive support system impact viewed from a learning perspective (organizational performance).* London, Ontario, The Univ. of W.Ontario, Canada, 1993. (Ph.D Dissertation).

Veiga, Marcelo. *Filosofia da Liberdade e Noociência.* In: Anais da IV Conferência Brasileira de Agricultura Biodinâmica. USP - Cidade Universitária, S. Paulo. 2000.

Vries, Manfred F.R. Kets, **Miller,** Danny. *The neurotic organization.* Jossey Bass Publishers, 1984.

Watson, Hugh J., **Houdeshel,** George, **Rainer Jr.** et al. *Building executive information systems and other decision support aplications.* John Wiley & Sons, 1997.

Wilber, Ken. *O Espectro da Consciência,* São Paulo: Cultrix, 2007.

Wilber, Ken. *Uma Teoria de Tudo,* São Paulo: Cultrix, 2012.

Wilder, G.D. and Ingram,J.H. *Analysis of Chinese Characters.* Dover Publications,Inc. New York, 1974.

Wolman, Richard N. *Inteligência Espiritual.* Rio Janeiro: Ediouro Publ., 2001.

Yong, S. Chu. *Metodologia de desenvolvimento e implementação de EIS/OLAP.* Doc.Tecn. Interno, v. 1, 1999.

Yong, S. Chu. *Curso FGV EAESP: Gestão do Conhecimento, Inovação e Aprendizagem.* Apostila FGV, 2012.

Yong, S. Chu. Estratégia e Gestão com base em Conhecimentos e Inteligências. Diversos Congressos desde 2005.

Yong, S. Chu. MetaCognição : Nova Teoria da Cognição e Aplicações Empresariais. Prelo (Varias editoras), 2014.

Yong, S. Chu. Operador Epistemológico Tácito. Diversos Congressos desde 2005.

Yong, S. Chu. Banco de Dados - Organização, Sistemas, Administração. São Paulo: Ed. Atlas, 1984.

Yong, S. Chu. Banco de Dados - Tecnologia de Informação - Video. São Paulo: Ed. Abril, 1986.

Zack, Michael H. Developing a knowledge strategy. California Management Rev -iew, Berkeley, Spring, 1999.

Zohar, Danah. O ser Quântico. Rio Janeiro: Ed.Best Seller, 2010.

Zuboff, Shoshana. Automatizar/informatizar: as duas faces da tecnologia inteligente, Revista de Administração de Empresas, v.34, n. 6, nov./dez., p. 80-91, 1994.

Zuboff, Shoshana. In the age of the smart machine: the future of work and power, NY: Basic Books, 1988.

Zuboff, Shoshana. In the age of the smart machine: the future of work and power,

Revista de Administração de Empresas, Resenha por Silva, E. S., v. 32, n. 5, p. 111, nov./dez. 1992.

Bibliografia Complementar

Steiner, Rudolf. A Ciência Oculta. S.Paulo: Ed. Antroposófica, 1998.

Steiner, Rudolf. The Essential Steiner. New York Spring Valley: Anthroposophic Press Inc, 1984.

Steiner, Rudolf. The Influence of Spiritual Beings upon Man. New York Spring Valley: Anthroposophic Press Inc, 1982.

Steiner, Rudolf. The Spiritual Hierarchies and their Reflection in the Physical World. New York Spring Valley: Anthroposophic Press Inc, 1983.

Steiner, Rudolf. Reincarnation and Karma. Their Significance in Modern Culture. London: R.Steiner Press, 1977.

Steiner, Rudolf. The Driving Force of Spiritual Powers in World History. North Vancouver, Canada , Steiner Book Center, 1983.

Steiner, Rudolf. Intuitive Thinking as Spiritual Path. Gt. Barrington, MA : Anthroposophic Press,1995.

Steiner, Rudolf. The Spiritual Beings in the Heavenly Bodies and in the Kingdoms of Nature. North Vancouver, Canada , Steiner Book Center, 1981.

Steiner, Rudolf. A Cronica do Akasha: A gênese da Terra e da Humanidade: uma leitura esotérica. São Paulo: Ed. Antroposófica, 1994.

Steiner, Rudolf. A Fisiologia Oculta: Aspectos supra-sensíveis do organismo humano: elementos para uma medicina ampliada. São Paulo: Ed. Antroposofica Ltda, 2007.

Steiner, Rudolf. Os Graus do Conhecimento Superior: O caminho iniciático da imaginação, da inspiração e da intuição. São Paulo: Ed. Antroposofica, 2007.

Steiner, Rudolf. A Moral Teosófica. São Paulo: Ed. Antroposófica, 1985.

Steiner, Rudolf. A Direção Espiritual do Homem e da Humanidade. São Paulo: Ed. Antroposófica, 1984.

Steiner, Rudolf. A Way of Self-Knowledge & The Threshold of the Spiritual World. EUA: Ed. SteinerBooks, 2006.

Steiner, Rudolf. Teosofia. São Paulo: Associação Pedagógica R.Steiner, 1979.

Burkhard, Gudrun. Os Fundamentos Antroposóficos para Pesquisa do Carma. S.Paulo: Editora Antroposófica Ltda, 2009.

Burkhard, Gudrun. As Forças Zodiacais e sua Atuação na Alma Humana. S.Paulo: Associação Beneficiente Tobias, 1987.

Burkhard, Gudrun. ...Livres na terceira idade !! Leis biograficas após os 63 anos. SãoPaulo: Ed. Antroposófica, 2000.

Cosenza, Ramon M. e Guerra, Leonor B.. Neurociência e Educação. Porto Alegre RGS: Artmed Ed.,2011.

Nichols, Sallie. Jung e o Tarô: uma Jornada Arquetípica. S. Paulo: Ed. Cultrix, 2018.

Bailey, Alice A.. A Treatise of White Magic. NewYork: Lucis Publishing Company, 1980.

Bailey, Alice A.. A Treatise of Cosmic Fire. New York: Lucis Publishing Company, 1977.

Bailey, Alice A..Esoteric Psychology. New York: Lucis Publishing Company, 1979.

Bailey, Alice A..Esoteric Healing. New York: Lucis Publishing Company, 1980.

Bailey, Alice A..The Rays and the Initiations. New York: Lucis Publishing Company, 1976.

Bailey, Alice A..Educação na Nova Era. Niteroi RJ: Fundação Cultural Avatar, 1980.

Bailey, Alice A..A Consciência do Átomo. Niteroi RJ: Fundação Cultural Avatar, 1980.

Silveira, Nise da. Imagens do Inconsciente. Petrópolis RJ: Editora Vozes, 2015.

Pearce, J. Chilton. The Heart-Mind Matrix: How the Heart can Teach the Mind New Ways to Think. Canada, Toronto: Park Street Press, 2012.

Pearce, J. Chilton. The Biology of Transcendence. Canada, Rochester Vermont : Park Street Press, 2004.

Pearce, J. Chilton. O fim da Religião e o Renascimento da Espiritualidade. S.Paulo: Ed.Cultrix, 2007.

Johansson, Frans. O Efeito Medici: como realizar descobertas revolucionarias na intersecção de ideias, conceitos e culturas. Rio Janeiro: Ed. Best Seller Ltda, 2008.

Schultz, J.H.. O Treinamento Autógeno. São Paulo: Ed. Mestre Jou,1967.

Vigotski, L. S.. A Formação Social da Mente: O desenvolvimento dos processos psicológicos superiores. Ed. Livraria Martins, 2011.

Trilling, Lionel . Sinceridade & Autenticidade: A vida em sociedade e a afirmação do Eu. S.Paulo: Editora,Livraria e Distribuidora É Realizações, 2014.

Goswami, Amit. Evolução Criativa das Espécies. S. Paulo: Ed. Aleph Ltda, 2009.

Goswami, Amit. O Universo Autoconsciente. S. Paulo: Ed. Aleph Ltda, 2007.

Sheldrake, Rupert. Sete Experimentos que Podem Mudar o Mundo. S. Paulo: Ed. Cultrix, 1995.

Wilber, Ken. A Visão Integral. São Paulo: Ed. Cultrix, 2012.

Zohar, Danah e Marshall, Ian. Inteligência Espiritual. R.de Janeiro: Ed. Best Seller Ltda, 2012.

Pert, Candace B.. Conexão Mente Corpo espírito: para o seu bem estar. SãoPaulo: Ed.ProLíbera, 2009.

Pert, Candace B.. Molecules of Emotions.New York: Schribner Editor, 2003.

Rapaille, Clotaire. O Codigo Cultural: Porque somos tão diferentes na forma de viver, comprar e amar ? RioJaneiro: Ed. Elsevier, 2007.

Amatuzzi, Mauro Martins (Org).Psicologia e Espiritualidade. São Paulo: Ed. Paulus, 2005.

Dor, Joel. Introdução à Leitura de Lacan: O inconsciente estruturado como linguagem. PortoAlegreRGS: Ed. Artmed S.A.,2003.

Lipton, Bruce H. A Biologia da Crença: O Poder da Consciência sobre a Matéria e os Milagres. S. Paulo: Editora Butterfly, 2007.

Assagioli, Roberto. Psicosíntese: Manual de princípios e técnicas. São Paulo: Ed. Cultrix, 1982.

Grof, Stanislav. Além do Cérebro: Nascimento Morte e Transcendência em Psicoterapia. São Paulo: Ed. McGraw-Hill, 1988.

Damásio, Antonio. O Mistério da Consciência.São Paulo: Ed. Companhia das Letras, 1999.

Merleau-Ponty, Maurice. O Visível e o Invisível. São Paulo: Ed. Perspectiva SA, 2000.

Teixeira de Freitas, Luis Carlos. O Simbolismo Astrológico e a Psiquê Humana. S.Paulo: Circulo do Livro.

Lapierre, David e **Dubro**, Peggy P.. Evolução Elegante: A Expansão da Consciência O seu Portal para o Hiperespaço. São Paulo: Ed. Madras Ltda, 2007.

Christensen, Clayton M. , e **Raynor**, Michael E. .O Crescimento pela Inovação: Como crescer de forma sustentada e reinventar o sucesso. São Paulo: Ed. Elsevier Ltda, 2003.

Lynch, Dudley, e **Kordis**, Paul L. . A Estratégia do Golfinho: A conquista de vitórias num mundo caótico. São Paulo: Ed. Cultrix, 1998.

Maschio, E.A.Dal . Platão : A Verdade está em outro Lugar. São Paulo: Ed. Salvat do Brasil Ltda, 2015.

Pacheco, Claudia B. Souza. A Cura pela Consciência: Teomania e Stress. São Paulo: Ed. Proton Ltda.

Teixeira, Evilázio F. B. e **Muller**, Mariza C. (Org.) . Espiritualidade e Saúde. São Paulo: Casa do Psicólogo, 2012.

Gleiser, Marcelo. A Ilha do Conhecimento: Os Limites da Ciência e a busca por Sentido. RioJaneiro: Ed. Record, 2014.

Santiago Jr. , J.R.S. e **Santiago**, J.R.S. . Capital Intelectual: O grande desafio das organizações. SãoPaulo: Ed. Novatec Ltda, 2007.

Mata, José Verissimo T. . Categorias: Aristóteles texto integral. São Paulo: Ed. Martin Claret, 2005.

Senge, Peter e **Scharner**, C.Otto e **Jaworski**, Joseph e **Flowers**, Betty S. . Presença: proposito humano e o campo do futuro. São Pulo: Ed. Cultrix Ltda, 2004.

Scharner, C.Otto . Theory U: Leading from the Future as it Emerges. San Francisco CA: Berrett-Koehler Publishers, Inc.,2009.

Roque, Christophe. Compreender Platão. Petrópolis RJ:Ed. Vozes, 2005.

Bicudo, Maria Aparecida V. e **Espósito**, Vitória Helena C. . **Joel Martins**...: Um Seminário Avançado em Fenomenologia.São Paulo: EDUC - Ed. da PUCSP, 1997.

Wilhelm, Richard. I CHING: O livro das mutações. São Paulo: Ed. Pensamento, 1982.

Figueiredo, Cinira Riedel . Iniciação Esotérica. São Paulo: Ed. Pensamento, 1982.

Mooney, Brian. *100 Grandes Líderes: Os Homens e as Mulheres mais Influentes da Historia.* São Paulo: Ed. Madras Ltda, 2013.

Stibel, Jeffrey M. . *Conectado pelas Idéias: Como o cérebro está moldando o Futuro da Internet.* São Paulo: Ed. DVS, 2012.

Thurow, Lester. *O Futuro do Capitalismo: como as forças econômicas moldam o mundo de amanhã.* Rio de Janeiro, Ed. Rocco Ltda, 1997.

Pierce, Charles Sanders. *Semiótica e Filosofia.* São Paulo: Ed. Cultrix e Ed. USP, 1975.

Higgings, James. M. . *Escape from the Maze: 9 Steps to Personal Creativity.* Florida EUA: New Management Publ. Inc. , 1997.

Chiarioni, Bruno e **Bieging,** Patrícia (Orgs). *Horizontes Midiáticos: Aspectos de Comunicação na Era Digital .* São Paulo: Pimenta Cultural, 2016.

Sennett, Richard. *A Corrosão do Caráter.* Rio de Janeiro: Ed. Record Ltda, 2012.

Roos, Theo. *Vitaminas Filosóficas: A Arte do Bem Viver.* Rio de Janeiro: Ed. Casa da Palavra, 2006.

Lima, Wallace (Org) . *Pontos de Mutação na Saúde: integrando corpo e mente.* São Paulo: Ed. Aleph Ltda, 2011.

Bittleston, Adam . *Our Spiritual Companions: From Angels and Archangels to Cherubim and seraphim.* Edinburg, Floris Books, 1980.

Heller, Eva. *A Psicologia das Cores: como as cores afetam a emoção e a razão.* São Paulo: Ed. Garamond Ltda, 2014.

Castro, Gustavo e **Carvalho,** Edgar de Assis, e **Almeida,** Maria da Conceição (Orgs) . *Ensaios de Complexidade.* Porto Alegre: Ed. Sulina, 1997.

Damásio, Antonio R. . *E o Cérebro criou o Homem.* São Paulo: Ed. Schwarcz Ltda, 2009.

Bazarian, Jacob. *Intuição Herurística: Uma análise científica da intuição criadora.* São Paulo: Ed. Alfa-Omega, 1986.

Lowndes, Florin. *Enlivening the Chakra of the Heart.* England Sussex: RSteiner Press, 2001.

Danucalov, Marcelo Á.D. e **Simões,** Roberto S. . *Neurofisiologia da Meditação.* São Paulo: Ed. Phorte, 2009.

Steiner, Rudolf. *Considerações Meditativas: E orientações para o aprofundamento da arte médica.* SãoPaulo: Ed. João de Barro,2007.

Pink, Daniel H. . *A Revolução do Lado Direito do Cérebro.* Rio de Janeiro: Ed. Elsevier, 2005.

Wilber, Ken (Org.). *O Paradigma Holográfico e Outros Paradoxos: Uma investigação nas fronteiras da Ciência.* São Paulo: Ed. Cultrix, 2003.

Prokofieff, Sergei O. *Anthroposophy and the Philosophy of Freedom.* England Sussex: Ed. Temple Lodge, 2009.

Collinson, Diané. *50 Grandes Filósofos.* São Paulo: Ed. Contexto, 2009.

Netto, João P.. *Aprender a Aprender.* São Paulo: Ed.Paulus, 2006.

Goswami, Amit. *Uma breve introdução ao ativismo quântico.* São Paulo: Ed Aleph, 2010.

Kim, Douglas (Tradutor). *O Livro da Filosofia.* São Paulo: Ed.Globo, 2011.

Wilber, Ken e **Terry,**bPatten, e **Leonard,** Adam, e **Morelli,** Marco . *A Prática de Vida Integral: Um Guia do Século XXI para Saúde Física, Equilibrio Emocional, Clareza Mental e Despertar Espiritual.* São Paulo: Ed. Cultrix, 2011.

Kandel, Eric R. *Em busca da Memória: O nascimento de uma nova ciência da mente.* São Paulo: Ed. Companhia das Letras, 2009.

Weil, Pierre. Organizações e Tecnologias para o Terceiro Milênio: A Nova Cultura Organizacional Holística. RioJaneiro: Ed. Rosa dos Ventos, 1999.

Oliveira, Marcos B. Da Ciência Cognitiva à Dialética. São Paulo: Ed. Discurso Editorial, 1999.

Raphael, Frederic. Popper: O Historicismo e sua Miséria. São Paulo: Ed. UNESP,2000.

Diamandis, Peter H. e **Kotler,** Steven. Oportunidades Exponenciais: Um Manual Prático... São Paulo: Ed. HSM do Brasil, 2016.

Figueiredo, Vinicius de . Kant & a Crítica da Razão Pura. Rio Janeiro: Ed Jorge Zahar, 2005.

Laszlo, Erwin e **Currivan,** Jude. CosMos: Unindo Ciência e Espiritualidade para um Novo Entendimento do Universo e de nós Mesmos.São Paulo: Ed. Cultrix, 2010.

Toben, Bob e **Wolf,** Fred A. Espaço-Tempo e Além. São Paulo: Ed. Cultrix, 1982.

Morin, Edgar. O Método 3: O Conhecimento do Conhecimento. Porto Alegre: Ed. Sulina, 2005.

Bosco, José. Grafologia: A Ciencia da Escrita, Manual teórico e prático com mais de 500 exemplos de escrita.São Paulo: Ed. Madras, 2004.

Antunes, Maria Thereza P. Capital Intelectual: Sociedade baseada no Conhecimento. São Paulo: Ed. Atlas, 2007.

Santiago, José Renato S.e idem Jr. Capital Intelectual: O grande desafio das organizações. São Paulo: Ed. Novatec, 2007.

Teixeira, Evilázio F.B. e **Muller,** Marisa C. Espiritualidade e Saúde. São Paulo: Ed. Casa do Psicólogo, 2012.

O´Neil , George e Gisela. A Vida Humana: Fundamentos antroposóficos para a compreensão da biografia individual. São Paulo: Ed. Antroposófica Ltda, 2014.

Rovelli, Carlo. Sete Breves Lições de Física. Rio de Janeiro: Ed. Objetiva, 2015.

Claret, Martin. A Essencia do Silêncio. São Paulo: Ed. Martin Claret, 2004.

Girke, Matthias. Medicina Interna Vol 1: Fundamentos e Conceitos Terapeuticos da Medicina Antroposófica. São Paulo: Ed. João de Barro, 2014.

Culliford, Larry. A Psicologia da Espiritualidade: O estudo do equilíbrio entre mente e espírito. São Paulo: Ed. Fundamento Educacional Ltda, 2015.

Chopra, Deepak. Corpo sem idade, mente sem fronteiras: A alternativa quântica para envelhecimento. RioJaneiro: Ed. Rocco Ltda, 1993.

Martins Filho, Ives Gandra. Ética e Ficção: de Aristóteles a Tolkien. Rio Janeiro: Ed. Elsevier Ltda, 2010.

Andreeta, José Pedro e Maria de Lourdes. Princípios Hermáticos comSciência: um compreensível mergulho no mundo quântico em que vivemos e nos conhecimentos milenares sobre o nosso universo . São Paulo: Ed. Pró-Líbera, 2010.

D´Ambrosio, Ubiratan. Transdisciplinaridade. São Paulo: Ed. Palas Athena, 1997.

Nicolescu, Basarab. O Manifesto da Transdisciplinaridade. São Paulo: Ed. Triom, 2001.

Agrasso Neto, Manoel e **Abreu,** Aline França. Conhecimento Científico: Subsídios para Gestão de serviços de referência e informação.Florianópolis SC: Editora da UFSC, 2009.

Zaccarelli, Sergio B. Estratégia e Sucesso nas Empresas. São Paulo: Ed. Saraiva, 2000.

Montgomerry, Cynthia A. e **Porter,** Michael E. (Orgs). Estratégia: A Busca da Vantagem Competitiva. Rio Janeiro: Ed. Campus. 1998.